新訂朱子全書

附外編

20

[宋]朱熹 撰
朱傑人 嚴佐之 劉永翔 主編

上海古籍出版社

本册書目

楚辭集注

黃靈庚校點

校點説明

楚辭集注八卷，蓋書成於寧宗慶元元年乙卯（一一九五）前後，始刊於慶元四年戊午（一一九九），其時辯證、後語皆未成書，爲集注單行本，已見載於日本國大正三年内閣書目，然國内未見藏此本。據朱熹題記載，辯證成書於慶元五年己未。是辯證書成而朱熹卒。然朱熹在世時是否有單行刻本，已不可知。清丁丙善本書室藏書志載，辯證之末有朱熹門人楊楫於寧宗嘉定四年（一二一一）七月四日跋，稱「慶元乙卯，楫自長溪往侍先生於考亭之精舍。時朝廷治黨人方急，丞相趙公謫死於道。先生憂時之意屢形於色。忽一日出示學者以釋楚辭一編，楫退而思之，先生平居教學者，首以大學、論、孟、中庸四書，次而六經，又次而史傳，至於秦、漢以後詞章，特餘論及之耳。乃獨爲楚辭解釋，其義何也？然先生終不言，楫輩亦不敢竊有請焉。歲在己巳，忝屬胄監，與先生嗣子將作簿同朝，因得録而藏之。今以屬廣文游君參校而刊於同安郡齋」。此非辯證單刻本，蓋集注八卷、辯證二卷合刊本，刻於寧宗嘉定四年（一二一一）同安郡齋。此本原爲傅增湘舊藏，傅氏藏園羣書經眼録及王文進文禄堂記書記皆見著録，今存臺北「中央圖書館」，然但見辯證二卷。存於今者惟以寧宗嘉定六年癸酉章貢郡齋刻本爲最早。嗣後，乃有其孫朱鑑於理宗端平二年（一二三五）乙未刻本，元、明以後屢見翻刻，則皆祖端平刻本。

嘉定本集注目前僅見中國國家圖書館藏本，中國古籍總目（集部）『楚辭類』著録，云該本八卷，卷一、三、四係配清抄宋本。雖然配補之本尚難確定其來歷，但從總體上看，該本可稱完備，且爲僅見，十分珍貴。集注八卷：首卷離騷、卷二九歌、卷三天問、卷四九章、卷五遠遊、卜居、漁父三篇（以上屈原）、卷六九辯（宋玉）、卷七招魂（宋玉）、大招（景差）、卷八惜誓（賈誼）、弔屈原（賈誼）、服賦（賈誼）、哀時命（莊忌）、招隱士（淮南小山）是也，末附揚雄反離騷一卷，然殘「以於邑兮」至「蹠彭咸之所遺」，文及注蓋據別本配補。又抄録洪興祖注離騷後叙一段文字附於末。辯證爲上、下二卷。無後語六卷。

辯證卷首有王涔刻書題記，稱「晦庵先生□□（集注）、□（辯）證楚辭得於□□，因是正之，刊於□（章）貢郡齋，俾學者□（知）風雅之變云。嘉□（定）癸酉三月甲子□（襄）陽王涔書」。則是本爲襄陽王涔刻於寧宗嘉定六年癸酉，去朱子卒於寧宗慶元六年庚申者，祇十七年。王涔之慕朱子若是，至爲刻其書者，抑亦朱子門生或私淑歟？然其人其事皆不可詳考。范成大吴郡志卷七宫宇有「王涔」條，云：「朝奉郎，新福建提刑，改除嘉定九年五月到任九月宮觀。」又，廣東通志卷二十六職官志有宋襄陽人王洿者，任「惠州軍州事」。當是其人。

嘉定本與端平本相校，文字或見歧異。然嘉定本或優於端平本，如離騷「朝搴」，注引説文作「𢶍」，端平本作「攓」。説文正作「𢶍」，从手、寒聲。攓，俗字。又，「三后」注：「謂禹、湯、文武也。」端平本「武」作「王」。指周之文王、武王，作「武」是也。又，「以爲理」注：「即理，叶音賴，上聲。」端平本無「上聲」二字，脱訛也。又，「求虙妃」注：「虙妃，伏虙氏女。」端平本注文「妃」作「如」。如，訛字。又，「欲遠集」注：「集，一作進。」端平本「一」作「二」。訛字也。又，「齊玉軑」，端平本「軑」作「軚」。楚簡「大」或作「犬」，「太」字之點在右上。則「軑」作「軚」者，亦古字。東皇太一「姣服」注：「姣服，一作妖服，古字並通。」端平本「一作妖服」之「服」作「般」。般，𦨈之訛字。𦨈，古服字。又，九歌諸章篇題，如「右東皇太一」，端平本無「右」字。案：當依嘉定本爲是。山鬼「狖夜鳴」注：「狖，猨屬。」端平本注文「狖」作「又」。正文作「狖」，則注文不當作「又」。禮魂「容與」注：「與，一作治。」端平本「一」作「二」。疑刻誤也。天問「遂成考功」注：「書所謂『決九川』。」端平本「川」作「州」。案：書禹貢作「決九川」。又，「而能拘是達」注：「未知是否。」端平本「知是」作「是知」。乙訛也。惜誦「矰弋機」注：「弋，一作隿。」端平本「隿」作「雉」。案：雉，隿之訛。涉江「凝滯」注:「滯,丑介反。」端平本「介」作「亦」。案:亦,介之訛字。抽思「道卓遠」注:「卓,一作逴。」端平本作「一作卓」。卓,逴之訛。懷沙「不可遌」注:「史作牾。」端平本「牾」作「悟」。史記亦作「牾」。遠遊「登仙」注:「仙,一作僊。」端平本注文「仙」作「似」。似,訛字。

嘉定本文字訛誤,亦時或見之。如離騷「矯菌桂以紉蘭兮」,端平本「蘭」作「蕙」。是也。單行章句、洪氏補注、文選諸本皆作「蕙」。又,「妖乎羽之野」,端平本「妖」作「殀」,是也。單行章句、洪氏補注、文選諸本皆作「殀」。又,「濯髮於」,單行章句、洪氏補注、文選諸本「於」作「乎」,與上句「於」交錯爲文。則作「乎」是也。哀郢「曾不知」注:「懷王二十一年,秦拔郢,而楚徙陳。」案:秦拔郢、楚徙陳之事,在頃襄王二十一年,蓋朱子筆誤而未及校改。端平本亦誤。

中國國家圖書館藏嘉定本卷三至卷八前後有「湖山訥庵手校遺書」、「湖山訥庵楊氏手校」題識,内有楊訥庵朱墨圈點批注。訥庵,明楊舟也。舟字濟川,號訥庵,姓楊氏,即楊用之之父,武功人。其人蓋正德、嘉靖之間,則是本當爲楊氏世藏舊物,後藏於國圖。

楊氏評點自天問以下至招隱士,而於天問一卷特見推重,眉批最多,其或據他本訂正是本文字訛誤，有助於校勘。如，離騷「紉秋蘭」注：「記曰：『佩帨茝蘭。』芷之類，古人皆以爲佩也。」楊氏「芷」上補「則蘭」二字。案：端平本有「則蘭」二字。又，「朝搴阰」注：「皆芳久固之物。」楊氏「芳」下補「香」字。案：端平本亦有「香」字。又，「貫薜荔」注：「荔薜，香草也。」楊氏「荔薜」之「薜」改作「荔」，然上「荔」字猶未改爲「薜」。大司命「導之兮」，楊氏「導」下補「帝」字。端平本亦有「帝」字。天問「成康東巡」，楊氏「康」改作「湯」。端平本亦作「湯」。楊氏於九章各篇題上皆補「右」字，蓋據九歌之例補之。

有鑑於此，此番整理，集注與辯證即用嘉定本爲底本，以端平本爲校本。嘉定本原本没有的後語六卷，據端平本配補。揚雄反離騷仍附於卷八末，於後語則僅存其目。其出校原則，惟以校正底本文字是非爲主：凡底本有訛誤者，則據校本改、補、删、乙；底本與校本兩可者，酌情出異文校；若底本、校本皆誤者，則據清黎庶昌古逸叢書景刻元至正二十三年高日新宅新刊本（簡稱「景元本」）校改。其他明、清以下翻刻諸本，則不再參校。若集注本皆訛，則據章句本、補注本或者據集注本所徵引本書校改；底本不誤而校本有誤，皆不出校。校勘記惟求簡要明白，不作繁瑣考證。末增附録有二：一、楚辭集注序跋著録，二、楚辭集注版本著録，便於學者覆覈。

本書最初作爲楚辭要籍叢刊之一種，於二〇一五年十二月出版，歷六年有餘，迭經重印。此次出版，應出版社要求，再次對照底本、校本，重加覆校，增删改定校記爲數不少，請讀者察之。然限於學識卑陋不精，斷句標點或者校記等不當失誤之處，亦在所不免，幸祈請高明指正。

黄靈庚

己亥孟夏記於婺州麗澤寓舍。

總目

楚辭集注

楚辭辯證

楚辭後語

楚辭集注

楚辭集注目録（一）

右楚辭集注八卷，今所校定，其第録如上。蓋自屈原賦離騷而南國宗之，名章繼作，通號楚辭，大抵皆祖原意，而離騷深遠矣。竊嘗論之：原之爲人，其志行雖或過於中庸，而不可以爲法，然皆出於忠君、愛國之誠心。原之爲書，其辭旨雖或流於跌宕怪神、怨懟激發，而不可以爲訓。然皆生於繾綣惻怛，不能自已之至意。雖其不知學於北方，以求周公、仲尼之道，而獨馳騁於變風、變雅之末流，以故醇儒莊士或羞稱之。然使世之放臣、屏子、怨妻、去婦抆淚謳唫於下，而所天者幸而聽之，則於彼此之間，天性民彝之善，豈不足以交有所發，而增夫三綱五典之重。此予之所以每有味於其言，而不敢直以「詞人之賦」視之也。然自原著此詞，至漢未久，而説者已失其趣，如太史公蓋未能免，而劉安、班固、賈逵之書，世復不傳。及隋、唐間，爲訓解者尚五六家，又有僧道騫者，能爲楚聲之讀，今亦漫不復存，無以考其説之得失。而獨東京王逸章句與近世洪興祖補注，並行於世，其於訓詁、名物之間，則已詳矣。顧王書之所取舍與其題號離合之間，多可議者，而洪皆不能有所是正。至其大義，則又皆未嘗沈潛反復、嗟歎咏歌，以尋其文詞指意之所出，而遽欲取喻立説、旁引曲證，以强附於其事之已然。是以或以迂滯而遠於性情，或以迫切而害於義理，使原之所爲抑鬱而不得申於當年者，又晦昧而不見白於後世。予於是益有感焉。疾病呻吟之暇，聊據舊編，粗加隱括，定爲集注八卷。庶幾讀者得以見古人於千載之上，而死者可作；又足以知千載之下有知我者，而不恨於來者之不聞也。嗚呼悕矣，是豈易與俗人言哉！

校勘記

〔一〕本目原無「以上續離騷　凡八題十六篇，今定爲三卷」一行及目録之後的朱子自序，今據端平本補。其他與端平本小異者，如端平本目録離騷題下有「經」字，九歌以迄漁父各題上冠「離騷」二字，相應九辯以迄招隱士題上冠「續離騷」三字。又揚雄反離騷，其題原未見於目録，正文附卷末招隱士之後，端平本置楚辭後語卷二，今從底本仍附集注卷末，本書所收楚辭後語則存目。

楚辭卷第一

朱熹集注

離騷第一

離騷經者，屈原之所作也。屈原名平，與楚同姓。仕於懷王，爲三閭大夫。三閭之職，掌王族三姓，曰昭、屈、景。戰國策，楚有昭奚恤。元和姓纂云：「楚武王子瑕食采於屈，因氏焉，屈重、屈蕩、屈建、屈平，並〔一〕其後。」又云：「景氏有景差，至漢皆徙關中。」屈原序其譜屬，率其賢良，以厲國士。入則與王圖議政事，決定嫌疑；出則監察群下，應對諸侯。謀行職脩，王甚珍之。同列上官大夫及用事臣靳尚妬害其能，共譖毀之。王疏屈原。屈原被讒，憂心煩亂，不知所愬，乃作離騷。班孟堅曰：「離，猶遭也。」顏師古曰：「擾動曰騷。」洪曰：「其謂之經，蓋後世之士祖述其詞，尊而名之耳，非原本意也。」上述唐、虞、三后之制，下序桀、紂、羿、澆之敗，冀君覺悟，反於正道而還己也。是時，秦使張儀譎詐懷王，令絶齊交，又誘與俱會武關。原諫懷王勿行，不聽而往。遂爲所脅，與之俱歸。拘留不遣，卒客死於秦。而襄王立，復用讒言，遷屈原於江南。屈原復作九歌、天問、九章、遠遊、卜居、漁父等篇，冀伸己志，以悟君心。而終不見省，不忍見其宗國將遂危亡，遂赴汨羅之淵，自沈而死。汨音覓。○長沙羅縣西北，去縣三十里，名爲屈潭，即屈原自沈處。今屬潭州寧鄉縣。淮南王安曰：「國風好色而不淫，小雅怨誹而不亂，若離騷者，可謂兼之矣。」又曰：「蟬蜕於濁穢之中，以浮游塵埃之外，不獲世之滋垢，皭然泥而不滓。推此志也，雖與日月爭光可也。」宋景文公曰：「離騷爲詞賦之祖，後人爲之，如至方不能加矩，至圓不能過規矣。」按：周禮：「太師掌六詩以教國子，曰風、曰賦、曰比、曰興、曰雅、曰頌。」而毛詩大序謂之「六義」，蓋古今聲詩條理，無出此者。風則閭巷風土男女情思之詞，雅則朝會燕享公卿大夫之作，頌則鬼神宗廟祭祀歌舞之樂，其所以分者，皆以其篇章節奏之異而別之也。賦則直陳其事，比則取物爲比，興則託物興詞，其所以分者，又以其屬辭命意之不同而別之也。誦詩者先辯乎此，則三百篇者若網在綱，有條而不紊矣。不特詩也，楚人之詞亦以是而求之，則其寓情草木、託意男女，以極遊觀之適者，變風之流也。其叙事陳情，感今懷古，以不忘乎君臣之義者，變雅之類也。至於語冥婚而越禮，攄怨憤而失中，則又風、雅之再變矣。其語祀神歌舞之盛，則幾乎頌，而其變也，又有甚焉。其爲賦，則如離騷首章之云也。比，則香草惡物之類也。興，則託物興詞，初不取義，如九歌「沅芷澧蘭」，以興思公子而未敢言之屬也。然詩之興多而比、賦少，騷則興少而比、賦多。要必辨此，而後詞義可尋，讀者不可以不察也。

帝高陽之苗裔兮，朕皇考曰伯庸。攝提貞于孟陬兮，惟庚寅吾以降。陬，側鳩反，又子侯反。降，叶乎攻反。○此章賦也。德合天地稱帝。高陽，顓頊有天下之號也。顓頊之後有熊繹者，事周成王，封爲楚子，居於丹陽。傳國至熊通，始僭稱王，徙都於郢，是爲武王。生子瑕，受屈爲卿，因以爲氏。苗裔，遠孫也。苗者，草之莖葉，根所生也。裔者，衣裾之末，衣之餘也。故以爲遠末子孫之稱也。朕，我也，古者上下通稱之。皇，美也。父死稱考。伯庸，字也。屈原自道，本與君共祖，世有令名，以至於己，是恩深而義厚也。攝提，星名，隨斗柄以指十二辰者也。貞，正也。孟，始也。陬，隅也。正月爲陬。蓋是月孟春昏時，斗柄指寅，在東北隅，故以爲名也。降，下也。原又自言，此月庚寅之日，己始下母體而生也。

皇覽揆余于初度兮，肇錫余以嘉名。名余曰正則兮，字余曰靈均。覽，一作鑒。「余」下一無「于」字。○賦也。皇，皇考也。覽，觀也。揆，度也。「初度」之度，猶言時節也。肇，始也。錫，賜也。嘉，善也。正，平也。則，法也。靈，神也。均，調也。高平曰原。故名平而字原也。正則、靈均，各釋其義，以爲美稱耳。禮曰：「子生三月，父親名之。二十，則使賓友冠而字之。」故字雖朋友之職，亦父命也。

紛吾既有此内美兮，又重之以脩能。扈江離與辟芷兮，紉秋蘭以爲佩。紛音墳。重，直用反。能，叶奴代反。一作態，非是。扈音户。辟，匹亦反。紉，女陳反。○賦而比也。紛，盛貌。生得日月之良，是天賦我美質於内也。重，再也，非輕重之重。脩，長也。能，才也。能，獸名，熊屬，多力。故有絶人之才者謂之能。扈，被也。離，香草，生於江中故曰江離。説文曰：「蘼蕪也。」郭璞曰：「似水薺。」辟，幽也。芷，亦香草，生於幽僻之處。紉，續也。蘭，亦香草，至秋乃芳。本草云：「蘭與澤蘭相似，生水傍，紫莖赤節，高四、五尺。綠葉光潤，尖長有岐，陰小紫花，紅白色而香，五、六月盛。」佩，飾也。記曰：「佩帨茝蘭。」則蘭〔二〕芷之類，古人皆以爲佩也。汩余若將不及兮，恐年歲之不吾與。朝搴阰之木蘭兮，夕擥洲之宿莽。汩，于筆反。不，一作弗。恐，丘用反。搴音蹇。説文作「攐」。阰音毗。擥，力敢反。一作攬，〔三〕一作擥，下一有「中」字。洲，一作州。莽，莫補反。○賦而比也。汩，水流去疾之貌。言己之汲汲自脩，常若不及者，恐年歲不待我而過去也。搴，拔取也。阰，山名。木蘭，木名。本草云：「皮似桂而香，狀如楠樹，高數仞，去皮不死。」擥，采也。水中可居者曰洲。草冬生不死者，楚人名曰宿莽。言所采取皆芳香久固之物，以比所行者皆忠善長久之道也。日月忽其不淹兮，春與秋其代序。惟草木之零落兮，恐美人之遲暮。忽，一作曶。零，一作苓。○賦而比也。淹，久也。代，更也。序，次也。零落，皆墜也，草曰零，木曰落。美人，謂美好之婦人，蓋託詞而寄意於君也。遲，晚也。此承上章，言己但知朝夕脩潔，而不知歲月之不留，至此乃念草木之零落，而恐美人之遲暮，將不得及其盛年而偶之。以比臣子之心唯恐其君之遲暮，將不得及其盛時而事之也。不撫壯而棄穢兮，何不改乎此度。椉騏驥以駝騁兮，來吾道夫先路。椉，一作乘，下同。一作策。駝，一作馳，下同。道，一作導。度、路二韻下，一皆有「也」字。○賦而比也。三十曰壯。棄，去也。草荒曰穢，以比惡行。騏驥，駿馬，以比賢智。言君何不及此年德壯盛之時，棄去惡行，改此惑誤之度，而乘駿馬以來隨我，則我當爲君前導，以入聖王之道也。自「汩余」至此三章，同用一韻，意亦相承。

昔三后之純粹兮，固衆芳之所在。雜申椒與菌桂兮，豈維紉夫蕙茝？菌，渠隕反。或从竹。維，當作唯，古通用。茝，昌改反，一作芷。○賦而比也。后，君也。三后，謂禹、湯、文、武也。至美曰純，齊同曰粹。衆芳，喻羣賢。言三王所以有純美之德，以衆賢輔之也。雜，非一也。椒，木實之香者。申，或地名，或其美名耳。桂，木名。本草云：「花白葉黄，正圓如竹。」蕙，草名。本草云：「薰草也。生下濕地，麻葉而方莖，赤花而黑實，氣如蘼蕪，可以已厲。」陳藏器云：「即零〔四〕陵香也。」言雜用衆賢，以致治，非獨專任一、二人而已也。彼堯舜之耿介兮，既遵道而得路。何桀紂之昌被兮，夫唯捷徑以窘步。耿，古迥反，又古幸反。昌，一作猖，一作倡。被，一作披，並匹皮反。夫音扶。後以意求，不能盡出。○賦而比也。耿，光也。介，大也。遵，循也。昌被，衣不帶之貌。捷，邪出也。徑，小路也。窘，急也。桀、紂之亂若披衣不帶者，獨以不由正道，而所行蹙迫耳。惟黨人之偷〔五〕樂兮，路幽昧以險隘。豈余身之憚殃兮，恐皇輿之敗績。「惟」下一有「夫」字。樂音洛。隘，於懈反，叶於力反。身，一作心。憚音彈。殃，一作怏。○賦而比也。惟，思念也。黨，朋也。偷，苟且也。幽昧，不明也。險，臨危也。隘，履狹也。憚，難也。殃，咎也。皇，君也。績，功也。君車宜安行於大中至正之道，而當幽昧險隘之地，則敗績矣。故我欲諫爭者，非難身之被殃咎也，但恐君國傾危，以敗先王之功耳。忽奔走以先後兮，及前王之踵武。荃不揆余之中情兮，反信讒而齌怒。忽，一作曶，一作急。奔，布頓反。先，悉薦反。後，下遘反。荃，七全反。一音孫，一作「蓀」，音同。揆，一作察。中，一作忠。齌，从火齊聲，在詣反。一作齊，或作齎，並祖西反。又一作欻。怒，叶上聲。○比而賦也。踵，足跟也。武，跡也。追前人者，但見其跟之跡耳。言所以奔走以趨君之所鄉，而或出其前，或追其後，以相導之者，欲其有以躡先王之遺迹也。荃與蓀同。陶隱居云：「東澗〔六〕溪側有名溪蓀者，根形氣色極似石上菖蒲，而葉無脊。」蓋亦香草，故時人以爲彼此相謂之通稱。此又借以寓意於君也。齌，炊餔疾也。余固知謇謇之爲患兮，忍而不能舍也。指九天以爲正兮，夫唯靈脩之故也。謇，居輦反。「忍」上有一「余」字。一無「而」字。舍，尸夜反，叶尸預反。或音捨，非是。一無二「也」字。○賦而比也。謇謇，難於言也。直詞進諫，已所難言，而君亦難聽。故其言之出有不易者，如謇吃然也。舍，止也。言已知〔七〕忠言謇謇，必爲身患，然中心不能自止而不言也。九天，天有九重也。正，平也。靈脩，言其有明智而善脩飾〔八〕，蓋婦悦其夫之稱，亦託詞以寓意於君也。此又上指九天，告語神明，使平正之，明非爲身謀及爲他人之計，但以君之恩深而義重，是以不能自已耳。曰「黄昏以爲期兮」，羌中道而改路。一無此二句。洪曰：「王逸不注此二句，後章始釋羌義，疑此後人所增也。」羌，起羊反。○比也。曰者，叙其始約之言也。黄昏者，古人親迎之期，儀禮所謂「初昏」也。羌，楚人發語端之詞，猶言「卿」，何爲也。中道而改路，則女將行而見棄，正君臣之契已合而復離之比也。洪説雖有據，然安知非王逸以前此下已脱兩句邪？更詳之。初既與余成言兮，後悔遁而有他。余既不難夫離別兮，傷靈脩之數化。遁，一作遯。他，一作佗。一無「夫」〔九〕字。數，所角反。化，叶虎瓜反。○比也。成言，謂成其要約之言也。悔，改也。遁，移也。近曰離，遠曰別。言我非難與君離別也，但傷君志數變易而無常操也。

余既滋蘭之九畹兮，又樹蕙之百畮。畦留夷與揭車兮，雜杜衡與芳芷。滋，一作蕻，與

「栽」同。畹，於遠反。畮，古「畝」字，莫後反。叶滿彼反。留夷，一作留荑。揭，一作藒，又作藒，並丘謁反。又起例反。衡，一作蘅。○比也。滋，蒔也。畹，十二畝。或曰二三十畝也。樹，種也。六尺爲步，步百爲畝。畦，隴種也。留夷、揭車，皆芳草。杜蘅〔一〇〕似葵而香，葉似馬蹄，故俗云馬蹄香也。言己種蒔衆香，脩行仁義，以自潔飾，朝夕不倦也。冀枝葉之峻茂兮，願竢時乎吾將刈。雖萎絶其亦何傷兮，哀衆芳之蕪穢。峻，一作葰，音俊。竢，一作俟。萎，於危反。○比也。冀，幸也。峻，長也。刈，穫也。萎，病也。絶，落也。言此衆芳雖病而落，何能傷於我乎？但傷善道不行，如香草之蕪穢耳。

衆皆競進以貪婪兮，憑不猒乎求索。羌内恕己以量人兮，各興心而嫉妬。以，一作而。婪音藍，又力含反。憑，一作凴。索，所格反，一叶蘇故反。一無「己」字。量，力香反。興，一作與，非是。若索音素，即妬如字。若索从「所格」讀，則妬叶音跖。○賦也。並逐曰競。愛財曰貪，愛食曰婪。憑，滿也。楚人謂滿曰憑。以心揆心爲恕。量，度也。興，生也。害賢爲嫉，害色爲妬。言在位之人心皆貪婪。内以其志量度他人，謂與己同，則各生嫉妬之心也。忽馳騖以追逐兮，非余心之所急。老冉冉其將至兮，恐脩名之不立。騖音務。○賦也。騖，亂馳也。冉冉，漸也。脩名，長名。或曰：脩潔之名也。朝飲木蘭之墜露兮，夕餐秋菊之落英。苟余情其信姱以練要兮，長顑頷亦何傷。飲，於錦反。餐，一作湌，並七安反。英，叶於姜反。姱，苦瓜反。要，於笑反。顑，虎感反，又古湛反。頷，户感反，又魚檢反。頷，一作頜。○比也。英，華也。飲露餐華，言動以香潔自潤澤也。苟，誠也。信，實也。練要，言所脩精練、所守要約也。顑頷，食不飽而面黄之貌。擥木根以結茝兮，貫薜荔之落蘂。矯菌桂以紉蕙〔一一〕兮，索胡繩之纚纚。擥音覽。一作掔，啓姸反。茝，一作芷。薜，蒲計反。荔，郎計反。索，蘇各反。纚，所綺反。○比也。薜荔，香草也，緣木而生。蘂，花蕚鬚粉蘂蘂然者也。矯，舉也。胡繩，亦香草，有莖葉可作繩索。纚纚，索好貌。〔一二〕謇吾法夫前脩兮，非世俗之所服。雖不周於今之人兮，願依彭咸之遺則。謇，一作蹇。服，叶蒲北反。○賦也。謇，難詞也。前脩，謂前代脩德之人。周，合也。彭咸，殷賢大夫，諫其君不聽，自投水而死。遺，餘也。則，法也。

長太息以掩涕兮，哀民生之多艱。余雖好脩姱以鞿羈兮，謇朝誶而夕替。鞿，居依反。羈，居宜反。誶與訊同，音信，又音粹。替與艱叶，未詳。或云：艱，居垠反。替，它因反。○賦也。掩涕，猶抆淚也。哀此民生遭亂世而多難也。脩姱，謂脩潔而美好。鞿羈，以馬自喻。韁在口曰鞿，革絡頭曰羈。言自繩束，不放縱也。誶，諫也。詩曰：「誶予不顧。」今詩作「訊」。訊，告也。替，廢也。既替余以蕙纕兮，又申之以攬茝。亦余心之所善兮，雖九死其猶未悔。纕，息羊反。一無「以」字，非是。茝，一作芷。悔，虎猥反。○賦而比也。纕，佩帶也。申，重也。此言君之廢我，以蕙茝爲賜而遣之，如待放之臣，予之以玦，然後去也。然二物芬芳，乃余心之所善，幸而得之，則雖九死而不悔，況但廢替而已乎耶！怨靈脩之浩蕩兮，終不察夫民心。衆女嫉余之蛾眉兮，謡諑謂余以善淫。蛾，一作娥。非是。謡音遥。諑音卓。以，一作之。○比也。浩蕩，無思慮貌。民，謂衆人也。蛾眉，謂眉之美好如蠶蛾之眉也。爾雅云：「徒歌謂之謡。」方言云：「楚南謂愬爲諑。」固時俗之工巧兮，偭規矩而改錯。背繩墨以追曲兮，競周容以爲度。偭音面。錯，七故反。追，古「隨」字。○比也。偭，背也。規，所運以爲圓之筳也。矩，所擬以爲方之器，今曲尺也。錯，置也。繩墨，引繩彈墨，以取直者，今墨斗繩是也。追，猶隨也。言舍直而隨曲也。競，爭也。周，合也。度，法也。言爭以苟合求容爲常法也。洪曰：「偭規矩而改錯者，反常而妄作。背繩墨以追曲者，枉道以從時。」忳鬱邑余侘傺兮，吾獨窮困乎此時也。寧溘死以流亡兮，余不忍爲此態也。忳，徒渾反。邑，一作悒。侘，敕加、敕駕二反。傺，丑[一三]利、敕界二反。一無二「也」字。溘，苦答反，又苦合反。以，一作而。態，叶土宜反。○賦也。忳，憂貌。侘傺，失志貌。侘，猶堂堂也，又立也。傺，住也，楚人語也。溘，奄也。言我寧奄然而死，不忍爲此邪淫之態也。鷙鳥之不羣兮，自前世而固然。何方圜之能周兮，夫孰異道而相安？鷙，脂利反。圜，一作圓。周，一作同。安，叶一先反。○比也。鷙，執也，謂鳥之能執伏衆鳥者，鷹鸇之類也。不羣，言其執志剛厲，居常特處，不與衆鳥爲羣也。周，合也。員鑿方枘，不能相合，以其異道故不能相安。賢者之居亂世，亦由是也。屈心而抑志兮，忍尤而攘訽。伏清白以死直兮，固前聖之所厚。攘，而羊反。訽，一作詬，並呼漏反。又或作垢。○賦也。抑，按也。尤，過也。攘，除也。訽，恥也。言與世已不同矣，則但可屈心而抑志，雖或見尤於人，亦當一切隱忍而不與之校，雖所遭者或有恥辱，亦當以理解遣，若攘却之而不受於懷。蓋寧伏清白而死於直道，尚足爲前聖之所厚。如比干諫死，而武王封其墓，孔子稱其仁也。自「怨靈脩」以下至此，五章一意，爲下章「回車復路」起。

悔相道之不察兮，延佇乎吾將反。回朕車以復路兮，及行迷之未遠。相，息亮反。佇，直呂反。回，一作迴。○比也。悔，追恨也。察，明審也。延，引頸也。佇，跂立也。回，旋轉也。迷，惑誤也。言既至於此矣，乃始追恨前日相視道路未能明審，而輕犯世患。遂引頸跂立，而將旋轉吾車，以復於昔來之路，庶幾猶得及此惑誤未遠之時，覺悟而旋歸也。步余馬於蘭皋兮，馳椒丘且焉止息。進不入以離尤兮，退將復脩吾初服。焉，尤虔反。離，力智反。一無「復」字。服，叶蒲北反。○比也。步，徐行也。澤曲曰皋。其中有蘭，故曰蘭皋。丘上有椒，故曰椒丘。徐步馳走，而遂止息，必依椒、蘭，不忘芳香以自清潔，所謂「回朕車以復路」也。進既不入以離尤，則亦退而復脩吾初服耳。製芰荷以爲衣兮，雧芙蓉以爲裳。不吾知其亦已兮，苟余情而信芳。芰，奇寄反。雧，古「集」字，一作集。○比也。製，裁也。芰，蔆也。生水中，葉浮水上，花黄白色，實紫色，兩頭鋭者也。荷，蓮葉也。芙蓉，蓮花也。本草云：「蓮，其葉名荷，其花未發爲菡萏，已發爲芙蓉。」上曰衣，下曰裳。言被服益潔〔一四〕，脩善益明也。此與下章即所謂「脩吾初服」也。高余冠之岌岌兮，長余佩之陸離。芳與澤其雜糅兮，唯昭質其猶未虧。岌，魚及反。糅，女救反，下同。○賦也。岌岌，高貌。佩，玉佩也。陸離，美好分散之貌。芳，謂以香物爲衣裳。澤，謂玉佩有潤澤也。糅，亦雜也。唯，獨也。昭，明也。言獨此光明之質，有退藏而無虧缺，所謂道行則兼善天下，不用則獨善其身也。忽反顧以游目兮，將往觀乎四荒。佩繽紛其繁飾兮，芳菲菲其彌章。繽，匹賓反。○比也。荒，遠也。繽紛，盛貌。繁，衆也。菲菲，猶勃勃，芳香貌也。章，明也。言雖已回車反服，而猶未能頓忘此世，故復反顧而將往觀乎四方絶遠之國，庶幾一遇賢君，以行其道。佩服愈盛而明，志意愈脩而潔也。民生各有所樂兮，余獨好脩以爲常。雖體解吾猶未變兮，豈余心之可懲。樂，五教反。好，呼報反。脩，一作循，非是。解，古買反。豈，一作非。可，一作何，非是。懲，叶直良反。○賦也。言人生各隨氣習，有所好樂，或邪或正，或清或濁，種種不同，而我獨好脩潔以爲常。雖以此獲罪於世，至於屠戮支解，終不懲創而悔改也。自「悔相道」至此五章，又承上文清白以死直之意，而下爲女嬃詈予起也。

女嬃之嬋媛兮，申申其詈予。曰：「鮌婞直以亡身兮，終然殀〔一五〕乎羽之野。嬃，私俞反。嬋音蟬。媛音爰。一作「撣援」。詈，一作罵。予，叶音與。鮌，古本反，與鯀同，一作縣。婞，一作悻，胡冷反，又胡頸反，又音脛。殀，一作夭，並於矯反。野，叶上與反。○賦也。女嬃，屈原姊也。嬋媛，眷戀牽持之意。申申，舒緩貌也。曰，記女嬃之詞也。鮌，堯臣也。帝繫曰：「顓頊後五世而生鯀」。婞，狠也。蚤死曰殀。言堯使鮌治洪水，婞狠自用，不順堯命，乃殛之羽山，死於中野。女嬃以屈原剛直太過，恐亦將如鯀之遇禍也。汝何博謇而好脩兮，紛獨有此姱節。薋菉葹以盈室兮，判獨離而不服。謇，一作蹇，非是。好，呼報反。節，叶音即。薋，自資反，亦作茨。菉，力玉反。葹，商支反。服，叶蒲比反。○賦而比也。此亦女嬃言也。博謇，謂廣博而忠直。紛，盛貌。姱節，姱美之節也。薋，蒺藜也。菉，王芻也。葹，枲耳也。三物皆惡草，以比讒佞。盈室，喻滿朝也。判，别也。言衆人皆佩此惡草，汝何獨判然離别，不與衆同也。衆不可户説兮，孰云察余之中情？世並舉而好朋兮，夫何煢獨而不予聽？」説，輸芮反。煢，一作焭，並渠營反。「不」字疑衍。聽，叶它丁反。○賦也。朋，黨也。煢，孤也。屈原外困羣佞，内被姊詈，故言衆人不可户户而説，必不能察己之中情，況世人又方並爲朋黨，何能哀我煢獨而見聽乎？爲下章就舜陳辭起。

依前聖以節中兮，喟憑心而歷兹。濟沅湘以南征兮，就重華而敶詞：以，一作之。喟，丘愧反。沅音元。敶，古「陳」字，一作陳。○賦而比也。節，度也。喟，歎也。憑，滿也，恚盛貌。左傳、列子、天問皆云「憑怒」是也。歷，經歷之意。沅、湘，皆水名。沅水出象郡鐔城西，東注江合洞庭中。湘水出帝舜葬，東入洞庭下。重華，舜號也。帝繫曰：「瞽瞍生重華，是爲帝舜。」葬於九疑山，在沅、湘之南。洪曰：「天下明德，皆自虞帝始，其於君臣之際詳矣。屈原以世莫能察己之志，故欲就之而陳詞。」如下文所云也。

啓九辯與九歌兮，夏康娱以自縱。不顧難以圖後兮，五子用失乎家衖。難，乃旦反。衖，一作巷，與巷同，叶乎貢反。一作居，非是。自此以下皆比而賦也。啓，禹子也。九辯、九歌，禹樂也。言禹平治水土，以有天下，啓能承先志，纘叙其業，故九州之物皆可辯數，九功之德皆有次序而可歌也。夏康，啓子太康也。娱，樂也。縱，放也。圖，謀也。五子，太康昆弟五人也。家衖，宫中之道，所謂永巷也。太康以逸豫滅厥德，盤游無度，田於洛南，十旬弗反。有窮后羿距之於河，而五子用此亦失其家衖。言國破而家亡也。事見尚書大禹謨及五子之歌。此爲舜言之，故所言皆舜以後事也。

羿淫遊以佚畋兮，又好射夫封狐。固亂流其鮮終兮，浞又貪夫厥家。羿，五計反。佚音逸。畋，一作田。射，食亦反。固，一作國，非是。鮮，一作尠，並先典反。浞，食角反。家，叶古胡反。○羿，有窮之君，夏時諸侯也。封，大也。浞，寒浞，羿相也。婦謂之家。言羿因夏衰亂，代之爲政，娱樂畋獵，不恤民事。信任寒浞，使爲國相。羿畋將歸，浞使家臣逢蒙射羿殺之，貪取其家，以爲己妻。羿以亂得政，身即滅亡，故曰亂流鮮終也。澆身被服强圉兮，縱欲而不忍。日康娱而自忘兮，厥首用夫顛隕。澆，五弔反。又作奡，五耗反。服，一作於。圉，魚呂反。「欲」下一有「殺」字，非是。而，一作以。夫，一作以〔一六〕。一無「夫」字。顛，一作巔。○澆，寒浞子也。强圉，多力也。言浞取羿妻而生澆，强梁多力，縱放其慾，不能自忍也。康，安也。自上而下曰顛。隕，墜也。言澆既滅殺夏后相，安居無憂，日作淫樂，忘其過惡，卒爲相子少康所誅。此二章事，並見左傳襄公四年、哀公五年。夏桀之常違兮，乃遂焉而逢殃。后辛之菹醢兮，殷宗用之不長。菹，側魚反。醢音海。之，一作而。○違，背也，言背道也。逢殃，爲湯所放也。后辛，即紂也。藏菜曰菹，肉醬曰醢。紂爲無道，殺比干，醢梅伯。武王誅之，殷宗遂絶，不得長久也。湯禹儼而祗敬兮，周論道而莫差。舉賢才而授能兮，循繩墨而不頗。儼，一作嚴，並魚檢反。差，七何反。一無「才」字。循，一作脩，非是。頗，一作陂，並普禾反。○儼，畏也。祗，亦敬也。周，周家也。差，過也。言殷湯、夏禹、周之文王，受命之君，皆畏天敬賢，講論道義，無有過差。又舉賢才，遵法度而無偏頗，故能獲神人之助，子孫蒙其福祐，如下章也。皇天無私阿兮，覽民德焉錯輔。夫維聖哲之茂行兮，苟得用此下土。錯，七故反。之，一作以。行，下孟反。○竊愛爲私，所私爲阿。錯，置也。輔，佐也。猶言「惟德是輔」也。言皇天神明，無所私阿，觀民之德有聖賢者，則置其輔助之力，而立以爲君也。哲，智也。茂，盛也。苟，誠也。下土，謂天下也。言聖哲之人，有甚盛之行，故能有此下土而用之也。瞻前而顧後兮，相觀民之計極。夫孰非義而可用兮，孰非善而可服？相，息亮反。服，叶蒲北反。○瞻，臨視也。顧，還視也。相觀，重言之也。計，謀也。極，窮也。前謂往昔之是非，後謂將來之成敗。服，事也。言瞻前顧後，則人事之變盡矣。故見民之計謀，於是爲極，而知唯義爲可用，唯善爲可行也。阽余身而危死兮，覽余初其猶未悔。不量鑿而正枘兮，固前脩以菹醢。阽，余廉反。「死」下一有「節」字。悔，呼磊反。量音良。鑿音漕。正，一作進。枘，而鋭反。○阽，臨危也，言近邊而欲墮也。危死，言幾死也。鑿，穿孔也。枘，刻木端所以入鑿者也。正，謂審其正而納之也。此承上章言，惟善爲可行，而前修乃有以此而至於菹醢，若龍逢、梅伯者，然亦不敢以爲悔也。曾歔欷余鬱邑兮，哀朕時之不當。攬茹蕙以掩涕兮，霑余襟之浪浪。曾，一作增。歔，許居反。欷，許衣反，又許毅反。當，平聲。攬，一作擥，一作擥。茹，如吕反。浪音郎。○曾，累也。歔欷，哀泣之聲也。鬱邑，憂也。哀時不當者，自哀生不當擧賢之時，而值菹醢之世也。茹，柔耎也。霑，濡也。衣背〔一七〕謂之襟。浪浪，流貌。言心悲泣下，而猶引取柔耎香草以自掩拭，不以悲故，失仁義之則也。跪敷衽以陳辭兮，耿吾既得此中正。駟玉虬以椉鷖兮，溘埃風余上征。跪，巨委反。辭，一作詞。耿，古迥反。正，叶音征。虬，一作蚪，並渠幽反。鷖，烏雞反，又烏計反，一作翳。溘，一作搕。○敷，布也。衽，裳際也。耿，明也。有角曰龍，無角曰虬。鷖，鳳類，身有五采。溘，奄忽也。埃，塵也。征，行也。此言跪而敷衽，以陳如上之詞於舜，而耿然自覺，吾心已得此中正之道，上與天通，無所間隔，所以埃風忽起，而余遂乘龍跨鳳以上征也。然此以下多假託之詞也，非實有是物與是事也。

朝發軔於蒼梧兮，夕余至乎縣圃。欲少留此靈瑣兮，日忽忽其將暮。軔音刃。縣音玄，一作懸。少，一作夕，非是。瑣，先果反，一作璅。○軔，搘車木也，將行則發之。蒼梧，舜所葬也。縣圃，在崑崙之上。靈，神也。瑣，門鏤也。文如連瑣，以青畫之，則曰青瑣。吾令羲和弭節兮，望崦嵫而勿迫。路曼曼其脩遠兮，吾將上下而求索。弭，弥耳反。崦音淹。嵫音滋。古但作「奄茲」。勿，一作未，非是。曼，莫官反，又莫半反〔一八〕。一作漫。索，所格反。○羲和，堯時主四時之官，賓日、餞日者也。弭，按也，止也。按節徐步也。崦嵫，日所入之山也。迫，附近也。曼曼，遠貌。脩，長也。求索，求賢君也。言欲令羲和按節徐行，望日所入之山，且勿附近，冀及日之未莫而遇賢君也。飲余馬於咸池兮，總余轡乎扶桑。折若木以拂日兮，聊逍遥以相羊。飲，於禁反。扶，説文作「榑」〔一九〕。逍遥，一作須臾。相，息羊反。羊，一作佯。玉篇引作「儴佯」，音同。○咸池，日浴處也。總，結也。扶桑，木名，日出其下也。若木，亦木名，在崑崙西極，其華光照下地。拂，擊也。聊，且也。逍遥、相羊，皆遊也。前望舒使先驅兮，後飛廉使奔屬。鸞皇爲余先戒兮，雷師告余以未具。屬，叶章喻反，或如字。則具字，亦叶入聲。皇，一作鳳。爲，于僞反。余先，一作我前。余，一作我。○望舒，月御也。飛廉，風伯也。屬，連也。鸞，鳳之佐也。皇，雌鳳也。雷師，豐隆也。吾令鳳鳥飛騰兮，繼之以日夜。飄風屯其相離兮，帥雲霓而來御。夜，如字，或叶羊茹反。屯，徒渾反。帥，一作率。霓，一作蜺，五稽、五歷、五結三反，此从五稽反。御，叶音迓，或如字。○鳳，靈鳥也。山海經云：「丹穴之山有鳥焉，其狀如雞，五彩而文，曰鳳鳥。是鳥也，飲食則自歌自舞，見則天下大康寧。」飄風，回風也。屯，聚也。霓，虹屬，陰陽交會之氣也。郭璞云：「雄曰虹，謂明盛者。雌曰蜺〔二〇〕，謂暗微者。雲薄漏日，日照雨點則生也。」御，迎也。紛總總其離合兮，斑陸離其上下。吾令帝閽開關兮，倚閶闔而望予。斑，亦作班。下，叶音户。予叶音與。○紛，盛多貌。總總，聚貌。斑，亂貌。帝，謂天帝也。閽，謂主以昏閉門之隸也。閶闔，天門也。令帝閽開門，將入見帝，更敶己志。而閽不肯開，反倚其門，望而拒我，使不得入。蓋求夫君而不遇之比也。時曖曖其將罷兮，結幽蘭而延佇。世溷濁而不分兮，好蔽美而嫉妬。曖音愛。罷音皮。溷，胡困反。好，呼報反。妬，叶丁五反。○曖曖，昏昧貌。罷，極也。結幽蘭而延佇，言以芳香自潔而無所趣向也。溷，亂也。既不得入天門以見上帝，於是歎息世之溷濁而嫉妬，蓋其意若曰：不意天門之下，亦復如此。於是去而他適也。

朝吾將濟於白水兮，登閬風而緤馬。忽反顧以流涕兮，哀高丘之無女。閬音郎，又音浪。緤，一作紲，並音薛。馬，叶滿補反。○淮南子言：「白水出崑崙之山。」閬風，在崑崙〔二一〕山上也。女，神女，蓋以比賢君也。於此又無所遇，故下章欲遊春宮，求虙妃、見佚女、留二姚，皆求賢君之意也。溘吾遊此春宮兮，折瓊枝以繼佩。及榮華之未落兮，相下女之可詒。佩，叶音備。相，息亮反。詒，叶音異。○溘，奄也。春宮，東方青帝舍也。繼，續也。榮華，喻顏色也。落，墮也。相，視也。下女，謂神女之侍女也。詒，遺也。遊春宮，折瓊枝，正欲及榮華之未落，而因下女以通意於神妃也。吾令豐隆乘雲兮，求虙妃之所在。解佩纕以結言兮，吾令蹇脩以爲理。虙，房六反。一作宓，莫必反。在，叶才里。纕，息羊反。或曰：在，如字。即理，叶音賴，上聲。○豐隆，雷師。虙妃，伏羲氏女。溺洛水而死，遂爲河神。纕，佩帶也。蹇脩，人名。理，爲媒以通詞理也。蓋雷迅疾而威震，求無不獲，故欲使之求神女之所在。而令蹇脩致佩纕以爲理，則蹇脩似是下女之能爲媒者。然亦未有考也。

紛緫緫其離合兮，忽緯繣其難遷。夕歸次於窮石兮，朝濯髮乎〔一二二〕洧盤。緯音徽，一作徽。繣，呼麥反，又音畫。一作儘。二字一作「敦儘」。洧，于軌反。盤，叶蒲延反。○緯繣，乖戾也。遷，移也。言蹇脩既持其佩帶以通言，而讒人復毀敗之，令其意一合一離，遂以乖戾而見距絶，其意難移也。次，舍也。窮石，山名，在張掖，即后羿之國也。洧盤，水名。保厥美以驕傲兮，日康娱以淫遊。雖信美而無禮兮，來違棄而改求。傲，一作敖，一作驁〔一二三〕。○倨簡曰驕，侮慢曰傲。康，安也。違，去也。言虙妃驕傲淫遊，雖美而不循禮法，故棄去而改求也。覽相觀於四極兮，周流乎天余乃下。望瑶臺之偃蹇兮，見有娀之佚女。相，息亮反。下，叶音户。娀音嵩。佚，一作妷，並音逸。○四極，四方極遠之地。瑶，玉之美者。偃蹇，高貌。有娀，國名。佚，美也。謂帝嚳之妃、契母簡狄也。事見商頌。呂氏春秋曰：「有娀氏有美女，爲之高臺以飲食之。」吾令鴆爲媒兮，鴆告余以不好。雄鳩之鳴逝兮，余猶惡其佻巧。令音零。鴆，直禁反。好，如字。雄，一作鳿，羽弓反。黄云「呼故反」，然則鳰字歟？惡，烏路反。佻，吐雕反，又吐了反，又音眺。巧，叶苦老反。○鴆，運日也。羽有毒，可殺人。以喻讒佞賊害人也。「告予以不好」者，其性讒賊，不肯爲媒，而反間我也。雄鳩，鶻鳩也。似山鵲而小，短尾，青黑色，多聲。佻，輕也。巧，利也。又使雄鳩銜命而往，然性輕佻巧利，多語言而無要實，復不可信用也。

心猶豫而狐疑兮，欲自適而不可。鳳凰既受詒兮，恐高辛之先我。

猶，如字，又音柚〔二四〕。詒，異眉反。一作詔，非是。○猶，犬子也，人將犬行，犬好豫在人前，待人不得，又來迎候，故謂不決曰猶豫。狐多疑而善聽，河冰〔二五〕始合，狐聽其下，不聞水聲，乃敢過。故人過河冰者，要須狐行，然後敢度。因謂多疑者爲狐疑。高辛，帝嚳有天下之號也。言以鴆鳩皆不可使，故中心疑惑，意欲自往，而於禮有不可者。鳳皇又已受高辛之遺而來求之，故恐簡狄先爲嚳所得也。

欲遠集而無所止兮，聊浮游以逍遥。及少康之未家兮，留有虞之二姚。

集，一作進。非是。少，失炤反。姚音摇。○少康，夏后相之子也。有虞，國名。姚姓，舜後也。以二女妻少康，事見左傳。言既失簡狄，欲適遠方，又無所向，故願及少康未娶於有虞之時，留此二姚也。

理弱而媒拙兮，恐導言之不固。世溷濁而嫉賢兮，好蔽美而稱惡。

好，呼報反。美，一作善。惡，叶烏路反。○弱，劣也。拙，鈍也。恐道理弱於少康，而媒又無巧辭也。蓋不待其不合，而已自知其必無所成矣。故再言世之溷濁，而嫉賢蔽美，蓋以爲雖四方之遠，而其風俗之不美，無以異於齊州也。

閨中既以邃遠兮，哲王又不寤。懷朕情而不發兮，余焉能忍而與此終古。

「既」下一有「以」字。邃，息遂反。一無「而」字。古，叶音故。○小門謂之閨。邃，深也。哲，知也。寤，覺也。終古者，古之所終，謂來日之無窮也。閨中深遠，蓋言虙妃之屬不可求也。哲王不寤，蓋言上帝不能察司閽壅蔽之罪也。言此以比上無明主、下無賢伯，使我懷忠信之情，不得發用，安能久與此闇亂嫉妬之俗，終古而居乎？意欲復去也。

索藑茅以筳篿兮，命靈氛爲余占之。曰：「兩美其必合兮，孰信脩而慕之？索，所格反。藑，一作瓊，並音瓊。筳音廷。篿音專。占之、慕之，兩「之」字自爲韻。〇索，取也。藑茅，靈草也。筳，小折竹也。楚人名結草折竹以卜曰篿。靈氛，古明占吉凶者。兩美，蓋以男女俱美，比君臣俱賢也。言兩美終雖必合，然楚國孰有能信汝之脩潔而慕之者？宜以時去也。思九州之博大兮，豈惟是其有女？」曰：「勉遠逝而無狐疑兮，孰求美而釋女？一無「狐」字。「有女」之女，如字。「釋女」之女，音汝。〇此亦靈氛之詞。美女以比賢君，求美以比求賢。夫言天下之大，非獨楚有美女，但當遠逝而無疑，豈有美女求賢夫而舍汝者乎？何所獨無芳草兮，爾何懷乎故宇。」世幽昧以眩曜兮，孰云察余之善惡？宇，一作宅，待洛反。尚書、周禮，古文宅、度，多通用也。眩，熒絹反。善惡一作美惡。宅作宇，則上聲。宇作宅，則如字。善惡，一作中情。非是。上文別有此句，此章韻不叶也。〇「何所獨無芳草」，即上章「豈惟是其有女」之意。又申言之而勉其行，亦靈氛之言也。眩，目無主也。「世幽昧」而莫能察己以下，乃原自念之詞，言雖往而亦將無所合也。民好惡其不同兮，惟此黨人其獨異。户服艾以盈要兮，謂幽蘭其不可佩。好、惡，並去聲。要，於遥反，即古「腰」字。其，一作兮，一作之。佩，叶音備。〇黨，朋也。言人性固有不同，而黨人爲尤甚也。艾，白蒿，非芳草也。服之滿腰，而反謂蘭爲臭惡而不可佩。言其親愛讒佞，而憎遠忠直也。覽察草木其猶未得兮，豈珵美之能當？

蘇糞壤以充幃兮，謂申椒其不芳。一無「覽」字。猶，一作獨。非是。珵音呈。幃音暉。○珵，美玉也。相玉書：「珵大六寸，其耀自照〔二六〕。」言時人觀草木尚不能別其香臭，豈能知玉之美惡所當乎？蘇，取也。史記：「樵蘇後爨。」謂取草也。幃謂之幐，即香囊也。亦言其近小人而遠君子也。自念之詞止此。

欲從靈氛之吉占兮，心猶豫而狐疑。巫咸將夕降兮，懷椒糈而要之。糈音所。要，於遥反。○巫咸，古神巫也，當殷中宗之世。降，下也。椒，香物，所以降神。糈，精米，所以享神。又叙其事，言巫咸將以日夕從天而下，願懷椒糈而要之，使占此吉凶也。百神翳其備降兮，九疑繽其並迎。皇剡剡其揚靈兮，告余以吉故。翳，於計反。疑，一作嶷。迎，魚慶反。叶音〔二七〕御。剡，以冉反。○翳，蔽也。繽，盛貌。九疑在零陵、蒼梧之間。疑，似也。山有九峯，其形相似，游者疑焉，故曰九疑也。言巫咸既將百神蔽日來下，舜又使九疑之神，紛然來迎己也。皇，謂百神。剡剡，光也。揚靈，發其光靈也。曰：「勉陞降以上下兮，求榘矱之所同。湯禹儼而求合兮，摯咎繇而能調。陞，一作升。上，時掌反。下，遐駕反。榘，俱雨反。一作矩。矱，紆縛反，又烏郭反。一作彠。儼，一作嚴。咎繇，一作皋陶。調，叶音同。詩車攻之五章有此例。○曰，記巫咸語也。陞降上下，陞而上天，下而至地也。榘與矩同，所以爲方之器也。矱，度也，所以度長短者也。摯，伊尹名。咎繇，舜士師。言陞降上下，而求賢君與我皆能合乎此法者，如湯之得伊尹、禹之得咎繇，始能調和而必合也。苟中情其好脩兮，又何必用夫行媒。說操築於傅巖兮，武丁用而不疑。好，呼報反。一無「又」字。媒，叶莫卑反。説音曰。操，七力反。〇行媒，喻左右之先容也。言誠心好善，則精感神明，賢君自當舉而用之，不必須左右薦達也。説，傅説也。傅巖，地名。武丁，殷之高宗也。言傅説抱道懷德，而遭遇刑罰，操築作於傅巖。武丁思想賢者，夢得聖人，以其形像求之，因得傅説，登以爲公，道用大興，爲殷高宗也。孔安國曰：「傅氏之巖在虞、虢之界，通道所經，有澗水壞道，常使胥靡刑人築護此道。説賢而隱，代胥靡築之，以供食也。」

呂望之鼓刀兮，遭周文而得舉。甯戚之謳歌兮，齊桓聞以該輔。呂望，太公也。亦姓姜氏，從其封姓，故曰呂也。鼓，鳴也。太公避紂居東海之濱，聞文王作興，而往歸之。至於朝歌，道窮困，因自鼓刀而屠，遂西釣於渭濱。文王夢得聖人，於是出獵而遇之，遂載以歸，用以爲師。言：「吾先公望子久矣。」因號爲太公望。該，備也。甯戚，衛人。脩德不用，退而商賈，宿齊東門外。桓公夜出，甯戚方飯牛，叩角而商歌曰：「南山粲，白石爛。生不遭堯與舜禪，短布單衣適至骭。從昏飯牛薄夜半，長夜漫漫何時旦。」桓公聞之，曰：「異哉！歌者非常人也。」命後車載之，用爲客卿，備輔佐也。

及年歲之未晏兮，時亦猶其未央。恐鵜鴂之先鳴兮，使夫百草爲之不芳。」其，一作而。鵜，一作鷤，音題，一音弟。鴂音決，一音桂。一無「夫」字。爲，于僞反。一無「爲」字。〇晏，晚也。央，盡也。鵜鴂，鳥名，即詩所謂「七月鳴鵙」者。蓋鴂〔二八〕、鵙聲相近，又其聲惡，陰氣至，則先鳴而草死也。巫咸之言止此。亦勉原，使及此身未老，時未過而速行之意。鵜鴂先鳴，以比時一過，則事愈變而愈不可爲也。

何瓊佩之偃蹇兮，衆薆然而蔽之。惟此黨人之不諒兮，恐嫉妬而折之。佩，一作珮。薆音愛。蔽，如字，又叶音鱉。諒，一作亮。蔽如字〔二九〕，即折叶音制。蔽音鱉，即折音哲。〇此下至終篇，又原自序之詞。偃蹇，衆盛貌。言我所佩瓊玉，德美之盛，蓋以自況也。薆，亦蔽之盛也。諒，信也。折，毁敗也。時繽紛以變易兮，又何可以淹留。蘭芷變而不芳兮，荃蕙化而爲茅。以，一作其。茅，叶莫侯反。○繽紛，亂也。不可淹留，宜速去也。茅，惡草，以喻不肖。補曰：「上云謂幽蘭其不可佩，以幽蘭之别於艾也。謂申椒其不芳，以〔三〇〕申椒之别於糞壤也。今曰蘭芷不芳，荃蕙爲茅，則更與之俱化矣。當是時也，守死而不變者，楚國一人而已，屈子是也。」何昔日之芳草兮，今直爲此蕭艾也。豈其有他故兮，莫好脩之害也。一無「蕭」字，一無二「也」字。好，呼報反。○蕭艾，賤草，亦以喻不肖。世亂俗薄，士無常守，乃小人害之，而以爲「莫如好脩之害」者，何哉？蓋由君子好脩，而小人嫉之，使不容於當世，故中材以下，莫不變化而從俗。則是其所以致此者，反無有如好脩之爲害也。東漢之亡，議者以爲黨錮諸賢之罪，蓋反其詞以深悲之，正屈原之意也。余以蘭爲可恃兮，羌無實而容長。委厥美以從俗兮，苟得列乎衆芳。此即上章「蘭芷變而不芳」之意。容長，謂徒有外好耳。委，棄也。詳見下章。椒專佞以慢慆兮，榝又欲充夫佩幃。既干進而務入兮，又何芳之能祗。慢，馬諫反。一作謾，一作漫。慆，吐刀反，一作謟。榝，一音殺。夫，一作其。非是。幃音暉。而，一作以。○慆，淫也。書曰：「無即慆淫。」榝，茱萸也。幃，盛香之囊也。椒，亦芳烈之物，而今亦變爲邪佞。茱萸，固爲臭物，而今又欲滿於香囊。蓋但知求進而務入於君，則又何能復敬守其芬芳之節乎？固時俗之流從兮，又孰能無變化。覽椒蘭其若兹兮，又況揭車與江離。流從，一作從流。化，叶虎瓜反。離，叶音羅。化，或叶虎爲反，即離如字。○流從，言隨從上化，如水之流也。揭車、江離，雖亦香草，然不若椒、蘭之盛。今椒、蘭既如此，則二者從可知矣。惟茲佩之可貴兮，委厥美而歷茲。芳菲菲而難虧兮，芬至今猶未沬。之，一作其。「菲」下「而」，一作其。「芬」下一有復出「芬」字。沬，叶莫之反。○委、歷，皆已見上。虧，損減也。沬，昏暗也。言瓊珮有可貴之質，而能不挾其美以取世資，委而棄之，以至於此。然其芬芳實不可得，而減損昏暗。此原之自況也。然上章譏蘭既有委厥美之文矣，此美瓊佩又以爲言者，蓋彼真棄其美之實以從俗，此則棄其美之利以徇道，其事固不同也。故彼雖苟得一時之勢，而惡名不滅，此雖失其一時之利，而芬芳久存。二者之間，正有志者所當明辯而勇決也。和調度以自娛兮，聊浮游而求女。及余飾之方壯兮，周流觀乎上下。調，徒料反。女，紐呂反。上，去聲。下，上聲，叶音户。○調，猶今人言格調之調。度，法度也。言我和〔三一〕此調度以自娛，而遂浮游以求女，如前所言虙妃、佚女、二姚之屬，意猶在於求君也。余飾，謂瓊珮及前章冠服之盛。方壯，亦巫咸所謂年未晏、時未央之意。周流上下，即靈氛所謂「遠逝」、巫咸所謂「陞降上下」也。

靈氛既告余以吉占兮，歷吉日乎吾將行。折瓊枝以爲羞兮，精瓊爢以爲粻。一無「吉」字。行，叶户郎反。折，之舌反。爢，芒悲反。粻，陟姜反，又音良。○歷，遍數而實選也。精，細米也。瓊枝、瓊爢，皆謂物之珍者。羞，進也。以牲及禽獸之肉，致滋味而進之也。粻，糧也。爲余駕飛龍兮，雜瑤象以爲車。何離心之可同兮，吾將遠逝以自疏。「爲余」之爲，于僞反。疏，所菹反。○象，象牙也。雜用象玉以飾其車也。離心，謂上下無與己同心者也。自疏，則禍患不能相及矣。邅吾道夫崑崙兮，路脩遠以周流。揚雲霓之晻靄兮，鳴玉鸞之啾啾。邅，池戰反。崑，古渾反。崙，盧昆反。「揚」下一有「志」字。非是。晻，烏感反。藹，一作薀，一作靄，並於蓋反。啾音揫。○邅，轉也。後漢書注云：「崑崙在肅州酒泉縣西南，地之中也。」雲霓，蓋以爲旍旗也。靄，陰貌。鸞，鈴之著於衡者。啾啾，鳴聲也。朝發軔於天津兮，夕余至乎西極。鳳凰翼其承旂兮，高翱翔之翼翼。翼，一作紛。旂，渠希反。之，一作而。○天津，析木之津，謂箕、斗之間，漢津也。蓋箕，北斗南，天河所經，而日月五星於此往來，故謂之津。又有天津九星，在虛、危北，横河中，即津梁所度也。翼，敬也。周禮：「交龍爲旂。」凡旂屬，皆建於車後也。一上一下曰翺，直刺不動曰翔。翼翼，和也。忽吾行此流沙兮，遵赤水而容與。麾蛟龍以梁津兮，詔西皇使涉予。麾，許爲反。以，一作使。予音與。○流沙，見禹貢，今西海居延澤是也。沈括云：「嘗過無定河活沙，履之，百步皆動，如行幕上。或陷，則人馬車駝以百千數，無孑遺者。」或謂此即流沙也。遵，循也。赤水，出崑崙東南陬，入南海。容與，遊戲貌。以手教曰麾。以蛟龍爲橋於津上，而乘之以渡，猶言比黿鼉以爲梁也。詔，告也。西皇，帝少皞也。少皞以金德王，白精之君，故曰西皇。路修遠以多艱兮，騰衆車使徑待。路不周以左轉兮，指西海以爲期。待，叶徒奇反。一作持。○不周，山名。山海經：「西北海之外，有山而不合，名曰不周。」指，語也。期，會也。言己使語衆車，使由徑路，先過而相待，我當自不周山而左行，俱會西海之上也。屯余車其千乘兮，齊玉軑而並馳。駕八龍之蜿蜿兮，載雲旗之委蛇。乘，繩正反。軑音大。蜿，於原反。一作婉，於阮反。委，於危反。蛇，弋支反。一作移。二字一作「逶迤」。○屯，聚也。軑，輨也，轂内之金也。一云：轄也。蜿蜿，龍貌。雲旗，以雲爲旗也。抑志而弭節兮，神高馳之邈邈。奏九歌而舞韶兮，聊假日以媮樂。「抑」上一有「聊」字。弭節，一作自弭。神高馳，一作邁高地。假，工雅反。一作暇，一音暇，皆非是。媮音俞。○言雖按節徐行，然神猶高馳，邈邈然而逾遠，不可得而制也。假，借也。顔師古云：「此言遭遇幽危，中心愁悶，假延日月，苟爲娱樂耳。」九歌，九德之歌，禹樂也。韶，九韶之舞，舜樂也。陟陞皇之赫戲兮，忽臨睨夫舊鄉。僕夫悲余馬懷兮，蜷局顧而不行。一無「陟」字。陞，一作升。戲，許宜反。一作曦。睨，五計反。悲，一作思。蜷音拳。行，叶户郎反。○皇，皇天也。赫戲，光明貌。睨，旁視也。舊鄉，楚國也。僕，御也。懷，思也。蜷局，詰曲不行貌。屈原託爲此行，而終無所詣，周流上下，而卒反於楚焉。亦仁之至，而義之盡也。亂曰：亂者，樂節之名。國語云：「其輯之亂。」輯，成也。凡作篇章既成，撮其大要，以爲亂辭也。史記曰：「關雎之亂，以爲風始。」禮曰：「既奏以文，又亂以武。」已矣哉，國無人兮，莫我知兮！又何懷乎故都？既莫足與爲美政兮，吾將從彭咸之所居。一無「哉」字。「人」下一無「兮」字。○賦也。「已矣」，絶望之詞。無人，謂無賢人也。故都，楚國也。言時君不足與共行美政，故我將自沈，以從彭咸之所居也。

校勘記

〔一〕並　原無此字，據端平本補。

〔二〕則蘭 原無此二字，據端平本補。
〔三〕一作攬 原無此三字，據端平本補。
〔四〕零 原作「苓」，據端平本改。
〔五〕偷 原作「愉」，據楊批及端平本改。
〔六〕東澗 原作「冬間」，據毛祥麟楚辭校文改。
〔七〕知 原作「之」，據端平本改。
〔八〕飾 原作「旆」，據端平本改。
〔九〕夫 原作「既」，據端平本改。
〔一〇〕蘅 原作「荇」，據端平本及文意改。
〔一一〕蕙 原作蘭，據端平本改。
〔一二〕「蒲計反」以下 據端平本校改。蒲，原作「蒱」。荔、索、纚三字反切注音，原置諸本條末尾。比也，原無此二字。薜荔，原作「荔薜」。
〔一三〕丑 原作「凡」，據端平本改。
〔一四〕潔 原作「深」，據端平本改。
〔一五〕殀 原作「妖」，據端平本改，下注文同。
〔一六〕夫一作以 原無此四字，據端平本補。

〔一七〕皆　原作「皆」，據端平本改。
〔一八〕「又莫半反」下原衍「又莫官反」四字，據端平本删。
〔一九〕榑　原作「搏」，據端平本改。
〔二〇〕蜺　原作「霓」，據端平本改。
〔二一〕在崑崙　原無此三字，據王逸楚辭章句補。
〔二二〕乎　原作「於」，據端平本改。
〔二三〕鶩　原作「騖」，據端平本改。
〔二四〕柚　原作「抽」，據端平本改。
〔二五〕冰　原作「水」，據端平本改。
〔二六〕照　原作「然」，據端平本改。
〔二七〕音　原作「其」，據端平本改。
〔二八〕鴂　原作「鴂」，據端平本改。
〔二九〕蔽如字　原無此三字，據端平本補。
〔三〇〕「申椒其」以下六字，原無，據端平本補。
〔三一〕和　原作「如」，據楊批校改。

楚辭卷第二

朱熹集注

九歌第二

九歌者，屈原之所作也。昔楚南郢之邑，沅、湘之間，其俗信鬼而好祀，其祀必使巫覡作樂，歌舞以娛神。蠻荆陋俗，詞既鄙俚，而其陰陽人鬼之間，又或不能無褻慢淫荒之雜。原既放逐，見而感之，故頗爲更定其詞。去其泰甚，而又因彼事神之心，以寄吾忠君愛國、眷戀不忘之意。是以其言雖若不能無嫌於燕昵，而君子反有取焉。此卷諸篇，皆以事神不答，而不能忘其敬愛，比事君不合，而不能忘其忠赤，尤足以見其懇切之意。舊説失之，今悉更定。

吉日兮辰良，穆將愉兮上皇。撫長劍兮玉珥，璆鏘鳴兮琳琅。愉音俞。珥音餌。璆，渠幽反。鏘，七羊反，一作鎗。琳音林。琅音郎，俗作瑯。○日，謂甲乙。辰，謂寅卯。穆，敬也。愉，樂也。上皇，謂東皇太一也。撫，循也。珥，劍鐔也。璆、鏘，皆玉聲。孔子世家云：「環珮玉聲璆然。」玉藻云：「古之君子必佩玉，進則揖之，退則揚之，然後玉鏘鳴也。」琳琅，美玉名，謂佩玉也。此言主祭者卜日齋戒，帶劒佩玉，以禮神也。○補曰：「沈括存中云：『吉日兮辰良，』蓋相錯成文，則語勢矯健。韓退之云：『春與猿吟兮，秋鶴與飛。』用此體也。」瑤席兮玉瑱，盍將把兮瓊芳。蕙肴蒸兮蘭藉，奠桂酒兮椒漿。瑤音遥。瑱音鎮。一作鎮，一他甸反。非是。盍音合。蒸，一作菾〔一〕，一作烝。藉，慈夜反。○瑤，美玉也。瑱與鎮同，所以壓神位之席也。盍，何不也。把，持也。瓊芳，草枝可貴如玉，巫所持以舞者也。肴，骨體也。蒸，進也。國語「燕有殽蒸」是也。此言以蕙裹肴而進之，又以蘭爲藉也。奠，置也。桂酒，切桂投酒中也。漿者，周禮四飲之一，此又以椒漬其中也。四者，皆取其芬芳，以饗神也。揚枹兮拊鼓，疏緩節兮安歌，陳竽瑟兮浩倡。靈偃蹇兮姣服，芳菲菲〔二〕兮滿堂。五音紛兮繁會，君欣欣兮樂康。枹，一作桴，房尤反。疏，平聲。倡音昌。姣服，一作妖服，古字並通用。樂音洛。○揚，舉也。枹，擊鼓槌也。拊，擊也。疏，希也。舉枹擊鼓，使巫緩節而舞，徐歌相和，以樂神也。陳，列也。浩，大也。竽，笙類，三十六簧。瑟，琴類，二十五絃。靈，謂神，降於巫之身者也。偃蹇，美貌。姣，好也。服，飾也。古者巫以降神，神降而託於巫〔三〕，則見其貌之美而服之好，蓋身則巫而心則神也。菲菲，芳貌。五音，謂宫、商、角、徵、羽也。紛，盛貌。繁，衆也。君，謂神也。欣欣，喜貌。康，安也。此言備樂以樂神，而願神之喜樂安寧也。

右東皇太一

一本上有「祠」字。下諸篇同。○太一，神名，天之尊神。祠在楚東，以配東帝，故云東皇。漢書云：「天神貴者太一。太一佐曰五帝。中宫天極星，其一明者，太一常居也。」淮南子曰：

「太微者，太一之庭。紫宫者，太一之居。」○此篇言其竭誠盡禮以事神，而願神之欣説安寧，以寄人臣盡忠竭力，愛君無已之意。所謂全篇之比也。

浴蘭湯兮沐芳，華采衣兮若英。靈連蜷兮既留，爛昭昭兮未央。華，户花反。英，叶於姜反。蜷音拳。○芳，芷也。華采，五色采也。榮而不實者謂之英。言使靈巫先浴蘭湯，沐香芷，衣采衣，如草木之英，以自潔清也。靈，神所降也。楚人名巫爲靈子，若曰神之子也。連蜷，長曲貌。既留，則以其服飾潔清，故神説之，而降依其身，留連之久也。漢樂歌言「靈安留」，亦指神而言也。爛，光貌。昭昭，明也。謇將憺兮壽宫，與日月兮齊光。龍駕兮帝服，聊翺遊兮周章。憺，徒濫反。宫，叶古荒反。齊，一作争。○謇，詞也。憺，安也。壽宫，供神之處。漢武帝時置壽宫神君，亦此類也。言神既至，憺然安樂，無有去意也。龍駕，以龍引車也。帝，謂上帝也。聊，且也。周章，猶周流也。靈皇皇兮既降，猋遠舉兮雲中。覽冀州兮有餘，横四海兮焉窮。思夫君兮太息，極勞心兮𢥞𢥞。降，叶〔四〕胡攻反。猋，卑遥反，其字從三火。焉，於虔反。夫音扶。𢥞，敕中反，一作忡。○靈，謂神也。皇皇，美貌。降，下於巫也。猋，去疾貌。雲中，神所居也。言神飲食既飽，猋然遠舉，復還其處也。覽，望也。兩河之間曰冀州。有餘，所望之遠，不止一州也。窮，極也。言神出入，須臾之間，横行四海，無有窮極也。夫君，謂神也。記曰「夫夫」是也。𢥞𢥞，心動貌。

右雲中君謂雲神也。亦見漢書郊祀志。○此篇言神既降而久留，與人親接，故既去而思之不能忘也，足以見臣子慕君之深意矣。

君不行兮夷猶，蹇誰留兮中洲。美要眇兮宜脩，沛吾乘兮桂舟。令沅、湘兮無波，使江水兮安流。望夫君兮未來，吹參差兮誰思？要，漢書作「幼」，於笑反。眇與妙同。「宜」上一有「又」字。來，叶力之反。一作歸，非是。參差，一作篸䇢。上初簪反，下初宜反。思，叶新齎反。○君，謂湘君，堯之長女娥皇，爲舜正妃者也。舜陟方，死於蒼梧，二妃死於江、湘之間，俗謂之湘君。湘旁黄陵有廟。夷猶，猶豫也。言既設祭祀，使巫呼請而未肯來也。中洲，洲中也。水中可居者曰洲。言其不來，不知其爲何人而留也。要眇，好貌。脩，飾也。沛，行貌。吾，爲主祭者之自吾也。欲乘桂舟以迎神，取香潔之意也。又或行或危殆，故願湘君令水無波而安流也。參差，洞簫也。風俗通云：「舜作簫，其形參差不齊，象鳳翼也。」望湘君而未來，故吹簫以思之也。駕飛龍兮北征，邅吾道兮洞庭。薜荔柏兮蕙綢，蓀橈兮蘭旌。望涔陽兮極浦，横大江兮揚靈。邅，池戰反，又陟連反。柏，一作拍，並音搏。綢音儔，又音叨。蓀，一作荃。橈，而遥反。旌，一作旍，與旌同。此句之上或有「乘」字，或有「承」字，或有「采」字。旌或作旗。皆非是。涔音岑。○駕龍者，以龍翼舟也。邅，轉也。洞庭，大湖也，在長沙巴陵，廣員五百餘里，日月若出没於其中，中有君山。柏，搏壁也。綢，縛束也。蓀，香草也。橈，船小楫也。涔陽，江碕名。極，遠也。浦，水涯也。揚靈者，揚其光靈，猶言舒發意氣也。揚靈兮未極，女嬋媛兮爲余太息。横流涕兮潺湲，隱思君兮陫側。潺，仕〔五〕連反，又鉏山反。湲音爰。陫，符沸反。側，叶札力反。○極，至也。未極，未得所止也。女嬋媛〔六〕，指旁觀之人。蓋見其慕望之切，亦爲之眷戀而嗟嘆之也。潺湲，流貌。隱，痛也。君，湘君也。陫，隱也。兮，語辭。側，不安也。桂櫂兮蘭枻，斲冰兮積雪。采薜荔兮水中，搴芙蓉兮木末。心不同兮媒勞，恩不甚兮輕絶。櫂，直教反。枻音曳，叶音泄。搴音蹇。○此章比而又比也。蓋此篇本以求神而不答，比事君之不偶。而此章又别以事比求神而不答也。櫂，楫也。枻，船旁板也。桂、蘭，取其香也。斲，斫也。言乘舟遭盛寒，斲斫冰凍，紛如積雪，則舟雖芳潔，事雖辛苦，而不得前也。薜荔緣木，而今采之水中；芙蓉在水，而今求之木末。既非其處。則用力雖勤而不可得。至於合昏而情異，則媒雖勞而昏不成；結友而交疏，則今雖成而終易絶。則又心志睽乖，不容强合之驗也。求神不答，豈不亦猶是乎？自是而往，益微而益婉矣。石瀨兮淺淺，飛龍兮翩翩。交不忠兮怨長，期不信兮告余以不閒。淺音牋。閒音閑，叶音賢。○此章興而比也。蓋以上二句引起下句，以比求神不答之意也。瀨，湍也。淺淺，流疾貌。翩翩，飛疾貌。所謂興者，蓋曰石瀨則淺淺矣，飛龍則翩翩矣。凡交不以忠，則其怨必長矣，期不以信，則必將告我以不暇而負其約矣。所謂比者，則求神而不答之意，亦在其中也。其詳已見上章，讀者宜并考之。鼂騁騖〔七〕兮江皋，夕弭節兮北渚。鳥次兮屋上，水周兮堂下。鼂與朝同，陟遥反。騁音逞。騖音務。下，叶音户。○鼂，早也。騁，直馳也。騖，亂馳也。弭，按也。渚，水涯也。次，止也。周，旋也。此言神既不來，則我亦退而游息以自休耳。捐余玦兮江中，遺余佩兮澧浦。采芳洲兮杜若，將以遺兮下女。旹不可兮再得，聊逍遥兮容與。捐音沿。玦，古穴反。遺，平聲。佩，一作珮。澧，一作醴。遺，去聲。旹，即古「時」字，一作時。○玦，如環而有缺。捐玦遺佩，以貽湘君也。澧水出武陵充縣，注於洞庭。史記作「醴」。芳洲，香草所生之處也。杜若，葉似薑而有文理，味辛。下女，已見騷經。逍遥、容與，皆遊戲閒暇之意也。此言湘君既不可見，而愛慕之心終不能忘，故猶欲解其玦珮以爲贈，而又不敢顯然致之，以當其身，故但委之於水濱，若捐棄而墜失之者。以陰寄吾意，而冀其或將取之。若聘禮賓將行，而「於館堂楹間，釋四皮束帛，賓不致，而主不拜」也。然猶恐其不能自達，則又采香草以遺其下之侍女，使通吾意之慇懃，而幸玦珮之見取。其戀慕之心如此，而猶不可必，則逍遥容與以俟之，而終不能忘也。

右湘君說見篇内。○此篇蓋爲男主事陰神之詞，故其情意曲折尤多，皆以陰寓忠愛於君之意。而舊說之失爲尤甚，今皆正之。

帝子降兮北渚，目眇眇兮愁予。嫋嫋兮秋風，洞庭波兮木葉下。予，一作余，並叶音與。嫋，奴鳥反。下，叶音户。○帝子，謂湘夫人，堯之次女女英，舜次妃也。韓子以爲娥皇正妃，故称君；女英自宜降稱夫人也。餘見上篇。眇眇，好貌。愁予者，亦爲主祭者言，望之不見，使我愁也。嫋嫋，長弱之貌。秋風起則洞庭生波，而木葉下矣。蓋記其時也。登白薠兮騁望，與佳期兮夕張。鳥何萃兮蘋中，罾何爲兮木上？一無「登」字。薠音煩。一作蘋，非是。「佳」下一有「人」字。非是。張音帳。一作「與佳人兮期夕張」。亦非是。一無二「何」字。亦非是。罾音增。○賦而比也。薠草秋生，今南方湖澤皆有之，似莎而大，鴈所食也。騁望，縱目也。佳，佳人也，謂夫人也。張，陳設也。言向夕洒掃而張施帷幄也。萃，集也。蘋，水草。罾，魚網。二物所施不得其所，以比夕張之地，非神所處，而必不來也。沅有芷兮澧有蘭，思公子兮未敢言。荒忽兮遠望，觀流水兮潺湲。芷，一作茝。澧，一作醴，非是。荒忽，一作慌惚，音同。○此章興也。澧，水名。見禹貢。公子，謂湘夫人也。帝子而又曰公子，猶秦已称皇帝，而其男女猶曰公子、公主，古人質也。思之而未敢言者，尊而神之，懼其瀆也。所謂興者，蓋曰沅則有芷矣，澧則有蘭矣，何我之思公子而獨未敢言耶？思之之切，至於荒忽而起望，則又但見流水之潺湲而已。其起興之例，正猶越人之歌所謂「山有木兮木有枝，心悦君兮君不知」。而以芷叶子，以蘭叶言，又隔句用韻法也。麋何爲兮庭中，蛟何爲兮水裔？朝馳余馬兮江皋，夕濟兮西澨。麋音眉。爲，一作食。裔，一作⿳亠冋衣。澨音逝。○比而賦也。麋，獸名，似鹿而大。濟，渡也。澨，水涯也。麋當在山林，而在庭中，蛟當在深淵而在水裔，以比神不可見而望之者，失其所當也。朝馳夕濟，猶上篇江皋、北渚之意。聞佳人兮召予，將騰駕兮偕逝。築室兮水中，葺之兮荷蓋。葺，子入反。「荷」上一有「以」字。蓋，叶居乂〔八〕反。○佳人，謂夫人也。偕，俱也。逝，往也。言與召己之使者俱往也。葺，蓋也。築室水中，將託神明而居處也。蓀壁兮紫壇，匊芳椒兮成堂。桂棟兮蘭橑，辛夷楣兮葯房。罔薜荔兮爲帷，擗蕙櫋兮既張。白玉兮爲鎮，疏石蘭兮爲芳。芷葺兮荷屋，繚之兮杜衡。蓀，一作荃。壇音善。匊，古「播」字，本作丒，一作播。成，一作盈。橑音老。楣音眉。葯音約，又音握。罔與網同。擗，一作辟，普覓反，又音覓。一作擘。櫋音綿。「玉兮」、「蘭兮」下一皆有「以」字。鎮，一作瑱。「葺」下一有「之」字。繚音了。○紫，紫貝也。紫質黑點。壇，中庭也。播，布也。蘭，木蘭也。橑，椽也。辛夷，樹大連合抱，高數仞，其花初發如筆，北人呼爲木筆。其花最早，南人呼爲迎春。楣，門戶上横梁也。葯，白芷葉也。罔，結也。結以爲帷帳也。在旁曰帷。擗，析也。析蕙以爲屋櫋聯也。鎮，壓坐席者也。石蘭，香草。疏，布陳也。繚，縛束也。言以杜衡繚其屋也。此言其所築水中之室，欲求芳潔如是也。合百草兮實庭，建芳馨兮廡門。九嶷繽兮並迎，靈之來兮如雲。廡音武。嶷，一作疑。迎，去聲。○馨，芳之遠聞者。廡，堂下周屋也。言合百草之花以實庭中，積芳馨以廡其門也。九嶷，山名，舜所葬也。言舜使九嶷山神繽然來迎二妃，而衆神從之如雲也。將築室依湘夫人以爲鄰，而舜復迎之以去，則又不得見之。捐余袂兮江中，遺余褋兮澧浦。搴汀洲兮杜若，將以遺兮遠者。時不可兮驟得，聊逍遥兮容與。袂，弥蔽反。遺，平聲。褋音牒。搴，見上篇。汀，它丁反。遺，去聲。者，叶音渚，又音覩。與，一作治。○袂，衣袖。褋，襜襦也。此篇首末大指，與前篇同。捐袂、遺褋，即捐玦、遺佩之意。然玦、佩貴之，而袂、褋親之也。汀，平也。遠者，亦謂夫人之侍女，以其既遠去而名之也。

右湘夫人

廣開兮天門，紛吾乘兮玄雲。令飄風兮先驅，使凍雨兮灑塵。凍音東，从水。灑，一作洒，並所宜反。塵，叶除旬反。○天門，上帝所居。紫微宫門〔九〕也。廣開者，爲神將降也。吾，主祭者之自称也。大司命，陽神而尊，故但爲主祭者之詞。乘玄雲者，知神將降而往迎之也。飄風，回風也。凍雨，暴雨也。灑塵，以清道也。君迴翔兮以下，踰空桑兮從女。紛〔一〇〕總總兮九州，何壽夭兮在予？下，叶音户。女，讀作汝。予，叶音與。○君與女，皆指神，君尊而女親也。回翔，盤旋也。空桑，山名。總總，衆貌。予者，贊神而爲其自謂之稱也。言見神既降，而遂往從之，因歎其威權之盛，曰：九州人民之衆如此，何其壽夭之命皆在於己也？高飛兮安翔，乘清氣兮御陰陽。吾與君兮齊速，導帝之兮九坑。清，一作精。齊，如字，又音咨，又側皆反。一作齋，非是。速，禮記作「遬」，音速。導，一作道。坑，一作阬，音岡。○乘，猶乘〔一一〕車。清氣，謂輕清之氣。御，猶御馬。陰陽，則兼清濁變化而言也。齊速，整齊而疾速也。導，奉引也。帝，天帝也。之，適也。坑與岡同，謂山脊也。九坑者，周禮職方氏：九州之山鎮，曰會稽、衡山、華山、沂山、岱山、岳山、醫無閭、霍山、恒山也。此言己得從明神登天，極奉至尊，而周宇内也。靈衣兮被被，玉佩兮陸離。壹陰兮壹陽，衆莫知兮余所爲。被，一作披，並音披。○被被，長貌。一陰一陽，言其變化循環無有窮已也。折疏麻兮瑤華，將以遺兮離居。老冉冉兮既極，不寖近兮愈疏。折音哲。華，叶芳無反。遺，去聲。寖，一作侵，一作浸。愈，一作踰。○疏麻，神麻也。極，窮也。寖，漸也。疏，遠也。此以神既去而思之，如雲中君卒章之意也。乘龍兮轔轔，高駝兮沖天。結桂枝兮延竚，羌愈思兮愁人。轔轔，一作軨軨，並音隣。沖，持弓反，一作翀。天，叶鐵因反。竚，直呂反。思，去聲。○轔轔，車聲。與詩「有車〔一二〕轔轔」字同。言神既去而不留，使己延望而怨思也。愁人兮奈何，願若今兮無虧。固人命兮有當，孰離合兮可爲。何，叶音奚。當，丁浪反。可，一作何。「可」上一有〔一三〕「不」字，皆非是。○無虧，保守志行無損缺也。又言人受命而生，貧富貴賤各有所當，或離或合，神實司之，非人之所能爲也。因祀司命而發此意，則原所以順受其正者亦嚴矣。

右大司命周禮大宗伯：「以槱燎祀司中、司命。」疏引星傳云：「三台，上台曰司命。」又，「文昌宮第四亦曰司命。」故有兩司命也。

穐蘭兮蘪蕪，羅生兮堂下。緑葉兮素枝，芳菲菲兮襲予。夫人兮自有美子，蓀何以兮愁苦？穐，古「秋」字。一作秋。下同。蘪，或從艸。下，叶音户。予，叶音與。夫音扶。兮字，一在「自有」字下。蓀，一作荃，下同。○蘪蕪，芎藭葉名。〔一四〕似蛇床而香，其苗四、五月間生，葉作叢而莖細，其葉倍香，七、八月開白花。羅生，言二物並列而生也。襲，及也。少司命亦陽神而少卑者，故爲女巫之言以接之。上四句興下二句也。夫人，猶言彼人，如左傳之言「不能見夫人也」。美子，所美之人也。蓀，猶汝也，蓋爲巫之自汝也。言彼神之心自有所美而好之者矣，汝何爲愁苦而必求其合也。穐蘭兮青青，緑葉兮紫莖。滿堂兮美人，忽獨與余兮目成。青音菁。○青青，茂盛貌。言美人並會，盈滿於堂，而司命獨與我睨而相視，以成親好。此亦上二句興下二句也。至此，則神降於巫，而非復前章之意也。入不言兮出不辭，乘回風兮載雲旗。悲莫悲兮生別離，樂莫樂兮新相知。辭，一作詞。○此爲巫言。司命初與己善。後乃往來飄忽，不言不辭，乘風載雲，以離於我。適相知而遽相別，悲莫甚焉，於是乃復追念始者相知之樂也。荷衣兮蕙帶，儵〔一五〕而來兮忽而逝。夕宿兮帝郊。君誰須兮雲之際。帶，叶丁計反。儵，一作倏。○此亦爲巫言。神之始也，雖忽然不言而來，今乃忽然不辭遂去，而宿於天帝之郊，不知其何所待於雲之際乎？猶〔一六〕幸其有意而顧己也。與女遊兮九河，衝風至兮水揚波。古本無此二句，王逸亦無注。補曰：「此河伯章中語也。」當刪去。與汝沐兮咸池，晞女髮兮陽之阿。望孅人兮未徠，臨風怳兮浩歌。女，讀作汝。「咸」下一有「之」字。池，一作沱，並叶音陀。晞音希。孅，一作美。徠，一作來。怳，許往反。○咸池，星名，蓋天池也。晞，乾也。怳，失意貌。此復爲神語，以命巫者。女及美人，皆指巫也。言欲與女沐於咸池，而望汝不至，遂怳然而浩歌也。孔蓋兮翠旍，登九天兮撫彗星。慫長劒兮擁幼艾，蓀獨宜兮爲民正。旍，一作旌。此句上有一「揚」字。彗，詳穢反。慫，一作竦，並息拱反。正，叶音征。○孔蓋，以孔雀尾爲車蓋。翠旍，以翡翠羽爲旌旗。撫，掃除之也。彗星，妖星，光芒偏指如彗者也。慫，挺拔之意。幼，少也。艾，美好也。語見孟子、戰國策，即指上美人也。正，平也。此蓋更爲衆人之詞，以贊神之美，言其威靈氣燄光輝赫奕，又能誅除凶穢，擁護良善，而宜爲民之所取正也。

右少司命按：前〔一七〕篇注説有兩司命，則彼固爲上台，而此則文昌第四星歟？

暾將出兮東方，照吾檻兮扶桑。撫余馬兮安驅，夜晈晈兮既明。暾，它昆反。檻，户黤反。晈字从日，與皎同。明，叶音芒。○暾，温和而明盛也。吾，主祭者自吾也。檻，楯也。扶桑，見騷經。言吾見日出東方，照我檻楯，光自扶桑而來，即乘馬以迎之，而夜既明也。駕龍輈兮乘雷，載雲旗兮委蛇。長太息兮將上，心低佪兮顧懷。羌聲色兮娱人，觀者憺兮忘歸。輈，張留反。雷，叶音纍。委蛇，一作逶迆。上，時掌反。低，一作俳，一作儃。懷，叶胡威反。聲色，一作色聲。○輈，車轅也。龍形曲，似之，故以爲轅。雷氣轉似輪，故以爲車輪。言乘此車以往迎日，又以驟登高遠，而低佪顧懷，遂見下方所陳鍾鼓竽瑟聲音之美，靈巫會舞容色之盛，足以娱悦觀者，使之安肆喜樂，久而忘歸，如下文之所云也。

緪瑟兮交鼓，簫鐘兮瑶簴。鳴䶵兮吹竽，思靈保兮賢姱。翾飛兮翠曾，展詩兮會舞。應律兮合節，靈之來兮蔽日。

緪，一作絙，古登反。簫，一作蕭。簴，其吕反。䶵，一作箎，並音池。姱，叶音〔一八〕户。翾，許緣反。曾，作滕反，與翻同。應，於澄反。節，叶音即。○緪，急張絃也。交鼓，對擊鼓也。周禮有「鐘笙之樂」，注云：「鐘笙，與鐘聲相應之笙。」然則簫鐘，與簫聲相應之鐘歟？簴，懸鐘磬之木也。瑶簴，以美玉爲飾也。䶵、竽，樂器名也。䶵以竹爲之，長尺四寸，圍三寸，一孔上出，横吹之。靈保，神巫也。翾，小飛輕揚之貌。曾，舉也，又翥飛也。言巫舞工巧，翾然若翠〔一九〕鳥之舉也。展詩，猶陳詩也。會舞，猶合舞也。律，謂十二律：黄鍾、大吕、大簇、夾鍾、姑洗、中吕、蕤賓、林鍾、夷則、南吕、無射、應鍾也。作樂者，以律和五聲之高下。節，謂其始終先後、疏數疾徐之節也。靈來蔽日，言日神悦喜，於是來下，從其官屬，蔽日而至也。

青雲衣兮白霓裳，舉長矢兮射天狼。操余弧兮反淪降，援北斗兮酌桂漿。撰余轡兮高駝翔，杳冥冥兮以東行。

射，食亦反，一作䠶。操，七刀反。弧音胡。降，叶胡剛反。援音爰。撰，雛免反。一無「駝」字。行，叶胡剛反。○青衣白裳，日出東方、入西方，故用其方色以爲飾也。天狼，星名。晉志云：「狼一星，在東井南，爲野將，主侵掠。」「弧九星，在狼東南，天弓也，主備盜賊。」淪，没也。降，下也。言日下而入太陰之中也。北斗，七星，在紫宫南，其杓所建，周於十二辰之舍，以定十有二月，斟酌元氣，運平四時者也。詩曰：「維北有斗，不可以挹酒漿。」撰，持也。杳，深也。冥，幽也。言日下太陰，不見其光，杳杳冥冥，直東行而復上出也。

右東君今按：此日神也。禮曰：「天子朝日於東門之外。」又曰：「王宫祭日也。」漢志亦有東君。

與女遊兮九河，衝風起兮横波。乘水車兮荷蓋，駕兩龍兮驂螭。女，讀作汝。衝，一作沂〔二〇〕。横，一作「水揚」二字。螭，丑知反。螭音离，叶丑歌反。○此亦爲女巫之詞。女，指河伯也。河爲四瀆長。九河：徒駭、太史、馬頰、覆鬴、胡蘇、簡、潔、鉤盤、鬲津也。禹治河，至兖州分爲九道，以殺其溢。其間相去二百餘里，徒駭最北，鬲津最南。蓋徒駭是河之本道，東出分爲八枝也。衝，遂也。螭，如龍而黄，無角。登崑崙兮四望，心飛揚兮浩蕩。日將暮兮悵忘歸，惟極浦兮寤懷。懷，叶虚韋反。○崑崙，山名。河出崑崙虚，色白；所渠并千七百一川，色黄。百里一小曲，千里一曲一直。寤，覺也。懷，思也。魚鱗屋兮龍堂，紫貝闕兮朱宫，靈何爲兮水中。堂，叶音同。○龍堂，以龍鱗爲堂也。乘白黿兮逐文魚，與女遊兮河之渚，流澌紛兮將來下。黿音元。一無「文」字。魚，叶上聲。澌音斯。從仌者，流水也。從水者，水盡也。此當從仌。下，叶音户。○大鱉爲黿。逐，從也。子交手兮東行，送美人兮南浦。波滔滔兮來迎，魚隣隣兮媵予。滔，土刀反。隣，一作鱗。媵，以證反。予，叶音與。○子，謂河伯。交手者，古人將別，則相執手，以見不忍相遠之意，晉、宋間猶如此也。東行，順流而東也。美人與予，皆巫自謂也。媵，送也。既已別矣，而波猶來迎，魚猶來送，是其眷眷之無已也。三閭大夫豈至是而始歎君恩之薄乎！

右河伯舊説以爲馮夷，其言荒誕，不可稽考。今闕之。大率謂黄河之神耳。

若有人兮山之阿，被薜荔兮帶女羅。既含睇兮又宜笑，子慕予兮譱窈窕。羅，一作蘿。睇音弟。譱，一作善。窈音杳。窕，徒了反。○若有人，謂山鬼也。阿，曲隅也。女羅，兔絲也。睇，微眄貌。美目眄然，又好口齒，而宜笑也。窈窕，好貌。以上諸篇皆爲人慕神之詞，以見臣愛君之意。此篇鬼陰而賤，不可比君，故以人況君，鬼喻己，而爲鬼媚人之語也。若有人者，既指鬼矣，子則設爲鬼之命人，而予乃爲鬼之自命也。言人悦己之善爲容也。乘赤豹兮從文貍，辛夷車兮結桂旗。被石蘭兮帶杜衡，折芳馨兮遺所思。余處幽篁兮終不見天，路險難兮獨後來。從，才用反。貍，一作狸。衡一作〔一一〕蘅。折音哲。遺，去聲。篁音皇。來，叶音釐。○所思，指人之悦己，而己欲媚之者也。幽，深也。篁，竹叢也。後來，言其出之遲也。表獨立兮山之上，雲容容兮而在下。杳冥冥兮羌晝晦，東風飄兮神靈雨。留靈脩兮憺忘歸，歲既晏兮孰華予。下，叶音户。一無「東」字，而再有「飄」字。予，叶音與。○表，特也。雲反在下，言所處之高也。神靈雨者，言風起而神靈應之以雨也。靈脩，亦謂前所欲媚者也。欲俟其至，留使忘歸，不然則歲晚，而無與爲樂矣。蓋鬼卒不來，而反欲使人造其所居也。采三秀兮於山間，石磊磊兮葛〔一二〕蔓蔓。怨公子兮悵忘歸，君思我兮不得閒。磊，魯猥反。蔓，莫干反。間音閑。○三秀，芝草也。公子，即所欲留之靈脩也。鬼采芝於山間，而思此人，雖怨其不來，而亦知其思我之不能忘也。山中人兮芳杜若，飲石泉兮蔭松柏，君思我兮然疑作。栢，叶音博。○山中人，亦鬼自謂也。然，信也。疑，不信也。至此又知其雖思我，而不能無疑信之雜也。靁填填兮雨冥冥，猨啾啾兮狖夜鳴。風颯颯兮木蕭蕭，思公子兮徒離憂。靁，一作雷。填音田。狖，一作貁，余救反。颯，蘇合反。蕭叶〔一三〕音搜，文苑作「搜」。若，如字，則憂，叶於驕反。○填填，雷聲。冥冥，雨貌。啾，小聲。狖，猨屬。離，罹也。

右山鬼國語曰：「木石之怪夔、罔兩。」豈謂此耶？○今按：此篇文義最爲明白，而説者自汩之。今既章解而句釋之矣，又以其託意君臣之間者而言之。則言其被服之芳者，自明其志行之潔也。言其容色之美者，自見其才能之高也。「子慕予之善窈窕」者，言懷王之始珍己也。「折芳馨而遺所思」者，言持善道而効之君也。「處幽篁而不見天」、「路險艱」而又「晝晦」者，言見弃遠而遭障蔽也。欲留靈脩而卒不至者，言未有以致君之寤，而俗之改也。知公子之思我而然疑作者，又知君之初未忘我而卒困於讒也。至於「思公子而徒離憂」，則窮極愁怨，而終不能忘君臣之義也。以是讀之，則其它之碎義曲説，無足言矣。

操吳戈兮被犀甲，車錯轂兮短兵接。旌蔽日兮敵若雲，矢交墜兮士爭先。吳戈，一作吾科，楯名也。錯，七各反。接，叶音匝。墜，一作隧，與墜同。先，叶音詢。○戈，平頭戟也。犀甲，以犀皮爲鎧也。考工記曰：「犀甲壽百年。」錯，交也。短兵，刀劒也。言戎車相迫，輪轂交錯，長兵不施，故用刀劒，以相接擊也。司馬法曰：「弓、矢，圍。殳、矛，守。戈、戟，助。凡五兵，長以衛短，短以救長。」

矢交墜，士爭先，謂兩軍相射，流矢交墜，壯夫奮怒而爭先也。凌余陣兮躐余行，左驂殪兮右刃傷。霾兩輪兮縶四馬，援玉枹兮擊鳴鼓。天時懟兮威靈怒，嚴殺盡兮弃原壄。陣，當作陳。躐，一作躐，並音獵。行，胡郎反。殪，於計反。霾，一作埋，與埋同。縶，陟立反。馬，叶滿補反。援音爰。枹音孚，一作桴。懟，一作墜，一作隧。今從文苑。壄，古「野」字，叶上與反。○凌，犯也。躐，踐也。殪，死也。援枹、擊鼓，言志愈厲、氣愈盛也。懟，怨也。嚴，威也。嚴殺，猶言鏖戰痛殺也。弃原壄，骸骨弃於原壄也。言己適值天之怨怒，故衆皆見殺不得葬也。出不入兮往不反，平原忽兮路超遠。帶長劒兮挾秦弓，首雖離兮心不懲。誠既勇兮又以武，終剛强兮不可凌。身既死兮神以靈，魂魄毅兮爲鬼雄。忽兮路，一作路兮忽。弓，叶音經。雖，一作身。魂魄毅，一作子魂魄。雄，叶音形。○「平原忽兮路超遠」，言身弃平原，神欲歸而去家遠也。帶劒挾弓，猶不舍武也。懲，創艾也，雖死而心不悔也。魂魄，死者之神靈也。蓋魂神而魄靈，魂氣而魄精，魂陽而魄陰，魂動而魄靜。生則魂載其魄，魄檢其魂。死則魂游散而歸于天，魄淪墜而歸于地也。毅爲鬼雄者，毅然爲百鬼之雄傑也。

右國殤謂死於國事者。小爾雅曰：「無主之鬼謂之殤。」

成禮兮會鼓，傳芭兮代舞，姱女倡兮容與。成，一作盛。芭，一作巴，卜加反。姱音户。倡音昌。與，一作冶。○會鼓，急疾擊鼓也。芭與葩同，巫所持之香草也。代，更也。持以舞訖，復傳與人，更用之也。姱，好也。女倡，女子爲倡優也。容與，有態度也。春蘭兮秋鞠，長無絶兮終古。鞠，一作菊。○春祠以蘭，秋祠以鞠，即所傳之葩也。終古，已見騷經。

右禮魂禮，一作祀。或曰：禮魂，謂以禮善終者。

校勘記

〔一〕菉 原作「承」，據端平本改。
〔二〕菲菲 原作「霏霏」，據端平本改。
〔三〕巫 原作「物」，據端平本改。
〔四〕叶 原無此字，據端平本補。
〔五〕仕 原作「依」，據端平本改。
〔六〕媛 原作「娟」，據端平本改。
〔七〕鶩 原作「鶩」，據端平本改，朱子注同改。
〔八〕乂 原作「又」，據端平本改。
〔九〕門 原無此字，據端平本補。
〔一〇〕紛 原無此字，據端平本補。
〔一一〕乘 原無此字，據端平本補。

〔一二〕有車　下原衍「聲」字，據端平本删。
〔一三〕一有　原作「有一」，據端平本乙。
〔一四〕葉名　原作「名葉」，據端平本乙。
〔一五〕儵　原作「儵」，據端平本改。朱子注同改。
〔一六〕猶　原作「尤」，據端平本改。
〔一七〕前　原作「此」，據端平本及文意改。
〔一八〕音　原無此字，據端平本補。
〔一九〕翠　原作「晕」，據端平本改。
〔二〇〕泝　原作「沂」，據端平本改。
〔二一〕一作　原作「音」，據端平本改。
〔二二〕葛　原作「菖」，據端平本改。
〔二三〕叶　原無此字，據端平本補。

楚辭卷第三

朱熹集注

天問第三

天問者，屈原之所作也。屈原放逐，彷徨山澤，見楚有先王之廟及公卿祠堂，圖畫天地、山川、神靈，琦瑋僪佹，及古賢聖怪物行事，因書其壁，何而問之，以渫憤懣。楚人哀而惜之，因共論述，故其文義不次序云爾。此篇所問，雖或怪妄，然其理之可推，事之可鑒者，尚多有之。而舊注之説，徒以多識異聞爲功，不復能知其所以問之本意，與今日所以對之明法。至唐柳宗元始欲質以義理，爲之條對，然亦學未聞道，而誇多衒巧〔一〕之意猶有雜乎其間，以是讀之常使人不能無遺恨。若補注之説，則其厖亂不知所擇，又愈甚焉。今存其不可闕者，而悉以義理正之，庶讀者之有補云。

曰：遂古之初，誰傳道之？上下未形，何由考之？遂，往也。道，猶言也。上下，謂天地也。問往古之初未有天地，固未有人，誰見得之而傳道其事乎？冥昭瞢闇，誰能極之？馮翼惟像，何以識之？瞢，莫鄧反。闇與暗同，又作暗。馮，皮冰反。○冥，幽也。昭，明也。謂晝夜也。瞢闇，言晝夜未分也。極，窮也。馮翼，氤氳浮動之皃。淮南子云：「天墜未形，馮馮翼翼。」又曰：「未有天地，惟像無形，窈窈冥冥，莫知其門。」此承上問時未有人，今何以能窮極而知之乎？○右二章四問，今答之曰：開闢之初，其事雖不可知，其理則具於吾心，固可反求而默識，非如傳記雜書謬妄之説，必誕者而後傳，如柳子之所譏也。明明闇闇，惟時何爲？陰陽三合，何本何化？化，叶虎爲反。○明闇，即爲晝夜之分也。時，是也。穀梁子曰：「獨陰不生，獨陽不生，獨天不生，三合而後生。」○此問蓋曰：明必有明之者，闇必有闇之者，是何物之所爲乎？陰也，陽也，天也，三者之合，何者爲本？何者爲化乎？今答之曰：天地之化，陰陽而已。一動一靜，一晦一明，一往一來，一寒一暑，皆陰陽之所爲，而非有爲之者也。然穀梁言天而不以地對，則所謂天者，理而已矣。成湯所謂「上帝降衷」，子思所謂「天命之性」是也。是爲陰陽之本，而其兩端循環不已者，爲之化焉。周子曰：「無極而太極，太極動而生陽，動極而靜，靜而生陰。靜極復動〔二〕，一動一靜，互爲其根。分陰分陽，兩儀立焉。」正謂此也。然所謂太極亦曰理而已矣。圜則九重，孰營度之？惟茲何功，孰初作之？圜與圓同。度，待洛反。○圜，謂天形之圓也。則，法也。九，陽數之極，所謂九天也。斡維焉繫？天極焉加？八柱何當？東南何虧？斡，一作筦，並音管。顔師古云：「俗音烏活反。非也。」焉，於虔反，篇內並同。加，叶音基，又如字。虧，如字，又叶苦加反。○斡，説文曰：「轂端沓。」則是車轂之內以金爲筦而受軸者也。維，繫物之縻也。天極，謂南北極，天之樞紐，常不動處，譬則車之軸也。蓋凡物之運者，其轂必有所繫，然後軸有所加，故問此天之斡維，繫於何所，而天極之軸，何所加乎？河圖言：「崑崙者，地之中也。地下有八柱，互相牽制，名山大川，孔穴相通。」素問曰：「天不足西北，地不滿東南。」注云：「中原地形，西北高，東南下。今百川滿湊，東之滄海。」則東西南北高下可知，故又問八柱何所當值，東南何獨虧闕乎？

九天之際，安放安屬？隅隈多有？誰知其數？放，上聲。屬音注。數，所句反。○九天，即所謂「圜則九重」者。際，邊也。放，至也。屬，附也。隅，角也。○右三章六問，今答之曰：或問乎邵子，曰：「天何依？」曰：「依乎地。」「地何附？」曰：「附乎天。」「天地何所依附？」曰：「自相依附。天依形，地附氣。其形也有涯，其氣也無涯。」詳味此言，屈子所問，昭然若發矇矣。但天之形，圓如彈丸，朝夜運轉，其南北兩端，後高前下，乃其樞軸不動之處。其運轉者，亦無形質，但如勁風之旋。當晝則自左旋而向右，向夕則自前降而歸後，當夜則自右轉而復左，將旦則自後升而趨前，旋轉無窮，升降不息，是爲天體，而實非有體也。地則氣之查滓聚成形質者，但以其束於勁風旋轉之中，故得以兀然浮空，甚久而不墜耳。黄帝問於歧伯曰：「地有憑乎？」歧伯曰：「大氣舉之。」亦謂此也。其曰「九重」，則自地之外，氣之旋轉益遠益大，益清益剛，究陽之數而至於九，則極清極剛，而無復有涯矣。豈有營度而造作〔三〕之者，先以斡維繫於一處，而後以軸加之，以柱承之，而後天地乃定位哉？且曰：其氣無涯，則其邊際放屬，隅隈多少，固無得而言之者，亦不待辨説而可知其妄矣。東南之虧，乃專以地形言之，初無預乎天也。

天何所沓？十二焉分？日月安屬？列星安陳？沓，徒合反。分，叶敷因反。屬，之欲反。○沓，合也。此問天與地合會於何所，十二辰誰所分別乎？陳，列也。言日月衆星安所繫屬，誰嗽列也。○上章所問，天何所屬，并地而言。此所問，乃爲天地相接之處，何所沓也。今答之曰：天周地外，其説已見上矣，非沓乎地之上也。「十二」云者，自子至亥十二辰也。左傳曰：「日月所會是謂辰。」注云：「一歲日月十二會，所會爲辰。」十一月辰在星紀、十二月辰在元枵之類是也。然此特在天之位耳。若以地而言之，則南面而立，其前後左右亦有四方十二辰之位焉。但在地之位一定不易，而在天之象運轉不停，惟天之鶉火，加于地之午位，乃與地合，而得天運之正耳。蓋周天三百六十五度四分度之一，周布二十八宿，以著天體，而定四方之位。以天繞地，則一晝一夜，適周一匝，而又超一度。日月五星，亦隨天以繞地，而唯日之行，一日一周，無餘無欠，其餘則各有遲速之差焉。然其懸也，固非綴屬而居，其運也，亦非推挽而行。但當其氣之盛處，精神光耀，自然發越，而又各自有次第耳。列子曰：「天，積氣耳。」「日月星辰〔四〕。亦積氣中之有光耀者。」張衡靈憲曰：「星也者，體生於地，精成於天，列居錯跱，各有攸屬。」此言皆得之矣。出自湯谷，次于蒙汜。自明及晦，所行幾里？湯音陽，一作暘。汜音似，上聲。○次，舍也。汜，水涯也。書曰：「宅嵎夷曰暘谷。」即湯谷也。爾雅云：「西至日所入爲太蒙」。即蒙汜也。○此問一日之間，日行幾里乎？答曰：湯谷、蒙汜，固無其所。然日月出水，乃昇于天，及其西下，又入于水。故其出入自有處所。而所行里數，曆家以爲周天赤道一百七萬四千里。日一晝夜而一周，春秋二分，晝夜各行其半，而夏長冬短，一進一退，又各以其什之一焉。夜光何德，死則又育？厥利維何，而顧菟在腹？菟，一作兔，與兔同。○夜光，月也。死，其晦也。育，生也，月之生也。○此問月有何德，乃能死而復生？月有何利，而顧望之菟常居其腹乎？答曰：

曆家舊説，月朔則去日甚遠，故魄死而明生。既望而去日漸近，故魄生而明死。至晦而朔，則又遠日而明復生，所謂「死而復育」也。此説誤矣。若果如此，則未望之前，西近東遠，而始生之明，當在月東。既望之後，東近西遠，而未死之明，却在月西矣。安得未望載魄於西，既望終魄於東，而遡日以爲明乎？既故唯近世沈括之説，乃爲得之。蓋括之言曰：「月本無光，猶一銀丸，日耀之乃光耳。光之初生，日在其傍，故光側而所見纔如鉤。日漸遠則斜照而光稍滿，大抵如一彈丸，以粉塗其半，側視之，則粉處如鉤；對視之，則正圓也。」近歲王普又申其説：「月生明之夕，但見其一鉤，至日月相望，而人處其中，方得見其全明。必有神人能凌到景，傍日月而往參其間，則雖弦晦之時，亦得〔五〕見其全明，而與望夕無異耳。」以此觀之，則知月光常滿，但自人所立處視之，有偏有正，故見其光有盈有虧，非既死而復生也。若顧菟在腹之問，則世俗桂樹、蛙、兔之傳，其惑久矣。或者以爲日月在天，如兩鏡相照，而地居其中，四旁皆空水也。故月中微黑之處，乃鏡中大地之影，略有形似，而非真有是物也。斯言有理，足破千古之疑矣。

女歧無合，夫焉取九子？伯强何處？惠氣安在？夫音扶。强，巨良反。在，叶音紫。○女歧，神女，無夫而生九子。伯强，大厲疫鬼也，所至傷人。惠，順也。惠氣，謂和氣也。○此章所問三事，今答之曰：天下之理，一而已，而有常變之不同。天下之氣，亦一而已，而有逆順之或異。夫乾道成男，坤道成女，凝體於造化之初，二氣交感，化生萬物，流形於造化之後者，理之常也。若姜嫄、簡狄之生稷、契，則又不可以先後言矣，此理之變也。女歧之事，無所經見，無以考其實，然以理之變而觀之，則恐其或有是也。但此篇下文亦有「女歧易首」之問，則又未知其果如何耳。釋氏書有九子母之説，疑即謂此。

然益荒無所考矣。惠者，氣之順也。癘者，氣之逆也。以其强暴傷人，故爲之名字，以著其惡耳，初非實有是人也。氣之流行，充塞宇宙，其爲順逆，有以天時水土之所值，有以人事物情之所感，萬變不同，亦未嘗有定在也。何闔而晦？何開而明？角宿未旦，曜靈安臧？闔，胡臘反。明，叶音茫。宿音秀。臧與藏同。○闔，閉户也。開，闢〔六〕户也。陰闔而晦，陽開而明。角、亢，東方星。旦，明也。曜靈，日也。○此問何所開闔，而爲晦明？且東方未明之時，日安所藏其精光乎？答曰：晦明之問，前輩發之，其實亦陰陽消息之所爲耳。陽息而闢，則日出而明。陰消而闔，則日入而暗。又何疑乎？角宿，固爲東方之宿，然隨天運轉，不常在東。古經之言，多假借也。日之所出，乃地之東方。未旦，則固已行於地中，特未出地面之上耳。

不任汩鴻，師何以尚之？僉曰：何憂？何不課而行之？汩音骨。師，一作鯀。非是。或上句「不」字上有「鯀」字。尚，叶音常。曰，一作答。行，叶户郎反。鯀事見尚書。汩，治也。鴻，大水也。師，衆也。尚，舉也。僉，衆也。課，試也。○問鯀才不任治洪水，衆人何以舉之？堯知其不能，而衆人以爲無憂，堯何不且小試之，而遽行其説也？答曰：鯀之才可任治水，當時無過之者，故衆舉之。堯則固知其方命圮族，而不可用矣。四岳又請，姑且試之，故堯不得已而用之耳。鴟龜曳銜，鯀何聽焉？順欲成功，帝何刑焉？鴟，處脂反。聽，叶平聲。○鴟龜事無所見，舊説謂鯀死爲鴟龜所食，鯀何以聽而不争乎？特以意言之耳。詳其文勢，與下文「應龍」相類，似謂鯀聽鴟龜曳銜之計而敗其事。然若且順彼之欲，未必不能成功，舜何以遽刑之乎？然若此類無稽之談，亦無足答矣。永遏在羽山，夫何三年不施？伯禹腹鯀，夫何以變化？一無「山」字。施，叶所加反。又如字，一作弛。腹，一作愎，筆力反。「何」下一有「故」字。化，叶虎瓜反，又音麾。○永，長也。遏，猶禁止也。羽山，在東海中。施，謂刑殺之也。左傳曰：「乃施邢侯。」此問鯀功不成，何但囚之羽山，而不施以刑乎？禹，鯀子也。腹，懷抱也。詩曰：「出入腹我。」○此又問禹自少小習見鯀之所爲，何以能變化而有聖德乎？答曰：舜之四罪，皆未嘗殺也。程子以爲書云「殛死」，猶言貶死耳。蓋聖人用刑之寬例如此，非獨於鯀爲然也。若禹之聖德，則其所稟於天者，清明而純粹，豈習於不善而能變乎？纂就前緒，遂成考功。何續初繼業，而厥謀不同？纂，作管反。緒音叙。○纂，集也。緒，絲耑也。○此問禹能纂代鯀之遺業，而成父功。何繼續其業，而謀乃不同如此乎？答曰：鯀、禹治水之不同，事見洪範。蓋鯀不順五行之性，築堤以障順下之水，故無成。禹則順水之性，而導之使下，故有功。書所謂「決九川，距四海，濬畎澮距川。」孟子所謂「禹之行水，得水之道，而行其所無事」是也。程子曰：「今河北有鯀隄，而無禹隄。」亦其一證也。洪泉極深，何以窴之？地方九則，何以墳之？泉，當作淵，唐本避諱而改之也。窴與填同。則，一作州。墳，叶敷連反。一作憤，非是。○洪泉，即洪水。九則，謂九州之界，如上所謂「圜則」也。墳，土之高者也。○此問洪水汎濫，禹何用窴塞而平之？九州之域，何以出其土而高之乎？答曰：禹之治水，行之而已，無事於窴也。水既下流，則平土自高，而可宮可田矣。若曰必窴之而后平，則是使禹復爲鯀，而父子爲戮矣。柳子對曰：「行鴻下隤，厥丘乃降。烏填絶淵，然後夷于土？」此言是也。應龍何畫？河海何歷？一作「河海應龍何畫何歷」，失韻，非是。畫音獲。歷，叶音勒。○有鱗曰蛟龍，有翼曰應龍。歷，過也。山海經曰：「禹治水有應龍以尾畫地。」即水泉流通，禹因而治之也。柳子對曰：「胡聖爲不足，反謀龍知，畚鍤究勤，而欺畫厥尾。」此言得之矣。鮌何所營？禹何所成？康回憑怒，墬何故以東南傾？憑，皮膺反。墬，一作地，一無「以」字。○鮌、禹事已見上六章，此不復答。舊説：康回，共工名也。馮，盛滿也。列子曰：「共工氏與顓頊爭爲帝，怒而觸不周之山，折天柱，絶地維，故天傾西北，日月星辰就焉。地不滿東南，百川水潦歸焉。」此亦無稽之言，不答可也。九州安錯？川谷何洿？東流不溢，孰知其故？安，一作何。錯，七故反。洿音戶。舊音烏，非是。○錯，置也。洿，深也。水注海曰川，注川曰溪，注溪曰谷。○此章三問，今答之曰：九州所錯，天地之中也。川谷之洿，衆流之會也。不溢之故，則列子曰：「渤海之東，不知幾億萬里，有大壑焉，實惟無底之谷，名曰歸墟。八紘九野之水，天漢之流，莫不注之，而無增無減焉。」莊子曰：「天下之水，莫大於海，萬川歸之，不知何時止而不盈。尾閭泄之，不知何時已而不虛。」柳子曰：「東窮歸墟，又環西盈。脉穴土區，而濁濁清清。墳壚燮疏，滲渴而升。充融有餘，泄漏復行。器運浟浟，又何溢焉。」三子之言，遞相祖述，而柳又明歸墟之泄，非出之天地之外也。但水入於東，而復繞於西，又滲縮而升，乃復出於高原，而下流於東耳。此其説亦近似矣。然以理驗之，則天地之化，往者消而來者息，非以往者之消，復爲來者之息也。水流東極，氣盡而散，如沃焦釜，無有遺餘，故歸墟、尾閭，亦有沃焦之號。非如未盡之水，山澤通氣而流注不窮也。東西南北，其脩孰多？南北順墮，其衍幾何？墮，一作隋，一作墮，音妥。又，徒禾反。○脩，長也。墮，狹而長也。衍，餘也。○此問四方長短若何，若謂南北狹長，則其長處所餘又計多少也？答曰：地之形量，固當有窮。但既非人力所能遍歷，筭術所能推知，而書傳臆説，又不足信。唯靈憲所言，八極之廣，原於歷筭，若有據依，然非專言地之廣狹也。柳對直謂「其極無方」，則又過矣。崑崙縣圃，其尻安在？增城〔七〕九重，其高幾里？縣音玄，一作玄，非是。尻與居同。在，見上。○崑崙、縣圃，見騷經。崑崙，據水經在西域，一名阿耨達山，河水所出。非妄言也。但縣圃、增城，高廣之度，諸怪妄説，不可信耳。四方之門，其誰從焉？西北辟啓，何氣通焉？辟與闢同。一作闢，一作開。○補注引淮南子説，崑崙虚旁門有數，其西北隅開門以納不周之風。今不敢信。日安不到，燭龍何照？羲和之未揚，若華何光？照，叶之告〔八〕反。揚，一作陽。○舊注以爲天之西北，幽冥無日之國，有龍銜燭而照之。其有日處，日未出時，又有若木赤華而照地也。夫日光彌天，其行匝地，固無不到之處。此章所問，尤是兒戲之談，不足答也。何所冬暖？何所夏寒？焉有石林？何獸能言？答曰：南方日近而陽盛，故多熱。北方日遠而陰盛，故多寒。今以越之南、燕之北觀之，已自可驗。則愈遠愈偏，而有冬暖、夏寒之所，不足怪矣。石林，未詳。禮曰：「猩猩能言，不離禽獸。」今南方山中有之。焉有龍虬，負熊以遊？虬，或在龍字上，以韻叶之，非是。虬，見上。餘未詳。雄虺九首，儵忽焉在？何所不死，長人何守？虺，許諱反。儵與倏同。在，叶音紫。死，一作老。此以首叶守，以在叶死，作老非是。○虺，蛇屬。爾雅云：「博三寸，首大如擘。」儵忽，急疾皃。招魂説「南方之害，雄虺九首，往來儵忽」。正謂此也。不死之人，則山海經、淮南子婁言之，固未可信。然俗傳山中有人，年老不死，子孫藏之雞窠之中者，亦或有之，不足恠也。長人，則國語所謂「防風氏守封禺之山」者，山今在湖州武康縣。

靡蓱九衢，枲華安居？靈蛇呑象，厥大何如？蓱，一作荓。枲，相里反。靈，一作一。大，一作骨。○靡蓱，未詳何物。九衢，言其枝九出耳。山海經有「四衢」、「五衢」之語是也。枲，麻之有子者。山海經云：「浮山有草，其葉如枲。」又云：「南海内有巴蛇，身長百尋，其色青黄赤黑，食象，三歲而出其骨。」注云：「南方蚺蛇，亦呑鹿，消盡，乃自絞於樹，腹中骨皆穿鱗甲間出。」亦此類也。

黑水玄趾，三危安在？延年不死，壽何所止？趾，一作沚，一作阯。在，見上。○黑水、三危皆見禹貢。玄趾，未詳。素問曰：「真人壽敝天地，無有終時。至人益其壽命而强，亦歸於真人。聖人形體不敝，精神不散，亦可以百數。」

鯪魚何所？鬿堆焉處？羿焉彃日？烏焉解羽？鯪音陵，一作陵。鬿音祈。堆，多回反。彃，一作斃。説文云：「彃，射也。」音畢。作「彈」者，字誤也。烏，柳云當作「鳥」。○鯪魚，鯉也。一云：陵鯉也，有四足，形似鼉而短小，出南方。山海經曰：「西海中近列姑射山，有陵魚，人面，人手，魚身見則風濤起。北號山有鳥，狀如鷄，而白首鼠足，名曰鬿雀，食人。」彃，射也。淮南言：「堯時十日並出，草木焦枯。堯命羿仰射十日，中其九日。日中九烏皆死，墮其羽翼，故留其一日也。」春秋元命苞：「三足烏者，陽精也。」柳云：「山海經曰：『大澤方千里，羣鳥之所生及所解。』穆天子傳曰：『北至曠原之野，飛鳥之所解其羽。』」舊説非是。按：今唯陵鯉，人所共識，其餘則有無不可知。而彃日之説，尤恠妄不足辨。解羽如柳説，則别是一事。然如舊説爲「日中之烏」，而借「解羽」二字以問，於義亦通，顧亦無足辨耳。

禹之力獻功，降省下土方。句絶。焉得彼嵞山女，而通之于台桑？功，叶音光。「土」下或有「四」字。洪云：「或并無『四方』二字。」今按：下土方，蓋用商頌語，「四」字之衍明甚。然若并無二字，則又無韻矣。焉，一作安。一「之」字在「山」字下。嵞，一作涂，音塗。○此問禹以勤力獻進其功，堯因使省下土四方。當此之時，焉得彼嵞山氏之女，而通夫婦之道於台桑之地乎？書曰：「取于塗山，辛壬癸甲。」塗山在壽春東北濠州也。呂氏春秋曰：「禹娶塗山氏女，不以私害公。自辛至甲四日，復往治水。」閔妃匹合，厥身是繼。胡爲嗜不同味，而快鼂飽〔九〕？一本「嗜」下有「欲」字。一本「快」下有「一」字。一本爲作維，不作欲。鼂，一作晁，一作朝，並直驕反。飽與繼叶，疑有備音。○閔，憂也。言禹所以憂無妃匹者，欲爲身立繼嗣也。下二句未詳。啓代益作后，卒然離蠥。何啓惟憂，而能拘是達？蠥，一作孼，一作孽，並魚列反。○益，禹賢臣也。作，爲也。后，君也。離，遭也。蠥，憂也。舊説禹以天下禪益，天下皆去益而歸啓，是「代益作后」也。於是有扈不服，啓遂與之大戰於甘，故曰「離蠥」。問啓何以能思惟所憂〔一〇〕，而能代益伐扈，以達拘執之嫌乎？舊説如此，未知是否，不敢答也。皆歸䠶鞫，而無害厥躬。何后益作革，而禹播降？䠶，一作射。鞫，一作鞠，音菊。降，叶胡攻反。○此章之義未詳。啓棘賓商，九辯九歌。何勤子屠母，而死分竟地？歌，叶巨依反。地，叶音低，一作墜。○棘賓商，未詳。九辯、九歌，已見騷經。竊疑棘當作夢，商當作天，以篆文相似而誤也。蓋其意本謂啓夢上賓於天，而得帝樂以歸。如列子、史記所言，周穆王、秦穆公、趙簡子夢之帝所，而聞鈞天廣樂，九奏萬舞之類耳。屠母，疑亦謂淮南所説，禹治水時，自化爲熊，以通轘轅之道。塗山氏見之而慙，遂化爲石。時方孕啓。禹曰：「歸我子。」於是石破北方而啓生。其石在嵩山，見漢書注。竟地，即化石也。此皆怪妄不足論，但恐其文義當如此耳。帝降夷羿，革孽夏民。胡䠶夫河伯，而妻彼雒嬪？「胡」下一有「羿」字，非是。䠶，一作射，食亦反。下同。妻，七計反。○帝，天帝也。夷羿，諸侯，弑夏后相者也。革，更也。孽，憂也。言變更夏道，爲萬民憂患。傳曰：「河伯化爲白龍，遊於水傍，羿見射之，眇其左目。羿又夢與雒水神宓妃交。」亦妄言也。馮珧利決，封狶是䠶。何獻蒸肉之膏，而后帝不若？馮音憑。珧音遥。狶，虚豈反。䠶，叶時若反。蒸，一作烝。○馮，滿也，言引滿也。珧，弓名也。爾雅：「弓以蜃者謂之珧。」珧，蜃甲也。射禮有「決」，注云：「決，猶闓也。以象骨爲之，著右大擘指，以鉤弦闓體也。」后帝，天帝也。若，順也。言羿獵射封狶，以其肉膏祭天帝，天帝猶不順羿之所爲也。柳子對曰：「夸夫快殺，鼎狶以慮飽。馨膏腴帝，叛德恣力。胡肥台舌喉，而濫厥福。」浞娶純狐，眩妻爰謀。何羿之䠶革，而交吞揆之？浞，仕角反。謀，叶謨悲反。一無「革」字。○寒浞，見騷經。眩，惑也。爰，於也。言浞娶於純狐氏女，眩惑愛之，遂與浞謀殺羿也。䠶革，禮所謂「貫革之射」，左傳所謂「蹲甲而射之，徹七札焉」者，言有力也。吞，滅也。揆，謀度也。言何羿之射藝勇力，而其衆乃交進而吞謀之乎？此即騷經所謂「淫遊佚畋」，而「亂流鮮終」者也。阻窮西征，巖何越焉？化爲黄熊，巫何活焉？「化」下一有「而」字。○此章似又言鮌事。然羽山東裔，而此云「西征」，已不可曉。或謂越巖墮死，亦無明文。左傳言「鮌化爲黄熊」，國語作「黄能」。按：熊，獸名。能，三足鼈也。説者曰：獸非入水之物，故是鼈也。説文又云：「能，熊屬。足似鹿。」蓋不可曉。或云：東海人祭禹廟，不用熊肉〔一一〕及鼈爲膳，豈鮌化爲二物乎？　咸播秬黍，莆雚是營。何由并投，而鮌疾脩盈？　秬音巨。莆，一作黄。雚音丸，一作萑。〇秬黍，黑黍也。説文：「黍，禾屬而黏也。」莆，疑即蒲字。蒲，水草，可以作席。雚，藡也，與萑同。左氏曰「萑符之澤」是也。餘未詳。　白蜺嬰茀，胡爲此堂？安得夫良藥，不能固臧？天式從横，陽離爰死。大鳥何鳴？夫焉喪厥體？　茀音拂。「得」下一有「失」字。從，即容反。喪，息浪〔一二〕反。〇舊注引列仙傳云：「崔文子學仙於王子僑，子僑化爲白蜺，而嬰茀持藥與之。文子驚怪，引戈擊蜺，因〔一三〕墮其藥。俯而視之，子僑之尸也。須臾化爲大鳥，飛鳴而去。」事極鄙妄，不足復〔一四〕論。　蓱號起雨，何以興之？撰體脅鹿，何以膺之？　蓱，一作荓，一作萍，音瓶。號，胡刀反。撰，雛免反。脅，虚業反。「體」下一有「協」字，而「鹿」字屬下句。又無「以」字。一作「何鹿以膺之」。〇舊説：蓱〔一五〕蓱翳，雨師名也。號，呼也。興，起也。又言天撰十二神鹿，一身八足、兩頭，獨何膺受此形體乎？　此章大氐荒誕無説，今亦不論。　鼇戴山抃，何以安之？釋舟陵行，何以遷之？　鼇音敖。戴，一作載。抃音卞，一作拚。安，叶一先反。〇鼇，大龜也。擊手曰抃。舊注引列仙傳曰：「有巨靈之龜，背負蓬萊之山而抃舞。」事亦見列子。下二句未詳。　惟澆在户，何求于嫂？何少康逐犬，而顛隕厥首？　女歧縫裳，而館同爰止。何顛易厥首，而親以逢殆？　澆，五吊反。嫂，叶音叟。「易」上一有「隕」字。殆，叶當以反，上一有「天」字，一有「大」字。〇澆，浞之子也。舊説澆無義，淫佚其嫂。往至其户，佯有所求，因與淫亂。　夏少康因獵放犬逐獸，遂襲殺澆而斷其頭。顛，倒也。隕，墜也。女歧，澆嫂也。言女歧與澆淫佚，爲之縫裳，於是共舍而宿止。少康夜襲，得女歧頭，以爲澆，因斷之，故言「易首」。不知何據。湯謀易旅，何以厚之？覆舟斟尋，何道取之？斟，職深反。取，此苟反。○湯與上句過澆、下句斟尋事不相涉。疑本康字之誤，謂少康也。斟尋，國名也。杜預云：「斟灌、斟尋，夏同姓諸侯。相失國，依於二斟，爲澆所滅，其子少康爲虞庖正，有田一成，有衆一旅，遂滅過澆，祀夏配天，不失舊物也。」旅，謂一旅五百人也。覆舟，言夏后相已傾覆於斟尋之國，今少康以何道而能復取〔一六〕澆乎？桀伐蒙山，何所得焉？妹嬉何肆，湯何殛焉？得，叶徒力反。妹音末，一作末。嬉音喜，一作喜。殛，一作極。○桀伐蒙山之國而得妹嬉，因此肆其情意，故爲湯所殛，放之南巢也。

舜閔在家，父何以鱞〔一七〕？堯不姚告，二女何親？鱞，古頑反，叶音矜。○閔，憂也。無妻曰鱞。姚，舜姓也。問舜孝如此，父何以不爲娶乎？堯妻舜而不告其父母，二女何自而與之相親乎？程子曰：「舜不告而娶，固不可。堯命瞽使舜娶，舜雖不告，堯固告之尔。堯之告也，以君治之而已。」厥萌在初，何所意焉？璜臺十成，誰所極焉？意，古「億」字，亦作億。璜音黄。○億，度也。論語曰：「億則屢中。」璜，美玉也。成，重也。言賢者預見萌牙之端，而知其存亡，非虚億也。紂作象箸，而箕子嘆，預知象箸必有玉杯，玉杯必盛熊蹯、豹胎，如此必崇廣宫室。紂果作玉臺十重，糟丘酒池，以至於亡也。登立爲帝，孰道尚之？女媧有體，孰制匠之？媧，古華反。匠，一作匹。非是。○舊說伏羲始畫八卦，脩行道德，萬民登以爲帝，誰開導而尊尚之乎？傳言：女媧人頭蛇身，一日七十化。其體如此，誰所制匠而圖之乎？上句無伏羲字，不可知。下句則怪甚，不足論矣。舜服厥弟，終然爲害。何肆犬豕，而厥身不危敗？一作「何得肆其犬豕」。豕，一作體。○服，事也。言舜弟象施行無道，舜猶服而事之。然象終欲害舜，肆其犬豕之心，燒廩窴井。然舜爲天子，卒不誅象。何耶？說見下「眩弟」章。吴獲迄古，南嶽是止。孰期去斯，得兩男子？迄，許訖反。去，一作夫。○此章未詳。舊注云：兩男子，爲太伯、虞仲。未知是否。緣鵠飾玉，后帝是饗。何承謀夏桀，終以滅喪？一無「夏」字。喪，去聲，一作𠷔。○后帝，謂殷湯也。言伊尹始仕，因緣烹鵠鳥之羹，脩玉鼎以事湯。湯賢之，遂以爲相，承用其謀，以伐夏桀，終以滅桀也。此即孟子所辯「割烹要湯」之說，蓋戰國游士謬妄之言也。帝乃降觀，下逢伊摯。何條放致罰，而黎服大悦？乃，一作力，一作「之力」。摯，如字，即悦叶税。摯音哲，即說音悦。○帝，謂湯也。摯，伊尹名也。條，鳴條也。黎，衆也。言湯觀風俗而逢伊尹，遂用其謀，伐桀於鳴條，而放之南巢。天下衆民，大喜悦也。致罰，即湯誥所謂「致天之罰」也。簡狄在臺嚳何宜？玄鳥致貽女何喜？臺，叶徒其反。「臺」下或有「帝」字。嚳，苦篤反。貽，一作詒。喜，叶音嬉。一作嘉，音基。一作善，非是。○簡狄，帝嚳之妃也。玄鳥，燕也。貽，遺也。言簡狄侍帝嚳於臺上，有飛燕墮遺其卵，喜而吞之，因生契也。事見商頌。說見上「女歧」章。該秉季德，厥父是臧。胡終弊于有扈，牧夫牛羊？此章未詳，諸說亦異。補曰：「言啓兼秉禹之末德，而禹善之，授以天下。有扈以堯、舜與賢，禹獨與子，故伐啓。啓伐滅之，有扈遂爲牧豎也。」詳此「該」字，恐是啓字，字形相似也。但「牧夫牛羊」，未有據。而其文勢似啓反爲扈所弊，不可考也。干協時舞，何以懷之？平脅曼膚，何以肥之？懷，叶胡威反。平脅，一作受平。曼音萬。○干，盾也。協，合也。時，是也。言舜以干羽合是舞于兩階，何以懷有苗而格之也。下句未詳。舊説云：平脅曼膚，肥澤之皃。言紂爲無道，天下乖離，當懷憂癯瘦，何反肥盛若此乎？二事不相似，時相去又遠，未知其果然否。有扈牧豎，云何而逢？擊牀先出，其命何從？豎，臣庚反。命何，一作何所。○豎，童僕之未冠者。舊説有扈氏本牧豎之人耳，因何逢遇而得爲諸侯乎？啓攻有扈之時，親於其床上擊而殺之，其命何所從出乎？此亦無所據。而牧豎之説，又與上章相表裏，未詳其説。恒秉季德，焉得夫朴牛？何往營班禄，不但還來？朴，匹角反。一云，平豆反，無「樸」音。牛，叶魚奇反。來，叶力之反。○舊説：朴，大也。言湯常能秉持契之末德，出獵得大牛之瑞。其往獵也，不但驅馳往來而已，還輒以所獲得禽獸，徧施禄惠於百姓也。此篇言「秉季德」者再，而其説不同如此。蓋本文已不可考，而説者又妄解也。昏微遵迹，有狄不寧。何繁鳥萃棘，負子肆情？遵，一作循。有，一作佚。○舊説：人循闇微之道，爲戎狄之行者，不可以安其身。謂晉大夫解居父聘吴，過陳之墓門，見婦人負其子，欲與之淫泆。婦人則引詩刺之，曰：「墓門有棘，有鴞萃止。」言雖無人，棘上猶有鴞，汝獨不愧也？今詳其説，上二句迂曲難解，下事亦無所據。補引列女傳陳辯女事，又無「負子肆情」之意。要皆不足論也。眩弟並淫，危害厥兄。何變化以作詐，而後嗣逢長？害，一作虞。兄，叶虚良反。而，一在

「嗣」字下。○眩弟，惑亂之弟也。問何象欲殺舜，變化作詐，而舜爲天子，反封象於有庳，使其後嗣子孫長爲諸侯乎？孟子云：「仁人之於弟，不藏怒，不宿怨。封之有庳，富貴之也。」知此，則知其説矣。成湯〔一八〕東巡，有莘爰極。何乞彼小臣，而吉妃是得？莘，所巾反。得，叶徒力反。○有莘，國名。極，至也。小臣，謂伊尹也。言湯東巡，至於有莘，乞匄伊尹，因得吉善之妃，以爲内輔也。史記曰：「阿衡欲干湯而無由，乃爲有莘氏媵臣。」謂此也。然以孟子觀之，則爲此説者妄矣。水濱之木，得彼小子。夫何惡之，媵有莘之婦？一無「彼」字。惡，烏路反。婦，叶芳尾反。○舊説：小子，謂伊尹。媵，送也。言伊尹母妊娠，夢神女告之，曰：「臼竈生鼃，亟去無顧。」居無幾何，臼竈中生鼃，母去東走。顧視其邑，盡爲大水。母因溺死，化爲空桑之木。水乾之後，有小兒啼水涯，人取養之。既長大，有殊才。有莘惡其從木中出，因以送女。謬妄甚明，不必辨也。湯出重泉，夫何辠尤？不勝心伐帝，夫誰使挑之？辠，古「罪」字。尤，叶于其反。挑，徒了反。○重泉，地名，在馮翊郡。史記所謂「夏臺」也。言桀拘湯於此，而復出之。湯既得出，遂不勝衆人之心，而以伐桀，是誰使桀先拘湯，以挑之乎？

會鼂爭盟，何踐吾期？蒼鳥羣飛，孰使萃之？會鼂爭盟，一作「會晁〔一九〕請盟」。音已見上。蒼，一作倉〔二〇〕。○舊説：武王將伐紂，紂使膠鬲視武王師。膠鬲問曰：「欲以何日至殷？」武王曰：「以甲子日。」膠鬲還報紂。會天大雨，道難行，武王晝夜行。或諫曰：「雨甚，軍士苦之，請且休息。」武王曰：「吾許膠鬲以甲子日，至殷令報紂矣。吾甲子日不到，紂必殺之，吾故不敢休息，欲救賢者之死也。」遂以甲子日朝誅紂，不失期也。下二句不可曉。注云：「蒼鳥，鷹也。言將帥勇猛，如鷹鳥羣飛，惟武王能聚之。詩曰『惟師尚父，時惟鷹揚』是也。」未知是否。列擊紂躬，叔旦不嘉。何親揆發，定周之命以咨嗟？授殷天下，其位安施？反成乃亡，其罪伊何？列，一作到。非是。躬，一作射。非是。一無「何」字。定，一作足，屬上句。非是。一無「之」、「以」二字。施，叶所加反。若如字，即下何，叶音奚。乃，一作及。○叔旦，武王弟周公也。嘉，善也。揆，度也，猶言帝度其心。發，武王名。史記言，武王至紂死所，射之三發，以黃鉞斬其頭，懸之大白之旗。此所謂「列擊紂躬」也。然未見周公不喜與其咨嗟以揆武王、使定周命之事，蓋當時猶有其傳，而今失之也。此問周公既不喜列擊紂躬，何爲又教武王使定周命乎？蓋周公但不喜親斬紂頭之事耳，固未嘗不欲定周之命而王天下，以傳子孫也。後四句不可曉，似謂天既授殷以天下，而今亡之，使其位何所施耶？蓋唯反其所以成者，是以至於滅亡，而其爲罪果何事耶？但語意太簡，未有以見其必然耳。爭遣伐器，何以行之？並驅擊翼，何以將之？行，叶户郎反。○爭遣伐器，謂泰誓言「羣后以師畢會」也。並驅擊翼，謂六韜曰「翼其兩旁，疾擊其後」。言武王之軍，人人樂戰，並驅而進也。問此二者，何以使其然耶？昭后成遊，南土爰底。厥利惟何，逢彼白雉？底，昔止反。○昭后，成王孫昭王瑕也。成，猶遂也。底，至也。昭王南游至楚，楚人鑿其船而沈之，遂不還也。杜預云：「昭王南巡狩，涉漢，船壞而溺。」二說不同，未知孰是。白雉事，無所見。舊注謂周公時，越裳氏嘗獻之，昭王德不能致，而欲親往逢迎之。亦恐未必然也。穆王巧挴，夫何周流？環理天下，夫何索求？挴，芒改反，字從手。或從木，或從玉者，皆非也。「周」上一有〔二一〕「爲」字。○方言云：「悔，貪也。」賈生所謂「品庶每生」是也。巧悔，言巧於貪求也。史記曰：「周穆王得驥、温驪、驊騮、騄耳之駟，西巡狩，樂而忘歸。徐偃王作亂，造父爲穆王御，長驅歸周以救亂。」環，旋也。左傳云：「穆王欲肆其心，周行天下，將必有車轍馬迹焉。祭公謀父作祈招之詩，以止王心。王是以獲没於祗宫。」妖夫曳衒，何號於市？周幽誰誅，焉〔二二〕得夫褒姒？衒，熒絹反。○褒姒，周幽王之嬖妾也。昔夏后氏之衰也，有二龍止於夏庭，而言曰：「余，褒之二君也。」夏后布幣，糈而告之。龍亡，而漦在，櫝而藏之。傳三代，莫敢發。至厲王末，發而觀之，漦流于庭，化爲玄黿，入王後宮。後宮處妾遇之而孕，無夫而生女，懼而弃之。先時，有童謡曰：「檿弧箕服，寔亡周國。」後有夫婦相牽引，行賣是器於市者，以爲妖怪，執而戮之，夜得亡去。聞所弃女啼聲，哀而收之，遂奔褒。褒人後有罪，乃入此女以贖罪，是爲褒姒。幽王惑而愛之，爲廢申后及太子宜臼，而立以爲后，遂爲申侯、犬戎所殺也。天命反側，何罰何佑？齊桓九合，卒然身殺。佑，叶于忌反。合，一作會。殺音弑，一作弑〔二三〕。○反側，言無常也。九、糾通用。卒，終也。齊桓公任管仲，九合諸侯，一正天下。任豎刀、易牙，諸子相攻，而死不得斂。虫流出户，與見殺無異。一人之身，一善一惡，天命反側，罰佑不常，皆其所自取也。彼王紂之躬，孰使亂惑？何惡輔弼，讒諂是服？諂，一作讇。服，叶蒲北反。○惑紂者，内則妲己，外則飛廉、惡來之徒也。服，事也。言紂憎輔弼，不用忠直之言，而專用讒諂之人也。比干何逆，而抑沈之？雷開何順，而賜封之？何，一作巧。非是。封，叶孚音反。之，一作金。○此言紂之惡輔弼而用讒諂也。比干，紂諸父也。諫紂，紂怒，乃殺之，而剖其心。雷開，佞人也。阿順於紂，乃賜之金玉，而封爵之也。何聖人之一德，卒其異方？梅伯受醢，箕子詳狂。梅音浼。詳音佯，一作佯。○方，術也。梅伯，紂諸侯也。忠直而數諫紂，紂怒，乃殺之，葅醢其身。箕子見之，欲去不忍，遂被髮詳狂而爲奴。二人德同而術異也。稷維元子，帝何竺之？投之于冰上，鳥何燠之？竺，一作篤。燠音郁。一作懊，非是。一無句下二「之」字。○元，大也。稷，帝嚳之子弃也。帝，即嚳也。竺義未詳。或曰厚也，或曰篤也，皆未安。稷事見詩大雅及史記，曰：后稷，名弃，其母有邰氏曰姜嫄，爲帝嚳元妃。出野，見巨人跡，説而踐之，遂身動如孕者。居期而生子。姜嫄以無父而生，弃之於冰上。有鳥以翼覆薦温之。以爲神，乃取而養之。詩曰：「先生如達。」是首生之子也，故曰元子。既是元子，則帝當愛之矣，何爲而竺之也？弃之冰上，則人惡之矣，鳥何爲而燠之也？以此言之，則「竺」字當爲「天祝予」之「祝」，或爲「夭夭是椓」之椓，以聲近而訛耳。何馮弓挾矢，殊能將之？既驚帝切激，何逢長之？挾，一作接。驚，一作敬。切，一作功。○馮，引弓持滿也。其它文多不可曉。注以爲后稷，補以爲武王。未知孰是，今姑闕之。伯昌号衰，秉鞭作牧。何令徹彼岐社，命有殷國？号，一作號。○伯昌，謂周文王。始爲西伯而名昌也。号衰，号令於殷世衰微之際也。秉鞭，策牧者之事也。言服事殷，而爲之執鞭以作六州之牧也。徹，通也。岐社，太王所立岐周之社也。武王既有殷國，遂通岐周之社於天下，以爲太社，猶漢初令民立漢社稷也。遷藏就岐何能依？殷有惑婦何所譏？言太王始以百姓徙其寶藏，來就岐下。問何能使其民依倚而隨之？惑婦，謂妲己也。問有何事可譏乎？受賜茲醢，西伯上告。何親就〔二四〕上帝罰，殷之命以不救？告，叶古后反。「帝」下一有「之」字。○西伯，文王也。言紂醢梅伯以賜諸侯，文王受之，以祭告語於上帝。帝乃親致紂之罪罰，故殷之命不復可救也。師望在肆昌何識？鼓刀揚聲后何喜？識與志同。喜，叶許寄反。○師望，太師呂望，謂太公也。昌，文王也。言太公在市肆而屠，文王何以識知之乎？后，亦謂文王也。呂望鼓刀在列肆，文王親往問之，呂望對曰：「下屠屠牛，上屠屠國。」文王喜，載以俱歸。此問何但聞其鼓刀之聲，而親往問之乎？然此與獵於渭濱而得太公之説不同。蓋當時好事者之言，猶伊尹負鼎、百里自鬻之比。惜乎孟子時無問者，不得并掊擊之也。然則其問，亦不足答矣。武發殺殷何所悒？載尸集戰何所急？悒音邑。○言武王發欲誅殷紂，何所悁悒而不能久忍？遂載文王之柩於軍中以會戰，何所急而然也？此亦當時傳聞之語，故爲伯夷扣馬之詞，亦有「父死不葬」之云，與此皆誤也。伯林雉經，維其何故？何感天抑墜，夫誰畏懼？一無「何」字。墜，已見上。○舊注以此爲晉太子申生之事。未知是否。皇天集命，惟何戒之？受禮天下，又使至代之？言皇天集禄命以與王者，何不常有以戒之，而使至於危亡乎？王者既受天之禮命而王天下，天又何爲使它姓代之乎？其警戒之意，至深切矣。初湯臣摯，後茲承輔。何卒官湯，尊食宗緒？卒，一作萃。○言湯初舉伊尹以爲凡臣耳，後知其賢，乃以備疑丞輔翼也。官，如「官卿」之官，言終使湯爲天子，尊其先祖，以王者禮樂祭祀，緒業流於子孫也。勳闔夢生，少離散亡。何壯武厲，能流厥嚴？嚴，叶五郎反。詩殷武篇有此例。○勳，功也。闔，吳王闔廬也。夢，闔廬祖父壽夢。壽夢卒，太子諸樊立。諸樊卒，傳弟餘祭。餘祭卒，傳弟夷末。夷末卒，當傳弟札。札不受，夷末之子王僚立。闔廬，諸樊之長子，次不得爲王。少離散亡，放在外也。乃使專諸刺王僚，代爲吳王。以伍子胥爲將，破楚入郢，是能壯其猛厲勇武，而流其威也。彭鏗斟雉帝何饗？受壽永多夫何長？饗，叶虛良反。「長」上一有「久」字。○彭鏗，彭祖也。舊說：鏗好和滋味，進雉羹於堯，堯饗之，而錫以壽考，至八百歲。莊子以爲「上及有虞，下及五伯」是也。但此本謂上帝，已爲妄說。而舊注以爲堯，又妄之尤也。中央共牧后何怒？蠭蛾微命力何固？牧，一作收，一作枚。蠭音峯，一作蠭。一作螽，非是。蛾，古「蟻」字，一作蟻。○此章之義未詳，當闕。驚女采薇鹿何祐？北至回水萃何喜？祐，叶于忌反。○此章未詳，亦當闕。兄有噬犬弟何欲？易之以百兩卒無祿。噬音筮。兩音亮。○舊注以此爲秦公子鍼之事。然與左傳不同，未知是否。薄暮雷電歸何憂？厥嚴不奉帝何求？此下皆不可曉。今闕其義。伏匿穴處爰何云？荆勳作師夫何長？「長」下一有「先」字，非是。自此至篇終，皆隔句叶韻。悟過改更，我又何言？吳光爭國，久余是勝。悟，一作寤。更音庚。一無「我」字。非是。言，叶音銀。勝，叶音商。○吳光，即闔廬也。何環穿自閭社丘陵，爰出子文？「環穿自閭社丘陵」七字，一作「環閭穿社以及丘陵是淫是蕩」十二字。○子文，楚令尹鬭穀於菟也。左傳曰：「若敖娶於䢵，生鬭伯比。若敖卒，從其母畜於䢵，淫於䢵子之女，生穀於菟，實爲令尹子文。」夫子稱其忠，事見論語。它則不可曉矣。吾告堵敖以不長。楚人謂未成君而死者曰敖。堵敖者，楚文王子、成王兄也。何試上自予，忠名彌彰？試，一作識。予音與，一作與。彰，一作章。

校勘記

〔一〕巧　原作「好」，據端平本改。
〔二〕靜極復動　原無此四字，據端平本補。
〔三〕作　原作「化」，據端平本改。
〔四〕辰　原作「宿」，據端平本改。
〔五〕得　原作「復」，據端平本改。
〔六〕闢　原作「開」，據端平本改。
〔七〕城　原作「成」，據端平本改。
〔八〕告　原作「芒」，據端平本改。
〔九〕飽　原作「鮑」，據端平本改。
〔一〇〕憂　原無此字，據端平本補。
〔一一〕肉　原作「白」，據補注改。

〔一二〕浪　原作「亂」，據端平本改。
〔一三〕因　原作「月」，據端平本改。
〔一四〕足復　原作「復足」，據端平本乙。
〔一五〕蓱　原無此字，據端平本補。
〔一六〕取　原無此字，據端平本改。
〔一七〕鱞　原作「嫘」，據端平本改。
〔一八〕湯　原作「康」，據端平本改。
〔一九〕晁　原作「見」，據端平本改。
〔二〇〕倉　原作「會」，據端平本改。
〔二一〕一有　原作「有一」，據端平本乙。
〔二二〕焉　原無此字，據端平本補。
〔二三〕一作弑　原無此三字，據端平補。
〔二四〕就　原作「受」，據端平本改。

楚辭卷第四

朱熹集注

九章第四

九章者，屈原之所作也。屈原既放，思君念國，隨事感觸，輒形於聲。後人輯之，得其九章，合爲一卷，非必出於一時之言也。今考其詞，大氐多直致無潤色，而惜往日、悲回風又其臨絶之音，以故顛倒重複，倔强踈鹵，尤憤懣而極悲哀，讀之使人太息流涕而不能已。董子有言：「爲人君者不可以不知春秋，前有讒而不見，後有賊而不知。」嗚呼，豈獨春秋也哉！

惜誦以致愍兮，發憤以抒情。所非忠而言之兮，指蒼天以爲正。愍音敏。一作惛〔一〕，非是。抒，從手，上與、丈呂二反。一作紓，亦通。非，一作作。「忠」下一有「心」字。皆非是。正，叶音征。

○惜者，愛而有忍之意。誦，言也。致，極也。愍，憂也。憤，懣也。抒，挹而出之也。所者，誓詞，猶所謂「所不與舅氏同心」、「所不與崔慶者」之類也。蒼，天之色也。正，平也。猶言「有如白水」、「有如上帝」之類也。言始者愛惜其言，忍而不發，以致極其憂慜之心，至於不得已，而後發憤懣以抒其情，則又從而誓之曰：「所我之言，有非出於中心而敢言之於口，則願蒼天平己之罪而降之罰也。」

令五帝以折中兮，戒六神與嚮服。俾山川以備御兮，命咎繇使聽直。

令音零。折，從手，之舌反。一作拆，非。中，陟仲反。與，一作以。服，叶蒲北反。命，一作會。使，一作以。〇此皆指天自誓之詞。欲使上天命此衆神，察其是非，若曰：司謹司盟，名山大川，羣神羣祀，先王先公也。五帝，五方之帝，以五色爲號者，太一之佐也。折中，謂事理有不同者，執其兩端而折其中，若史記所謂「六藝折中於夫子」是也。六神：日、月、星、水旱、四時、寒暑也。嚮，對也。服，服罪之詞。書所謂「五刑有服」者也。山川，名山大川之神也。御，侍也。咎繇，舜士師，能明五刑者也。聽直，聽其詞之曲直也。

竭忠誠而事君兮，反離羣而贅肬。忘儇媚以背衆兮，待明君其知之。

「君兮」之間一有「子」字。非是。贅，之芮反。肬音尤。一作尤，叶于其反。儇，許緣反。背音佩。一無「明」字，一無「君」字，皆非是。〇贅尤，肉外之餘肉，莊子所謂「附贅懸肬〔一〕」者是也。儇，輕利也。媚，柔佞也。言盡忠以事君，反爲不盡忠者所擯弃，視之如肉外之餘肉。然吾寧忘儇媚之態，以與衆違，其所恃者，獨待明君之知耳。

言與行其可迹兮，情與皃其不變。故相臣莫若君兮，所以證之不遠。

行，下孟反。相，息亮反。「之」下一有「而」字，非是。〇言人臣之言行既可蹤〔二〕跡，內情外皃又難變匿，而人君日以其身親與之接，宜其最能察夫忠邪之辨。蓋其所以驗之，不在於遠也。左傳曰：「知子莫若父，知臣莫若君。」此之謂也。

吾誼先君而後身兮，羌衆人之所仇也。專惟君而無他兮，又衆兆之所讎也。

「羌」下一有「然」字。

非是。一無二「也」字。兆，一作人。○誼與義同。怨耦曰仇。惟，思念也。百萬曰兆。讎，謂怨之當報者。壹心而不豫兮，羌不可保也。疾親君而無他兮，有招禍之道也。疾，一作病。非是。○不豫，言果決不猶豫也。不可保，言君若不察，則必爲衆人所害也。疾，猶力也。與上文「專惟君」之語同。力於親君而無私交，固招禍之理也。思君其莫我忠兮，忽忘身之賤貧。事君而不貳兮，迷不知寵之門。忠，一作知。而，一作其。門，叶彌貧反。○言我思君，意常謂羣臣莫有忠於我者，則是貴近之臣，皆不能致其身矣，故忘己之賤貧，而欲自進以效其忠。然其進也，亦但知盡心以事君而已，固不懷貳以求寵也。是以視衆人之遇寵，而心若迷惑，不知其所從入之門也。忠何辠以遇罰兮，亦非余之所志也。行不羣以巔越兮，又衆兆之所咍也。辠，一作罪。以，一作而。余，一作吾。志，叶音之。一無二「也」字。行，下孟反。咍，呼來反，叶，呼其反。○咍，啁笑，楚語也。言無罪放逐，本非臣子夙心所期望，但以行不羣而至此，遂爲衆所笑耳。紛逢尤以離謗兮，謇不可釋也。情沈抑而不達兮，又蔽而莫之白也。白，叶音彌。一無二「也」字。○紛，亂皃。尤，過也。謇，詞也。釋，解也。沈，没也。抑，按也。白，明辨之也。心鬱悒余侘傺兮，又莫察余之中情。固煩言不可結而詒兮，願陳志而無路。心，一作忳。侘傺者，義並已見騷經。中情，以韻叶之，當作「善惡」，而「惡」字，又當從去聲讀。由騷經一句差互，故此亦因之耳。固，一作故。「結」下一無「而」字。詒音怡。○煩言，謂煩亂之言。左傳曰「嘖有煩言」是也。騷經云「解佩纕以結言」，思美人曰「言不可結而詒」。疑古者以言寄意於人，必以物結而致之，如結繩之爲也。退靜默而莫余知兮，進號呼又莫余聞。申侘傺之煩惑兮，中悶瞀之忳忳。號音豪。中，一作心。一「心」上別有「中」字。瞀音茂。忳，徒昆反。○號，大呼也。申，重也。悶，煩也。瞀，亂也。忳忳，憂皃。

昔余夢登天兮，魂中道而無杭。吾使厲神占之兮，曰「有志極而無旁」。杭，一作航。○杭，方兩舟而並濟也，通作航。厲神，蓋殤鬼也。左傳「晉侯夢大厲」，祭法有泰厲、公厲、族厲，主殺伐之神也。旁，輔也。言夢登天而無航者，其占爲但有心志勞極，而無輔助也。終危獨以離異兮，曰「君可思而不可恃」。故衆口其鑠金兮，初若是而逢殆。鑠，書藥反。殆，叶徒係反。○終危獨以離異，果如始者，占夢者之言也。君可思者，臣子之義也。不可恃者，其明暗賢否，所遇有不同也。衆口鑠金，美金見毀，衆共疑之，數被燒煉以至銷鑠也。殆，危也。言初以君爲可恃，故被衆毀而遭危殆也。懲熱羹而吹韲兮，何不變此志也。欲釋階而登天兮，猶有曩之態也。懲熱羹，一本「熱」作「於」，而「羹」下有「者」字。一本「有於熱者」，皆非是。一作「懲熱於羹」，而無「者」字，亦通。韲，一作齏，並音賷。「此」下一有「之」字。一無二「也」字。態，叶音替。○韲，凡醯醬所和，細切爲韲，或曰：擣薑蒜辛物爲之者也。階，梯也。蓋羹熱而韲冷，有人歠羹而太熱，其心懲忿，後見冷韲，猶恐其熱而吹之。以喻常情既以忠直得罪，即痛自懲忿，過爲阿曲。而我今尚欲釋階而登天，則是不自懲忿，猶有前日忠直之意也。衆駭遽以離心兮，又何以爲此伴也。同極而異路兮，又何以爲此援也。一無「衆」字。

援，于願反。一無二「也」字。○伴，侶也。極，至也。援，引也。言衆人見己所爲，皆驚駭遑遽以離心，則無與己爲侶者矣。與衆人同事一君，而其志不同，則如同欲至於一處，而各行一路，誰可以相援引而俱進者耶？

晉申生之孝子兮，父信讒而不好。行婞直而不豫兮，鮌功用而不就。好，呼報反，叶呼鬬反。○申生事見左傳、禮記。鮌事見騷經、天問篇。不豫，見上。吾聞作忠以造怨兮，忽謂之過言。

九折臂而成醫兮，吾至今乃知其信然。成，一作爲。「爲」下有「良」字。一無「至」字。一無「信」字。○忽者，易而略之之意。人九折臂，更歷方藥，乃成良醫。故吾於今乃知作忠造怨之語爲誠然也。左傳曰：「三折肱爲良醫。」亦此意也。矰弋機而在上兮，罻羅張而在下。設張辟以娛君兮，願

側身而無所。矰，則增反。「矰」上一有「信」字。弋，一作雉。罻音尉。下，叶音户。辟，比亦反，又音臂。○矰，繳，射鳥短矢也。弋，繳射也。機，張機以待發也。罻羅，掩鳥網也。辟，開也，與闢同。或云：謂弩臂也。言讒賊之人陰設機械，張布開闢，傷害君之所惡，以悦君意。使人憂懼，雖欲側身以避之，而猶恐無其處也。欲儃佪以干傺兮，恐重患而離尤。欲高飛而遠集兮，君罔謂女何之。

儃，知然反。恐，丘用反。重，儲用反。○儃佪，不進皃。干傺，謂求住也。重，增益也。離，遭也。集，鳥飛而下止也。謂遠遁也如此，則又恐君得無謂：女欲去我而何往乎？欲横奔而失路兮，蓋堅志而不忍。背膺牉以交痛兮，心鬱結而紆軫。一無「蓋」字。堅志，一作志堅。背音貝。牉音判。下

一有「合」字。「膌」下一有「數」字。結，一作約。○横奔失路，妄行違道之譬也。膌，脅也。胖，半分也。禮傳曰：「夫妻，胖合也。」言欲妄行違道，則吾志已堅而不忍爲。通上章，三者皆不可爲。則背脅一體而中分之，其交爲痛楚有不可言者矣。擣木蘭以矯蕙兮，糳申椒以爲糧。播江離與滋菊兮，願春日以爲糗芳。擣音禱，一作擣。糳，即各反。○擣，舂也。矯，猶糅也。糳，精細米也。播，種也。滋，見騷經。糗，糒也，乾飯屑也。春日新蔬未可食，即且以此爲糗，而又不忘其芳香，言不變其〔四〕素守也。恐情質之不信兮，故重著以自明。撟兹媚以私處兮，願曾思而遠身。質音致，一作志。重，直用反。撟，居表反。曾音增〔五〕。明，叶音芒。思，去聲。身，叶音商。○質，猶「交質」之質。撟，舉也。媚，愛也。謂所愛之道、所守之節也。私處，猶曰自娱也。曾，重也。曾思，所以慮微。遠身，所以避害。

右**惜誦**此篇全用賦體，無它寄託。其言明切，最爲易曉。其言作忠造怨，遭讒畏罪之意，曲盡彼此之情狀。爲君臣者，皆不可以不察。

余幼好此奇服兮，年既老而不衰。帶長鋏之陸離兮，冠切雲之崔嵬。鋏，古挾反。冠，去聲。崔音摧。嵬，一作巍，並五回反。○奇服，奇偉之服，以喻高潔之行。下〔六〕冠劒被服，皆是也。衰，懈也。鋏，劒把。或曰：刀身劒鋒也。長鋏，見史記。切雲，當時高冠之名。被明月兮珮寶璐。世溷濁而莫余知兮，吾方高馳而不顧。駕青虬兮驂白螭，吾與重華遊兮瑶之圃。璐音路。「知」

下一無「兮」字。「顧」下一有「兮」字。皆非是。虯、螭，音義皆已見前篇。圃，叶去聲。○在背曰被。明月，珠名，以其夜光，有似明月，故以爲名。璐，美玉名。乘靈物，從聖帝，遊寶所，皆見其志行之高遠。登崑崙兮食玉英，吾與天地兮比壽，與日月兮齊光。哀南夷之莫吾知兮，旦余將濟乎江湘。英，叶於姜反。「與」上一無「吾」字。比、齊，一並作同。一無「將」字。乎，一作於。○登崑崙，言所至之高。食玉英，言所養之潔。南夷，謂楚俗也。

乘鄂渚而反顧兮，欸秋冬之緒風。步余馬兮山臯，邸余車兮方林。欸音哀。風，叶孚金反。邸，丁禮反，一作低。○鄂渚，地名，今鄂州也。欸，嘆也。方言云：「南楚謂然爲欸。」史、漢「亞父曰唉」及唐人「欸乃」，皆此字也。邸，至也。一作低者，説見招魂「軒輬既低」下。方林，地名。乘舲船余上沅兮，齊吴榜而擊汰。船容與而不進兮，淹回水而凝滯。舲音零，一作柃。上，時掌反。榜，北孟反，又音謗。汰音泰。凝，一作疑。滯，叶丑介反。○舲船，船有牕牖者。或曰：小船也。上，謂泝流而上也。齊，同時並舉也。吴，謂吴國。榜，櫂也。蓋效吴人所爲之櫂，如云「越舲蜀艇」也。汰，水波也。船不進而疑滯，留落之意，亦戀故都也。朝發枉陼兮，夕宿辰陽。苟余心之端直兮，雖僻遠其何傷。陼，一作渚。之，一作其。僻，一作辟。其，一作之。○枉陼、辰陽，皆地名。水經云：「沅水東逕辰陽縣東南，合辰水。沅水又東歷小灣，謂之枉陼。」入漵浦余儃佪兮，迷不知吾所如。深林杳〔七〕以冥冥兮，乃猨狖之所居。漵，徐吕反。儃佪，一作邅回。「吾」下一有「之」字。「杳」下一有複出「杳」字，一作晦。冥冥，一作冥寞。一無「乃」字，「晦」字以下，皆非是。猨狖，見前篇。○漵浦，亦地名。山峻高以蔽日兮，下幽晦以多雨。霰雪紛其無垠兮，雲霏霏其承宇。「高」下「以」一作「而」。垠音銀。○霰，雨凍如珠，將爲雪者也。宇，屋簷也。哀吾生之無樂兮，幽獨處乎山中。吾不能變心以從俗兮，固將愁苦而終窮。樂音洛。

接輿髡首兮，桑扈臝行。忠不必用兮，賢不必以。伍子逢殃兮，比干菹醢。髡音坤。臝，一作裸，並力果反。醢，叶呼彼反。○接輿，楚狂也。被髮佯狂，後乃自髡。桑扈，即莊子所謂子桑扈。臝行，謂赤體而行也。或疑論語所謂子桑伯子，亦是此人。蓋夫子稱其簡。家語又云：「伯子不衣冠而處，夫子譏其欲同人道於牛馬。」即此裸形之證也。以，亦用也。伍子，吴相伍員子胥也。諫夫差，令伐越，不聽，被殺，盛以鴟夷，而浮之江。事見左傳、史記。比干事，見騷經、天問。與前世而皆然兮，吾又何怨乎今之人。余將董道而不豫兮，固將重昏而終身。董，正也。不豫，見惜誦。重昏，重複昏暗，終不復見光明也。

亂曰：鸞鳥鳳皇，日以遠兮。燕雀烏鵲，巢堂壇兮。壇，式衍反。○比也。言仁賢遠去，而讒佞見親也。露申辛夷，死林薄兮。腥臊並御，芳不得薄兮。臊音騷。「得薄」之薄音博。○比也。露申，未詳。叢木曰林，草木交錯曰薄。腥臊，臭惡也。御，用也。薄，附也。言污賤並進，而芳潔不容也。陰陽易位，時不當兮。懷信侘傺，忽乎吾將行兮。一無「忽」字，非是。行，叶〔八〕户郎反。○比而賦也。陰，謂小人。陽，謂君子。將行，謂將遠去也。

右涉江此篇多以「余」、「吾」並稱，詳其文意，余平而吾倨也。

皇天之不純命兮，何百姓之震愆。民離散而相失兮，方仲春而東遷。純，不雜而有常也。震，動也。愆，過也。仲春，二月，陰陽之中，沖和之氣，人民和樂之時也。屈原被放，時適會荒凶，人民離〔九〕散，而原亦在行中。閔其流離，因以自傷，無所歸咎，而嘆皇天之不純其命，不能福善禍淫，相協厥居，使之當此和樂之時，而遭離散之苦也。去故鄉而就遠兮，遵江夏以流亡。出國門而軫懷兮，甲之鼂吾以行。鼂，職天反，一作晁。行，叶户郎反。○遵，循也。江，大江也。夏，水名。或以爲自江而別，以通于漢，還復入江，冬竭〔一〇〕夏流，故謂之夏。而其入江處，今名夏口。即詩所謂「江有汜」也。軫，痛也。甲，日也。朝，旦也。原自言其以甲日朝旦而行也。發郢都而去閭兮，怊荒忽其焉極。楫亝揚以容與兮，哀見君而不再得。一無「都」字。一無「怊」字。其，一作之。一無「其」字。皆非是。○郢都，在漢南郡江陵縣。閭，里門也。亝揚，同舉也。容與，徘徊也。言鼓棹者亦不欲去，知己之戀戀於君也。望長楸而太息兮，涕淫淫而若霰。過夏首而西浮兮，顧龍門而不見。楸音秋。太，一作嘆。○楸，梓也。長楸，所謂「故國之喬木」，使人顧望，徘徊不忍去也。淫淫，流皃。夏首，夏水口也。浮，不進之而自流也。龍門，楚都南關〔一一〕三門，一名龍門，一名脩門。回望而不見都門，則其悲愈甚矣。心嬋媛而傷懷兮，眇不知其所蹠。順風波而流從兮，焉洋洋而爲客。其，一作余。一無「其」字。蹠音隻，叶音灼。一作「宅」。焉，如字。客，叶康落反。○嬋媛，兩見前篇。眇，猶遠也。蹠，踐也。洋洋，無所歸皃。凌陽侯之氾濫兮，忽翺翔之焉薄。心絓結而不解兮，思蹇産之不釋。氾，孚梵反。焉，於虔反。薄音博。絓音畫。釋，叶時若反。○凌，乘也。陽侯，陽國之侯，溺死於水，其神能爲大波。氾濫，波皃。薄，止也。絓，懸也。蹇産，詰曲皃。將運舟而下浮兮，上洞庭而下江。去終古之所居兮，今逍遥而來東。江，叶音工。上，時掌反。下，遐稼反。○終古，亦兩見前篇。羌靈魂之欲歸兮，何須臾而忘反。背夏浦而西思兮，哀故都之日遠。羌，一作嗟。○時未過夏浦也，故背之而回首，西鄉以思郢也。登大墳以遠望兮，聊以舒吾憂心。哀州土之平樂兮，悲江介之遺風。樂音洛。介，一作界。風，叶孚金反。○水中高者曰墳，詩「汝墳」是也。望，望郢都也。平樂，地寬博而人富饒也。介，間也。遺風，謂故家遺俗之善也。當陵陽之焉至兮，淼南渡之焉如？曾不知夏之爲丘兮，孰兩東門之可蕪？淼音眇。○陵陽，未詳。淼，滉漾無涯也。於是始南渡大江矣。夏，大屋也。丘，荒墟也。孰，誰也。兩東門，郢都東關有二門也。蕪，穢也。言楚王曾不知都邑宫殿之夏屋當爲丘墟，又不知兩東門亦先王所設以守國者，豈可使之至於蕪廢耶？襄〔一二〕王二十一年，秦遂拔郢，而楚徙陳，不知在此後幾年也。心不怡之長久兮，憂與憂其相接。惟郢路之遼遠兮，江與夏之不可涉。與憂，一作與愁。其，一作之。○怡，樂也。憂憂相接，首尾如一，繼續無已也。

忽若去不信兮，至今九年而不復。慘鬱鬱而不通兮，蹇侘傺而含慼。一無「去」字。或恐「去」字上下有脱誤。慼，叶七六反。○補注：「考原初被放，在懷王十六年。至十八年，復召用之。三十年，秦約懷王與會，原諫止之，不從，懷王遂死于秦。頃襄王立，復放屈原。」此云「九年不復」，不知的在何時也。外承歡之汋約兮，諶荏弱而難持。忠湛湛而願進兮，妒被離而鄣之。汋音綽。諶，市林反。荏音稔。湛，徒感反。被音披，一作披。鄣音章。○汋約，好皃。諶，誠也。荏，亦弱也。湛湛，重厚皃。被離，衆盛皃。鄣，壅也。言小人外爲諛説，以奉君之歡適，情態美好，誠使人心意軟弱而不能自持，是以懷忠而願進者，皆爲所嫉妒，而壅蔽不得進也。此章形容邪佞之態最爲精切，讀者宜深味之，則知佞人之所以殆，又信此語與孔聖之言，實相發明也。彼堯、舜之抗行兮，瞭杳杳其薄天。衆讒人之嫉妒兮，被以不慈之僞名。一無「彼」字。行，下孟反。瞭音了。一無「瞭」字，而作「杳冥冥」。薄音博。天，叶鐵因反。○堯、舜與賢而不與子，故有不慈之名。莊子曰：「堯不慈，舜不孝。」蓋戰國時流俗有此語也。憎愠惀之脩美兮，好夫人之忼慨。衆踥蹀而日進兮，美超遠而逾邁。愠，紆粉反。惀，力允反。好，呼報反。夫音扶。忼，苦[一三]朗反。慨，一作礚，苦蓋反。踥，思葉反。蹀音牒。○愠，心所緼積也。思求曉知謂之惀。忼慨，激昂之意。補曰：「君子之愠惀，若可鄙者。小人之忼慨，若可喜者。唯明者能察之。」踥蹀，行皃，亦謂讒佞之人日進於前，使人美而好之愈甚而無已也。

亂曰：曼余目以流觀兮，冀壹反之何時。鳥飛反故鄉兮，狐死必首丘。信非吾罪而棄逐兮，何日夜而忘之。曼音萬。首，式救反。丘，叶音欺。○曼，遠意。鳥飛反故鄉，思舊巢也。首丘，謂以首枕丘而死，不忘其所自生也。禮曰：「大鳥獸喪其羣匹，越月踰時，則必反巡，過其故鄉。」又曰：「樂，樂其所自生。禮，不忘其本。古人有言曰：狐死正丘首，仁也。」忘，謂忘其故都也。

右哀郢

心鬱鬱之憂思兮，獨永歎乎增傷。思蹇產之不釋兮，曼遭夜之方長。一無「心」字。悲秋風之動容兮，何回極之浮浮。數惟蓀之多怒兮，傷余心之懮懮。「悲」下一有「夫」字。數，所矩反。蓀，一作荃。懮音憂。○秋風動容，謂秋風起而草木變色也。回極浮浮，未詳所謂。或疑回極，指天極回旋之樞軸。浮浮，言其運轉之速而不可常。亦未知其是否也。大氐此下諸篇，用字立語，多不可解，甚者今皆闕之，不敢强爲之説也。數，計也。惟，思也。蓀，説見騷經，蓋寓意於君也。懮，愁也。言計而思之，君多妄怒刑罰不中，使余心憂也。願遥起而横奔兮，覽民尤以自鎮。結微情以陳詞兮，矯以遺夫美人。鎮音珍。遺，去聲。○尤，過也。鎮，止也。矯，舉也。覽民之尤而察其有罪之實，庶以自止其憂。則又愈見其怒之不當，而可憂益甚，故結情於詞以告君也。美人，已見騷經，亦寄意於君也。昔君與我成言兮，曰「黄昏以爲期」。羌中道而回畔兮，反既有此它志。成，一作誠。曰，一作日。志，叶音之。○成言、黄昏，説見騷經。言君與己始親而後疏也。憍吾以其美好兮，覽余以其脩姱。與余言而不信兮，蓋爲余而造怒。憍與驕同。覽，一作鑒。姱，叶音户。蓋，一作盍。爲，去聲。○憍，矜也。莊子曰：「虚憍而盛氣。」覽，示也。姱，好也〔一四〕言君自多其能，言又非實，本無可怒，但以惡我之故，爲我作怒也。願承閒而自察兮，心震悼而不敢。悲夷猶而冀進兮，心怛傷之憺憺。閒音閑。怛，當割反。一作「怕」，非是。憺，徒敢反。○閒，閒暇也。莊子曰：「今日宴閒。」察，明也。怛，悲慘也。憺憺，安靜意。謂欲承君之閒暇以自明而不敢，然又不能自已，故夷猶欲進，心復悲慘，遂靜默而不敢言也。觀此則知屈原事君惓惓之意，蓋極深厚，豈樂以婞直犯上而取名者哉？茲歷情以陳辭兮，蓀詳聾而不聞。固切人之不媚兮，衆果以我爲患。茲歷，一作歷茲。詳音佯，與佯同。患音還，叶胡門反。○歷，猶列也。詳，詐也。切人不媚，言懇切之人不能軟媚，君或未怒而衆已病之。蓋惡其傷己也。初吾所陳之耿著兮，豈不至今其庸亡。何獨樂斯之謇謇兮，願蓀美之可完。耿，古迥反。一無「不」字。非是。樂音洛。獨樂，王逸作「毒藥」，而無「斯」字。非是。完，叶胡光反，一作「光」。○耿，明皃。庸，何用也。左傳曰：「晉其庸可冀乎？」言昔吾所陳之言明白如此，豈不至今猶可覆視，而何用乃亡之耶？然吾非獨樂爲此謇謇而不樂爲順從也，但以願君之德美猶可復全，是以不得已而爲此耳。所謂「尚幸君之一寤」者如此，其志切矣。望三五以爲像兮，指彭咸以爲儀。夫何極而不至兮，故遠聞而難虧。三五，一作前聖。聞音問。○三五，謂三皇五帝。或曰：三王、五伯也。像，謂肖古人之形而則其象也。儀，謂以彼人爲法而效其儀，如儀禮所説「國君行禮，而視祝爲節」之類是也。極，至也。至，到也。視彼像儀而必欲求到其極，則遠聞而難虧矣。善不由外來兮，名不可以虛作。孰無施而有報兮，孰不實而有穫？施，始豉反。實，當作殖。

穫，一作「獲」者，非是。〇此四語者，明白親切，不煩解說。雖前聖格言不過如此，不可但以詞賦讀之也。

少歌曰：與美人之抽思兮，并日夜而無正。憍吾以其美好兮，敖朕辭而不聽。少，詩照反，一作小。一無「之」字。并，一作弃。「日」下仍有「憾」字。「夜」下一無「而」字。「之」字以下，皆非是。正，叶音征。敖與傲同，一作驁。聽，平聲。〇少歌，樂章音節之名。荀子佹詩亦有「小歌」，即此類也。抽，拔也。思，意也。并日夜，言旦暮如一也。無正，無與平其是非也。敖，倨視也。

倡曰：有鳥自南兮，來集漢北。好姱佳麗兮，牉獨處此異域。既惸獨而不羣兮，又無良媒在其側。道卓遠而日忘兮，願自申而不得。望北山而流涕兮，臨流水而太息。倡讀曰唱。牉，見惜誦。惸，渠營反。側，叶莊力反。卓，一作逴。不，一作未。得，叶徒力反。北山，一作「南山」。流，一作深。〇倡，亦歌之音節，所謂「發歌句」者也。鳥，蓋自喻。屈原生於夔峽而仕於鄢郢，是自南而集於漢北也。望孟夏之短夜兮，何晦明之若歲。惟郢路之遼遠兮，魂一夕而九逝。秋夜方長，憂不能寐，故望孟夏之短夜，而冀其易曉也。晦明若歲，夜未短也。一夕九逝，思之切也。曾不知路之曲直兮，南指月與列星。願徑逝而不得兮，魂識路之營營。一本「南指」至「得兮」十三字在「營營」之下。非是。營營，一作「煢煢」。〇言初不識路，後以月星而知向背。然欲去而又未得者，以魂雖識路，而營營獨往，無與俱也。何靈魂之信直兮，人心之不與吾心同。理弱而媒不通兮，尚不知余之從容。言靈魂忠信而質直，不知人心之異於我，故雖得歸，亦無與左右而道達之者，彼又安能知我之間暇而不變所守乎？

亂曰：長瀨湍流，泝江潭兮。狂顧南行，聊以娛心兮。湍流，一作「流湍」。潭，叶音尋。○瀨，水淺處。湍，急流也。逆流而上曰泝。潭，深淵也。狂顧，憂懼而驚視也。自江入湖，自湖入湘，皆泝流而南行也。軫石崴嵬，蹇吾願兮。超回志度，行隱進兮。崴，音隈，又烏皆反。嵬，吾回反，又音懷。願，叶魚靳反。或如字。進，如字，或音薦。○軫石，未詳。超回、隱進，亦不可曉，今并闕之。低佪夷猶，宿北姑兮。煩冤瞀容，實沛徂兮。瞀音茂。○北姑，蓋地名。瞀容，瞀亂之意見於容皃也。實沛徂，誠欲沛然如水之流去也。愁嘆若神，靈遥思兮。路遠處幽，又無行媒兮。媒，叶莫悲反。○靈，靈魂也。道思作頌，聊以自救兮。憂心不遂，斯言誰告兮！一無「以」字。告，叶居后反。○道思者，且行且思也。救，解也。

右抽思以篇内「少歌」首句二字爲名。

滔滔孟夏兮，草木莽莽。傷懷永哀兮，汨徂南土。滔，他刀反。史記作「陶」。莽，莫補反。汨，越筆反。○滔滔，水大貌。莽莽，茂盛皃。汨，行皃。徂南土，泝沅湘也。眴兮杳杳，孔靜幽默。鬱結紆軫兮，離慜而長鞠。撫情效志〔一五〕兮，冤屈而自抑。眴與瞬同，一音胡絹反。「兮」字，一在「杳杳」下。「靜」下一有「兮」字。默，史作墨。鬱，一作宛。慜，一作愍。而，史作之。鞠，叶各額反，一作鞫。「冤屈而」，史作「俛詘以」。抑，叶於革反。○眴，目數摇動之皃。杳杳，深冥之皃。孔，甚也。

默，無聲也。紆，屈也。軫，痛也。離，遭也。愍，痛也。鞠，窮也。撫，循也。效，猶覈也。抑，按也。言撫情覈志，無有過失，則屈志自抑而不懼也。刓方以爲圜兮，常度未替。易初本迪兮，君子所鄙。章畫志墨兮，前圖未改。刓，吾官反。一無「初」字。迪，史作由。畫音獲。志，史作職。改，叶音己。○刓，圓削也。度，法也。替，廢也。言欲變心從俗，而常法未廢，不能遽變也。易初，謂變易初心也。本迪，未詳。章，明也。志，念也。墨，謂繩墨。言譬之工人章明所畫之繩墨，而念之不忘者，亦以前人之法度未改故也。内厚質正兮，大人所晠。巧倕不斲兮，孰察其揆正。厚，史作直。正，史作重。晠，史作盛。倕音垂，史作匠。斲，一作列，一作斷。揆，一作撥。「匠」以下，皆非是。○所晠，所盛美也。倕，書作垂，性巧，舜命以爲共工。斲，斫也。揆，度也。即上章所謂(一六)畫也。玄文處幽兮，矇瞍謂之不章。離婁微睇兮，瞽以爲無明。「處幽」，史作「幽處」。史無「瞍」字。睇音第。明，叶音芒。○玄，黑也。幽，冥也。有眸子而無見曰矇。無眸子曰瞍。離婁古之明目者也。睇，眄之也。瞽，盲者也。變白以爲黑兮，倒上以爲下。鳳皇在笯兮，雞鶩翔舞。「白」下「以」，史作「而」。下，叶音户。笯音奴，又女家反。又音暮，一作郊。二字皆非是。鶩音木，一作雉。○笯，籠落也。同糅玉石兮，一槩而相量。夫惟黨人之鄙固兮，羌不知余之所臧。糅，女救反。槩，古代反。鄙，一作交。史無「惟」字，固作婟，余作吾，無「之」字。○槩，平斗斛木也。任重載盛兮，陷滯而不濟。懷瑾握瑜兮，窮不知所示。重，直用反。瑾音僅。瑜音逾。知，史作得，下仍有「余」字。○盛，多也。陷，没也。滯，留也。濟，度也。此言重車陷滯而不得度也。在衣爲懷，在手爲握。瑾、瑜，美玉也。不知所示，人皆不識，無可示者也。邑犬羣吠兮，吠所怪也。非俊疑傑兮，固庸態也。「犬」下一有「之」字，今從史。非俊，史作「誹俊」。傑，史作桀。一無二「也」字。○非，毀也。知過千人謂之俊，十人謂之傑。庸，厮賤之人也。文質疏内兮，衆不知余之異采。材朴委積兮，莫知余之所有。疏，史作踈。内，舊音訥，又如字。余，史作吾。異，一作奥。采，叶此禮反。朴，史作樸。積，史作質。有，叶于彼反。○文質，其文不豔也。疏，迂闊也。内，木訥也。異采，殊異之文采也。材，木中用者也。朴，未斲之質也。委積，言其多。有，唯所用之。而世莫之知也。重仁襲義兮，謹厚以爲豐。重華不可遌兮，孰知余之從容？重，平聲。下「重華」同。遌，一作遻，史作牾。洪云：「當作遌，五故反，與迕同。」○襲，亦重也。豐，猶富足也。遌，逢也。從容，舉動自得之意。古固有不並兮，豈知其何故？湯禹久遠兮，邈而不可慕。史無「何」、「而」字，「故」、「慕」下皆有「也」字。○古有不並，言聖賢不並時而生也。懲違改忿兮，抑心而自强。離慜而不遷兮，願志之有像。違，一作連。强，其兩反。慜，史作湣，一作閔。像，史作象。○違，過也。像，法也。强於爲善，而不以憂患改其節，欲其志之可爲法也。進路北次兮，日昧昧其將暮。舒憂娱哀兮，限之以大故。舒，史作舍，娱作虞。○言將北歸郢都，而日暮不得前也。於是將欲舒憂以娱哀，而念人生幾何，死期將至，其限有〔一七〕不可得而越也。

亂曰：浩浩沅湘，分流汩兮。脩路幽蔽，道遠忽兮。史逐句有「兮」字，自此至篇末並同。

分，一作紛。皆非是。汩音骨，水流聲。又音鶻，涌波也。蔽，史作拂。此下，史有「曾唫恒悲永歎慨兮世既莫吾知兮人心不可謂兮」四句。○浩浩，廣大也。汩，流皃。脩，長也。**懷質抱情，獨無匹兮。伯樂既没，驥焉程兮？**質，史作情。情，史作質。匹，當作正，字之誤也。以韻叶之，及以哀時命考之，則可見矣。没，史作殁，「驥」下有「將」字。○無正，與「并日夜無正」之正之意同。伯樂，善相馬者也。程，謂校量材力也。**民生稟命，各有所錯兮。定心廣志，余何畏懼兮。**民，史作人。稟，史作有。一作「萬民之生」。○錯，置也。言民之生，莫不稟命於天，而隨其氣之短長厚薄，以爲壽夭窮達之分，固各有置之之所，而不可易矣。吉者不能使之凶，凶者不能使之吉也。是以君子之處患難，必定其心，而不使爲外物所動揺，必廣其志，而不使爲細故所狹隘。則無所畏懼，而能安於所遇矣。**曾傷爰哀，永嘆喟兮。世溷濁莫吾知，人心不可謂兮。**曾音增。史無「濁」字，莫作不。一無「人心」字，或無「人」字，或無「人心」而有「念」字。一本無「濁」、「吾」、「人」、「心」四字。○按此四句，若依史記，移著上文「懷質抱情」之上，而以下章「死不可讓，願勿愛兮」，承「余何畏懼」之下，文意尤通貫。但史於此又再出，恐是後人因校誤加也。**知死不可讓，願勿愛兮。明告君子，吾將以爲類兮。**愛，叶於既反。「明」下一有「以」字。○補曰：「屈子以爲知死之不可讓，則捨生而取義可也。所惡有甚於死者，豈復愛此七尺之軀哉！」類，法也。以此言爲法也。

右**懷沙**言懷抱沙石以自沈也。

思美人兮，擥涕而竚眙。媒絶路阻兮，言不可結而詒。竚，直吕反。眙，丑吏反。媒，一作路。路，一作媒。「絶」下一有「而道」字。一無下「而」字。詒，叶音異。○美人，説見上篇，寄意於君也。擥，猶收也。竚，久立也。眙，直視也。蹇蹇之煩冤兮，陷滯而不發。申旦以舒中情兮，志沈菀而莫達。冤，一作惋。陷，一作惂。以，一作不。一無「志」字。菀音鬱。莫，一作不。○承上路阻而言，陷滯不發，亦以陷濘爲喻也。申，重也。今日已暮，明日復旦也。菀，積也。願寄言於浮雲兮，遇豐隆而不將。因歸鳥而致辭兮，羌迅高而難當。迅，一作宿。當，一作寓。皆非是。○亦承上章「陷滯」而言。欲因雲致辭，則雲師不聽。欲因鳥致辭，則鳥飛速而又高，難可當值也。高辛之靈晟兮，遭玄鳥而致詒。欲變節以從俗兮，媿易初而屈志。晟，一作盛，一作威。詒、志，皆叶平、去二聲。媿與愧同。○玄鳥致詒，事見天問。此因上章歸鳥難當，而上感高辛之事，下愧不能易初而屈志也。獨歷年而離愍兮，羌馮心猶未化。寧隱閔而壽考兮，何變易之可爲？馮與憑同。化，叶音揮。閔，一作愍。易之，一作「初而」。○馮，憤悶也。隱閔壽考，優游卒歲也。然終不能變易其初心也。知前轍之不遂兮，未改此度。車既覆而馬顛兮，蹇獨懷此異路。轍，一作道。未，一作末。「度」下一有「也」字。○知直道之不可行，而不能改其度，雖至於車傾馬仆，而猶獨懷其所由之道，不肯同於衆人也。勒騏驥而更駕兮，造父爲我操之。遷逡次而勿驅兮，聊假日以須旹。指嶓冢之西隈兮，與纁黄以爲期。更，平聲。造，七到反。父音甫。爲，去聲。我，一作余。操，七刀反。之字爲韻。逡，七旬反。㫺，古「時」字。嶓音波。隈，一作隅。纁，一作曛，並音熏。〇造父，善御，周穆王時人。操之，執轡也。遷，猶進也。逡次，猶逡巡也。嶓冢，山名，漢水所出也。見禹貢。纁，淺絳也。日將入時，色纁且黃也。以馬既顛，故更駕駿馬，使善御者操其轡，逡巡而不速往，但期至於荒䆠絶遠之地，以窮日之力而自休焉。蓋知世路之不可由，而欲遠去以俟命也。

開春發歲兮，白日出之悠悠。吾將蕩志而愉樂兮，遵江夏以娛憂。將，一作且。蕩，一作盪。擥大薄之芳茝兮，搴長洲之宿莽。惜吾不及古之人兮，吾誰與玩此芳草。擥，一作擥。茝，一作芷。莽，莫古反。惜，一作然。一無「之」字。草，叶七古反。〇不及，謂生不及其同時也。解萹薄與雜菜兮，備以爲交佩。佩繽紛以繚轉兮，遂萎絶而離異。吾且儃佪以娛憂兮，觀南人之變態。竊快在其中心兮，揚厥憑而不俟。芳與澤其雜糅兮，羌芳華自中出。萹音匾。備，一作脩。佩，叶音備。以，一作其。繚音了。萎，於危反。儃佪，一作「徘徊」。態，叶音替。「竊」上一有「吾」字。一無「在」字。一無「其」字。出，叶尺遂反。〇萹，萹蓄也，似小梨，赤莖節，好生道旁。薄，叢也。交佩，左右佩也。萹蓄、雜菜，皆非芳草，故言解去二物，而以上文之茝、莽備爲交佩也。繚，繞也。繽紛繚轉，言佩之美，然適佩之，而遽已萎絶而離異矣。於是且復優游忘憂，以觀世變。又樂其所得於中者，以舒憤懣，而無待於外，則其芬芳自從中出，初不借美於外物也。紛郁郁其遠烝兮，滿内而外揚。情與質信可保兮，羌居蔽而聞章。烝，一作承。居，一作重。羌居，一作居重。聞，去聲。〇郁郁，盛也。烝，芳氣之遠聞也。此承上章芳華自中出，遂言其郁郁遠烝，皆由情質誠實可保，故所居雖蔽，而其名聞則章也。令薜荔以爲理兮，憚舉趾而緣木。因芙蓉以爲媒兮，憚褰裳而濡足。以，一作而。因，一作用。褰，起虔反。〇内美既足，耻因紹介以爲先容，而託以有憚也。登高吾不説兮，入下吾不能。固朕形之不服兮，然容與而狐疑。説音悦。能，叶音泥。〇道既不行，居上處下，無適而可。形傴蹇而不服，心耿介而使然也。廣遂前畫兮，未改此度也。命則處幽，吾將罷兮，願及白日之未暮也。獨煢煢而南行兮，思彭咸之故也。畫音獲。一無「則」字。罷，讀作疲。「暮」下一無「也」字。〇畫，與懷沙「章畫」之畫同。

右思美人

惜往日之曾信兮，受命詔以昭時。奉先功以照下兮，明法度之嫌疑。時，一作詩，非是。〇時，謂時之政治也。言往日嘗見信於君，而受命以昭明時之政治也。先功，謂先君之功烈也。嫌疑，謂事有同異而可疑者也。國富强而法立兮，屬貞臣而日娭。祕密事之載心兮，雖過失猶弗治。屬音燭。娭與嬉同。一作娱，非是。祕，一作移。密，一作察。弗，一作不。治，如字，平聲。〇屬，付也。貞臣，正固之臣，原自謂也。日娭，所謂逸於得人也。雖國所祕之密事，皆載於其心，是以或有過失，猶寬而不治其罪也。心純厖而不泄兮，遭讒人而嫉之。君含怒以待臣兮，不清澂其然否。厖，莫江反。泄音薛。一作貰，非是。嫉之，一作佞嫉。亦非是。澂，音澄。一作澈，非是。否，叶音悲。〇厖，厚也。泄，漏也。謂不敢漏其密事也。讒人，謂上官大夫、靳尚之徒也。清澂，猶審察也。史記云：「懷王使屈原造爲憲令，屬草藁未定。上官大夫見而欲奪之，原不與。因讒之曰：『王使屈平爲令，衆莫不知。每一令出，平伐其功，曰：非我莫能爲也。』王怒而疏屈平。」即此事也。蔽晦君之聰明兮，虚惑誤又以欺。弗參驗以考實兮，遠遷臣而弗思。信讒諛之溷濁兮，晠氣志而過之。虚惑誤，一作「惑虚言」。溷濁，一作「浮説」。晠，古「盛」字。○虚，空言也。惑誤，疑而誤之也，然猶畏之也。至於欺，則公肆誣罔，而無所憚矣。王逸曰：「專擅恩威，握主權也。欺罔戲弄，若轉丸也。」此言得之矣。過之，猶所謂「督過之」也。何貞臣之無辠兮，被讒謗而見尤。慙光景之誠信兮，身幽隱而備之。辠，一作罪。讒，一作離。尤，叶于其反。○無罪見尤，慙見光景，故竄身於幽隱，然亦不敢不爲之備也。

臨沅湘之玄淵兮，遂自忍而沈流。卒没身而絶名兮，惜廱君之不昭。沅，一作江。遂，一作不。没，一作沈。絶，一作滅。廱，古「壅」字。昭，叶音周。或云：流、周，並叶之韻。後三章放此。○言沈流之後，没身絶名，不足深惜，但惜此讒人廱君之罪，遂不昭著耳。此原所以忍死而有言也，其亦可悲也哉！君無度而弗察兮，使芳草爲藪幽。焉舒情而抽信兮，恬死亡而不聊。獨鄣廱而蔽隱兮，使貞臣而無由。聊，叶音留。鄣音章。廱，見上。貞，一作忠。而，一作爲。○無度弗察，王逸曰：「上無檢柙以知下也。」記曰：「無節於内者，其察物弗省矣。」此之謂也。藪幽，藪澤之幽暗也。言芳宜植於階庭，而今反使爲藪澤之幽暗也。恬，安也。言安於死亡，不苟生也。無由，無路可行也。聞百里之爲虜兮，伊尹烹於庖廚。呂望屠於朝歌兮，甯戚歌而飯牛。不逢湯武與桓繆兮，世孰云而知之？廚，叶音稠。之，叶音周。○晉獻公虜虞君與其大夫百里傒，以百里傒爲秦穆公夫人媵，百里傒亡走宛，楚鄙人執之。繆公聞其賢，以五羖羊皮贖之。釋其囚，與語國事，大説。授以國政，號曰五羖大夫。伊、吕〔一八〕、甯戚事，見騷經、天問。吴信讒而弗味兮，子胥死而後憂。介子忠而立枯兮，文君寤而追求。封介山而爲之禁兮，報大德之優游。思久故之親身兮，因縞素而哭之。弗，一作不。「山」下一無「而」字。縞音杲。「哭」下之，叶音周。自「沈流」至此二十四句爲一韻。○味，譬之食物，咀嚼而審其美惡也。子胥事，見涉江。介子名推。文君，晉文公也。文公爲公子時，遭驪姬之譖而出奔，介子推從行。道乏食，子推割股肉以食文公。文公得國，賞從行者，不及子推。子推入綿上山中。文公寤而求之，子推不出。文公因燒其山，子推抱樹自燒而死。文公遂封綿上之山，號曰介山。禁民樵採，使奉子推祭祀，以報其德，又變服而哭之。優游，言其德之大也。親身，切於己身，謂割股也。縞素，白緻繒也。

或忠信而死節兮，或訑謾而不疑。弗省察而按實兮，聽讒人之虛辭。芳與澤其雜糅兮，孰申旦而別之。訑，一作施，音移。謾，謨官反。○省，息井反。別，彼列反。一説自篇首至此爲一韻。何芳草之早殀兮，微霜降而下戒。諒聰不明而蔽廱〔一九〕兮，使讒諛而日得。殀，一作夭，於矯反。戒，叶居得反。聰不，一作不聰。或疑無「不」字，而「明」下「而」字，當作「之」。○得，得志也。自前世之嫉賢兮，謂蕙若其不可佩。妒佳冶之芬芳兮，嫫母姣而自好。雖有西施之美容兮，讒妬入以自代。佩，叶音備。佳，一作娃。嫫音謨。姣音絞。好音耗，叶虚既反。代，叶徒計反。○若，杜若也。冶，妖冶，女態。嫫母，黄帝妻，皃甚醜。姣，妖媚也。西施，越之美女，勾踐得之，以獻吴王。願陳情以白行兮，得罪過之不意。情寃見之日明兮，如列宿之錯置。行，下孟反。寃，一作冤。宿音秀。錯，倉各反。○白，明也。自明其行之無罪也。不意，出於意外也。情寃，情實與寃枉，猶言曲直也。列宿錯置，言其光輝而明白也。乘騏驥而馳騁兮，無轡銜而自載。乘氾泭以下流兮，無舟檝而自備。背法度而心治兮，辟與此其無異。騏驥，按王逸解爲駑馬，又詳下文，恐當作「駑駘」。載，叶子賜反。氾音汎。泭音敷。舟字，疑當作「維」。檝，一作楫。治，一作殆，非是。辟與譬同，一作譬。○轡，馬韁。銜，馬勒也。載，乘也。氾泭，編竹木以渡水者也。既無騏驥，而但乘駑馬，又無轡銜與御者，而自爲乘載。既無舟航，而但乘氾泭，又無維檝與舟人，而自爲備禦。其亦可謂危矣。背法度而以私意自爲治者，與此無以異也。寧溘死而流亡兮，恐禍殃之有再。不畢辭以赴淵兮，惜廱君之不識。再，叶子賜反。識音志，又音試。自「可佩」至此十二句爲一韻。○不死，則恐邦其淪喪，而辱爲臣僕，故曰「禍殃有再」。箕子之憂，蓋如此也。識，記也。設若不盡其辭，而閔默以死，則上官、靳尚之徒廱君之罪，誰當記之耶？其爲後世君臣之戒，可謂深切著明耳矣。

右惜往日

后皇嘉樹，橘徠服兮。受命不遷，生南國兮。徠，古「來」字。服，叶蒲北反。國，叶音域。

〇后皇，指楚王也。嘉，喜好也。言楚王喜好草木之樹，而橘生其土也。漢書「江陵千樹橘」，楚地正産橘也。受命不遷，記所謂「橘踰淮而北爲枳」也。舊説屈原自比志節如橘，不可移徙是也。篇内意皆放此。深固難徙，更壹志兮。緑葉素榮，紛其可喜兮。榮，一作華。喜，許志反。一作「嘉」，叶居例反。〇以其受命獨生南國，故壹志而難徙，橘葉青華白，紛然盛而可喜也。曾枝剡棘，圓果摶兮。青黄雜糅，文章爛兮。曾音層。剡，以冉反。圓果，一作圜實。摶，從手、從專，徒官反。爛，叶盧干反。〇曾，重纍也。剡，利也。果，草木之實可食者也。摶，圓也，與團同。青，未熟時。黄，已熟時也。先後雜糅，文章爛然也。精色内白，類任道兮。紛緼宜脩，姱而不醜兮。道，叶徒苟反。一作「可任」，非是。紛音墳。緼音氳。〇精色，外色精明也。内白，内懷潔白也。外精内白，似有道也。紛緼，盛皃。

嗟爾幼志，有以異兮。獨立不遷，豈可不喜兮。喜，見上。〇爾，指橘而言。幼志，言自幼而已有此志，蓋其本性然也。自此以下，申前義以明己志。深固難徙，廓其無求兮。蘇世獨立，横而不流兮。補曰：「凡與世遷徙者，皆有求也。吾之志舉世莫得而傾之者，無求於彼故也。」死而復生曰蘇。閉心自慎，終不過失兮。秉德無私，參天地兮。閉，必結反。俗作閇，非是。失，叶音試。一作「失過」，一無「失」字。皆非是。或疑「過」字，亦衍文。願歲并謝，與長友兮。淑離不淫，梗其有理兮。友，叶羊里反。「離」下一有「而」字。〇并謝，猶永謝也。歲并謝而長與友，則是終身友之矣。淑，善也。離，如離立，言孤特也。梗，强也。年歲雖少，可師長兮。行比伯夷，置以爲像兮。長，上聲。行，去聲。比音鼻。像，上聲。○年歲雖少，亦言其本性自少而然，非積習勉強也。伯夷，孤竹君之長子也。父欲立少子叔齊，叔齊以讓伯夷，伯夷又不肯受。兄弟棄國，俱去之周。及武王伐紂，伯夷、叔齊扣馬而諫。左右欲殺之，太公曰：「不可。」引而去之。遂不食周粟而餓死。言橘之高潔，可比伯夷，宜立以爲像而效法之，亦因以自託也。

右橘頌

悲回風之摇蕙兮，心寃結而内傷。物有微而隕性兮，聲有隱而先倡。寃，一作苑。倡音昌。○回風，旋轉之風也，亦上篇「悲秋風動容」之意。言秋令已行，微物凋隕，風雖無形，而實先爲之倡也。世之治亂，道之興廢，亦猶是矣。夫何彭咸之造思兮，暨志介而不忘。萬變其情豈可蓋兮，孰虚僞之可長？暨，其冀反。蓋，古太反。其情豈，一作「情豈其」。○因回風之有實而摇蕙，遂感彭咸之志，雖萬變而不可易，亦以有其實也。若涉虚僞，則已不能久矣。鳥獸鳴以號羣兮，草苴比而不芳。魚葺鱗以自別兮，蛟龍隱其文章。故荼薺不同畝兮，蘭芷幽而獨芳。號音豪。苴，七古、子閭、仄賈、仄加五反。比音鼻。別，彼列反。荼音徒。薺，一作苦。芷，一作茝。○苴，枯草也。葺，整治也。荼，苦菜。薺，甘菜也。言秋冬向寒，鳥獸鳴號以求羣類。則草已枯矣，雖比而合之，亦不能有芬芳之氣。魚整治其鱗以自別異，則蛟龍亦隱其文章以避〔二〇〕之。皆言時勢之不同，如回風既起，則蕙不得不隕其性也。蓋荼薺甘苦不能同生，而蘭茝雖更幽僻而能自芳，亦其情之不可蓋者，而非有虛僞之飾也。惟佳人之永都兮，更統世以自貺。眇遠志之所及兮，憐浮雲之相羊。介眇志之所惑兮，竊賦詩之所明。更，平聲。貺，叶平聲。羊，一作佯。惑，一作感。明，叶音芒。○佳人，原自謂也。都，美也。更，歷也。統世，謂先世之垂統傳世也。自貺，謂己得續其官職也。相羊，浮遊之皃。因自言其志之高遠，與浮雲齊，而不能有合於世。是以其志不能無惑，而遂賦詩以明之也。惟佳人之獨懷兮，折芳椒以自處。曾歔欷之嗟嗟兮，獨隱伏而思慮。涕泣交而凄凄兮，思不眠以至曙。終長夜之曼曼兮，掩此哀而不去。芳，一作若。曾音增。伏，一作居。「交」下一有「下」字，一有「流」字。凄音妻。曼，莫半反。寤從容以周流兮，聊逍遥以自恃。傷太息之愍憐兮，氣於邑而不可止。「容」下「以」字一作「而」。恃，叶上聲。憐，一作嘆。於音烏。邑，烏合反。又並如字。糺思心以爲纕兮，編愁苦以爲膺。折若木以蔽光兮，隨飄風之所仍。糺，吉酉反。纕音襄，一作壤。○糺，戾也。纕，已見騷經。編，結也。膺，胷也，謂絡胷者也。光，謂日光也。仍，因就之意，言欲自晦而隨俗也。存髣髴而不見兮，心踊躍其若湯。撫佩衽以案志兮，超惘惘而遂行。髴音拂，又音沸。踊躍，一作「沸怒」。案，從木，與「按」從手者同。惘音罔。行，叶户郎反。○髣髴，謂形似也。蓋指君而言也。衽，裳際也。歲曶曶其若頽兮，旹亦冉冉而將至。薠蘅槁而節離兮，芳已歇而不比。曶音忽。薠，一作蘋。蘅，一作蘗。已，一作以。比音鼻。○時，謂衰老之期也。節離，草枯則節處斷落也。比，合也。憐思心之不可懲兮，證此言之不可聊。寧溘死而流亡兮，不忍此心之常愁。聊，叶音留。溘，一作逝。此心，一作「爲此」。○聊，賴也。孤子唫而抆淚兮，放子出而不還。孰能思而不隱兮，昭彭咸之所聞。唫，古「吟」字。抆音吻，一作收。還，叶胡昆反。昭，一作照。○幼而無父曰孤。放，棄逐也。隱，痛也。昭，明也。

登石巒以遠望兮，路眇眇之默默。入景響之無應兮，聞〔一一〕省想而不可得。巒，落官反。景，於境反。葛洪始加彡爲「影」字。響，一作嚮，古字借用。省，息井反。○山小而鋭曰巒。省想，聞見所不能接，而但可省記思想者也。愁鬱鬱之無快兮，居戚戚而不可解。心鞿羈而不開兮，氣繚轉而自締。之，一作而。快，一作決。一無「可」字。解，居隘反，叶居豈反。開，一作形。繚音了。締，丈爾反，又音啼。○繚轉自締，謂繚戾回轉而自相結也。穆眇眇之無垠兮，莽芒芒之無儀。聲有隱而相感兮，物有純而不可爲。儀，匹也。或曰：儀，猶像也。言己之愁思浩然，廣大幽深，不可爲像也。聲有隱而相感，意其可以寤於君心也。物有純而不可爲，則其心已一於彼而不可變矣。不可爲，如言疾不可爲之意。邈漫漫之不可量兮，縹綿綿之不可紆。愁悄悄之常悲兮，翩冥冥之不可娱。凌大波而流風兮，託彭咸之所居。邈，一作藐。漫，一作蔓。縹，匹妙反。紆音迂。悄，親小反。○邈，遠也。縹，微細也。紆，縈也。翩，疾飛也。冥冥，遠去也。流，猶隨也。凌波隨風而從彭咸，又自沈之意也。

上高巖之峭岸兮，處雌蜺之標顛。據青冥而攄虹兮，遂儵忽而捫天。吸湛露之浮涼兮，漱凝霜之雰雰。依風穴以自息兮，忽傾寤以嬋媛。峭，一作陗，並七笑反。蜺，五訖反，詳見騷經。標，從木，匹小反。攄，敕居反。儵，音叔。捫音門。湛，丁感反。涼，一作源。非是。漱，縮又反。雰音分，叶孚袁反。嬋媛，一作儃佪，非是。○峭，峻也。標，杪也。顛，頂也。攄，舒也。捫，撫也。湛，厚也。漱，蕩口也。雰雰，分散皃。風穴，風從地出之處也。傾寤，傾側而覺寤也。嬋媛，已見前。大率悲感流連之意也。馮崑崙以澂霧兮，隱⿰山文山以清江。憚涌湍之礚礚兮，聽波聲之洶洶。馮，皮冰反。澂，一作瞰〔一二〕。「霧」下一有「露」字。隱，於靳反。礚，古蓋反。洶音凶。○馮，據也，如「馮軾」之馮。澂霧，去其昏亂之氣也。隱，依也，如「隱几」之隱。清江，去其濁穢之流也。⿰山文與岷同，在蜀郡，江水所出也。礚礚，水石聲。洶洶，風水聲。紛容容之無經兮，罔芒芒之無紀。軋洋洋之無從兮，馳委移之焉止。委音逶，一作逶。移，一作蛇。焉，於虔反。止，一作至。○容容，紛亂之皃。軋，傾壓之皃。言己心煩亂，無復經紀，欲進則無所從，欲退則無所止也。漂翻翻其上下兮，翼遥遥其左右。氾潏潏其前後兮，伴張弛之信期。漂音飄，一作飄。翻，一作幡，一作翻。右，叶羽已反。潏音決。伴與叛同。弛音矢。期，叶上聲。○上三句亦皆言其反覆不定之意。叛，繚散之皃也。言其憂心雖若不能自定，而其張弛進退，又自不失其時也。觀炎氣之相仍兮，窺煙液之所積。悲霜雪之俱下兮，聽潮水之相擊。液音亦。○炎氣，火氣也。相仍者，相因而不已也。煙液者，火氣鬱而爲煙，煙所著又凝而爲液也。潮，海水以月加子午之時，一日而再至者也。朝曰潮，夕曰汐。借光景以往來兮，施黃棘之枉策。求介子之所存兮，見伯夷之放跡。黃棘，棘刺也。枉，曲也。以棘爲策，既有芒刺而又不直，則馬傷深而行速。舊注以爲顧借神光電景，飛注往來，施黃棘之荆以爲策，以求子推、伯夷之故迹是也。心調度而弗去兮，刻著志之無適。曰：吾怨往昔之所冀兮，悼來者之悐悐。弗，一作不。一無「昔」字。悐，它的反，一作逖。○調度，見騷經。悐悐，憂懼皃。言心乎二子之調度而不忍去，刻爲二子之明志而無它適。往昔所冀，謂猶欲有爲於時。來者悐悐，謂將赴水而死也。浮江淮而入海兮，從子胥而自適。望大河之洲渚兮，悲申徒之抗迹。子胥事〔一三〕見前篇。適，便安也。莊子曰：「申徒狄諫紂不聽，負石自沈於河。」驟諫君而不聽兮，任重石之何益？心絓結而不解兮，思蹇產而不釋。君而，一作「而君」。石，一作柘，一作秙。一本無末二句。非是。○任，負也。石，或謂百二十斤也。補引文選江賦注云：「任石，即懷沙也。」其説爲近。下二句，説已見哀郢。

右悲回風

校勘記

〔一〕悐　原作「敏」，據端平本改。

〔二〕懸肬　原作「肬尤」，據端平本改。
〔三〕蹤　原作「縱」，據端平本改。
〔四〕不變其　原作「其不變」，據端平本乙。
〔五〕增　原作「曾」，據端平本改。
〔六〕下　原無此字，據景元本補。
〔七〕杳　「杳」下原衍「晦」字，據端平本删。
〔八〕叶　原無此字，據端平本補。
〔九〕離　原作「流」，據端平本改。
〔一〇〕竭　原無此字，據端平本補。
〔一一〕闕　原作「門」，據端平本改。
〔一二〕襄　原作「懷」，據史記改。
〔一三〕苦　原作，「若」，據端平本改。
〔一四〕姱好也　原無此三字，據端平本補。
〔一五〕志　原作「忠」，據端平本改。
〔一六〕「謂」下原衍「獲」字，據端平本删。
〔一七〕有　原無此字，據端平本補。

〔一八〕吕　原作「尹」，據端平本改。
〔一九〕靡　原作「癰」，據端平本改。
〔二〇〕避　原作「比」，據端平本改。
〔二一〕聞　原作「間」，據端平本改。
〔二二〕瞰　原作「暾」，據端平本改。
〔二三〕事　原作「字」，據端平本改。

楚辭卷第五

朱熹集注

遠遊第五

遠遊者，屈原之所作也。屈原既放，悲嘆之餘，眇觀宇宙，陋世俗之卑狹，悼年壽之不長，於是作爲此篇。思欲制鍊形魂，排空御氣，浮遊八極，後天而終。以盡反復無窮之世變。雖曰寓言，然其所設王子之詞，苟能充之，實長生久視之要訣也。

悲時俗之迫阨兮，願輕舉而遠遊。質菲薄而無因兮，焉託乘而上浮。阨音厄，一音嗌。因，一作由。乘，時證反。遭沈濁而汙穢兮，獨鬱結其誰語？夜耿耿而不寐兮，魂營營而至曙。「濁」下「而」，一作「之」。語，魚據反。耿，一作烱，並古茗反。營，一作煢。〇耿耿，猶儆儆，不寐皃也。營營，猶曰煢煢，亦耿耿之意也。惟〔一〕天地之無窮兮，哀人生之長勤。往者余弗〔二〕及兮，來者吾不聞。勤，渠云反。吾不，一作「余弗」。〇此章四言，乃此篇所以作之本意也。夫神仙度世之説，無是理而不可期也，審矣。屈子於此乃獨眷眷而不忘者，何哉？正以往者之不可及，來者之不得聞，而欲久生以俟之耳。然往者之不可及，則已末如之何矣。獨來者之不得聞，則夫世之惠迪而未吉、從逆而未凶者，吾皆不得以須其反覆熟爛，而睹夫天定勝人之所極，是則安能使人不爲没世無涯之悲恨？此屈子所以願少須臾無死，而僥倖萬一於神仙度世之不可期也。嗚呼，遠矣，是豈易與俗人言哉！

步徙倚而遥思兮，怊惝怳而永懷。意荒忽而流蕩兮，心愁悽而增悲。怊音超。惝，昌兩反。怳，吁往反。永，一作乖。非是。懷，叶胡威反。荒，呼廣反。悽，一作淒。○悽，痛也。

神儵忽而不反兮，形枯槁而獨留。内惟省以端操兮，求正氣之所由。儵，一作倏。反，一作返。操，七刀、七到二反。由，一作繇。○知愁歎之無益而有損，乃能反自循省，而求其本初也。

漠虚静以恬愉兮，憺無爲而自得。聞赤松之清塵兮，願承風乎遺則。列仙傳：「赤松子，神農時爲雨師。服冰玉，教神農，能入火自燒。至崑山上，常〔三〕止西王母石室。隨風雨上下。炎帝少女追之，亦得仙俱去。」張良欲從赤松子游，即此也。

貴真〔四〕人之休德兮，美往世之登仙。與化去而不見兮，名聲著而日延。真，一作至。德，一作聽。非是。美，一作羨。仙，一作僊。著，一作章。○身隱而不可見，獨有名字可聞耳。

奇傅説之託辰星兮，羨韓衆之得一。形穆穆以浸遠兮，離人羣而遁逸。羨，似面反，一作美。衆，一作終。○傅説，武丁之相。辰星，東方蒼龍之體。心、尾、箕之星，所謂大辰也。莊子曰：「傅説得之以相武丁，奄有天下，乘東維，騎箕尾而比於列星。」音義云：「今尾上有傅説星」是也。

美，念慕也。韓終，亦見列仙傳。形寖遠，即上文「與化去」之意。因氣變而遂曾舉兮，忽神奔而鬼怪。時髣髴以遥見兮，精晈晈以往來。曾音增。晈晈，一作皦皦。以，一作而。來，叶音賚。○此亦上文化去形遠之意。髣髴，見不諟也。丹經所謂「服食三載，輕舉遠遊，入火不焦，入水不濡，能存能亡，長樂無憂」者，此也。超氛埃而淑郵兮，終不反其故都。免衆患而不懼兮，世莫知其所如。超，一作絶。郵，一作尤。其，一作乎。都，一作鄉。非是。○氛，昏濁之氣。淑尤，言其淑善而絶尤也。此以上言所羡仙去之樂也。恐天時之代序兮，耀靈曅而西征。微霜降而下淪兮，悼芳草之先蘦。聊仿佯而逍遥兮，永歷年而無成。誰可與玩斯遺芳兮，長鄉風而舒情。高陽邈以遠兮，余將焉所程？曅音饁。蘦，今作零。仿音旁。佯音羊。而，一作以。與，一作以。非是。斯遺芳，一作「此芳草」。長，一作晨。鄉，一作向。以，一作已。焉，一作安。○耀靈，日也。曅，閃光皃，言行之速也。淪，沈也。零，落也。此一節自歎其將老，而恐其學之不及也。

重曰：春秋忽其不淹兮，奚久留此故居？軒轅不可攀援兮，吾將從王喬而娱戲。湌六氣而飲沆瀣兮，漱正陽而含朝霞。保神明之清澄兮，精氣入而麤穢除。重，直用反。娱，一作遊。戲音嬉，叶音虚。二字一作「戲娱」，非是。湌，七安反。沆，胡朗反。瀣音械。霞，叶音胡。麤，七胡反。○軒轅，黄帝名。王喬，周靈王太子晉也。列仙傳曰：「好吹笙，作鳳鳴，遇浮丘公，接之仙去。」六氣者，陵陽子明經言：「春食朝霞，日始欲出赤黄氣也。秋食淪陰，日没以後赤黄氣也。冬飲沆瀣，北方夜半氣也。夏食正陽，南方日中氣也。并天地玄黃之氣，是爲六氣也。」又曰：「日入爲飛泉。」麤，物不精也。順凱風以從游兮，至南巢而壹息。見王子而宿之兮，審壹氣之和德。南風曰凱風。南巢，舊說以爲南方鳳鳥之巢，非湯放桀之居巢也。宿與肅通。審，究問也。曰：「道可受兮，而不可傳。其小無内兮，其大無垠。無滑而魂兮，彼將自然。壹氣孔神兮，於中夜存。虛以待之兮，無爲之先。庶類以成兮，此德之門。」受，一作愛。非是。一無「而」字。垠，叶魚堅反。無滑，一作「無淈」，並音骨。一「滑」上別有「淈」字。存，叶才緣反。門，叶謨連反。○曰者，王子之言也。受，心受也。傳，言傳也。小無内，大無垠，言無所不在也。滑，亂也。而，汝也。壹，專也。孔，甚也。此言道妙如此，人能無滑亂其魂，則身心自然，而氣之甚神者，當中夜虛靜之時，自存於己而不相離矣。如此，則於應世之務，皆虛以待之於無爲之先，而庶類自成，萬化自出。蓋廣成子之告黃帝，不過如此，實神仙之要訣也。

聞至貴而遂徂兮，忽乎吾將行。仍羽人於丹丘兮，留不死之舊鄉。行，叶户郎反。○至貴，謂至妙之言，其貴無敵也。仍，因就也。羽人，飛仙也。丹丘，晝夜常明之處也。不死之鄉，仙靈所宅也。朝濯髮於湯谷兮，夕晞余身兮九陽。吸飛泉之微液兮，懷琬琰之華英。湯音陽。琬音宛。琰音剡。英，叶於姜反。○湯谷，見天問。九陽，舊說謂陽谷上有扶木，九日居下枝，一日居上枝。亦寓言耳。飛泉，已見上。琬琰，玉名。玉色頩以脕顔兮，精醇粹而始壯。質銷鑠以汋約兮，神要眇以淫放。頩，普茗、普經二反。脕音晚，又音萬。一作艷，一作曼。壯，叶音莊。汋音綽。眇與妙同。放，叶音方。○頩，美皃。一曰：斂容皃。脕，澤也。醇，厚也。粹，不雜也。質銷鑠，所謂形解銷化也。汋約，柔弱皃。莊子曰：「藐姑射山有神人焉，汋約若處子。」要眇，深遠皃。淫，縱也。嘉南州之炎德兮，麗桂樹之冬榮。山蕭條而無獸兮，野家漠其無人。載營魄而登霞兮，掩浮雲而上征。野，一作埜。家與寂同，一作寂。漠，一作寞。其，一作乎。霞與遐同，古字借用。征，一作升。○上四句記時物也。下二句言以此時昇仙而去也。載，猶加也。營，猶熒熒也。魄，說見九歌矣。此言熒魄者，陰靈之聚，若有光景也。霞，與遐通，謂遠也。蓋魄不受魂，魂不載魄，則魂遊魄降而人死矣。故脩鍊之士必使魂常附魄，如日光之載月質；魄常檢魂，如月質之受日光。則神不馳而魄不死，遂能登仙遠去而上征也。

命天閽其開關兮，排閶闔而望予。召豐隆使先導兮，問大微之所居。集重陽入帝宮兮，造旬始而觀清都。朝發軔於大儀兮，夕始臨乎於微閭。其，一作而。閶闔，一作「閨閭」。予，一作余。大音泰。「陽」下一有「以」字。於，於其反。一作「微母閭」。○排，推也。望予，須我之來也。與騷經「倚閶闔而望予」者意不同矣。豐隆，已見騷經。太微宮垣十星，在翼、軫北。重陽者，積陽爲天。天有九重，故曰重陽。旬始，星名。清都，列子以爲「帝之所居」也。大儀，天帝之庭也。於微閭，周禮：「東北曰幽州，其山鎮曰醫無閭。」屯余車之萬乘兮，紛溶與而並馳。駕八龍之婉婉兮，載雲旗之逶蛇。溶音容。婉婉，一作蜿蜿，音苑。○溶，水盛也。建雄虹之采旄兮，五色雜而炫燿。服偃蹇以低昂兮，驂連蜷以驕驁。炫音縣。燿音曜。蜷，巨員反。驕，居召反。驁，五到反。○服，衡下夾轅兩馬也。驂，衡外挽靷兩馬也。連蜷，句蹄也。驕驁，馬行縱恣也。騎膠葛以雜亂兮，斑漫衍而方行。撰余轡而正策兮，吾將過乎句芒。騎，奇寄反。膠葛，一作「轇轕」，音同。以，一作其。漫，莫半反，一作曼。衍，弋戰反。行，叶户郎反。句，一作鉤。○膠葛，雜亂皃。一曰：猶交加也。斑，駮文也。漫衍，無極皃。句芒，木神也。月令：「東方甲乙，其帝太皞，其神句芒。」注云：「此木帝之君，木官之佐，自古以來著德立功者也。」歷太皓以右轉兮，前飛廉以啓路。陽杲杲其未光兮，凌天地以徑度。啓，一作燭。其，一作亦。徑，一作俓，音義同。○太皓，即太皞也。始結罔罟，以畋以漁，制立庖廚，天下號之爲庖犧氏。飛廉，已見騷經。徑，直也。風伯爲余先驅兮，氛埃辟而清涼。鳳皇翼其承旂兮，遇蓐收乎西皇。爲，去聲。先，一作前。氛埃辟，一作「辟氛氣」。辟，必亦反。○西方庚辛，其帝少皓，其神蓐收。西皇，即少昊也。左傳曰：「金正曰蓐收。」擥彗星以爲旍兮，舉斗柄以爲麾。叛陸離其上下兮，遊驚霧之流波。擥，一作攬。旍，即旌字，一作旌。麾，吁爲反。叛音判。波，叶補基反。○斗柄，北斗之柄，所謂杓也。麾，旗屬。叛，繚隸分散之皃。旹曖曃其曭莽兮，召玄武而奔屬。後文昌使掌行兮，選署衆神以並轂。曖音愛。曃音逮。一作「晻噎」，上烏感反，下於計反。一作「黤黮」，上音晻，下徒感反。曭音儻。莽，莫朗反。屬音燭。○曖曃，暗也。曭，日不明也。玄武，北方七宿，謂龜蛇也。位在北方，故曰玄。身有鱗甲，故曰武。文昌在紫微宫北斗魁前，六星，如匡形。路曼曼其脩遠兮，徐弭節而高厲。左雨師使徑待兮，右雷公而爲衛。曼，莫千反。

倏，一作悠。徐，一作颯。徑待，見騷經。而，一作以。○厲，憑陵之意。欲度世以忘歸兮，意恣睢目揭〔五〕撟。内欣欣而自美兮，聊媮娛以淫樂。「欲」上一有「遂」字。「欲」下一有「遠」字。一有「遂」字。恣，如字，又千咨反。睢，許鼻反。揭，居桀反。撟音矯。一云：上丘列反，下居廟反。而，一作以。淫，一作自。樂，叶五教反。○度世，謂度越塵世而仙去也。恣睢，放肆也。揭撟，軒舉也。淫樂，樂之深也。莊子曰：「孰居無事，淫樂而勸。」是。涉青雲以汎濫游兮，忽臨睨夫舊鄉。僕夫懷余心悲兮，邊馬顧而不行。一無「以」字。一無「游」字。行，叶户郎反。○邊，旁也。謂兩驂也。思舊故以想像兮，長太息而掩涕。氾容與而遐舉兮，聊抑志而自弭。以，一作而。像，一作象。氾與汎同。○屈原謂倏身念道，得遇仙人，託與俱遊，周歷萬方，升天乘雲，役使鬼神，而非所樂，猶思楚國，念故舊，欲竭忠信以寧國家。精誠之至，德義之厚者也。指炎神而直馳兮，吾將往乎南疑。覽方外之荒忽兮，沛罔瀁而自浮。神，一作帝。疑，一作娭。覽，一作覺。罔，摩朗反。瀁，以養反。一作「罔象」。浮，叶扶毗反。○南方丙丁，其帝炎帝，其神祝融。南疑，九疑也。沛，流皃。罔瀁，水盛皃。祝融戒而蹕御兮，騰告鸞鳥迎宓妃。張樂咸池奏承雲兮，二女御九韶歌。使湘靈鼓瑟兮，令海若舞馮夷。玄螭蟲象並出進兮，形蟉虯而逶蛇。雌蜺便娟目增撓兮，鸞鳥軒翥而翔飛。音樂博衍無終極兮，焉乃逝以俳佪。「而蹕御」，一作「其還衡」。歌，叶居支反。令，一作命。沸，一作馮。螭，丑知反。象，一作蟓，似兩反。玄螭蟲象並出進，一作「列螭象而並進」。蟉，於九反。

虬，巨九反。蛇，一作迤。蜺，五歷、五結二反，説見騷經。便，毗連反。娟，於緣反。爾雅疏引作「嬽嬛」，音同。撓，而照反。軒，一作鶱，音同，其字從鳥。翥，章庶反。焉，尤虔反。逝，一作遊，非是。以，一作而。○蹕，止行人也。御，禦也。咸池，堯樂。承雲，黄帝樂也。又曰，顓頊樂，又曰有虞氏之樂。無所稽考，未詳孰是。二女，娥皇、女英也。御，侍也。九韶，已見騷經。湘靈，湘水之神也。海若，海神號。莊子有北海若。馮夷，水仙。莊子亦云：「馮夷得之，以游大川。」又曰，「河伯也」。象，國語所謂「水之怪龍，罔象」也。蟉虬，盤曲皃。便娟，輕麗皃。撓，纏也。翥，舉也。博衍，寬平之意。焉，語詞也。

舒并節以馳騖兮，逴絶垠乎寒門。軼迅風於清源兮，從顓頊乎增冰。逴，敕角反。一作踔，敕孝反。門，叶彌申反。軼音逸。源，一作凉。○逴，遠也。絶垠，天之邊際也。寒門，北極之門也。軼，從後出前也。迅，疾也。北方壬癸，其帝顓頊，其神玄冥。北方地寒，故有增積之冰。

歷玄冥以邪徑兮，乘間維以反顧。召黔嬴而見之兮，爲余先乎平路。黔，具炎反。嬴，從羊，倫爲反。一從女，餘輕反。未知孰是。然二字史記作「含靁」，漢書作「黔靁」，則當爲從羊之嬴矣。「先」下一有「道」字。○間維，補引孝經緯曰：「天有六間。」黔嬴，舊説天上造化神名，或曰水神，皆怪妄之説，不可考矣。

經營四荒兮，周流六漠。上至列缺兮，降望大壑。漠，漢樂歌作「幕」。缺，一作闕。○六漠〔六〕，謂六合也。列缺，天隙電照也。大壑，在渤海東，實爲無底之谷，名曰歸墟。

下峥嶸而無地兮，上寥廓而無天。視儵忽而無見兮，聽惝怳而無聞。超無爲以至清兮，與泰初而爲鄰。峥，耡耕反。嶸音宏。一作「嶒」。寥，一作嵺。〔七〕聞，叶無巾反。○峥嶸，深遠皃。寥廓，廣遠也。惝怳，耳不諦也。列子曰：「泰初者，氣之始也。」莊子曰：「泰初有無，無有無名。」屈子本以來者不聞爲憂，而願爲方仙之道，至此則真可以後天不老，而凋三光矣。下視人世，甕盎之間，百千蚊蚋，須臾之頃，萬起萬滅，何足道哉！何足道哉！司馬相如作大人賦，多襲其語。然屈子所到，非相如之所能窺其萬一也。

卜居第六

卜居者，屈原之所作也。屈原哀閔當世之人習安邪佞，違背正直，故陽爲不知二者之是非可否，而將假蓍龜以決之，遂爲此詞。發其取舍之端，以警世俗。說者乃謂原實未能無疑於此，而始將問諸卜人，則亦誤矣。

屈原既放，三年不得復見，竭知盡忠，而蔽鄣於讒。心煩慮亂，不知所從。知，一作智。一無「而」字。慮，一作意。乃往見太卜鄭詹尹，曰：「余有所疑，願因先生決之。」一無「乃」字。詹尹乃端策拂龜，曰：「君將何以教之？」一無「將」字。○端，正也。策，蓍莖也。正之將以筮也。龜，龜底殼也。拂之將以卜也。四字見曲禮。屈原曰：「吾寧悃悃款款朴以忠乎？將送往勞來斯無窮乎？悃，苦本反。款，一作欵，苦管反。勞，去聲。來，如字。或亦讀作去聲。非是。○悃款，誠實傾盡之皃。朴，質也。勞來，來者勞之也。寧誅鋤草茅以力耕乎？將游大人以成名乎？鋤，一作鉏，士魚反。○鋤，去穢助苗也。游，徧謁也。大人，猶貴人也。寧正言〔八〕不諱以危身乎？將從俗富貴以媮生乎？媮音偷。舊音俞。非是。寧超然高舉目保真乎？將哫訾栗〔九〕斯、喔咿儒兒，以事婦人乎？哫，一作促，並音足，又子禄反。訾音貲。栗，一作慄。斯，一作凘，音斯。喔音握。咿音伊。儒兒，一作「嚅唲」，音同。○哫訾，以言求媚也。栗從米，詭隨也。其從木者，謹飭也。非是。斯，辭也〔一〇〕。喔咿儒兒，强語笑皃。婦人，蓋謂鄭袖也。寧廉潔正直以自清乎？將突梯滑稽、如脂如韋，以絜楹乎？潔，一作絜。突，吐忽反。滑音骨。稽音雞。絜，胡結反。一作潔，音苦結反。非是。○突梯，滑㵝皃。滑稽，圓轉皃。脂，肥澤。韋，柔軟也。絜楹，未詳。或疑絜如大學「絜矩」之絜，謂圍束之也。楹，屋柱。亦圓物，又以脂灌韋而絜之，是以突梯滑稽而無所止也。未知是否。寧昂昂若千里之駒乎？將氾氾若水中之鳧，與波上下偷以全吾軀乎？昂，五岡反。一作卬，音同。氾，一作泛。「鳧」下一有「乎」字。非是。偷，一作愉，與偷同。○駒，馬之未壯者。鳧，野鴨也。寧與騏驥亢軛乎？將隨駑馬之迹乎？軛，於革反。○抗，舉也。軛，車轅前衡也。寧與黄鵠比翼乎？將與雞鶩爭食乎？黄鵠，大鳥，一舉千里。鶩，鴨也。此孰吉孰凶？何去何從？此結上八條，正問卜之詞也。世溷濁而不清，蟬翼爲重，千鈞爲輕。黄鍾毁棄，瓦釜雷鳴。讒人高張，賢士無名。吁嗟默默〔一一〕兮，誰知吾之廉貞！」張音帳。吁，一作于。默，一作嘿。○此因〔一二〕自歎之詞也。蟬翼，言輕薄也。黃鍾，謂鍾之律中黃鍾者，器極大而聲最閎也。瓦釜，無聲之物。雷鳴，謂妖怪而作聲如雷鳴也。張，自侈大也。左傳曰：「隨張，必弃小國。」詹尹乃釋策而謝，曰：「夫尺有所短，寸有所長。物有所不足，智有所不明。數有所不逮，神有所不通。用君之心，行君之意，龜策誠不能知事。」明，叶音芒。數，所具反。通，叶它光反。「知」下一有「此」字。○釋，捨也。謝，辭也。尺長於寸，然爲尺而不足，則有短者矣。寸短於尺，然爲寸而有餘，則有長者矣。物有所不足，天傾西北，地不滿東南之類也。智有所不明，堯舜知不徧物，孔子不如農圃之類也。數有所不逮，如言日月之行，雖有定數，然既是動物，不能無贏縮之類是也。神有所不通，惠迪者未必吉，從逆者未必凶，伯夷餓死首陽，盜跖壽終牖下之類是也。

漁父第七

漁父者，屈原之所作也。漁父蓋亦當時隱遁之士。或曰，亦原之設詞耳。

屈原既放，游於江潭，行吟澤畔，顏色憔悴，形容枯槁。槁音考。漁父見而問之曰：「子非三閭大夫與？何故至於斯！」與，史作「歟」；「至於斯」，作「而至此」。屈原曰：「舉世皆濁我獨清，衆人皆醉我獨醒，是以見放。」舉世，一作世人。皆，史作「混」，「我」上一有「而」字。下句同。「放」下一有「爾」字。漁父曰：「聖人不凝滯於物，而能與世推移。世人皆濁，何不淈其泥而揚其波？衆人皆醉，何不餔其糟而歠其釃？何故深思高舉，自令放爲！」「曰」下史有「夫」字，「人」下史有「者」字，「於」下史有「萬」字。世人，史作「舉世」。皆，一作混。淈，古没、乎没二反。淈其泥〔一三〕，史作「隨其流」。波，叶補悲反。餔，布乎反。歠，昌悦反。釃，力支反，一作醨。「深思」以下，史作「懷瑾握瑜，而自令見放爲」。○餔，食也。歠，飲也。糟、醨，皆酒滓也。以水⿱罒齊糟曰釃。醨，薄酒也。屈原曰：「吾聞之：新沐者必彈冠，新浴者必振衣。安能以身之察察，受物之汶汶者乎？衣，如字。從史，則叶於巾反。安，一作誰。汶音問，又音昏，叶莫悲反。從史則叶彌巾反。○察察，潔白也。汶汶，玷〔一四〕辱也。寧赴湘流葬於江魚之腹中，安能以皓皓之白，而蒙世俗之塵埃乎？」湘，史作「常」，音長。「葬」上史有「而」字。於，史作「乎」。一無「之」字。「中」下史有「耳」字。皓皓，一作皎皎。一無「而」字。塵埃，史作「温蠖」。若從諸本，則埃，叶衣字，於支反。若從史，則白，叶蒲各反。蠖，於郭反。而二字自相叶矣。○温蠖，猶惛憒也。漁父莞爾而笑，鼓枻而去，乃歌曰：「滄浪之水清兮，可以濯吾纓。滄浪之水濁兮，可以濯吾足。」遂去，不復與言。莞，胡板反。枻，一作栧，音曳。一無「乃」字。吾，一作我，下句同。濁，叶竹六反。○莞，微笑皃。鼓枻，扣船舷也。滄浪之水，即漢水之下流也。見禹貢。纓，冠索也。

校勘記

〔一〕惟　原作「故」，據端平本改。
〔二〕弗　原作「不」，據端平本改。
〔三〕常　原作「帝」，據端平本改。
〔四〕貴真　原作「真貴」，據端平本乙。
〔五〕揭　原作「担」，據注音「居桀」或「丘列」改，注同。
〔六〕漠　原作「幕」，據端平本改。
〔七〕廖一作嵺　原作「嵺一作廖」，據端平本乙。
〔八〕正言　原作「言正」，據端平本乙。
〔九〕粟　原作「粟」，據端平本改。
〔一〇〕斯辭也　原在「詭隨也」下，據景元本乙。
〔一一〕默默　原作「默」，據端平本補。
〔一二〕「因」下原衍「時」字，據端平本删。
〔一三〕淈其泥　原無此三字，據景元本及文意補。
〔一四〕玷　原作「沾」，據端平本改。

朱熹集注

楚辭卷第六

九辯第八

九辯者，屈原弟子楚大夫宋玉之所作也。閔惜其師忠而放逐，故作九辯以述其志云。

悲哉，秋之爲氣也！蕭瑟兮，草木摇落而變衰。憭慄兮，若在遠行。登山臨水兮，送將歸。哉，一作夫。「落」下一有「兮」字。憭音流，又音了。○秋者，一歲之運盛極而衰，肅殺寒凉，陰氣用事，草木零落，百物凋悴之時，有似叔世危邦，主昏政亂，賢智屏絀，姦凶得志，民貧財匱，不復振起之象。是以忠臣志士遭讒放逐者，感事興懷，尤切悲嘆也。蕭瑟，寒凉之意。憭慄，猶悽愴也。在遠行羈旅之中，而登高望遠，臨流嘆逝，以送將歸之人，因離别之懷，動家鄉之念，可悲之甚也。泬寥兮，天高而氣清。宗(寂)漻兮，收潦而水清。憯悽增欷兮，薄寒之中人。愴怳懭悢兮，去故而就新。坎廩兮，貧士失職而志不平。廓落兮，羈旅而無友生。惆悵兮，而私自憐。泬音血。寥，一作嵺。清，疾正反，古作瀞。一作平。宗，一作寂。嵺，一作寥，一作漻，並音聊。憯，七感反。欷，虛毅反。中，去聲。愴，初亮反。怳，許昉反。懭，口廣反。悢音朗，又音亮。廩，一作壈，並力敢反。貧，一作窮。羈，一作羇。一無「生」字。非是。憐，叶音鄰。○泬寥，曠蕩空也。或曰蕭條，無雲皃。清，無垢薉也。宗，無人聲。嵺，空虛也。收潦水清，川水夏濁，至秋而清也。憯悽，悲痛皃。欷，泣歎皃。愴怳懭悢，皆失意皃。去故就新，別離也。坎壈，不平也。廓落，空寂也。惆悵，悲哀也。燕翩翩其辭歸兮，蟬宗漠而無聲。鴈廱廱而南遊兮，鵾鷄啁哳而悲鳴。宗漠，一作寂寞。廱，一作噰，又作嗈。啁，竹交反，又張流反。哳，陟轄反。○鴈陰起則南，陽起則北，避寒煗也。鵾雞似鶴，黃白色。啁哳，聲繁細皃。獨申旦而不寐兮，哀蟋蟀之宵征。時亹亹而過中兮，蹇淹留而無成。亹音尾。○申，重也。亹亹，進皃。過中，謂漸衰暮也。蹇，語詞也。

右一章既無名，舊本連寫，或分或合，易致差誤。今既釐正，因各標章次以別之。

悲憂窮戚兮獨處廓，有美一人兮心不繹。去鄉離家兮徠遠客，超逍遥兮今焉薄。戚，一作感，一作蹙，並倉歷、子六二反。處，昌呂反。繹，叶以略反。離，如字，又力智反。徠，一作來。客，叶苦各反。焉，於乾反。○廓，空也。有美一人，謂屈原也。繹，解也。補曰：「繹，抽絲也。」又恐或是「懌」字。薄，止也。專思君兮不可化，君不知兮可奈何？蓄怨兮積思，心煩憺兮忘食事。願一見兮道余意，君之心兮與余異。車既駕兮朅而歸，不得見兮心傷悲。思，一作息[一]。下同。化，叶呼瓜反。思，去聲。余，一作我。一無「既」字。朅，丘傑反。一無「傷」字。○此「君」字，乃指楚王而言。食事，食與事也。揭，去也。倚結軨兮長太息，涕潺湲兮下霑軾。忼慨絶兮不得，中瞀亂兮迷惑。私自憐兮何極？心怦怦兮諒直。軨音零。一無「長」字。一無「下」字。忼，一作慷，口朗反。瞀音茂。私，一作思。怦，普耕反。○軨，車軾下縱横木也。軾，所憑以爲敬者也。怦怦，心急皃。

右二

皇天平分四時兮，竊獨悲此廩秋。白露既下百草兮，奄離披此梧楸。去白日之昭昭兮，襲長夜之悠悠。離芳藹之方壯兮，余萎約而悲愁。廩，一作凛，音義同。下，一作降，一作下降。披，一作被，與披同。藹，於蓋反。萎，一作委。○廩秋，秋氣廩然而寒也。奄，忽也，遽也。離披，分散皃。梧，桐。楸，梓。皆早凋。襲，入也。藹，繁茂也。余，宋玉爲屈原之自余也。凡言「余」及「我」者，皆放此。萎，草木枯也。約，窮也。秋既先戒以白露兮，冬又申之以嚴霜。收恢台之孟夏兮，然欿傺而沈藏。葉菸邑而無色兮，枝煩挐而交横。顔淫溢而將罷兮，柯彷彿而萎黄。萷櫹槮之可哀兮，形銷鑠而瘀傷。惟其紛糅而將落兮，恨其失時而無當。「戒」下一有「之」字。台，一作臭，一作点，並他來反。欿與坎同。臧與藏同。菸音於。邑，一作悒。挐，女除反。横，叶音黄。罷音疲。佛音費。萎，一作委，一作痿。萷，一作梢，並音梢，又音朔。櫹音蕭。槮音森。瘀，於去反。糅，女救反。而，一作之。○申，重也。恢臭，廣大皃。欿，陷也。傺，止也。言收斂長養之氣，使陷止而沈藏也。菸邑，傷壞也。煩挐，擾亂也。淫溢，積漸也。罷，毀也，乏也。萎，枯死也。萷，木枝竦也。欃槮，樹長皃。瘀，血敗也。惟，思也。紛糅，衆雜也。擥騑轡而下節兮，聊逍遥以相佯。歲忽忽而遒盡兮，恐余壽之弗將。悼余生之不時兮，逢此世之俇攘。澹容與而獨倚兮，蟋蟀鳴此西堂。心怵惕而震盪兮，何所憂之多方。卬明月而太息兮，步列星而極明。擥，力敢反。一作擥，啓妍反。非是。騑音非。佯，一作羊。遒，即由反。一作逝，非是。弗，一作不。俇音匡。攘，而羊反。一作「恇勷」，一作「迋讓」。澹，徒敢反。怵音黜。盪音蕩。卬音仰，一作仰。太，一作大。明，叶音芒。○擥，持也。騑，驂馬也。下節，按節也。遒，迫也，盡也。將，長也。俇攘，狂遽皃。澹容與，徐步也。倚，立也。盪，摇動皃。方，猶端也。卬，望也。

右三

竊悲夫蕙華之曾敷兮，紛旖旎乎都房。何曾華之無實兮，從風雨而飛颺。以爲君獨服此蕙兮，羌無以異於衆芳。旖音倚。旎，女綺反。又云：旖，一作旑，於可反。旎，乃可反，即詩「阿儺」字。颺音暘。○曾，重也。敷，布也。旖旎，盛皃。都，大也。房，北堂也，詩所謂「背」，蓋古人植花草之處也。責蕙無實，猶騷經責蘭之意。閔奇思之不通兮，將去君而高翔。心閔憐之慘悽兮，願一見而有明。重無怨而生離兮，中結軫而增傷。明，叶音芒。重，去聲。傷，一作慯。○奇思，謂忠信也。有明，有以自明也。重，深念也。豈不鬱陶而思君兮，君之門以九重。猛犬狺狺而迎吠兮，關梁閉而不通。狺音銀。○書云：「鬱陶乎予心。」雖思見君，而君門深邃不可至也。天子有九門，謂關門、遠郊門、近郊門、城門、皋門、庫門、雉門、應門、路門也。狺，犬爭吠聲。皇天淫溢而秋霖兮，后土何時而得漧。塊獨守此而無澤兮，仰浮雲而永嘆。「溢」下「而」，一作「兮」。漧與乾同，一作乾。歎，平聲。○衆人皆蒙君澤，而我獨不霑，故仰望而長歎也。

右四

何時俗之工巧兮，背繩墨而改錯。却騏驥而不乘兮，策駑駘而取路。當世豈無騏驥兮，誠莫之能善御。見執轡者非其人兮，故跼跳而遠去。鳧鴈皆唼夫粱藻兮，鳳愈飄翔而高舉。錯，七故反。不，一作弗。駑音奴。駘音臺。一無「者」字。跼音局。跳，徒聊反。一作「駒跳」，一作「駶駣」。皆非是。鴈，一作鶩。唼音翣。一無「夫」字。愈，一作俞。翔，一作飄。舉，叶音倨。○騏驥，良馬，喻賢才也。駑駘，喻不肖。御，謂御馬者。此言今世豈無賢才，但君不能用也。馬立不常謂之跼。跳，躍也。言彼賢才見君之不能用，故寧遠引而去也。唼喋，鳧鴈[二]食皃。粱，米名。藻，水草。言羣小在位，食重禄也。鳳翔高舉，言賢者遯世，竄山谷也。圜鑿而方枘兮，吾固知其鉏鋙而難入。衆鳥皆有所登棲兮，鳳獨遑遑而無所集。鑿音造。枘音芮。一無「其」字。鉏，牀所、牀舉、七魚三反。鋙音語。一無「獨」字。遑，一作惶。○圜鑿方枘，見騷經。鉏鋙，相距皃。願銜枚而無言兮，嘗被君之渥洽。太公九十乃顯榮兮，誠未遇其匹合。願，一作顧。○銜枚，所以止言者也。枚狀如箸[三]，横銜之，兩頭有繣，結於項後。渥，厚也。洽，澤也。太公事見前篇。謂騏驥兮安歸，謂鳳皇兮安棲？變古易俗兮世衰，今之相者兮舉肥。相，去聲。○安歸、安棲，即上文遠去高舉之意。相者，謂相馬者。古語云：「相馬失之瘦，相士失之貧。」即舉肥之意也。騏驥伏匿而不見兮，鳳皇高飛而不下。鳥獸猶知懷德兮，何云賢士之不處？下，叶音戶。褱，一作懷。○言有德則異物可懷，無德則同類難致。驥不驟進而求服兮，鳳亦不貪餧而妄食。君弃遠而不察兮，雖願忠其焉得。餧，於僞反。○服，駕車也。言士不求君，君當求士也。欲宋漠而絶端兮，竊不敢忘初之厚德。獨悲愁其傷人兮，馮鬱鬱其何極？漠，一作嘆，一作寞。馮，一作憑。其何，一作「之安」。○絶端，謂滅其端緒，不使人知也。初之厚德，即上文嘗被渥洽也。

右五

霜露慘悽而交下兮，心尚㚔其弗濟。霰雪雰糅其增加兮，乃知遭命之將至。願徼幸而有待兮，泊莽莽與壄草同死。慘，一作憯。㚔，一作幸。二字一作「徜徉」，非是。「糅」下「其」一作「而」。徼，古堯反。泊，一作洎。莽，莫古反，下一有「兮」字。壄，一作埜，並野字。死，叶去聲。○霜露下而霰雪加，喻衰亂之愈甚也。泊，止也。莽莽，草盛也。幸望至再，而卒不能免也。願自直而徑往兮，路壅絶而不通。欲循道而平驅兮，又未知其所從。然中路而迷惑兮，自厭按而學誦。性愚陋以褊淺兮，信未達乎從容。竊美申包胥之氣晟兮，恐時世之不固。直，一作往。往，一作遊。疑或當作「逝」。欲，一作願。厭，一作壓，並益涉反。按字從手。誦，叶夕恭反。褊，卑善反。

乎，一作於。此上四句一作「然中路而迷惑兮，悲蹭蹬而無歸。性愚陋以褊淺兮，自壓按而學詩。蘭蓀雜於蕭艾兮，信未達乎從容」。今按：歸、詩與容不相叶。俗〔四〕本誤也。晟，一作盛。固，當作同，叶通、從、誦、容韻。〇厭、按，皆抑止之意。言欲速則不達，欲緩則無門，故自抑而止也。學誦，未詳。王注以爲吟詩禮，未知是否。褊，急也，狹也。從容，宛轉委曲之意。申包胥，楚大夫也。伍子胥得罪於楚，將適吴，見申包胥，謂曰：「我必亡郢。」申包胥曰：「子能亡之，我能存之。」子胥奔吴，爲吴王闔閭臣，興兵而伐楚，破郢，昭王出奔。於是申包胥乃之秦，請救兵。鶴立於秦庭，啼呼悲泣，七日七夜不絶聲，勺飲不入於口，秦伯哀之，爲發兵救楚。昭王復國。此言己能爲包胥之事，但恐時世不同，不爲人所信耳。　何時俗之工巧兮，滅規榘而改鑿。獨耿介而不隨兮，願慕先聖之遺教。處濁〔五〕世而顯榮兮，非余心之所樂。與其無義而有名兮，寧窮處而守高。鑿，叶音造。教，叶音告。樂，叶五告反。高，叶孤到反，又苦浩反。食不婾而爲飽兮，衣不苟而爲温。竊慕詩人之遺風兮，願託志乎素餐。蹇充倔而無端兮，泊莽莽而無垠。無衣裘以御冬兮，恐溘死而不得見乎陽春。婾，他鉤反。一無兩「而」字。餐，一作飧，音孫。倔，俱物、巨物二反。御音禦，一作「禦」。「死」下一無「而」字。〇婾，即偷也。言衣食固非不欲其温飽，但不可以非義而苟婾以得之耳。故寧不素餐、無衣裘而饑凍以死也。詩人言「不素餐兮」，見伐檀篇。素，空。餐，食也。謂無功德而空食其禄也。充倔，記作「充詘」，注謂「喜失節皃」。御，止也。

右六舊本此章誤分「竊美申包胥」以下爲別章，并誤以同字爲固字。既斷語脉，又不叶韻，又使章數增減不定，今皆正之。

靚杪秋之遥夜兮，心繚悷而有哀。春秋逴逴而日高兮，然惆悵而自悲。四時遞來而卒歲兮，陰陽不可與儷偕。靚音静，一作瀞，千定反，冷寒也。繚音了。悷，靈〔六〕帝反，又音列，又作「悧」。哀，如字，又叶音衣。逴，竹角反。悲，叶補皆反。又如字。遞，一作遰，一作迭。儷音戾。偕，如字，又叶，居支反。○靚與静同。杪，末也。繚，繳繞也。悷，悲結也。逴，遠也。遞，更易也。儷，偶也。不可偶而與之偕，言彼去而己留也。白日晼晚其將入兮，明月銷鑠而減毁。歲忽忽而遒盡兮，老冉冉而愈弛。心摇悦而日㚔兮，然怊悵而無冀。中憯惻之悽愴兮，長太息而增欷。晼音宛。忽，一作曶。遒，字由反。老，一作壽。愈弛，一作俞施，音義同。摇，一作遥，一作愮。㚔，一作幸。冀，叶上聲。之，一作而。欷，叶上聲。○晼晚，景昳也。入，落也。銷鑠、減毁，謂缺也。弛，放也。摇，動也。冀，望也。心謂既老將有所遇，故摇悦而日幸，然卒自知其無所望也。年洋洋以日往兮，老嵺廓而無處。事亹亹而覬進兮，蹇淹留而躊躇。以，一作而。嵺，一作寥。覬音冀。躇，叶丈吕反。○嵺廓，空也。

右七

何氾濫之浮雲兮，猋壅蔽此明月。忠昭昭而願見兮，然霒曀而莫達。氾與泛同。猋，卑遥反。壅，一作廱。然，一作蔽。霒音陰，一作雺。○猋，速疾皃。言浮雲之蔽月，以比讒賊之害賢也。霒，雲覆日也。曀，陰風也。願皓日之顯行兮，雲蒙蒙而蔽之。竊不自料而願忠兮，或黕點而汙之。蒙，一作濛。料，一作聊。黕，丁感反。汙，烏故反。此二「之」字叶韻。〇料，量也。黕點，垢汙沾辱也。堯舜之抗行兮，瞭冥冥而薄天。何險巇之嫉妬兮，被以不慈之僞名。瞭音了，一作「杳」。音義並見九章。彼日月之照明兮，尚黯黮而有瑕。何況一國之事兮，亦多端而膠加。黯，烏感反。黮，徒感反。有瑕，一作「不假」。非是。膠音豪。加，丘加反。〇黯黮，雲黑。黯黮日月，使有瑕也。膠加，戾也。被荷裯之晏晏兮，然潢洋而不可帶。既驕美而伐武兮，負左右之耿介。憎慍惀之脩美兮，好夫人之慷慨。衆踥蹀而日進兮，美超遠而逾邁。農夫輟耕而容與兮，恐田野之蕪穢。事緜緜而多私兮，竊悼後之危敗。世雷同而炫曜兮，何毀譽之昧昧。被音披，又如字。裯音刀。晏，一作旻。潢，户廣反。洋音養。驕，一作憍。耿，古幸反。「慍惀」、「好夫慨」、「踥蹀」、「逾」，並見九章。穢，叶烏怪反。緜緜，一作綿綿。〇此亦謂有美名而無實用者也。驕美，自矜其美也。伐武，自誇其武也。負，恃也。左右，侍臣也。耿介，亦剛勇之意也。農夫輟耕而容與，言不恤國政而嬉游也。多私，徇己意，任女謁、聽讒言之類也。雷同，雷聲相似，有同無異也。人君矜能自用，荒怠邪僻，臣下又承其意，莫之敢違，是以毀譽不核，而聰明壅蔽，國事膠〔七〕加也。今脩飾而窺鏡兮，後尚可以竄藏。願寄言夫流星兮，羌儵忽而難當。卒廱蔽此浮雲兮，下暗漠而無光。今，一作余。窺，一作視。儵，一作倏。卒，一作上。廱，一作壅。〇脩飾窺鏡，謂脩德行政而聽人言、考往事以自鑑也。尚可竄藏，言尚可以潛伏而不至於滅亡也。寄言，欲附此言以諫誨其君也。流星既不可值，則卒爲壅蔽而不可解矣。

右八此章首尾專言壅蔽之禍，而舊本誤分「荷裯」以下爲別章。今正之。

堯舜皆有所舉任兮，故高枕而自適。諒無怨於天下兮，心焉取此怵惕。椉騏驥之瀏瀏兮，馭安用夫强策？諒城郭之不足恃兮，雖重介之何益。舉，一作專。焉，一作安。椉，一作乘。瀏，流、柳二音。强，巨良反。策，一作筴。○瀏瀏，言如水之流也。言所任得人，無怨於下，則不假威刑，自成美化。不然，則雖有城郭甲兵，不足恃矣。邅翼翼而無終兮，忳惛惛而愁約。生天地之若過兮，功不成而無効。忳，徒渾反。惛音昏。約，叶音要。○邅，行不進。約，窮約也。生天地，謂人生天地之間也。若過，言如行所經歷，不久留也。古詩云「人生天地間，忽如遠行客」是也。願沈滯而不見兮，尚欲布名乎天下。然潢洋而不遇兮，直怐愗而自苦。不，一作無。下，叶音户。怐愗，一作「㧖愗」。上溝、寇二音，下音茂。苦，一作若，一作善。皆非是。○怐愗，愚也。言欲退而自脩以立名於世，然亦未有所遇以著其節，空愚昧而自苦耳。莽洋洋而無極兮，忽翱翔之焉薄？國有驥而不知椉兮，焉皇皇而更索。更，平聲。索，山格反，叶蘇各反。寗戚謳於車下兮，桓公聞而知之。無伯樂之善相兮，今誰使乎譽之？罔流涕以聊慮兮，惟著意而得之。紛忳忳之願忠兮，妬被離而鄣之。「謳」下一有「歌」字。相，息亮反。譽，一作訾，音貲。忳，一作純。被，一作披，音披。鄣，一作彰。非是。○寗戚，見前篇。著意，猶言著乎心，言存於心而不釋也。桓公惟心常在於求賢，故聞甯戚之歌，而知其非常人也。忳忳，專壹皃。願賜不肖之軀而別離兮，放遊志乎雲中。乘精氣之摶摶兮，鶩諸神之湛湛。驂白霓之習習兮，歷羣靈之豐豐。志，一作意。摶，度官反。湛，舊音羊戎反。驂，一作參。羣，一作六。靈，一作神。○既爲讒妬所鄣，故願乞身而去也。精氣，謂日月。摶與團同。湛湛，厚集皃。習習，飛動皃。豐豐，言多也。左朱雀之茇茇兮，右蒼龍之躍躍。屬雷師之闐闐兮，通飛廉之衙衙。雀，一作榮。非是。茇，一作茷，一作拔，皆音旆。一作芺，於表反。非是。躍，其俱反。又作躩，音同。屬，之欲反。闐音田。通，一作道。衙，五乎反，又牛呂反，又音魚。○茇茇，飛揚之皃。躍躍，行皃。闐闐，鼓聲。衙衙，亦行皃。前輕輬之鏘鏘兮，後輜乘之從從。載雲旗之委蛇兮，扈屯騎之容容。輕，一作輊，音致。非是。輬，卧車，音凉。從，楚紅反。委，一作逶。屯，徒渾反。○輕輬，車之輕而有窗者。招魂注云，「軒、輬，皆輕車名」是也。鏘鏘、從從，皆其鸞聲也。輜，軿，車前衣車後者也。計專專之不可化兮，願遂推而爲臧。賴皇天之厚德兮，還及君之無恙。恙，叶音羊。○言我但能專一於君，而不可化，故今只願推此而爲善，明本性固然，非擇而爲之也。又言若以皇天之靈，使吾君及此無恙之時而一寤焉，則是吾之深願也。說文：「恙，憂也。」一曰：虫入腹食人心，古者艸居，多被此毒，故相問：「無恙乎？」

右九此章首言前聖之可法，次言己志之不伸，次願乞身以遠去，而終不忘於顲天以正其君，文意方足。而舊本誤分「願賜不肖之軀」以下爲別章，則前段無尾，後段無首而不成文矣。今正之。

校勘記

〔一〕悤　原作「息」，據端平本改。

〔二〕鴈　原無此字，據端平本補。

〔三〕箸　原作著，據端平本改。

〔四〕俗　原無此字，據端平本補。

〔五〕濁　原作「獨」，據端平本改。

〔六〕靈　原作「虚」，據端平本改。

〔七〕膠　原作「交」，據端平本改。

楚辭卷第七

朱熹集注

招魂第九

招魂者，宋玉之所作也。古者人死，則使人以其上服升屋，履危北面而號曰：「臯，某復！」遂以其衣三招之，乃下以覆尸。此禮所謂「復」。而説者以爲招魂復魂，又以爲盡愛之道而有禱祠之心者，蓋猶冀其復生也。如是而不生，則不生矣，於是乃行死事。此制禮者之意也。而荆楚之俗，乃或以是施之生人，故宋玉哀閔屈原無罪放逐，恐其魂魄離散而不復還，遂因國俗，託帝命，假巫語以招之。以禮言之，固爲鄙野。然其盡愛以致禱，則猶古人之遺意也。是以太史公讀之而哀其志焉。若其譎怪之談，荒淫之志，則昔人蓋已誤其譏於屈原，今皆不復論也。

朕幼清以廉潔兮，身服義而未沬。主此盛德兮，牽於俗而蕪穢。潔，一作絜。沬，莫昧反。穢，烏會反。或疑「主」上有「雖」字。○此宋玉代爲屈原之詞。言「朕」者，爲原之自朕也。幼，少也。言其性然也。清者，其志之不雜。廉者，其行之有辯。潔者，其身之不污。服，行也。沬與昧同。牽，引也。蕪穢，田不治而多草也。又言己之所行，雖常以此盛德爲主，然而牽於世俗，亦不能無所蕪穢。蓋其自厲之嚴，而常恐不善之加乎己也。上無所考此盛德兮，長離殃而愁苦。離，一作罹。此兩句通下章爲一韻。○上，君也。考，察也。帝告巫陽曰：「有人在下，我欲輔之。魂魄離散，汝筮予之。」巫，一作巠。在，一作於。下，叶音户。輔，叶音甫。予音與，一作與。○帝，天帝也。女曰巫。陽，其名也。玉假立天帝及巫陽以爲辭端。人，謂屈原也。宋玉設帝告巫陽，有賢人在下，我欲輔之，然其魂魄離散，身將顛沛，故使巫陽筮問所在，求而與之，使反其身也。巫陽對曰：「掌㝱，上帝其命難從。若必筮予之，恐後之謝，不能復用巫陽焉。」㝱音夢，一作夢。一無「命」字。之謝，一作「謝之」，一無「之」字。陽，叶弋公反。○此一節巫陽對語。不可曉，恐有脱誤。然其大意以謂帝命有不可從者，如必筮其所在，而後招以與之，則恐其離散之遠，而或後之以至徂謝，且將不得復用巫陽之技矣。乃下招曰：魂兮歸來，去君之恒幹，何爲乎四方些。舍君之樂處，而離彼不祥些。歸來，一作「徠歸」。恒，胡登反。一無「乎」字。乎，一作兮。些，蘇賀反。舍，一作捨。離，一作罹。○巫陽既對如上語，即不復筮，亦不俟帝命之可否，而徑下招於四方，庶其未遠而或值之也。恒，常也。幹，體也。些，説文云：「語詞也。」沈存中云：「今夔峽湖湘及南北江獠人，凡禁呪句尾皆稱『些』，乃楚人舊俗。西域呪語末皆云『娑婆訶』，亦三〔一〕合而爲『些』也。」舍，置也。祥，善也。此下乃歷詆上下四方之不善，而盛稱楚國之樂也。魂兮歸來，東方不可以託些。長人千仞，惟魂是索些。十日代出，流金鑠石些。彼皆習之，魂往必釋些。歸來歸來，不可以託些。索，叶先各反。鑠，詩若反。石，叶時若反。釋，叶詩若反。歸來歸來，一作〔一〕魂兮歸來，一作歸來兮，通下六章並同。○託，寄也。八尺曰仞。索，求也。言東方有長人之國，人高千仞，主求人魂而食之也。鑠，銷也。言東方有扶桑之木，十日並在其上，以次更行，其熱酷烈，金石堅剛，皆爲銷釋也。彼，謂其處居人也。釋，解也。魂兮歸來，南方不可以止些。雕題黑齒，得人肉以祀，以其骨爲醢些。蝮蛇蓁蓁，封狐千里些。雄虺九首，往來儵忽，吞人以益其心些。歸來歸來，不可以久淫些。黑，一作墨。一無「肉」字。以，一作而。醢，叶呼彼反。蝮音福。蓁音臻。虺，許鬼反。儵，一作倏。一無「以」字。○雕，畫也。題，額也。雕刻其肌，以丹青涅之也。南人常食蠃蜂，得人之肉，則用以祭神，復以其骨爲醬而食之。今湖南北有殺人祭鬼者，即其遺俗也。蝮，大蛇也。蓁蓁，積聚之皃。山海經：「蝮蛇，色如綬〔二〕文，大者百餘斤，一名反鼻蛇。」封狐，大狐也，健走千里求食也。虺，亦蛇也。九首，一身九頭也。儵忽，疾急皃。説已見天問矣。淫，淹也。魂兮歸來，西方之害，流沙千里些。旋入雷淵，爢散而不可止些。㚔而得脱，其外曠宇些。赤螘若象，玄蠭若壺些。五穀不生，藂菅是食些。其土爛人，求水無所得些。彷徉無所倚，廣大無所極些。歸來歸來，恐自遺賊些。旋，辭戀反。淵，一作泉。非是，蓋避唐諱也。爢，莫爲反。㚔，一作幸。螘，一作蟻。蠭，一作蜂，一作䗬，並音峯。壺，叶行古反。藂，一作叢。菅，一作菅，並音姦。彷，蒲忙反，一作仿。徉，一作佯。遺，已季反。○流沙，已見騷經。爢，碎也。曠宇，無人之土也。螘，蚍蜉也。壺，乾瓠也。藂，叢生也。菅，茅屬高者至丈餘，可以食牛。

言其地不生五穀，其人但食此菅草也。又言西方之土，温暑而熱，燋爛人肉，渴欲求水，不能得之，今環環、靈〔四〕之間有旱海，六七百里無水泉，即其證也。倚，依也。四〔五〕方之土廣大遥遠，無所臻極，雖欲彷徉求所依止，不可得也。自遺賊，自予賊害也。魂兮歸來，北方不可以止些。增冰峨峨，飛雪千里些。歸來歸來，不可以久些。久，叶居止反。○言北方常寒，其冰重累，峨峨如山，凉風急時，疾雪隨之，飛行千里，乃至地也。魂兮歸來，君無上天些。虎豹九關，啄害下人些。一夫九首，拔木九千些。豺狼從目，往來侁侁些。懸人以娭，投之深淵些。致命於帝，然後得瞑些。歸來歸來，往恐危身些。上，上聲。天，叶鐵因反。千，叶七因反。從，即容反。又足用反，非是。侁，叶式巿反，一作莘。懸，一作縣。娭，一作嬉，許其反。一作娱。淵，叶一因反。瞑，叶芒丁反，一作眠。○虎豹九關，言天門九重，虎豹守之，下人有欲上者，則齧殺之也。又有丈夫一身九頭，從朝至暮，拔大木九千枚也。從，竪也。侁侁，衆皃。投，擿也。豺狼得人，先懸其頭，用之娭戲，已乃擿於深淵而弃之也。瞑，卧也。言投人已訖，致其所受之命於天帝，然後乃得眠卧也。魂兮歸來，君無下此幽都些。土伯九約，其角觺觺些。敦脄血拇，逐人駓駓些。參目虎首，其身若牛些。此皆甘人，歸來歸來，恐自遺災些。一無「此」字。都，叶丁奚反。觺，一作觺，音疑。又牛力反。脄，一作脢，並音梅。又每、妹二音。拇，莫垢反，又音母。駓音丕。參，一作三，蘇甘反。牛，叶魚奇反。遺，去聲。災，一作菑，與災同。叶子私反。○幽都，地下后土所治也。地下幽冥，故稱幽都。土伯，后土之侯伯也。約，屈也。觺觺，角利皃。其身九屈，有角觸害人也。敦，厚也。脄，背也。拇，手大指也。駓駓，走皃。參，三也。甘，美也。言此物食人，以爲甘美也。

魂兮歸來，入脩門些。工祝招君，背行先些。秦篝齊縷，鄭綿絡些。招具該備，永嘯呼些。魂兮歸來，反故居些。門，叶莫連反。背音倍。篝，古侯反。綿，一作緜。絡，叶力戶反。呼，叶胡故〔六〕反。居，叶舉虛反。○脩門，郢城門也。已見九章。工，巧也。男巫曰祝。背，倍也。倍行以鄉魂，先行而導之也。篝，落也，又曰籠也，可熏衣。縷，綫也。綿，纏也。絡，縛也。秦、齊、鄭，蓋其國工善爲此也。招具，即謂此上三物，禮所謂「上服」也。該，亦備也。嘯呼，即所謂「臯」也。天地四方，多賊姦些。像設君室，靜閒安些。地，一作墬，一作墜。君，一作居。閒音閑。○賊，害也。姦，惡也。即上所言虎豹之等也。像，蓋楚俗人死則設其形皃於室而祠之也。高堂邃宇，檻層軒些。層臺累榭，臨高山些。網戶朱綴，刻方連些。冬有穾廈，夏室寒些。川谷徑復，流潺湲些。光風轉蕙，氾崇蘭些。經堂入奧，朱塵筵些。網，一作罔。穾，於叫反。廈，胡雅反。一作夏。川，一作谿。徑，一作經。氾音泛。經，一作徑，古作陘。奧，烏到反，古作隩〔七〕。○邃，深也。檻，楯也。從曰檻，橫曰楯。軒，樓版也。層、累，皆重也。無木謂之臺，有木謂之榭。又曰：凡屋無室曰榭。臨高山，言其高出於山上，而下臨其山也。網戶者，以木爲門扉，而刻爲方目，使如羅罔之狀，即漢所謂「罘罳」。而程泰之以爲今之「亮隔」。其説是也。朱綴者，以朱丹飾其交綴之處，使其所刻之方相連屬也。穾，深也，隱暗處。爾雅：「東南隅謂之穾。」夏，大屋也，謂溫室也。盛夏暑熱，則有洞達陰堂，其內寒涼也。流源爲川，注谿爲谷。徑，過也。復，反也。言所居之舍激導川水，徑過園庭，回通反復，其流急疾又潔淨也。光風，謂雨止日出而風，草木有光也。轉，摇也。氾，猶汎汎，摇動皃也。崇，高也。西南隅謂之奥。塵，承塵也。筵，竹席也。鋪陳曰筵，藉之曰席。言風自蘭蕙之間，經由堂中，以入於奥與塵筵之間也。砥室翠翹，挂曲瓊些。翡翠珠被，爛齊光些。蒻阿拂壁，羅幬張些。纂組綺縞，結琦璜些。砥音咫。翹，祈堯反。挂，一作絓，古賣反。瓊，叶渠陽反。蒻音弱。幬音儔。纂，作管反，一作綦。組音祖。縞音杲。琦，一作奇。璜音黄。○砥，礪石也。穀梁云：「天子之桷，斵之礱之，加密石焉。」注云：「以細石磨之。」翹，鳥尾長毛也。挂，懸也。曲瓊，玉鈎也。翡，赤羽雀。翠，青羽雀。蒻，蒻席也。阿，曲隅也。拂，薄也。以蒻席替壁之曲也。幬，禪帳也。纂、組，綬類也。纂似組而赤。綺，文繒也。縞，細繒也。言幬帳皆用綺縞，又以纂組結束玉璜爲飾也。室中之觀，多珍怪些。蘭膏明燭，華容備些。二八侍宿，射遞代些。珍，俗作珎。怪，俗作恠。燭，一作爥。備，叶步介反。射音亦。遞，一作遰。○金玉爲珍，詭異爲怪。蘭膏，以蘭香煉膏也。華容，謂美人也。二八，二列也。大夫有二列之樂，故晉悼公賜魏絳女樂二八、歌鍾二肆也。射，厭也。遞，更也。意有厭倦，則使更相代也。九侯淑女，多迅衆些。盛鬋不同制，實滿宫些。衆，叶直恭反。鬋音翦。○九侯淑女，設言商九侯之女，入之紂，而不喜淫者也。迅衆，未詳。鬋，鬢也。制，法也。盛飾理鬢，其制不同，皆來實滿，充後宫也。容態好比，順彌代些。弱顔固植，謇其有意些。好，如字，一去聲。代，叶徒系反。一作世。植，一作立。謇，一作蹇。○態，姿也。比，親也。彌，猶竟也。自始來至代去，柔順如一也。弱顔固植，皃柔弱而立堅定也。謇，語辭。姱容脩態，絙洞房些。蛾眉曼睩，目騰光些。姱，苦瓜反。絙，古鄧反。一作縆，與亘同。蛾，一作娥。曼音萬。一作睇。睩音禄。○姱，好皃。脩，長也。絙，竟也。洞，深也。曼，長而輕細之皃。睩，目睞謹也。騰，發也。靡顔膩理，遺視𦖋些。離榭脩幕，侍君之閒些。膩，女吏反。𦖋音綿，一作矊，又作繒。間音閑，叶許研反。○靡，緻也。膩，滑也。遺視，竊視也。𦖋，脉也。方言：「矑瞳之子謂之𦖋。」注云：「𦖋，邈也。」離，别也。脩，長也。幕，大帳也。間，間暇也。翡帷翠帳，飾高堂些。紅壁沙版，玄玉之梁些。帳，一作幬。一無「之」字。○翡翠，已見上。紅，赤白色〔八〕。沙，丹砂也。仰觀刻桷，畫龍蛇些。坐堂伏檻，臨曲池些。芙蓉始發，雜芰荷些。紫莖屏風，文緣波些。文異豹飾，侍陂陁些。軒輬既低，步騎羅些。蘭薄户樹，瓊木籬些。魂兮歸來，何遠爲些。桷音角。蛇、池，並叶徒河反。緣，一作緑。陂音頗，又音波。陁音駞，一作陀。輬音凉。籬，叶音羅。爲，叶音訛。○桷，椽也。春秋：「刻桓宫桷。」此蓋刻爲龍蛇而彩畫之也。坐堂伏檻，堂可坐而檻可凭伏也。芙蓉，芰荷。已見騷經。屏風，水葵也，又名鳧葵，又名防風〔九〕，即荇菜也，生水中，莖紫色。文緣波，言葵之文采，風起水動，即緣波而生也。陂陁，長陛也。言侍從之人皆衣虎豹之文，異采之飾，侍衛階陛也。或曰：從君遊陂陁之中也。軒，曲輈藩車也。輬，卧車也。皆輕車也。低，俛也。凡車行之勢，一低一昂，詩所謂「如輊如軒」者也。此則指其方低而未昂，方輊而未軒之時而言耳。徒行爲步，乘馬爲騎。羅，列也。言官屬之從衛者，羅列而待發也。草木叢生曰薄。瓊木，嘉木之美名也。言蘭薄當户而種，又以嘉木爲籬落也。何遠爲，言何以遠去爲哉。

室家遂宗，食多方些。稻粢穱麥，挐黄粱些。大苦醎酸，辛甘行些。肥牛之腱，臑若芳些。和酸若苦，陳吴羹些。胹鼈炮羔，有柘漿些。鵠酸臇鳧，煎鴻鶬些。露雞臛蠵，厲而不爽些。穱音捉。挐，女居反。醎，一作鹹。行，叶胡郎反。腱，居言反。臑，仁珠反，一作臑，音奥。一作胹，音而。又作洏，而兖反。若，一作弱。羹，叶音郎。胹音而。一作臑，一作濡。炮，蒲交反。柘，一作蔗。臇，子兖反。鶬音倉。臛，呼各反。一作膗，又音霍。蠵，一作蠵，音携。又以規、煎圭二反。爽，叶音霜。○室家，宗族也。宗，尊也。言君既歸來，則室家之衆，皆來宗尊，當爲設食，其方法多端也。稻，今秔、穱二米也。粢，稷也，亦名穄。穱，擇也。穱麥，稻處種麥，而擇取其先熟者也。挐，揉也。黄粱，出蜀、漢，商〔一〇〕、浙間亦種之，香美逾於諸粱，號爲竹根黄。言此數種之米，相雜爲飯也。大苦，豉也。醎，鹽也。酸，酢也。辛，謂椒、薑也。甘，謂飴蜜也。腱，筋頭也。臑若，熟爛也。或曰：若，謂杜若，用以煮肉，去腥而香也。「若苦」之若，則訓及也。吴羹，吴人工作羹也。胹，煮也。羔，羊子也。炮，合毛裹物而燒之也。柘，藷蔗也。言取藷蔗之汁爲漿飲也。鵠，鴻鵠也。酸，以酢漿烹之爲羹也。臇，臛少汁也。鳧，野鴨也。鴻，鴻鴈也。鶬，鶬鶴也。露雞，露棲之雞也。有菜曰羹，無菜曰臛。蠵，大龜之屬也。厲，烈也。爽，敗也。楚人名羹敗曰爽。老子曰：「五味令人口爽。」粔籹蜜餌，有餦餭些。

瑶漿蠠勺，實羽觴些。挫糟凍飲，酎清涼些。華酌既陳，有瓊漿些。歸反故室，敬而無妨些。粔音巨。籹音女，一音汝。餦音張。餭音皇。蠠，古本如此，今作密，非是。勺音酌，又時斫反。

挫，宗卧反。酎，直又反。「歸」下一有「來」字，一别有「歸來歸來」四字。「而反」上亦無「來」字。○粔籹，環餅也。吴謂之膏環，亦謂之寒具，以蜜和米麪煎熬作之。餌，擣黍爲之，方言謂之「餻」者也。餦餭，餳也，以蘖熬米爲之，亦謂之飴，此則其乾者也。瑶漿，漿色如玉者。蠠，見禮經，通作羃，以疏布蓋尊也。勺，挹酒器也。實，滿也。羽觴，飲酒之器，爲生爵形，似有頭尾羽翼也。言舉羃用勺酌酒而實爵也。挫，捉也。凍，冰也。酎，醇酒也。言盛夏則爲覆甕乾釀，捉去其糟，但取清醇，居之冰上，然後飲之，酒寒凉又長味好飲也。酌，酒斗也。言君魂歸反所居故室，子孫承事恭敬，長無禍害也。

肴羞未通，女樂羅些。敶鍾按鼓，造新歌些。涉江、采菱，發揚荷些。美人既醉，朱顔酡些。娭光眇視，目曾波些。被文服纖，麗而不奇些。長髮曼鬋，豔陸離些。敶，一作陳。按，一作桉。菱，一作蔆。揚，一作陽。荷，一作阿。酡，徒何反，一音馱。一作「酏」，一作「㐌」。娭，一作嬉。奇，叶古何反。髮，一作鬢。離，叶力戈反。○肴，骨體，又葅也。致滋味爲羞。按，猶擊也。荷，當作阿。涉江、采菱、揚阿，皆楚歌名。酡，飲而赭色著面。娭，戲也。眇，眺也。曾，重也。文，謂綺繡。纖，細也。不奇，奇也。二八齊容，起鄭舞些。衽若交竿，撫案下些。竽瑟狂會，搷鳴鼓些。宫庭震驚，發激楚些。吴歈蔡謳，奏大吕些。衽，而甚反，一作袵。撫案，一作撫抵。下，叶音户。搷，一作填，田、殿二音，疑當從入聲讀。歈音俞。奏，一作泰，非是。○鄭舞，鄭國之舞也。衽，衣襟也。言舞人回轉，衣襟相交如竿也。撫案下者，以〔一一〕手按撫其節而徐行也。狂，猶猛也。搷，急擊如投擲之勢者也。激楚，歌舞之名，即漢祖所謂楚歌、楚舞也。此言狂會、搷鼓、震驚、激楚，即大合衆樂而爲高張急節之奏也。吴、蔡，國名也。歈、謳，皆歌也。大吕，律名。士女雜坐，亂而不分些。放敶組纓，班其相紛些。鄭衛妖玩，來雜陳些。激楚之結，獨秀先些。敶，一作陳。班，一作斑。陳，一作敶。結，古詣反。先，叶蘇津反。○組，綬也。纓，冠系也。妖玩，妖好可玩之物也。結，頭髻也。激楚之結，蓋歌舞此曲者之飾也。秀先，言秀異而先進於衆也。

箟蔽象棊，有六簙些。分曹並進，遒相迫些。成梟而牟，呼五白些。晉制犀比，費白日些。鏗鍾摇簴，揳梓瑟些。箟音昆，一作琨。蔽，一作蔽。簙音博，一作博。迫，叶補各反。梟，堅堯反。白，叶蒲各反。比，頻〔一二〕二反。費，芳味反。日，叶音若。鏗，苦耕反。一作鎛，音同。簴，奇舉反。揳，古八反。一作戛。瑟，叶音朔。○箟，竹名。蔽，字從竹〔一三〕，簙箸也。博雅云：「投六箸，行六棊，故爲六簙也。」言宴樂既畢，乃設六簙，以箟簬作箸、象牙爲棊也。曹，偶也。遒，亦迫也。投箸行棊，轉相遒迫，使不得擇行也。倍勝爲牟。五白，簙齒也。言己棊已梟，當成牟勝，故呼五白以助投也。晉制犀比，謂晉國工作簙、棊、箸，比集犀角以爲雕飾。費，耗也。費白日，言博者爭勝，耽著不已，耗損光陰也。鏗，撞也。摇，動也。簴，懸鍾格。揳，轢也。

娭酒不廢，沈日夜些。蘭膏明燭，華鐙錯些。結撰至思，蘭芳假些。人有所極，同心賦些。酎飲盡歡，樂先故些。魂兮歸來，反故居些。夜，叶羊茹反。燭，一作爥。鐙音登，一作雕。假，叶音故，一音格。酎，一作酌。「飲」下一有「既」字。居，叶舉虚反。○不廢，猶言不已也。沈，沈湎也。鐙，錠也。徐鉉曰：「錠中置燭，故謂之鐙。」華，謂其刻飾華好，或爲禽獸之形也。錯，置也。撰，述也。假，大也。謂結述其深至之情思，爲詞以相樂，如蘭芳之甚大也。極，傾倒竭盡也。賦者，不歌而誦其所撰之詞也。蓋人各以其所極而同心陳之也。先故，舊事也，陳嬰母曰，「汝家先故，未曾貴」是也。

亂曰：獻歲發春兮，汩吾南征。菉蘋齊葉兮，白芷生。路貫廬江兮，左長薄。倚沼畦瀛兮，遥望博。汩，于筆反。「征」下一有「些」字。「芷生」下同，一至「騁先」下皆同。菉、蘋，音並見騷經。○獻歲，言歲始來進也。汩，去皃。菉、蘋、芷，皆已見上。貫，穿過也。廬江、長薄，皆地名。左者，行出其右也。倚，依也。沼，池也。畦，猶〔一四〕區也。瀛，池中也。楚人名池澤中曰瀛。依已成之沼，而復爲瀛也。遥，遠也。博，平也。青驪結駟兮，齊千乘。懸火延起兮，玄顏烝。步及驟處兮，誘騁先。抑騖若通兮，引車右還。與王趨夢兮，課後先。君王親發兮，憚青兕。驪，吕知反。烝，叶之孕反，一作蒸。還，叶音旋，一作旋。夢音蒙，一去聲。先，叶音私。柏梁詩此字入時韻也。憚，當割反。兕，叶音詞。○自此以下，盛言畋獵之樂以招之也。純黑爲驪。結，連也。四馬爲駟。懸火，懸鐙也。玄，天也。顏，容也。言夜獵懸鐙林中，其火延及燒於野澤，上烝玄天，使天赤色也。步及驟處，步行而及驟馬所至之處，言走之疾也。誘，蓋爲導而馳騁，以先誘獵衆，若儀禮射儀之有「誘射」也。若，順也。「止馳騖」者，使順通獵事，引車右轉，以射獸之左也。夢，澤名。楚有雲夢澤，方八九百里，跨江兩岸，雲在江北，今玉沙、監利、景陵等縣是也。夢在江南，今公安、石首、建寧等縣是也。憚，懼也。兕，似牛，一角，青色，重千斤。言王親發矢以射青兕，中之而懼走也。朱明承夜兮，時不可淹。皋蘭被徑兮，斯路漸。可，一作見。一無「可」字。一「可」下有「以」字。皆非是。漸音尖，一作漸。○朱明，日也。承，續也。淹，久也。日夜相承，四時不得淹止。皋，澤也。被，覆也。徑，路也。漸，没也。春深則草盛，水生而路没也。湛湛江水兮，上有楓。目極千里兮，傷春心。魂兮歸來哀江南。楓，叶孚金反。南，叶尼金反。○楓，木名也，似白楊，葉圓而歧，有脂而香，厚葉弱枝，善摇，至霜後葉丹可愛，故騷人多稱之。目極千里，言湖澤博平，春時草短，望見千里，令人愁思也。玉意欲使原復歸郢，故言江南之地可哀如此，不宜久留也。

大招第十

大招，不知何人所作。或曰屈原，或曰景差，自王逸時已不能明矣。其謂原作者，則曰詞義高古，非原莫及。其不謂然者，則曰漢志定著原賦二十五篇，今自騷經以至漁父已充其目矣。其謂景差，則絶無左驗，是以讀書者往往疑之。然今以宋玉大、小言賦考之，則凡差語皆平淡醇古，意亦深靖閑退，不爲詞人墨客浮夸豔逸之態，然後乃知此篇決爲差作無疑也。雖其所言，有未免於神怪之惑，逸欲之娱者，然視小招則已遠矣。其於天道之詘伸動静，蓋若粗識其端倪，於國體時政，又頗知其所先後，要爲近於儒者窮理經世之學。予於是竊有感焉，因表而出之，以俟後之君子云。

青春〔一五〕受謝，白日昭只。春氣奮發，萬物遽只。冥淩浹行，魂無逃只。魂魄歸徠，無遠遥只。只音止。遽，叶渠驕反。歸徠，一作徠歸。後並同。○青，東方春位，其色青也。謝，去也。言玄冬謝去，而青春受之也。「白日昭」者，冬寒則日無光暉，故春氣和暖，而後白日昭明也。只，語已詞。遽，猶競也。言春氣奮發，而萬物忽遽競起而生出也。冥，幽暗也。淩，冰凍也。浹，周洽也。言春氣既發，幽暗冰凍之地，無不周洽而流行，故魂魄之已散而未盡者，亦隨時感動而無所逃，於是及此時而招之，欲其無遠去而即歸來也。祭義所謂「春雨露既濡，君子履之，必有怵惕之心，如將見之」。故禘有樂以迎其來意，亦如此，非嘗覃思於有無動静之間者，不能知也，讀者宜深玩之。魂乎歸徠，無東無西，無南無北只。乎，一作兮。徠，一作兮，下並同。「無東無西無南無北」，一作「無東西而南北」。東有大海，溺水浟浟只。螭龍並流，上下悠悠只。霧雨淫淫，白皓膠只。魂乎無東，湯谷宗寥只。按下章例，此句上當有「魂乎無東」四字。溺，一作弱。浟音悠。悠悠，一作攸攸，一作儵儵。皓，一作浩。膠，叶居幽反，一音豪。寥，叶力求反。一無「寥」字，非是。○悠悠，螭龍行皃。皓膠，冰凍皃。皓然正白，回錯膠戾。湯谷，日之所出。其地無人，視聽宗然，無所見聞也。魂乎無南，南有炎火千里，蝮蛇蜒只。山林險隘，虎豹蜿只。鰅鱅短狐，王虺騫只。魂乎無南，蜮傷躬只。蜒音延。林，一作陵。蜿音鴛。鰅，魚恭反。鱅，以恭反。騫，讀若騫，音軒。蜮音域，一音或。躬，叶居延反。○蜒，長皃也。蜿，虎行皃。鰅，魚名，皮有文。鱅，魚，音如彘鳴。短狐，蜮也。説文曰：「蜮，似鼈，三足。」陸機曰：「一名射影。人在岸上，影見水中，投人影則射之。或謂含沙射人。」孫思邈云：「亦名射工。其虫無目而利耳，能聽，聞人聲，便以口中毒射人。」王虺，大蛇也。騫，舉頭皃也。魂乎無西，西方流沙，漭洋洋只。豕首縱目，被髮鬤只。長爪踞牙，誒笑狂只。魂乎無西，多害傷只。漭，母朗反。縱，將容反。鬤，而羊反，一作長。長爪，一作「豕爪」。踞音據，一作倨。疑當作鋸。誒音嬉。○漭，水大皃。洋洋，無涯皃。從，直竪也。鬤，髮亂皃。鋸牙，言其牙如鋸也。誒，彊笑也。言西方有神，其狀如此，能傷害人也。魂乎無北，北有寒山，逴龍赩只。代水不可涉，深不可測只。天白顥顥，寒凝凝只。魂乎無往，盈北極只。逴音卓，一作卓。赩，許力反。代，一作伐。顥音皓。凝，一作嶷，魚力反。○逴龍，山名。赩，赤色，無草木皃。顥顥，光皃。凝凝，冰凍皃。盈北極，言此冰凍盈北極也。

魂魄歸徠，閒以靜只。自恣荆楚，安以定只。逞志究欲，心意安只。窮身永樂，年壽延只。魂乎歸徠，樂不可言只。安，叶一先反。永，一作安。五穀六仞，設菰粱只。鼎臑盈望，和致芳只。内鶬鴿鵠，味豺羹只。魂乎歸徠，恣所嘗只。菰音孤，一作苽。臑，仁珠反，一作胹，一作耎。一作腩，徒南反。内與納同。一作肭。鶬音倉。羹，叶力當反。○五穀，稻、稷、麥、豆、麻也。仞，伸臂一尋，八尺也。言積穀之多也。設，施也。菰粱。蔣實，一名雕葫。臑，熟也。致，致鹹酸也。芳，謂椒、薑也。内與肭同，肥也。鶬，即鶬鴰也。鴿似鳩而小，青白。鵠，有白鵠，有黄鵠。豺，似狗。鮮蠵甘雞，和楚酪只。醢豚苦狗，膾苴蓴只。吴酸蒿蔞，不沾薄只。魂兮歸徠。恣所擇只。

蠵，一作鑴。豚，一作豰，一作腞，音同。苴，即魚反。蓴，普各反，一匹沃反。一作蒪。酸蒿蔞，一作「酢醬酴」。醬音模。酴音途。沾音添。兮，一作乎。擇，叶徒各反。〇生潔爲鮮。蠵，大龜也。酪，乳漿也。醢，肉醬也。苦，以膽和醬也，世所謂「膽和」者也。苴蓴，一名蘘荷。本草云：「葉似初生甘蔗，根似薑芽。」蓋切以爲香也。蒿，白蒿，春生，秋乃香美可食。蔞，蒿，葉似艾，生水中，脆美可食。沾，多汁也。薄，無味也。言吳人工調鹹酸，爚蒿蔞以爲虀，其味不醲不薄，適甘美也。

炙鴰烝鳧，煔鶉敶只。

炙音柘。鴰，古活反，一作鵠。鳧，一作梟。煔音潛。

煎鰿膗雀，遽爽存只。魂乎歸徠，麗以先只。

鰿，積、磧、責三音。膗，一作臛。存，叶祖陳反。麗，一作進。先，叶桑津反。〇炙，燔肉也。鴰，麋鴰也。煔，爓也。鶉，鴽也。鰿，小魚也。遽爽存，未詳。

四酎并孰，不澀嗌只。清馨凍歆，不歠役只。吳醴白蘖，和楚瀝只。魂乎歸徠，不遽惕只。

澀，一作澁。嗌，叶音益，一於革反。歆，一作飲，一作歈〔一六〕。〇酎，三重釀酒。秦月令云：「春釀之，孟夏始成。」漢亦以春釀，八月乃成。此云「四酎」，則是四重釀矣。并，俱也。舊注以爲「四器俱熟」。未知孰是也。澀，不滑也。嗌，咽喉也。言不澀人之咽喉也。馨，香之遠聞者也。凍，猶寒也。不歠役，未詳。舊注謂「不以飲賤役之人」，言酒醇美，役人飲之，易醉仆失禮，故不以飲之也。再宿爲醴。蘖，米麴也。瀝，清酒也。言使吳人釀醴，和白麯〔一七〕以作楚瀝也。

代秦鄭衛，鳴竽張只。伏戲駕辯，楚勞商只。謳和揚阿，趙簫倡只。魂乎歸徠，定空桑只。

代，一作岱。〇代、秦、鄭、衛，當世之樂也。伏戲之駕辯、楚之勞商，疑皆古曲名，而未有考。或謂伏戲始作瑟也。徒歌曰謳。揚阿，即陽阿，已見前篇。趙簫，趙國之簫也。以趙簫奏揚阿爲先倡，而謳以和之也。空桑，琴瑟名。見周禮。二八接武，投詩賦只。叩鍾調磬，娛人亂只。四上競氣，極聲變只。魂乎歸徠，聽歌譔只。武，一作舞。賦與下亂、變、譔不叶，未詳。○接，連也。武，迹也。投，合也。詩賦，雅樂，關雎、鹿鳴之類是也。叩，擊也。金曰鍾，石曰磬。亂，理也。四上，未詳。譔，具也。朱唇皓齒，嫭以姱只。比德好閒，習以都只。豐肉微骨，調以娛只。魂乎歸徠，安以舒只。嫭音護。姱，叶苦胡反。比，必寐反。閒音閑。○嫭、姱，好皃。好閒，謂美好而閒暇。習，謂習於禮節。都，謂容態之美，不鄙野也。嫮目宜笑，娥眉曼只。容則秀雅，稺朱顔只。魂乎歸徠，靜以安只。嫮與嫭同。○嫮，眄也。曼，長而輕細也。則，法也。稺，幼也。姱脩滂浩，麗以佳只。曾頰倚耳，曲眉規只。滂心綽態，姣麗施只。小腰秀頸，若鮮卑只。魂乎歸徠，思怨移只。姱脩滂浩，一作「脩廣婉心」。婉，一作遠。佳，叶居宜反。滂，一作漫。綽，一作淖。思怨，一作「怨思」。○脩，長也。滂浩，廣大也。佳，善也。曾，重也。倚，辟也。規，圜也。言面豐滿，頰肉若重，兩耳郭辟，曲眉正圜也。綽，綽汋也。鮮卑，衮帶頭也。言腰肢細小，頸鋭秀長，若以鮮卑之帶，約而束之也。補曰：「鮮卑之帶，漢匈奴傳所謂『黄金犀毗』，孟康以爲『要中大帶』，張晏以爲『鮮卑郭洛帶，瑞獸名，東胡好服之』者也。魏書曰：鮮卑，東胡之餘，別保鮮卑山因號焉。」移，去也。言可以忘去怨思也。易中利心，以動作只。粉白黛黑，施芳澤只。長袂拂面，善留客只。魂乎歸徠，以娛昔只。澤，叶待洛反。客，叶苦各反。昔，叶先約反。一作夕。○易中利心，皆敏慧之意。芳澤，芳香之膏澤也。昔，夜也。青色直眉，美目媔只。靨輔奇牙，宜笑嘕只。豐肉微骨，體便娟只。魂乎歸徠，恣所便只。媔音綿。靨，於牒反。輔，一作酺，扶羽反。嘕，虛延反。便，平聲。○青色，謂眉也。媔，美目皃。輔，頬車也。左傳：「輔車相依。」嘕，笑皃。便娟，好皃。便，猶安也。

夏屋廣大，沙堂秀只。南房小壇，觀絶霤只。曲屋步壛，宜擾畜只。騰駕步遊，獵春囿只。壇音善。觀音貫。霤音溜。壛，一作櫚，一作閻，與簷同。一作欄。畜音嗅，一作嘼，一作獸。○沙，丹沙也。壇，猶堂也。觀，猶樓也。霤，屋宇也。曲屋，周閣也。步壛，長砌也。上林賦作「步櫚」，李善云：「長廊也。」擾畜，馴養禽獸也。步遊，亦言行遊耳，非必舍車而徒也。瓊轂錯衡，英華假只。茝蘭桂樹，鬱彌路只。魂乎歸徠，恣志慮只。瓊，一作瑶。假，古路反，一作嘏。茝，一作芷。慮，一作處。○假，大也。言所乘之車以玉飾轂，以金錯衡。英華照燿，大有光明也。彌，竟也。孔雀盈園，畜鸞皇只。鵾鴻羣晨，雜鶖鶬只。鴻鵠代遊，曼鷫鸘只。魂乎歸徠，鳳皇翔只。畜，許六反，一作傗。鶖音秋。曼，一作漫。鷫音肅。鸘音霜。○鵾，鵾雞。鴻，鴻鶴也。晨，旦鳴也。書曰：「牝雞無晨。」鶖鶬，鶬鶖也。曼，曼衍也。鷫鸘，長頸緑身，似鴈。曼澤怡面，血氣盛只。永宜厥身，保壽命只。室家盈庭，爵禄盛只。魂乎歸徠，居室定只。怡，一作台。盛，一作晠。保壽，一作「長保」。○怡，懌皃。室家，謂宗族。盈庭，滿朝廷也。

接徑千里，出若雲只。三圭重侯，聽類神只。察篤夭隱，孤寡存只。魂兮歸徠，正始昆只。神，叶式云反。夭，一作殀。兮，一作乎。○接徑，猶言通路也。出若雲，言人民衆多，其出如雲也。三圭，謂公、侯、伯也。公執桓圭，侯執信圭，伯執躬圭，故曰三圭也。重侯，猶曰陪臣，謂子、男也。蓋楚僭王號，其縣宰皆號曰公，如申公、葉公之類。其小者，應亦比子、男也。「聽類神」者，言其聽察精審，如神明也。篤，厚也。夭，早死也。隱，幽蔽也。孤者，幼而無父者也。寡者，老而無夫者也。察夭隱者而厚之，則孤寡皆得其所矣。昆，後〔一八〕也。正其始以及後人也。田邑千畛，人阜昌只。美冒衆流，德澤章只。先威後文，善美明只。魂乎歸徠，賞罰當只。畛，之忍反。明，叶謨〔一九〕郎反。當，叶平聲。○田，野也。邑，居也。周禮：「九夫爲井，四井爲邑。」畛，田上道也。阜，盛也。昌，熾也。冒，覆也。章，明也。威，武也。言先以威武嚴民，後以文德撫之，既善美而又光明也。名聲若日，照四海只。德譽配天，萬民理只。北至幽陵，南交阯只。西薄羊腸，東窮海只。魂乎歸徠，尚賢士只。照，一作昭。海，叶呼洧反。理，一作治。尚，一作進。賢，一作進。士，叶鉏里反。○德譽配天，言楚王脩德於內，榮譽外發，功德配天，又能理萬民之寃結也。幽陵，幽州也。交阯，南夷，其人足大，指開析，兩足並立，則指相交。羊腸，山名。山形屈辟，狀如羊腸，今在太原、晉陽之西北。言魂急歸徠，楚方尚賢進士，必見用也。發政獻行，禁苛暴只。舉傑壓陛，誅譏罷只。直贏在位，近禹麾只。豪傑執政，流澤施只。魂乎歸徠，國家爲只。行，下孟反。禁，一作絕。暴，不叶下韻，未詳。疑亦有皮音也。壓，於甲反，一作厭。陛，一作階。罷與疲同。贏音盈。傑，一作俊。執，一作理。○獻行，令百官上其行治，如周禮「令羣吏致事」，漢法「令郡國上計」也。舉傑壓陛，延登俊傑，使在高位，以壓階陛也。誅，責而退之也。譏罷，衆所譏誚，疲軟不勝任之人也。直贏，謂理直而才有餘者。禹麾未詳。國家爲，言如此則國家可爲矣。雄雄赫赫，天德明只。三公穆穆，登降堂只。諸侯畢極，立九卿只。昭質既設，大侯張只。執弓挾矢，揖辭讓只。魂乎歸徠，尚三王只。明，叶謨郎反。降，一作王。卿，叶乞郎反。讓，叶如羊反。〇雄雄赫赫，威勢盛也。穆穆，和美皃。諸侯位次三公，其班既絶，乃使九卿立其下也。昭質，爲射侯所畫之地，如言白質、赤質之類也。大侯，謂所射之布，如言虎侯、豹侯之類也。上手延登曰揖，厭手退避爲讓，致語以讓爲辭。古者大射、燕射、鄉射之禮，將射者皆執弓挾矢，以相揖，又相辭讓，而後外射。戰國時，此禮已廢久矣，故景差特於卒章言此，以招屈原之魂，欲其徠歸，而尚此三王之道，以矯衰世之失禮。不特此耳，其它若云「察幽隱」、「存孤寡」、「治田邑」、「阜人民」、「禁苛暴」、「流德澤」、「舉賢能」、「退罷劣」，亦三王之政也。

校勘記

〔一〕三　原作「二」，據端平本改。

〔二〕歸來歸來一作　原本無此六字，據端平本補。

〔三〕綏　原作「緌」，據端平本改。

〔四〕環靈　原作「靈夏」，據端平本改。
〔五〕四　原作「西」，據端平本改。
〔六〕胡故　原作「故胡」，據端平本乙。
〔七〕隩　原作「澳」，據端平本改。
〔八〕赤白色　原作「赤色」，下衍「壁白色」三字，據端平本改。
〔九〕「防風」下原衍「又名屏風」四字，據端平本删。
〔一〇〕商　原作「而」，據端平本改。
〔一一〕以　原作「從」，據端平本改。
〔一二〕頻　原作「類」，據端平本改。
〔一三〕字從竹　原作「行」，據端平本改。
〔一四〕猶　原作「不」，據端平本改。
〔一五〕青春　原作「春秋」，據端平本改。
〔一六〕歆　原作「歃」，據端平本改。
〔一七〕麯　原作「麫」，據端平本改。
〔一八〕後　原作「厚」，據端平本改。
〔一九〕謨　原作「諫」，據端平本改。

楚辭卷第八

朱熹集注

惜誓第十一

惜誓者，漢梁太傅賈誼之所作也。誼，洛陽人。漢文帝聞其名，召爲博士，超遷至太中大夫，納用其言，議以任公卿之位。絳、灌之屬，毁誼「年少初學，顓欲擅權，紛亂諸事」。於是天子亦踈之，以誼爲長沙王太傅。三年復召，以爲梁太傅。數問以得失，多欲有所匡建。數年，梁王騎，墮馬死。誼自傷爲傅無狀，哭泣，歲餘亦死。死時，年三十三矣。史、漢於誼傳獨載吊屈原、服鳥二賦，而無此篇。故王逸雖謂「或云誼作，而疑不能明」。獨洪興祖以爲其間數語，與吊屈賦詞指略同，意爲誼作無疑者。今玩其辭，實亦瓌異奇偉，計非誼莫能及。故特據經〔一〕說，而并録傳中二賦，以備一家之言云。

惜余年老而日衰兮，歲忽忽而不反。登蒼天而高舉兮，歷衆山而日遠。設言高舉，經歷衆山，去日遠也。觀江河之紆曲兮，離四海之霑濡。攀北極而一息兮，吸沆瀣以充虛。飛朱雀使先驅兮，駕太一之象輿。蒼龍蚴虬於左驂兮，白虎騁而爲右騑。建日月以爲蓋兮，載玉女於後車。馳騖於杳冥之中兮，休息虖崑崙之墟。以，一作㠯。蚴，於糾反。虬，渠糾反。騑，叶芳無反。虖，一作乎。墟，丘於反。○晉志云：「北極五星，天運無窮，三光迭耀，而極星不移，故曰居其所而衆星拱之。」淮南云：「左青龍，右白虎，前朱雀，後玄武。」注云：「角亢爲青龍，參、伐爲白虎，星、張爲朱雀，斗、牛爲玄武。」沈存中云：「朱雀，莫知何物，但謂鳥而朱者，羽族赤而翔上，集必附木，此火之類也。或云：鳥，即鳳也。然天文家朱鳥，乃取象於鶉。南方七宿，曰鶉首、鶉火、鶉尾是也。蓋鶉無尾，故以翼爲尾云。」象輿，以象齒飾輿也。玉女，青要、乘弋等也。墟，大丘也。樂窮極而不厭兮，願從容虖神明。涉丹水而駝騁兮，右大夏之遺風。黄鵠之一舉兮，知山川之紆曲，再舉兮睹天地之圜方。臨中國之衆人兮，託回飈虖尚羊。乃至少原之壄兮，赤松王喬皆在旁。二子擁瑟而調均兮，余因稱乎清商。澹然而自樂兮，吸衆氣而翱翔。念我長生而久僊兮，不如反余之故鄉。虖，一作乎。明，叶謨郎反。駝，一作馳。風，叶孚光反。黄，一作鴻。一，或作壹。睹，一作覩，一作知。飈音摽，一作風，一作飆。尚音常。壄，一作野。喬，一作僑。澹，一作淡。○願從容乎神明，願與神明俱遊戲也。丹水，猶赤水也。大夏，外國名也，在西南。黄鵠一飛則見山川之屈曲，再舉則知天地之圜方，居身益高，所睹愈遠也。少原之壄，仙人所居。均，亦調也。國語云：「律者，所以立均出度也。」清商，歌曲名。五音各有清濁，濁者本聲，清者半聲也。又言雖得長生久僊，猶思楚國，念故鄉，忠信之至，恩義之篤也。黄鵠後時而寄處兮，鴟梟羣而制之。神龍失水而陸居兮，爲螻蟻之所裁。夫黄鵠神龍猶如此兮，况賢者之逢亂世哉。黄，一作鴻。鴟，稱脂反。梟，堅堯反。螻音婁。蟻，一作螘。裁，叶即詞反。哉，叶即思反。○鴟鵂[二]，怪鳥。梟，不孝鳥。螻，螻蛄也。蟻，蚍蜉也。裁，制也。壽冉冉而日衰兮，固儃回而不息。俗流從而不止兮，衆枉聚而矯直。固，一作國。儃，一作邅。○矯，揉也。枉者自以爲直，又羣衆而聚合，則其黨盛，而反欲揉直以爲枉也。或偷合而苟進兮，或隱居而深藏。苦稱量之不審兮，同權槩而就衡。量，平聲。衡，叶胡郎反。○稱所以知輕重，量所以别多少。權，稱錘也。槩，平斛木也。衡，平也。權、槩，皆所以取平也。或推迻而苟容兮，或直言之諤諤。傷誠是之不察兮，并紉茅絲以爲索。方世俗之幽昏兮，眩白黑之美惡。放山淵之龜玉兮，相與貴夫礫石。梅伯數諫而至醢兮，來革順志而用國。悲仁人之盡節兮，反爲小人之所賊。迻，一作移。諤，一作譝。紉，一作繩，而無「茅」字。「眩」下一有「於」字。石，叶時若反。梅音浼。醢，一作葅。一「醢」上别有「葅」字。國，叶姑霍反。賊，叶徂各反。○諤諤，直言皃。語曰：「千人之諾諾，不如一士之諤諤。」周武諤諤以昌，殷紂諾諾以亡。來，惡來也，與革皆紂之佞臣也。用國，見用於國也。比干忠諫而剖心兮，箕子被髮而佯狂。水背流而源竭兮，木去根而不長。非重軀以慮難兮，惜傷身之無功。剖，一作割。佯，一作詳。竭，一作渴，音同。軀，一作體。功，叶音光。○「背流而源竭」，疑當作「背源而流竭」。王逸注云：「水背其源泉則枯竭。」似當時本末誤也。傷身而無功，若比干、箕子是也。已矣哉，獨不見夫鸞鳳之高翔兮，乃集大皇之壄。循四極而回周兮，見盛德而後下。一無「夫」字。大，一作太。壄，一作野。回，一作徊。而回周，一作「以周覽」。○大皇之壄，大荒之藪。言鸞鳳高飛於大荒之野，循於四極，回旋而戲，見仁聖之王，乃下來集，歸於有德也。以言賢者亦宜處山澤之中，周流觀望，見高明之君，乃當仕也。彼聖人之神德兮，遠濁世而自藏。使麒麟可得羈而係兮，又何以異虖犬羊。一無「得」字。一「係」下有「之」字。虖，一作夫，一作乎。○言麒麟仁智之獸，遠世避害，常藏隱不見。有聖德之君，乃肯來出。如使可得羈係而畜之，則與犬羊無異，不足貴也。言賢者亦以不可枉屈爲高，如可趨走，亦不足稱也。

弔屈原第十二

弔屈原者，漢長沙王太傅賈誼之所作也。誼以適去，意不自得，及過湘水，時屈原沈汨羅已百年餘矣。誼追傷之，投書以弔，而因以自喻。後之君子，蓋亦高其志，惜其才，而狹其量云。

恭承嘉惠兮，竢罪長沙。仄聞屈原兮，自湛汨羅。造託湘流兮，敬弔先生。遭世罔極兮，迺隕厥身。仄，古「側」字。湛，古「沈」字。羅，叶盧加反。造，七到反。○極，止也。詩曰：「讒人罔極。」烏虖哀哉兮，逢時不祥。鸞鳳伏竄兮，鴟鴞翺翔。闒茸尊顯兮，讒諛得志。賢聖逆曳兮，方正倒植。謂隨、夷溷兮，謂跖、蹻廉。莫邪爲鈍兮，鈆刀爲銛。鴞，史記作「梟」。闒，吐盍反。茸，人勇反。植音值。跖，之石反。蹻，居略反。鈍，史作「頓」。銛，息廉反。○闒茸，下材不肖之人也。植，立也。隨、卞隨，讓天下而不受。夷，伯夷，讓國而餓死。跖，盗跖。蹻，莊蹻。秦、楚之大盗也。莫邪，寶劒名。銛，利也。于嗟默默，生之亡故兮。斡棄周鼎，寶康瓠兮。騰駕罷牛，驂蹇驢兮。驥垂兩耳，服鹽車兮。章甫薦屨，漸不可久兮。嗟苦先生，獨離此咎兮。默，史作「嘿」。斡音管。罷，讀曰疲。或曰：苦，當作若。易曰：「則嗟若」。史此一節「兮」字皆在句中〔三〕。「寶」上有「而」字。○默默，不自得意也。生，謂屈原也。言其無故而遭此禍也。斡，轉也。康瓠，瓦盆〔四〕底也。蹇，跛也。驥，駿馬也。服，駕也。章甫，冠名。薦屨，反在履下也。嗟，咨嗟也。苦，勞苦也。若，語辭。

誶曰：誶音碎。史作「訊」。○誶，告也。即亂辭也。已矣！國其莫吾知兮，子獨壹鬱其誰語？鳳縹縹其高逝兮，夫固自引而遠去。襲九淵之神龍兮，沕淵潛以自珍。偭蟂獺以隱處兮，夫豈從蝦與蛭螾？所貴聖之神德兮，遠濁世而自臧。使麒麟可係而羈兮，豈云異夫犬羊？史「吾」作「我」，無「兮」、「子」字。壹，史作「堙」。語，去聲。縹，匹遥反，史作「漂」。逝，史作「遰」。引，史作「絶」。沕音昧，又于筆反。偭音面。蟂音梟。獺音闥。三字史作「彌融爚」，又作「彌蝸爚」。蝦音遐。蛭音質。螾音引，叶平聲。臧，古「藏」通。○壹鬱，猶怫鬱也。縹，輕舉皃。襲，重也。

九淵，九旋〔五〕之淵，言至深也。偭，背也。蟂、獺，皆水蟲害魚者。蝦、蛭、螾，亦水蟲之小者。言龍自絕於蟂、獺，況肯從蝦與蛭螾乎？　般紛紛其離此郵兮，亦夫子之故也。歷九州而相其君兮，何必懷此都也。鳳皇翔于千仞兮，覽德輝而下之。見細德之險微兮，遥增擊而去之。彼尋常之汙瀆兮，豈容吞舟之魚？　橫江湖之鱣鯨兮，固將制於螻螘。般音班，字從丹青之丹。郵與尤同，史作「尤」。故，叶音孤，史作「辜」。歷，史作「瞝」，視也。其君，史無「其」字。汙，一胡反。鱣，升連反。螻音婁，螻蛄也。螘與蟻同，叶五居反。○般，反也。離，遭也。郵，過也。歷，經過也。八尺曰仞。增，重也。八尺曰尋，倍尋曰常。汙瀆，不泄之水也。鱣，大魚，無鱗，口在腹下。鯨魚，長者數里。

服賦第十三

服賦者，賈誼之所作也。誼在長沙三年，有服飛入誼舍，止於坐隅。服似鴞，不祥鳥也。服，訓狐也，其名自呼，故因而命之。誼以長沙卑溼，自恐壽不得長，故爲賦以自廣。太史公讀之，歎其同死生、輕去就，至爲爽然自失。以今觀之，凡誼所稱，皆列禦寇、莊周之常言，又爲傷悼無聊之故，而藉之以自誑者，夫〔六〕豈真能原始反終，而得夫朝聞夕死之實哉！誼有經世之才，文章蓋其餘事，其奇偉卓絕，亦非司馬相如輩所能仿佛。而揚雄之論常高彼而下此，韓愈亦以馬、揚厠於孟子、屈原之列，而無一言以及誼。余皆不能識其何説也。是以因序其賦而并論之，以俟後之君子云。

單閼之歲，四月孟夏，庚子日斜。服集余〔七〕舍，止于坐隅，貌甚閒暇。閼，一葛反。斜，史〔八〕作施，叶音邪。「歲」下，史有「兮」字，至終篇並同。○太歲在卯曰單閼，文帝六年丁卯也。異物來崪，私怪其故。發書占之，讖言其度。曰：「野鳥入室，主人將去。」崪，史作「萃」。讖，初禁反，史作「策」。○崪，聚也。讖，驗也。問於子服：「余去何之？吉虖告我，凶言其災。淹速之度，語余其期。」問於，史作「請問」。子，史作「于」。速，史作「數」。○子服者，加之美稱也。

服乃太息，舉首奮翼。口不能言，請對以意。萬物變化，固亡休息。意，叶音億，史作「臆」。斡流而遷，或推而還。形氣轉續，變化而嬗。沕穆亡間，胡可勝言？斡音管。還音旋。嬗音蟬，與禪同。沕音勿。○斡，轉也。嬗，相傳與也。沕穆，深微皃。禍兮福所倚，福兮禍所伏。憂喜聚門，吉凶同域。伏，叶蒲力反。○「倚伏」二句，老子之言。彼吴彊大，夫差以敗。越棲會稽，勾踐伯世。勾音鈎。伯，讀作霸。○會稽，山名。勾踐，越王名。避吴之難，保於此山，故曰棲也。斯遊遂成，卒被五刑。傅説胥靡，乃相武丁。斯，李斯也。遊於秦，始皇以爲丞相，後爲趙高所譖，具五刑而死。傅説事，已見騷經。胥靡，連鎖役作也。夫禍之與福，何異糾纆。命不可測，孰知其極？纆音墨，索也。測，史作「説」。○糾，絞也。水激則旱，矢激則遠。萬物回薄，震蕩相轉。震，史作「振」。○水激則去速而流盡，故旱也。或曰：旱與悍通。雲烝雨降，糾錯相紛。大鈞播物，坱圠無垠。糾錯，史作「錯繆」。鈞，史作「專」。播，史作「槃」。坱，烏朗反。圠，於黠反。○造瓦者謂所轉者爲鈞。言造化爲人，亦猶陶之造瓦，故謂之大鈞也。坱圠，無垠齊也。天不可與慮，道不可與謀。遲速有命，烏識其時？謀，叶謨悲反。速，史作「數」。烏，史作惡。

且夫天地爲鑪，造化爲工。陰陽爲炭，萬物爲銅。以冶鑄爲喻。合散消息，安有常則？千變萬化，未始有極。則，法也。忽然爲人，何足控揣？化爲異物，又何足患？揣音團。史作「摶」。患音環。○控摶，玩弄愛惜之意也。小智自私，賤彼貴我。達人大觀，物亡不可。智，史作「知」。貪夫徇財，列士徇名。夸者死權，品庶每生。以身從物曰徇。每，貪也。史作「憑」。品庶，猶庶品也。怵迫之徒，或趨西東。大人不曲，億變齊同。怵音戌，又丑六反。億，漢書作「意」，今從史。○怵爲利所誘也。迫爲勢所逼也。趨西東，言所向不定也。十萬爲億。愚士繫俗，僒若囚拘。至人遺物，獨與道俱。僒音愧，又欺全反。史作「攌」，華板反。衆人惑惑，好惡積意。真人恬漠，獨與道息。惑，史作「或」。意，於力反。○積意，言積之胷臆也。恬，安也。漠，静〔九〕也。釋智遺形，超然自喪。寥廓忽荒，與道翺翔。喪，息浪反，叶平聲。乘流則逝，得坎則止。縱軀委命，不私與己。坎，史作「坻」，謂水中小洲也。其生兮若浮，其死兮若休。澹虖若深淵之靚，氾虖若不繫之舟。史無二「兮」字。靚與静同，史作「静」。不以生故自寶，養空而游。寶，漢書作「保」。游，漢書作「浮」。今從史。○養空而游，若空舟也。德人無累，知命不憂。細故芥蔕，何足以疑？蔕，丑介反，史作「慸」。芥，史作「葪」。疑，叶音牛。○芥蔕，小草也。

哀時命第十四

哀時命者，梁孝王客莊忌之所作也。

哀時命之不及古人兮，夫何予生之不遘時？往者不可扳援兮，徠者不可與期。志憾恨而不逞兮，杼中情而屬詩。夜炯炯而不寐兮，懷隱憂而歷茲。心鬱鬱而無告兮，衆孰可與深謀。欿愁悴而委惰兮，老冉冉而逮之。遘，一作遭。扳，一作攀。徠，一作來。憾，乎闇反。逞，丑郢反。杼，常與反，一作抒。屬音燭。炯，古茗反，一作烱。隱，一作殷。謀，叶謨悲反。欿音坎。惰，一作憜。○遘，遇也。言自哀生時不及古聖賢之出，而當貪亂之世也。逞，快也。屬，續也。欿，不自滿足意。委惰，懈怠也。

居處愁以隱約兮，志沈抑而不揚。道壅塞而不通兮，江河廣而無梁。願至崑崙之懸圃兮，采鍾山之玉英。擥瑤木之橝枝兮，望閬風之板桐。弱水汩其爲難兮，路中斷而不通。勢不能淩波以徑度兮，又無羽翼而高翔。然隱憫而不達兮，獨徙倚而彷徉。悵惝罔以永思兮，心紆軫而增傷。倚躊〔一〇〕躇以淹留兮，日飢饉而絕糧。廓抱景而獨倚兮，超永思乎故鄉。廓落寂而無友兮，誰可與玩此遺芳？白日晼晚其將入兮，哀余壽之弗將。車既弊而馬罷兮，蹇邅徊而不能行。身既不容於濁世兮，不知進退之宜當。冠崔嵬之切雲兮，劍淋離而從橫。衣攝葉以儲與兮，左祛挂於榑桑。右衽拂於不周兮，六合不足以肆行。上同鑿枘於伏戲兮，下合矩矱於虞唐。願尊節而式高兮，志猶卑夫禹湯。雖知困其不改操兮，終不以邪枉而害方。世並舉而好朋兮，壹斗斛而相量。衆比周以肩迫兮，賢者遠而隱藏。居，一作尻。以，一作㠯。並古字。通，一作達。英，叶於良反。擥，一作擥。樿，大男、大店二反，一作撢。板，一作阪，一作坂。桐，叶音唐。汩音骨，又于筆反。斷，一作𢇍，一作絶。通，叶音湯。以，一作㠯。度，一作渡。憫，一作閔。彷徉，一作仿佯。惝，昌掌反。㠯，一作而。軨，當作軫。以，一作㠯。絶，古作𢇍。糧，一作粻。乎，一作兮。「乎」下一有「此」字。晼，一作苑。弗，一作不。罷音疲。徊，一作迴。行，叶户郎反。崔音摧。淋音林。攝，之葉反，一作僷〔一一〕，與攝反。儲音宁，又音佇。挂，一作絓。榑，一作扶，與「搏」同。桑，一作桒，與「桑」同。行，叶户郎反。戲，一作義。合，一作同。矩，一作規。邪，一作衺，下同。壹，或作一。斗，一作升。以，一作而。遠，一作隱。隱，一作退。○鍾山在崑崙山西北。淮南言：「鍾山之玉，燒之三日，其色不變。」樿，木名。板桐，山名也，在閬風之上。將，猶長也。淋離，長皃也。言己雖不見容，猶整飾冠劒，與衆異也。攝葉、儲與，不舒展皃。祛，袖也。左袖挂於搏桑，右衽拂於不周，以六合爲小，不足肆行也。比，親也。周，合也。爲鳳皇作鶉籠兮，雖翕翅其不容。靈皇其不寤知兮，焉陳詞而効忠？俗嫉妬而蔽賢兮，孰知余之從容？願舒志而抽馮兮，庸詎知其吉凶？璋珪雜於甑窐兮，隴廉與孟娵同宮。擧世以爲恒俗兮，固將愁苦而終窮。幽獨轉而不寐兮，惟煩懣而盈胷。魂眇眇而馳騁兮，心煩冤之㦬㦬。「皇」下一有「而」

字。翕，虚及反。翅，一作翼。一無「寤」字。詞，一作辭。馮，一作憑，一作㵗，一作愁。璋珪，一作「珪璋」。甑，子孕反。室音携，又音畫。娵音鄒，一音須。蒐，一作魂。之，一作而。慵，丑弓反。○鷬，烏之小而無尾者。從容，言守道而自得也。馮，滿也。璋，半珪也。珪，玉瑞也。甑，瓦器，所以炊者也。室，甑帶也。隴廉，醜婦也。孟娵，好女也。志欲憾而不憺兮，路幽昧而甚難。塊獨守此曲隅兮，然欲切而永嘆。欿音坎。憺，大暫反。○憺，安也。愁脩夜而宛轉兮，氣涫鬻其若波。握剞劂而不用兮，操規榘而無所施。而，一作之。涫音館，又官、貫二音。鬻與沸同。其，一作而。剞，居綺反。劂，居衛反。一無「所」字。施，叶踈何反。○剞劂，刻鏤刀也。應劭曰：「剞，曲刀。劂，曲鑿。」騁騏驥於中庭兮，焉能極夫遠道？置猨狖于櫺檻兮，夫何以責其捷巧？猨，一作蝯。狖，一作貁。于，一作於。櫺音零。捷，一作捿〔一二〕。○櫺，階除欄。駟跛鼈而上山兮，吾固知其不能陞。釋管晏而任臧獲兮，何權衡之能稱？跛，波可反。○臧，爲人所賤繫也。獲，爲人所係得也。方言云：「臧獲，奴婢賤稱也。」箟簬雜於廢蒸兮，機蓬矢以軼革。負擔荷以丈尺兮，欲伸要而不可得。外迫脅於機臂兮，上牽聯於矰隿。肩傾側而不容兮，固陿腹而不得息。箟音昆。簬音路。廢音鄒。擔，都監反，一作檐。荷，下可反。於，一作以。臂，一作辟，毗亦反。矰音增。隿音弋，一作弋。「不」下一有「得」字。陿音狹，一作愜。腹，一作腸。○箟簬，竹箭也。廢，麻蒿也。蒸，竹炬也。背曰負，肩曰擔。丈尺，言行於丈尺之下也。機臂，弩身〔一三〕也。陿，隘也。

務光自投於深淵兮，不獲世之塵垢。孰魁摧之可久兮，願退身而窮處。鑿山楹而爲室兮，下被衣於水渚。霧露濛濛其晨降兮，雲依斐而承宇。虹霓紛其朝霞兮，夕淫淫而淋雨。怊茫茫而無歸兮，悵遠望此曠野。下垂釣於谿谷兮，上要求於僊者。與赤松而結友兮，比王喬而爲耦。使梟楊先導兮，白虎爲之前後。浮雲霧而入冥兮，騎白鹿而容與。垢，叶音古。「楹」下「而」，一作以。一無下「濛」字，一作「幪幪」〔一四〕。斐音非，一作霏。依斐，一作「斐斐」。霓，一作蜺。茫，一作芒。曠，一作廣。野，叶上與反，一作壄。要，平聲。求，一作結。者，叶章與反。「結」上一無「而」字。耦，叶魚古反。導，一作道。後，叶胡古反。○務光，古清白之士也。言不見從，自投深淵而死，不爲讒佞所塵汙也。魁摧，未詳。依斐，雲皃。朝霞莫雨，明不能久也。梟楊，山神，即狒狒也。爾雅：「狒狒，如人，被髮，迅走，食人。」冤眐眐以寄獨兮，汩徂往而不歸處。卓卓而日遠兮，志浩蕩而傷懷。眐音征，從目。眐眐，獨視也。一作聇，從耳，獨行也。汩，于筆反。卓，一作逴。遠，一作高。懷，叶胡威反。鸞鳳翔於蒼雲兮，故矰繳而不能加。蛟龍潛於旋淵兮，身不挂於罔羅。知貪餌而近死兮，不如下游乎清波。寧幽隱以遠禍兮，孰侵辱之可爲？子胥死而成義兮，屈原沈於汨羅。雖體解其不變兮，豈忠信之可化？志怦怦而內直兮，履繩墨而不頗。執權衡而無私兮，稱輕重而不差。繳音酌。一無「而」字。加，叶音戈。旋，一作深。挂，一作絓。罔，一作網。而，一作之。禍，一作旤。爲，叶吾禾反。其，一作而。化，叶胡戈反。怦，普庚反，一作恲。

頗，平聲。差，叶七何反。○言以貪餌而得死者，固不可爲，若以忠義而死，則不憚也。概塵垢之狂攘兮，除穢累而反真。形體白而質素兮，中皎潔而淑清。時猒飫而不用兮，且隱伏而遠身。聊竄端而匿〔一五〕迹兮，嘆寂默而無聲。獨便悁而煩毒兮，焉發憤而抒情。時曖曖其將罷兮，遂悶嘆而無名。伯夷死於首陽兮，卒夭隱而不榮。太公不遇文王兮，身至死而不得逞。懷瑶象而佩瓊兮，願陳列而無正。生天墜之若過兮，忽爛漫而無成。邪氣襲余之形體兮，疾憯怛而萌生。願一見陽春之白日兮，恐不終乎永年。概，一作慨。狂，一作枉。真，一作德。非是。飫，於遽反。嘆音莫，一作漠。便悁，一作悁悒。曖，一作薆。罷音疲。「陽」下一有「之山」字。夭，於表反，一作殀。一無「得」字。逞，叶丑京反。正，叶側京反。爛，一作瀾。一無「體」字。怛，多達反。壹，或作一。年，叶奴京反。○概，滌也。狂攘，亂皃。猒飫，自足而不樂見聞之意也。竄端，藏其端緒，不使人少見之也。無正，言無人能知己之賢而平其是非也。

招隱士第十五

招隱士者，淮南小山之所作也。淮南王安好古愛士，招致賓客。客有八公之徒，分造詞賦。以類相從，或稱大山，或稱小山，如詩之有大、小雅焉。漢藝文志有淮南王羣臣賦四十四篇。此篇視漢諸作，最爲高古。說者以爲亦託意以招屈原也。

桂樹叢生兮山之幽，偃蹇連蜷兮枝相繚。山氣巃嵸兮石嵯峨，谿谷嶄巖兮水曾波。猨狖羣嘯兮虎豹嗥，攀援桂枝兮聊淹留。蜷音權，一作卷。繚，居休反。巃，力孔反，一作巄。嵸音揔。嶄，徂感反。曾，一作增。猨，一作蝯。狖，以狩反。嗥，呼高反，叶胡求反。○郭璞云：「桂，白華，叢生山峯，冬夏常青，間無雜木。」繚，紐也。巃嵸，雲氣皃。嵯峨，高皃。嶄巖，險峻皃。言山谷之中，幽深險阻，非君子之所處。猨狖虎豹，非賢者之偶。欲使屈原速來，而原卒不肯來也。王孫遊兮不歸，春草生兮萋萋。歲暮兮不自聊，蟪蛄鳴兮啾啾。遊，一作游。聊，叶音留。蛄音姑。啾音揫。○原與楚同姓，故云王孫。蟪蛄，夏蟬，春生夏死，夏生秋死。啾啾，衆聲。坱兮軋，山曲岪，心淹留兮恫慌惚。罔兮沕，憭兮栗，虎豹穴，叢薄深林兮人上慄。坱，烏朗反。軋，烏黠反，叶烏沒反。岪音佛，一音皮筆反。恫音通。慌，上聲。沕，叶無日反，又美筆反，一音勿。憭音了，一音聊，一音留。栗，一作慄。穴音血，叶胡役反，一作岤〔一六〕。○坱軋，相切摩之意。岪，亦曲也。恫，痛也。慌忽，鬼神也。罔，失志皃。沕，潛藏也。又有虎豹穴於其間，林薄高深，而上者恐慄也。嶔岑碕礒兮碅磳磈硊，樹輪相糾兮林木茷骫。青莎雜樹兮薠草靃靡，白鹿麏麚兮或騰或倚。狀皃崟崟兮峨峨，淒淒兮漇漇。獼猴兮熊羆，慕類兮以悲。嶔音欽，一作嶜。岑音吟，一作崟，一作崟。碕音綺，一作崎。礒音蟻，一作巇。硱，綺矜反，字從困。又苦本反，字從困。磳，七冰反。磈，於鬼反，又口罪反。硊，魚毁反。相糾，一作糾紛。一無「林木」二字。茷音跋，又音旆，一作茇，一作拔，音同。骫音委。蘋，一作蘋。靃音髓，一作蘼，一作蘼。麏音君，又居筠反，一作麕。麚音加，一作麚。峨音蟻，一作巇。兮，一作而。漇，疏綺反，一作縱。羆音陂。○嶔岑、崎巇、硱磳、磈硊，並石皃。輪，横枝也。茷，木枝葉盤紆皃。骫，骫骳，屈曲也。莎，草根名，香附子。靃靡，弱皃。麏，麞也。麚，牝鹿。峨峨，頭角高皃。漇漇，潤也。羆，如熊，黄白文。從此以上，皆陳山林傾危，草木茂盛，麋鹿所居，虎兕所行，不宜育道德、養情性，欲使屈原還歸郢也。攀援桂枝兮聊淹留，虎豹鬭兮熊羆咆，禽獸駭兮亡其曹。王孫兮歸來，山中兮不可以久留。援，一作折。一無「援」字。咆，蒲交反，叶蒲侯反。曹，叶徂侯反。歸來，一作「來歸」。○再言「攀援桂枝聊淹留」者，明原未有歸意，不可得而招也。故又言山中之不可居者，而於終篇卒致其意，若曰非不可留，但不可久耳，不敢遽必其來之詞也。

反離騷

反離騷者，漢給事黄門郎、新莽諸吏中散大夫揚雄之所作也。雄少好詞賦，慕司馬相如之作以爲式。又怪屈原文過相如，至不容，作離騷，自投江而死。悲其文，讀之未嘗不流涕也。以爲君子得時則大行，不得時則龍蛇，遇不遇，命也，何必湛身哉？湛，讀作沈。迺作書，往往摭離騷文而反之，自峨山投諸江流，以弔屈原云。始雄好學博覽，恬於勢利，仕漢三世，不徙官。王莽爲安漢公，時雄作法言，已稱其美，比於伊尹周公。及莽篡漢，竊帝號，雄遂臣之，以耆老久次轉爲大夫。又放相如封禪文，獻劇秦美新以媚莽意，得校書天禄閣上。會劉尋等以作符命爲莽所誅，辭連及雄。使者欲來收之，雄恐懼，從閣上自投下，幾死。先是，雄作解嘲，有「爰清爰淨，遊神之廷。惟寂惟寞，守德之宅」之語，至是，京師爲之語曰：「爰清靜〔一七〕，作符命。惟寂寞，自投閣。」雄因病免。既復召爲大夫，竟死莽朝。其出處大致本末如此，豈其所謂龍蛇者耶？然則雄固爲屈原之罪人，而此文乃離騷之讒賊矣，它尚何說哉？

有周氏之蟬嫣兮，或鼻祖於汾隅。靈宗初諜伯僑兮，流於末之揚侯。嫣，於連反。侯，叶音胡。○蟬嫣，連也。鼻，始也。汾隅，揚邑也。雄自言系出於周而食采於揚也。諜，譜也。周衰而揚氏有號爲揚侯者。淑周楚之豐烈兮，超既離虖皇波。因江潭而淮記兮，欽吊楚之湘纍。淮音往。纍，力追反，又叶力禾反。○淑，善也。去汾陽，徙巫山，得周、楚之美烈也。超，速也。離，歷也。皇，大也。經河及江，歷大波也。潭，深淵也。淮，乘水而往也。記，書也。指屈原也。纍，囚也。成相曰：「比干見刳箕子累。」或曰：禮「喪容纍纍」。又史記「孔子纍纍然如喪家之狗」。「趙武靈王見其長子儽然也」。皆哀悴之意，未知孰是。惟天軏之不辟兮，何純絜而離紛？紛纍以其淟涊兮，暗纍以其繽紛。辟音闢。淟，吐典反。涊，乃典反。繽，疋人反。○軏，路也。辟，闢開也。紛，難也。淟涊，穢濁也。繽紛，交雜也。漢十世之陽朔兮，招摇紀于周正。正皇天之清則兮，度后土之方貞。十世，數高祖、吕后至成帝也。招摇，斗杓星也。周正，十一月也。記以此時投文也。正天度地，自言己志也。圖纍承彼洪族兮，又覽纍之昌辭。帶鈎矩而佩衡兮，履欃槍以爲綦。槍，初行反。○圖，按其系圖也。鈎，規也。矩，方也。衡，平也。欃槍，妖星。綦，履下飾，言賤之也。纍初貯厥麗服兮，何文肆而質䶑？資娵娃之珍髢兮，鬻九戎而索賴。䶑音械。娵，子侯反。娃，於佳反。髢，徒計反。○貯，積也。肆，放也。䶑，狹也。言其文辭放肆，而性狷狹也。娵，閭娵也。吴娃也。皆古美女也。髢，髮也。賴，利也。言原仕楚，如資美女之髢而鬻於九戎之中，其人被髮，無所用也。鳳皇翔於蓬陼兮，豈駕鵝之能捷？騁驊騮以曲囏兮，驢騾連蹇而齊足。駕音加。足，叶音接。○蓬陼，蓬萊之陼也。駕鵝，鳥名也。捷，及也。驊騮，駿馬名。若馳於屈曲囏阻之處，則與蹇驢無異也。枳棘之榛榛兮，蝯貁擬而不敢下。靈脩既信椒蘭之唼佞兮，吾纍忽焉而不蚤睹？榛音臻，又士巾反。唼音妾。○榛，梗穢皃。唼，譖言也。蝯、貁，見九歌。擬，疑也。靈脩，原以寄意於楚王也。椒、蘭，見騷經。衿芰茄之緑衣兮，被夫容之朱裳。芳酷烈而莫聞兮，不如襞而幽之離房。衿，其禁反，帶也。茄，古「荷」字。夫容，亦古「芙蓉」字，通用。襞音壁。○衿，帶也。襞，疊衣也。

離房，別房也。餘並見騷經。閨中容競淖約兮，相態以麗佳。知衆嫭之嫉妒兮，何必颺纍之蛾眉？佳，叶音圭。○衆士爭能，猶衆女之競容也。淖約，善容止也。態，猶勝也。言以麗佳相勝也。言原自舉其眉，使衆憎嫉也。音義並見騷經。懿神龍之淵潛兮，竢慶雲而將舉。亡春風之被離兮，孰焉知龍之所處？被音披。○懿，美也。竢，待也。龍以潛居待雲爲美，以譏屈原不能隱德，自取禍也。愍吾纍之衆芬兮，颺爗爗之芳苓。遭季夏之凝霜兮，慶夭顇而喪榮。苓音零。慶與羌同。顇，古「悴」字。○苓，香草名。夏而遭霜，言不遇時也。横江湘以南淮兮，云走乎彼蒼吾。馳江潭之汎溢兮，將折衷虖重華。走音奏，趣也。吾與梧同。衷，作仲反。○説見騷經。舒中情之煩或兮，恐重華之不纍與。陵陽侯之素波兮，豈吾纍之獨未許。陽侯，見九章。言屈原欲自投江以陵素波，舜必不許之也。洪興祖曰：「吾恐重華許原之沈江以死，不許雄之投閣而生也。」斯言得之矣。精瓊靡與秋菊兮，將以延夫天年。臨汨羅而自隕兮，恐日薄〔一八〕於西山。此又譏原欲餐玉以延年，而反懷沙以求死。蓋惟知生固我所欲，而不知所欲有甚於生者故也。解扶桑之總轡兮，縱令之遂奔馳。鸞皇騰而不屬兮，豈獨飛廉與雲師。此言其去之速也。餘説並見騷經。卷薜芷與若蕙兮，臨湘淵而投之。棍申椒與菌桂兮，赴江湖而漚之。棍，古本反。漚，一遘反，又叶一侯反。○若，杜若。惠，即蕙也。此言原之赴水，是并與其芳潔之操而弃之也。棍，大束也。漚，今漚麻也。餘見騷經。費椒糈以要神兮，又勤索彼瓊茅。違靈氛而不從兮，反湛身於江皐。音義並見騷經。纍既𠬜夫傅說兮，奚不信而遂行？徒恐鶗鴂之將鳴兮，顧先百草爲不芳。𠬜，古「攀」字。○言既慕傅說，何不自信其言而遽去，徒以鶗鴂之將鳴爲憂，而不慮反先百草以就死也。餘音義亦見騷經。然傅說，乃巫咸之語，雄誤以爲原辭也。初纍棄彼虙妃兮，更思瑶臺之逸女。抨雄鴆以作媒兮，何百離而曾不壹耦？抨，普耕反，使也。○餘見騷經。乘雲蜺之旖柅兮，望昆侖以樛流。覽四荒而顧懷兮，奚必云女彼高丘？亦見騷經。但高丘無女，本言高丘無美女可求，以喻列國無賢君可事耳。此辭「女」字乃作去聲讀，恐亦非本文之意也。既亡鸞車之幽藹兮，焉〔一九〕駕八龍之委蛇。臨江瀕而掩涕兮，何有九招與九歌？此言原實無車可乘，無馬可駕，又方就死湘淵，何有歌舞之樂？譏騷經之言不實也。夫聖哲之不遭兮，固時命之所有。雖增欷以於邑兮，吾恐靈脩之不纍改。有，叶音以。改，叶音己。言楚王必不爲屈原改也。孟子曰：「千里而見王，是予所欲也。不遇故去，豈予所欲哉？」聖賢之心如此，原雖未及，而其拳拳於宗國，尤見臣子之至誠，豈忍逆料其君之不可諫而先自已哉。此等義理，雄皆不足以知之，惟有偷生惜死一路，則見之明而行之熟耳。以此譏原，是以鴟梟而笑鳳凰也。昔仲尼之去魯兮，蜚蜚遲遲而周邁。終回復於舊都兮，何必湘淵與濤瀨？蜚，芳非反。蜚，往來貌。○孔子，異姓之臣，其去魯也但政亂耳，未有危亡之釁也，可去而去，可歸而歸，與屈原事全不相似。雄說誤矣。溷漁父之餔歠兮，絜沐浴之振衣。棄由、聃之所珍兮，蹠彭咸之所遺。漁父事，音義見本篇。由，許由。聃，老聃。蹠，蹈也，之亦反。許由事不經，見雄亦本不之信，令乃言之，已爲牴牾。而又不察其生當堯、舜之間，身無讒賊之亂，與原事亦不相似也。老聃之學，私於爲我，而無君臣之義，亦雄所知。至此乃以爲言，亦其貪生惜死之心勝，是以溺焉而不自知耳。

丹陽洪興祖曰：揚雄所以議屈原者如此，而班固亦譏其「露才揚己」，顏之推又病其「顯暴君過」。愚嘗折衷而論之曰：或問：古人有言，殺其身有益於君則爲之。屈原雖死，何益於懷襄？曰：忠臣之用心，自盡其愛君之誠耳，死生毁譽，所不顧也。故比干以諫見戮，屈原以放自沈。比干，紂諸父也。屈原，楚同姓也。爲人臣者，三諫不從則去之。同姓無可去之義，有死而已。離騷曰：「阽余身之危死兮，覽余初其猶未悔。」則原之自處審矣。或又曰：甯武子邦無道則愚，而仲山甫明哲以保其身。今原乃用智於無道之邦，以虧明哲保身之義，亦何足爲賢乎？曰：愚如武子，全身遠害可也。有官守言責，斯用智矣。山甫明哲，固保身之道，然不曰「夙夜匪解，以事一人」乎？士見危致命，况同姓兼恩與義，而可以不死乎？且比干之死，微子之去，皆是也。屈原其不可去乎？有比干以任責，微子去之可也。楚無人焉，原去則國從而亡，故雖身被放逐，猶徘徊而不忍去。生不得力爭而强諫，死猶冀其感發而改行。使百世之下，聞其風者，雖流放廢斥，猶知愛其君，眷眷而不忘，臣子之義盡矣。非死爲難，處死爲難。屈原雖死，猶不死也。後之讀其文，知其人如賈生者亦鮮矣。然爲賦以弔之，不過哀其不遇而已。余觀自古忠臣義士，慨然發憤，不顧其死，特立獨行，自信而不回者，其英烈之氣，豈與身俱亡哉？「仍羽人於丹丘，留不死之舊鄉」。「超無爲以至清，與太初而爲隣」。此遠遊之所以作，而難爲淺見寡聞者道也。仲尼曰：「樂天知命，故不憂。」又曰：「樂天知命，有憂之大者。」屈原之憂，憂國也。其樂，樂天也。離騷二十五篇，多憂世之語。獨遠遊曰：「道可受，而不可傳。其小無内兮，其大無垠。無〔二〇〕滑而冤兮，彼將自然。壹氣孔神兮，於中夜存。虚以待之兮，無爲之先。」此老、莊、孟子所以大過人者，而原獨知之。司馬相如作大人賦，宏放高妙，讀者有淩雲之意，然其語多出於此。至其妙處，相如莫能識也。太史公作傳，以爲「其文約，其辭微，其志絜，其行廉。其稱文小，而其指極大，舉類邇，而見義遠。其志絜，故其稱物芳。其行廉，故死而不容自疏。濯淖汙泥之中，以游浮塵埃之外。推此志也，雖與日月爭光可也。」斯可謂深知己者。揚子雲作反離騷，以爲「君子得時則大行，不得時則龍蛇，遇不遇命也，何必沈身哉」？屈子之事，蓋聖賢之變者。使遇孔子，當與「三仁」同稱。雄未足以與此。班孟堅、顔之推所云，無異妾婦兒童之見。余故具論之。

嗚呼！余觀洪氏之論，其所以發屈原之心者至矣。然屈原之心，其爲忠清潔白，固無待於辨論而自顯。若其爲行之不能無過，則亦非區區辨説所能全也。故君子之於人也，取其大節之純全，而略其細行之不能無弊。則雖三人同行，猶必有可師者，況如屈子，乃千載而一人哉。孔子曰：「人之過也，各於其黨。觀過，斯知仁矣。」此觀人之法也。夫屈原之忠，忠而過者也。屈原之過，過於忠者也。故論原者，論其大節，則其它可以一切置之而不問。論其細行，而必其合乎聖賢之榘度，則吾固已言其不能皆合於中庸矣，尚可說哉！且凡洪氏所以爲辨者三：其一以爲忠臣之行，發其心之所不得已者，而不暇顧世俗之毁譽，則幾矣。其引仲山甫、甯武子事，而不論其所遭之時，所處之位有不同者，則踈矣。其一欲以原比於「三仁」，則夫父師、少師者，皆以諫而見殺見囚耳，非故捐生以赴死，如原之所爲也。蓋原之所爲雖過，而其忠終非世間偷生幸死者所可及。洪之所言，雖有未至，而其正終非雄、固之推之徒所可比，余是以取而附之反騷之篇。

校勘記

〔一〕經　端平本作「洪」。

〔二〕鵂　原無此字，據端平本補。

〔三〕句中　原作「上句下」，據端平本改。

〔四〕盆　原作「盤」，據端平本改。

〔五〕旋　原作「泉」，據端平本改。
〔六〕夫　原作「又」，據端平本改。
〔七〕余　原作「于」，據端平本改。
〔八〕史　原作「一」，據端平本改。
〔九〕静　原作「淨」，據端平本改。
〔一〇〕疇　原作「儔」，據端平本改。
〔一一〕傑　原作「倸」，據端平本改。
〔一二〕捷　原無此字，據景元本補。
〔一三〕身　原無此字，據端平本補。
〔一四〕朦朦　原作「濛濛」，據端平本改。
〔一五〕匿　原作「慝」，據端平本改。
〔一六〕岏　原作「忨」，據端平本改。
〔一七〕静　原作「淨」，據端平本改。
〔一八〕薄　原作「暮」，據端平本改。
〔一九〕焉　原無此字，據端平本補。
〔二〇〕無　原下衍「淈」字，據端平本删。

楚辭辯證

楚辭辯證目録

楚辭辯證上

余既集王、洪騷注，顧其訓故文義之外，猶有不可不知者。然慮文字之太繁，覽者或有没溺而失其要也，别記于後，以備參考。慶元己未三月戊辰。

目録

洪氏目録九歌下注云：「一本此下皆有『傳』字。」晁氏本則自九辯以下乃有之。吕伯恭讀詩記引鄭氏詩譜曰：「小雅十六篇、大雅十八篇爲正經。」孔穎達曰：「凡書非正經者，謂之傳。未知此傳在何書也。」按楚辭屈原離騷謂之「經」，自宋玉九辯以下皆謂之「傳」。以此例考之，則六月以下，小雅之傳也。民勞以下，大雅之傳也。孔氏謂「凡非正經者謂之傳」，善矣。又謂「未知此傳在何書」，則非也。然則吕氏寔據晁本而言，但洪、晁二本，今亦未見其的據，更當博考之耳。

洪氏又云：「今本九辯第八，而釋文以爲第二。蓋釋文乃依古本，而後人始以作者先後次序之，然不言其何時何人也。」今按：天聖十年陳説之序，以爲「舊本篇第混并，首尾差互，乃考其人之先後，重定其篇」。然則今本説之所定也。

七諫、九懷、九歎、九思雖爲騷體，然其詞氣平緩，意不深切。如無所疾痛而强爲呻吟者。就其中諫、歎，猶或粗有可觀，兩王則卑已甚矣。故雖幸附書尾，而人莫之讀，今亦不復以累篇衮也。賈傅之詞，於西京爲最高，且惜誓已著于篇，而二賦尤精，乃不見取，亦不可曉，故今并録以附焉。若揚雄則尤刻意於楚學者，然其反騷，實乃屈子之罪人也。洪氏譏之，當矣。舊録既不之取，今亦不欲特收，姑别定爲一篇，使居八卷之外，而并著洪説於其後。蓋古今同異之説，皆聚於此，亦得因以明之，庶幾紛紛或小定云。

離騷經

王逸曰：「同列大夫上官靳尚妬害其能。」似以爲同列之大夫姓上官而名靳尚者。洪氏曰：「史記云：『上官大夫與之同列。』又云：『用事臣靳尚。』」則是兩人明甚。逸以騷名家者，不應繆誤如此。然詞不别白，亦足以誤後人矣。

離騷經之所以名，王逸以爲「離，別也。騷，愁也。經，徑也。言以放逐離別，中心愁思，猶依道徑以風諫君也。」此説非是。史遷、班固、顔師古之説得之矣。

秦誑楚絶齊交，是惠王時事。又誘楚會武關，是昭王時事。王逸誤以爲一事。洪氏正之，爲是。

王逸曰：「離騷之文依詩取興，引類譬喻，故善鳥香草以配忠貞，惡禽臭物以比讒佞，靈脩美人以媲於君，宓妃佚女以譬賢臣，虯龍鸞鳳以託君子，飄風雲霓以爲小人。」今按逸此言，有得有失。其言配忠貞、比讒佞、靈脩美人者得之。蓋即詩所謂「比」也。若宓妃佚女，則便是美人。虯龍鸞鳳，則亦善鳥之類耳。不當別出一條，更立它義也。飄風雲霓，亦非小人之比。逸説皆誤。其辨當詳説於後云。

王逸曰：「楚武王子瑕受屈以爲客卿。」客卿，戰國時官，爲它國之人遊宦者設。春秋初年，未有此事，亦無此官，況瑕又本國之王子乎？

蔡邕曰：「朕，我也。古者上下共之，至秦乃獨以爲尊稱，後遂因之。」補注有此，亦覽者所當知也。

王逸以「太歲在寅曰攝提格」，遂以爲屈子生於寅年寅月寅日，得陰陽之正中。補注因之爲説，援據甚廣。以今考之，月日雖寅，而歲則未必寅也。蓋攝提，自是星名，即劉向所言「攝提失方，孟陬無紀」，而注謂「攝提之星隨斗柄以指十二辰」者也。其曰「攝提貞于孟陬」，乃謂斗柄正指寅位之月耳，非太歲在寅之名也。必爲歲名，則其下少一「格」字，而「貞于」二字亦爲衍文矣。故今正之。劉向本引用古語，見大戴禮，注云：「攝提，左右六星，與斗柄相直，恒指中氣。」

「惟庚寅吾以降」、「豈維紉夫蕙茝」、「夫唯捷徑以窘步」，據字書，「惟」從心者，思也。「維」從系者，繫也。皆語辭也。「唯」從口者，專詞也，應詞也。三字不同，用各有當。然古書多通用之，此亦然也。後放此。

凡說詩者，固當句爲之釋，然亦但能見其句中之訓故字義而已。至於一章之內，上下相承首尾相應之大指，自當通全章而論之，乃得其意。今王逸爲騷解，乃於上半句下，便入訓詁，而下半句下又通上半句文義而再釋之，則其重複而繁碎甚矣。補注既不能正，又因其誤。今並刪去，而放詩傳之例，一以全章爲斷，先釋字義，然後通解章內之意云。

古音能，拏代，叶又乃代。蓋於篇首發此一端，以見篇內凡韻皆叶，非謂獨此字爲然，而它韻皆不必協也。故洪本載歐陽公、蘇子容、孫莘老本於「多艱」、「夕替」下注：「徐鉉云，古之字音多與今異，如皀亦音香，乃亦音仍，他皆放此。蓋古今失傳，不可詳究。如艱與替之類，亦應叶，但失其傳耳。」夫騷韻於俗音不叶者多，而三家之本獨於此字立說，則是它字皆可類推，而獨此爲未合也。黄長睿乃謂「或韻或否爲楚聲」，其考之亦不詳矣。近世吴棫才老始究其説，作補音、補韻，援據根原，甚精且博。而余故友黄子厚及〔一〕古田蔣全甫祖其遺説，亦各有所論著，今皆已附于注矣。讀者詳之。

蘭蕙名物，補注所引本草言之甚詳，已得之矣。復引劉次莊云：「今沅、澧所生，花在春則黄，在秋則紫，而春黄不若秋紫之芬馥。」又引黄魯直云：「一榦一花而香有餘者蘭，一榦數花而香不足者蕙。」則又疑其異同而不能決其是非也。今按：本草所言之蘭雖未之識，然亦云「似澤蘭」，則今處處有之，可推其類以得之矣。蕙則自爲零陵香，而尤不難識。其與人家所種，葉類茅而花有兩種如黄説者，皆不相似。劉説則又詞不分明，未知其所指者果何物也？大氐古之所謂香草，必其花葉皆香，而燥濕不變，故可刈而爲佩。若今之所謂蘭、蕙，則其花雖香，而葉乃無氣，香雖美，而質弱易萎，皆非可刈而佩者也。其非古人所指甚明，但不知自何時而誤耳。

美人，説并見「靈脩」條下。

椉，一作乘。駝，一作馳。憑，一作溤，又作馮。草，一作艸，又作卉。予，一作余。葅，一作菹。此類錯舉一二以見之，不能盡出也。

三后，若果如舊説，不應其下方言堯、舜。疑謂三皇，或少昊、顓頊、高辛也。

荃以喻君，疑當時之俗。或以香草更相稱謂之詞，非君臣之君也。此又借以寄意於君，非直以小草喻至尊也。舊注云：「人君被服芬香，故以名之。」尤爲謬説。

謇，難於言也。蹇，難於行也。

洪注引顔師古曰：「舍，止息也。屋舍、次舍，皆此義。論語『不舍晝夜』，謂曉夕不息耳。今人或音捨者，非是。」

九天之説，已見天問注。以中央八方言之，誤矣。

離騷以靈脩、美人目君，蓋託爲男女之辭而寓意於君，非以是直指而名之也。靈脩，言其秀慧而脩飾，以婦悦夫之名也。美人，直謂美好之人，以男悦女之號也。今王逸輩乃直以指君，而又訓「靈脩」爲「神明遠見」，釋「美人」爲「服飾美好」，失之遠矣。

索與妬叶，即索音素。洪氏曰：「書序『八索』，徐氏有素音。」

「非世俗之所服」，洪氏曰：「李善本以世爲時、爲代，以民爲人，皆以避唐諱耳。今當正之。」

彭咸，洪引顔師古以爲「殷之介士，不得其志，而投江以死」。與王逸異。然二説皆不知其所據也。

諑音卓，則當從豖〔二〕。又許穢反，則當從喙省。

洪氏曰：「偭規矩而改錯者，反常而妄作。背繩墨以追曲者，枉道以從時。」論揚雄作反離騷，言「恐重華之不纍與」而曰：「余恐重華與沈江而死，不與投閣而生也。」又釋懷沙曰：「知死之不可讓，則舍生而取義可也。所惡有甚於死者，豈復愛七尺之軀哉！」其言偉然，可立懦夫之氣。此所以忤檜相而卒貶死也，可悲也哉！近歲以來，風俗頹壞，士大夫間遂不復聞有道此等語者，此又深可畏云。

舊注以「攘詬」爲「除去耻辱誅讒佞之人」。非也。彼方遭時用事，而吾以罪戾廢逐，苟得免於後咎餘責，則已幸矣，又何彼之能除哉？爲此說者，雖若不識事勢，然其志亦深可憐云。

「延佇將反」，洪以同姓之義言之，亦非文意。王逸行迷之意，亦然。

補注引水經曰：「屈原有賢姊，聞原放逐，來歸喻之，令自寬全。鄉人因名其地曰姊歸，後以爲縣。縣北有原故宅，宅之東北有女嬃廟，擣衣石尚存。」今存於此。騷經「女嬃之嬋媛」，湘君「女嬋媛兮爲余太息」，哀郢「心嬋媛而傷懷」，三處王注皆云「猶牽引也」。悲回風「忽傾寤以嬋媛」，王注云：「心覺自傷又痛惻也。」詳此二字，蓋顧戀留連之意。王注意近而語疎也。

補注曰：「女嬃罵原之意，蓋欲其爲甯武之愚，而不欲其爲史魚之直耳，非責其不爲上官、靳尚以徇懷王之意也。而説者謂其罵原不與衆合以承君意，誤矣。」此説甚善。

九辯不見於經傳，不可考。而九歌著於虞書、周禮、左氏春秋，其爲舜、禹之樂無疑。至屈子爲騷經，乃有「啓九辯九歌」之説，則其爲誤亦無疑。王逸雖不見古文尚書，然據左氏爲説，則不誤矣。顧以不敢斥屈子之非，遂以啓脩禹樂爲解，則又誤也。至洪氏爲補注，正當據經傳以破二誤，而不唯不能，顧乃反引山海經「三賓」之説以爲證，則又大爲妖妄，而其誤益以甚矣。然爲山海經者，本據此書而傅會之，其於此條，蓋又得其誤本。若它謬妄之可驗者亦非一，而古今諸儒，皆不之覺，反謂屈原多用其語，尤爲可笑。今當於天問言之，此未暇論也。五臣以啓爲開，其説尤繆。王逸於下文又謂太康不用啓樂，自作淫聲。今詳本文，亦初無此意。若謂啓有此樂，而太康樂之太過，則差近之。然經傳所無，則自不必論也。

循、脩，唐人所寫多相混，故思玄賦注引「脩繩墨」而解作「遵」字，即「循」字之義也。

「覽民德焉錯輔」，但謂求有德者而置其輔相之力，使之王天下耳。注謂「置以爲君，又生賢佐以輔之」，恐不應如此重複〔三〕之甚也。

此篇所言陳詞於舜及上欵帝閽，歷訪神妃，及使鸞鳳飛騰，鴆鳩爲媒等語，其大意所比，固皆有謂。至於經涉山川，驅役百神，下至飄風雲霓之屬，則亦汎爲寓言，而未必有所擬倫矣。二注類皆曲爲之説，反害文義。至於縣圃、閬風、扶桑、若木之類，亦非實事，不足考信，今皆略存梗槩，不復盡載而詳説也。

王逸以「靈瑣」爲「楚王省閤」。非文義也。

注以羲和爲日御，補注又引山海經云：「東南海外有羲和之國，有女子名曰羲和，是生十日，常浴日於甘淵。」注云：「羲和，始生日月者也。故堯因立羲和之官，以掌天地四時。」此等虚誕之説，其始止因堯典「出日納日」之文，口耳相傳，失其本指。而好怪之人，耻其謬誤，遂乃增飾傅會，必欲使之與經爲一而後已。其言無理，本不足以欺人，而古今文士〔四〕相承引用，莫有覺其妄者。爲此注者，乃不信經而引以爲説，蔽惑至此，甚可歎也。

望舒、飛廉、鸞鳳、雷師、飄風、雲霓，但言神靈爲之擁護服役，以見其仗衛威儀之盛耳，初無善惡之分也。舊注曲爲之説，以月爲清白之臣，風爲號令之象，鸞鳳爲明智之士，而雷師獨以震驚百里之故，使爲諸侯，皆無義理。至以飄風雲霓爲小人，則夫卷阿之言「飄風自南」，孟子之言「民望湯武如雲霓」者，皆爲小人之象也耶？

王逸又以飄風雲霓之來迎己，蓋欲己與之同，既不許之，遂使閽見拒而不得見帝。此爲穿鑿之甚，不知何所據而生此也。

沈約郊居賦「雌霓連蜷」，讀作入聲。司馬温公云：「約賦但取聲律便美，非霓不可讀爲平聲也。」故今定離騷「雲霓」爲平聲，九章、遠遊爲入聲，蓋各從其聲之便也。

王逸説「往觀四荒〔五〕」處已云「欲求賢君」，蓋得屈原之意矣。至「上下求索」處又謂「欲求賢人與己同志」，不知何所據而異其説也。

舊注以「高丘無女」、「下女可詒」，皆賢臣之譬。非是。下女，説詳見於九歌，可考也。「溘」字，補注兩處皆已解爲「奄忽」之義，至此「遊春宫〔六〕」處乃云「無奄忽之義」，不知何故自爲矛盾至此。

虙妃，一作宓妃。説文：「虙，房六反，虎行皃。」「宓，美畢反，安也。」集韻云：「虙與伏同，虙犧氏，亦姓也。宓與密同，亦姓。俗作宻，非是。」補注引顏之推説云：「宓字本從虍。虙子賤，即伏羲之後。而其碑文説濟南伏生又子賤之後。是知古字伏、虙通用，而俗書作宓。或復加山，而并轉爲密音耳。」此非大義所繫，今亦姑存其説，以備參考。王逸以虙妃喻隱士，既非文義，又以蹇脩爲伏羲氏之臣，亦不知其何據也。又謂「隱者不肯仕，不可與共事君」，亦爲衍説。

孟子「不理於口」，漢書「無俚之至」，説者皆訓爲「賴」，則「理」固有「賴」音矣。

爾雅説「四極」，恐未必然。邠國近在秦隴，非絶遠之地也。

舊説有娀國在不周之北，恐其不應絶遠如此。又言求佚女爲求忠賢與共事君，亦非是。

鴆及雄鳩，其取喻爲有意，具文可見。注於它説，亦欲援此爲例，則鑿矣。補注又引淮南説「運日知晏，則鴆乃小人之有智者，故雖能爲讒賊，而屈原亦因其才而使之」。是以屈原爲真嘗使鴆媒簡狄而爲所賣也。其固滯乃如此，甚可笑也。

鳳皇既受詒，舊以爲「既受我之禮而將行」者，誤矣。審爾則高辛何由而先我哉？正爲己用鴆鳩，而彼使鳳皇，其勢不敵，故恐其先得之耳。又或謂以高辛喻諸國之賢君，亦非文勢。

「留二姚」，亦求君之意。舊説以爲博求衆賢。非是。

或問「終古」之義，曰：開闢之初，今之所始也。宇宙之末，古之所終也。考工記曰：「輪已卑〔七〕，則於馬終古登阤也。」注曰：「終古，常也。」正謂常〔八〕如登阤，無有已時。猶釋氏之言，盡未來際也。

「兩美必合」，此亦託於男女而言之。注直以君臣爲説，則得其意而失其辭也。下章「孰求美而釋女」亦然。至説「豈唯是其有女」，而曰：「豈唯楚有忠臣。」則失之遠矣。其以芳草爲賢君，則又有時而得之。大率前人讀書，不先尋其綱領，故一出一入，得失不常，類多如此。幽昧、眩曜二語，乃原自念之辭。以爲答靈氛者，亦非是。

楚人以重午插艾於要，豈其故俗耶？

補注以爲靈氛之占，勸屈原以遠去，在異姓則可，在原則不可。故以爲疑，而欲再決之巫咸也。考上文但謂舉世昏亂，無適而可，故不能無疑於氛之言耳。同姓之說，上文初無來歷，不知洪何所據而言。此亦求之太過也。

皇，即謂百神，不必言天使也。

「升降上下」，謂上君下臣者，亦繆說。

傅說、太公、甯戚，皆巫咸語。補注以爲原語。非也。

鷤鴂，顔師古以爲子規，一名杜鵑。服虔、陸佃以爲鶪，一名伯勞。未知孰是。然子規以三月鳴，乃衆芳極盛之時。鶪以七月鳴，則陰氣至而衆芳歇矣。又鴂、鶪音亦相近，疑服、陸二說是。

「莫好脩之害」，二注或謂「上不好用忠直」，或謂「下不好自脩」。皆非是。此辭之例，以香草比君子，王逸之言是矣。然屈子以世亂俗衰〔九〕，人多變節，故自前章蘭芷不芳之後，乃更歎其化爲惡物。至於此章遂深責椒、蘭之不可恃，以爲誅首，而揭車、江離亦以次而書罪焉，蓋其所感益以深矣。初非以爲實有是人而以椒、蘭爲名字者也。而史遷作屈原傳，乃有令尹子蘭之說，班氏古今人表又有令尹子椒之名，既因此章之語而失之，使此辭首尾横斷，意思不活。王逸因之，又訛以爲司馬子蘭、大夫子椒，而不復記其香草、臭物之論。流誤千載，遂無一人覺其非者，甚可歎也。使其果然，則又當有子車、子離、子檄之儔，蓋不知其幾人矣。

化與離協。易曰：「日昃之離，不鼓缶而歌，則大耋之嗟。」則離可爲力加反。又傳曰：「通其變，使民不倦。神而化之，使民宜之。」則化可爲胡圭反。服賦：「庚子日斜」，遷史以「斜」爲「施」，此韻亦可考。

王逸以求女爲求同志，已失本指。而五臣又讀女爲汝，則并其音而失之也。

卒章「瓊枝」之屬，皆寓言耳。注家曲爲比類，非也。

博雅曰：「崑崙虚，赤水出其東南陬，河水出其東北陬，洋水出其西北陬，弱水出其西南陬。河水入東海，三水入南海。」後漢書注云：「崑崙山在今肅州酒泉縣西南，山有昆侖之體，故名之。」二書之語，似得其實。水經又言：「崑崙去嵩高五萬里。」則恐不能若是之遠，當更考之。

待與期叶。易小象「待」有與「之」叶者，即其例也。

九歌

楚俗祠祭之歌，今不可得而聞矣。然計其間，或以陰巫下陽神，或以陽主接陰鬼，則其辭之褻慢淫荒，當有不可道者。故屈原因而文之，以寄吾區區忠君愛國之意，比其類，則宜爲三頌之屬。而論其辭，則反爲國風再變之鄭、衛矣。及徐而深味其意，則雖不得於君而愛慕無已之心，於此爲尤切，是以君子猶有取焉。蓋以君臣之義而言，則其全篇皆以事神爲比，不雜他意，以事神之意而言，則其篇內又或自爲賦、爲比、爲興，而各有當也。然後之讀者昧於全體之爲比，故其疎者以它求而不似，其密者又直致而太迫，又其甚則并其篇中文義之曲折而失之，皆無復當日吟咏性情之本旨。蓋諸篇之失，此爲尤甚，今不得而不正也。又，篇名九歌而實十有一章，蓋不可曉，舊以九爲陽數者，尤爲衍說。或疑猶有虞夏九歌之遺聲，亦不可考。今姑闕之，以俟知者，然非義之所急也。

「璆鏘鳴兮琳琅」，注引禹貢，釋璆、琳、琅，皆爲玉名，恐其立語不應如此之重複。故今獨以孔子世家「環佩玉聲璆然」爲證，庶幾得其本意。

舊說以靈爲巫，而不知其本以神之所降而得名。蓋靈者，神也，非巫也。若但巫也，則此云「姣服」，義猶可通。至於下章則所謂「既留」者，又何患其不留也耶？漢樂歌云「神安留」，亦指巫而言耳。

「若英」，若即如也。猶詩言「美如英」耳。注以若爲杜若，則不成文理矣。

「帝服」，注爲「五方之帝」，亦未有以見其必然。

猋，説文從三犬，而釋爲「羣犬走皃」。然大人賦有「猋風涌而雲浮」者，其字從三火，蓋别一字也。此類皆當從三火。

東皇太一，舊説以爲原意謂人盡心以事神，則神惠以福，今竭忠以事君，而君不見信，故爲此以自傷。補注又謂此言「人臣陳德義禮樂以事上，則上無憂患」。雲中君，舊説以爲事神已訖，復念懷王不明，而太息憂勞。補注又謂「以雲神喻君德，而懷王不能，故心以爲憂」。皆外增贅説，以害全篇之大指。曲生碎義，以亂本文之正意。且其目君不亦太迫矣乎！

「吾乘桂舟」，吾，蓋謂祭者之詞。舊注直以爲屈原，則太迫。補注又謂言湘君容色之美，以喻賢臣，則又失其章指矣。

「女嬋媛」，舊注以爲女嬃，似無關涉，但與騷經用字偶同耳。以思君爲直指懷王，則太迫，又不知其寄意於湘君，則使此一篇之意皆無所歸宿也。

「心異媒勞」，王注以爲與君心不同，則太迫，而失題意。補注又因「輕絶」而謂「同姓無可絶之義」，則尤乖於文義也。

「石瀨飛龍」一章，説者尤多舛謬。其曰：它人交不忠則相怨，我則雖不見信，而不以怨人。補注又云：「臣忠於君，君宜見信，而反告我以不閒。此原陳己志於湘君也。」不知前人如何讀書，而於其文義之曉然者，乃直乖戾如此，全無來歷關涉也。其曰：君初與我期共爲治，而後以讒言見弃。此乃得其本意，而亦失其詞命之曲折也。

湘君一篇，情意曲折，最爲詳盡，而爲説者之謬爲尤多，以至全然不見其語意之脉絡次第。至其卒章，猶以遺玦、捐袂爲求賢，而采杜若爲好賢之無已，皆無復有文理也。

「佳人召予」，正指湘夫人而言。而五臣謂「若有君命，則亦將然」。補注以佳人爲賢人同志者。如此則此篇何以名爲湘夫人乎？

九歌諸篇，賓主、彼我之辭最爲難辯，舊説往往亂之，故文意多不屬，今頗已正之矣。

「何壽夭以在予」，舊説人之壽夭，皆其自取，何在於我？已失文意。或又以爲喻人主當制生殺之柄，尤無意謂。

王逸以「離居」爲「隱士」，補注又以此爲屈原訢神之辭，皆失本指。

王逸以「乘龍冲天」而「愈思愁人」爲抗志高遠，而猶有所不樂，全失文義。補注謂「喻君舍己而不顧」意則是，而語太迫也。

「夫人兮自有美子」，衆説皆未論辭之本指得失如何，但於其説中已自不成文理，不知何故如此讀書也。

咸池，或如字，下隔句與「來」之「力之反」叶。

東君之「吾」，舊説吾以爲日，故有息馬懸車之説，疑所引淮南子反因此而生也。至於低回而顧懷，則其義有不通矣，又必强爲之説，以爲思其故居。夫日之運行，初無停息，豈有故居之可思哉？此既明爲謬説，而推言之者，又以爲譏人君之迷而不復也，則其穿鑿愈甚矣。又解聲色娱人，爲言君有明德，百姓皆注其耳目，亦衍説。且必若此，則其下文緪瑟交鼓之云者，又誰爲主而見其來者之蔽日耶？

「聲色娱人」、「觀者忘歸」，正爲主祭迎日之人低回顧懷，而見其下方所陳之樂聲色之盛如此耳。「緪瑟交鼓」、「靈保賢姱」，即其事也。或疑但爲日出之時聲光可愛，如朱丞相秀水録所載「登州見日初出時，海波皆赤，洶洶有聲」者，亦恐未必然也。蓋審若此，則當言其燀赫震動之可畏，不得以娱人爲言矣。聊記其説，以廣異聞。

北斗字，舊音斗爲主。以詩考之，行葦主、醹、斗、耇爲韻，卷阿厚、主爲韻，此類甚多。但不知此非叶韻，而舊音特出此字，其説果何爲耳？

舊説河伯位視大夫，屈原以官相友，故得汝之。其鑿如此。又云河伯之居沈没水中，喻賢人之不得其所也。夫謂之河伯，則居於水中，固其所矣。而以爲失其所，則不知使之居於何處乃爲得其所耶？此於上下文義皆無所當，真衍説也。

堂、宫中，或云當並叶堂韻。宫字已見雲中君。中字，今閩音正爲當字。

山鬼一篇，謬説最多，不可勝辯，而以公子爲公子椒者，尤可笑也。

「終不見天」，嘗見有讀天字屬下句者，問之，則曰：「韓詩『天路幽險難追攀』，語蓋祖此。」審爾，則韓子亦誤矣。

或問〔一〇〕魂魄之義。曰：子産有言：「物生始化曰魄，既生魄陽曰魂。」孔子曰：「氣也者，神之盛也。魄也者，鬼之盛也。」鄭氏注曰：「嘘吸出入者，氣也。耳目之精明爲魄，氣則魂之謂也。」淮南子曰：「天氣爲魂，地氣爲魄。」高誘注曰：「魂，人陽神也。魄，人陰神也。」此數説者，其於魂魄之義詳矣。蓋嘗推之，物生始化云者，謂受形之初，精血之聚，其間有靈者，名之曰魄也。既生魄，陽曰魂者，既生此魄，便有暖氣，其間有神者，名之曰魂也。二者既合，然後有物，易所謂「精氣爲物」者是也。及其散也，則魂遊而爲神，魄降而爲鬼矣。説者乃不考此，而但據左疏之言，其以神靈分陰陽者，雖若有理，但以嘘吸之動者爲魄，則失之矣。其言附形之靈、附氣之神亦近是，但其下文所分，又不免於有差。其謂魄識少而魂識多，亦非也。然有運用畜藏之異耳。

雄與淩叶。今閩人有謂「雄」爲「形」者，正古之遺聲也。

校勘記

〔一〕及　原無此字，據端平本補。

〔二〕豕　原作「豕」，據端平本改。

〔三〕複　原作「復」，據端平本改。

〔四〕士　原作「字」，據端平本改。

〔五〕四荒　原作「四方」，據端平本改。

〔六〕宫　原作「官」，據端平本改。

〔七〕卑　原作「崇」，據端平本改。

〔八〕常　原作「嘗」，據端平本改。

〔九〕世亂俗衰　原作「世俗亂衰」，據端平本乙。

〔一〇〕問　原作「曰」，據端平本改。

楚辭辯證下

天問

限隅之數，注引淮南子言：「天有九野〔一〕，九千九百九十九隅。」此其無稽，亦甚矣哉！

論衡云：「日晝行千里，夜行千里。」如此則天地之間狹亦甚矣。此王充之陋也。

「顧菟在腹」，此言兔在月中，則顧菟但爲兔之名號耳。而上官桀曰：「逐麋之犬，當顧菟耶？」則顧當爲瞻顧之義，而非兔名。又莊辛曰：「見菟而顧犬。」亦因菟用顧字，而其取義又異，蓋不可曉。且兔與菟〔二〕同是一字，見於説文，而其形聲皆異，又不知其自何時始別異之也。

補注引山海經言：「鮌竊帝之息壤以堙洪水，帝令祝融殛之羽郊。」詳其文意，所謂帝者，似指上帝。蓋上帝欲息此壤，不欲使人干之，故鮌竊之而帝怒也。後來柳子厚、蘇子瞻皆用此說，其意甚明。又祝融，顓帝之後，死而爲神。蓋言上帝使其神誅鮌也。若堯、舜時則無此人久矣，此山海經之妄也。後禹事中，又引淮南子言：「禹以息壤寘洪水，土不滅耗，掘之益多。」其言又與前事自相抵牾。若是壤也果帝所息，則父竊之而殛死，子掘之而成功，何帝之喜怒不常乃如是耶？此又淮南子之妄也。大抵古今說天問者，皆本此二書。今以文意考之，疑此二書本皆緣解此問而作，而此問之言，特戰國時俚俗相傳之語，如今世俗僧伽降無之祈、許遜斬蛟蜃精之類，本無稽據，而好事者遂假託撰造以實之。明理之士皆可以一笑而揮之，政不必深與辯也。

補注引淮南說，增城高一萬一千里百一十四步二尺六寸。尤爲可笑。豈有度萬里之遠而能計其跬步尺寸之餘者乎？此蓋欲覽者以爲己所親見而曾實計之，而不知適所以章其譎而且謬也。柳對本意，似有意於破諸妄說，而於此章反以西王母者實之，又何惑耶！

補注引淮南子說，崑崙虛旁有四百四十門，而其西北隅北門，開以納不周之風。皆是注解此書之語，予之所疑，又可驗其必然矣。

「雄虺九首，儵忽焉在」。此一事耳。其辭本與招寬相表裏。王注得之，但失不引招寬爲證耳。而柳子不深考，乃引莊子南北二帝之名以破其說，則既失其本指，而又使「雄虺」一句爲無所問，其失愈〔三〕遠矣。補注雖知柳說之非，然亦不引招寬以訂其文義之缺，乃直以莊周寓言不足信者詆之。周之寓言，誠不足信，然豈不猶愈於康回、燭龍之屬？乃信彼而疑此，何哉？一語之微，無所關於義理，而説者至三失之，而况其有深於是者耶！

「雄虺倏忽」，或云今嶺南〔四〕有異蛇，能一日行數百里以逐人者，即此物。但不見説有九首耳。

補注説：「今湖州武康縣東有防風山，山東二百步有禺山，防風廟在封、禺二山之間。」洪君晚居霅川，當得其實。

「巴蛇」事下注中食鹿出骨事，似若迂誕。然予嘗見山中人説，大蛇能吞人家〔五〕所伏雞卵，而登木自絞，以出其殼者。人甚苦之，因爲木卵著藪中，蛇不知而吞之，遂絞而裂云。

「羿焉彃日，烏焉解羽」〔六〕，洪引歸藏云：「羿彃十日。」補注引山海經注曰：「天有十日，日之數十也。然一日方至，一日方出，雖有十日，自使以次迭出，而今俱見，乃爲妖怪。故羿仰天控弦，而九日潛退耳。」按此十日，本是自甲至癸耳，而傳者誤爲「十日並出」之説，注者既知其誤，又爲此説以彌縫之，而其誕益彰。然世人猶或信之，亦可怪也。

「啓代益作后，卒然離蠥」。王逸以益失位爲「離蠥」，固非文義。補以有扈不服爲「離蠥」，文義粗通，然亦未安。或恐當時傳聞，別有事實也。史記燕人説禹崩，益行天子事，而啓率其徒攻益，奪之。汲冢書至云「益爲啓所殺」。是則豈不敢謂益既失位，而復有陰謀，爲啓之蠆，啓能憂之，而遂殺益爲能達其拘乎？然此事要當質以孟子之言，齊東鄙論，不足信也。

「啓棘賓商」四字，本是啓夢賓天，而世傳兩本，彼此互有得失，遂致紛紜不復可曉。蓋作山海經者，所見之本「夢天」二字不誤，猶以賓、嬪相似，遂誤以賓爲嬪，而造爲「啓上三嬪于天」之説，以實其謬。王逸所傳之本，賓字幸得不誤，乃以篆文夢、天二字中間壞滅，獨存四外，有似棘、商，遂誤以夢爲棘，以天爲商，而於注中又以列陳宮商爲説。洪則既引「三嬪」以注騷經，而於此篇反據王本而解爲急於賓禮商契。以今考之，凡此三家，均爲穿鑿。而以事理言之，則山海之怪妄爲尤甚。以文義言之，則王注之訓詁爲尤踈。洪則兼承二誤，而又兩失之，且謂屈原多用山海經語，而不知山海實因此書而作。「三嬪」又本此句一字之誤，其爲紕漏，又益甚矣。獨柳子貿嬪之對，似覺山海之謬，然亦不能深察而明著之，是以其義雖正，而亦不能以自伸也。大抵古書之誤，類多如此。讀者若能虛心靜慮，徐以求之，則邂逅〔七〕之間，或當偶得其實。顧乃安於苟且，狃於穿鑿，牽於援據，僅得一説而遽執之，便以爲是，以故不能得其本真。而已誤之中，或復生誤。此邢子才所以獨有「日思誤書」之適，又有「思之若不能得，則便不勞讀書」之對。雖若出於戲劇，然實天下之名言也。

「勤子屠母」，舊注引帝王世紀言：「禹膈剥母背而生。」補又引干寶言：「黄初五年，汝南民妻生男，從右脇下小〔八〕腹上出，而平和自若，母子無恙。」以爲證。此事有無，固未可定。然上句言啓事而未有所問，則此句不應反説禹初生時事矣。故疑當爲啓母化石事〔九〕也。

「該秉季德」，王逸以爲湯能秉契之末德，而厥父契善之。以契爲湯父，固謬。柳又以爲即左傳所云少皥氏之子該爲蓐收者，亦與有扈事不相關。唯洪氏以爲啓者近之。疑該即啓字轉寫之誤也。但「終弊于有扈，牧夫牛羊」，乃似謂啓爲有扈所弊而牧夫牛羊者，不知又何説也。下章又云「有扈牧豎」，亦不可曉。豈以少康嘗爲牧正而誤邪？大率此篇所問有扈、羿、浞事，或相混并，蓋其傳聞之誤，當闕之耳。

「到擊紂躬，叔旦不嘉」。王逸云：「武王始至孟津，八百諸侯不期而到，皆曰：『紂可伐也。』白魚入于王舟，羣臣咸曰：『休哉！』周公曰：『雖休，勿休。』」未詳所據。

「齊桓九會」，九，本糾字，借作九耳。左傳展禽犒師之言，正作糾字。「糾合宗族」，亦此義也。唯莊子「九雜天下之川」，作九，則亦古字通用，而非九數之驗也。諸儒通計「九會」之數不合，遂有衣裳兵車之辨，蓋鑿説也。然此辭亦作「九會」，則其誤也久矣。如公羊、穀梁，故是戰國時人也。

吾始讀詩，得吴氏補音，見其疑於殷武三章，嚴、遑之韻，亦不能曉。及讀此篇，見其以嚴叶亡，乃得其例。余於吴氏書多所刊補，皆此類。今見詩集傳。

九章

屈子初放，猶未嘗有奮然自絶之意，故九歌、天問、遠遊、卜居以及此卷惜誦、涉江、哀郢諸篇，皆無一語以及自沈之事，而其辭氣雍容整暇，尚無以異於平日。若九歌則含意悽惋，戀嫪低回，所以自媚於其君者，尤爲深厚。騷經、漁父、懷沙雖有彭咸、江魚、死不可讓之説，然猶未有決然之計也，是以其辭雖切，而猶未失其常度。抽思以下，死期漸迫。至惜往日、悲回風，則其身已臨沅湘之淵，而命在晷刻矣。顧恐小人蔽君之罪闇而不章，不得以爲後世深切著明之戒，故忍死以畢其辭焉。計其出於瞀亂煩惑之際，而其傾輸罄竭，又不欲使吾長逝之後，冥漠之中，胷次介然，有毫髪之不盡，則固宜有不暇擇其辭之精粗，而悉吐之者矣。故原之作，其志之切而辭之哀，蓋未有甚於此數篇者。讀者其深味之，真可爲慟哭而流涕也。

惜誦首章，「非」字誤爲「作」字，使兩章文意不明。中間「善惡」字誤爲「中情」，使一章音韻不叶。今已正之，讀者可以無疑矣。

涉江，舊説取譬之詳，皆衍説也。

哀郢，楚文王自丹陽徙江陵，謂之郢。後九世平王城之。又後十世爲秦所拔，而楚徙東郢。

抽思「何獨樂斯之謇謇兮，願蓀美之可完」。文理甚明。而王逸解「獨樂」爲「毒藥」，補注又引瞑眩之語以實之。必欲如此强爲之説，既不可通，但别本如此，文自分明，不必强穿鑿耳。然今本皆出王逸，不知别本又何自而得此本語也。

「孰不實而有穫」，詳上文。實，當作殖。然自王逸已解作「空穗」，則其誤久矣。穫，一作獲，亦非也。

懷沙改，叶音己。按鄭注儀禮釋用「己日」爲「改日」，則二字音義固相近也。「懷質抱情，獨無匹兮」，諸本皆同，史記亦然。而王逸訓匹爲雙，補注云：「俗字作疋。」則其來久矣。但下句云「伯樂既没，驥焉程兮」。於韻不叶，故嘗疑之。而以上下文意及上篇「并日夜而無正」者證之，知「匹」，當作「正」。乃與下句音義皆叶，然猶未敢必其然也。及讀哀時命之篇，則其詞有曰「懷瑶象而握瓊兮，願陳列而無正」。正與此句相似，其上下句又皆以榮、逞、成、生爲韻，又與此同。然後斷然知其當改而無疑也。

惜往日「受命詔以昭時」。時，一作詩。説者便引國語楚教太子以詩爲説，殊無意味。

「介子立枯」事，補注以左傳爲據而不之信，然此辭明言「立枯」，又云「縞素而哭」，莊子亦有「抱木」之說，固未可以一說而盡疑之也。

悲回風「施黄棘之枉策」。補注據史記楚懷王二十五年，入與秦盟于黄棘，其後爲秦所欺，卒以客死。今頃襄王又信任姦回，將亡其國，故言己之所以假延日月，無以自處者，以其君欲復施黄棘之枉策也。其說雖有事證，然與此文理絶不相入，不若舊說之爲安也。

遠遊

客有語余者曰：「高宗恭默思道，夢帝賚以良弼，寤而求之，即得傅説，遂以爲相。若使夢賚之夕，應時即生，則自繦緥之間以及强立之歲，亦須二、三十年，始堪任用。王者政令所出，日有萬機，豈容數十年之間不發一語，又虚相位以待乳下之嬰兒乎？今書之言如此，則是高宗既得此夢，即時搜訪，便得其人，而已堪作相，以代王言矣。明是一旦忽從天而下，便爲成人，無少長之漸也。」余聞其言，心竊怪之而不敢答。今讀此書，洪注所引莊子音義，已有傅説生無父母之説，乃知古人之慮已有及此者矣。洪氏引之而無它説，則豈亦以是爲不易之論而無所疑也耶？然則余之昧陋，而見事獨遲，爲可笑已。

屈子「載營魄」之言，本於老氏，而揚雄又因其語以明月之盈闕，其所指之事雖殊，而其立文之意則一。顧爲三書之解者，皆不能通其説，故今合而論之，庶乎其足以相明也。蓋以車承人謂之載，古今世俗之通言也。以人登車亦謂之載，則古文史類多有之。如漢紀云「劉章從謁者與載」，韓集云「婦人以孺子載」。蓋皆此意。而今三子之言，其字義亦如此也。但老子、屈子以人之精神言之，則其所謂「營」者，字與熒同，而爲晶明光炯之意。其所謂「魄」，則亦若余之所論於九歌者耳。揚子以日月之光明論之，則固以月之體質爲魄，而日之光耀爲魂也。以人之精神言者，其意蓋以魂陽動而魄陰靜，魂火二而魄水一，故曰「載營魄抱一，能勿離乎」。言以魂加魄，以動守靜，以火迫水，以二守一，而不相離，如人登車而常載於其上，則魂安靜而魄精明，火不燥而水不溢，固長生久視之要訣也。屈子之言，雖不致詳，然以其所謂「無滑而魂，虛以待之」之語推之，則其意當亦出此無疑矣。其以日月言者，則謂日以其光加於月魄而爲之明，如人登車而載於其上也，故曰「月未望則載魄于西，既望則終魄于東，其遡於日乎」。言月之方生，則以日之光加被於魄之西，而漸滿其東，以至於望而後圜。及既望矣，則以日之光終守其魄之東，而漸虧其西，以至於晦而後盡。蓋月遡日以爲明，未望則日在其右，既望則日在其左，故各向其所在而受光，如民向君之化而成俗也。三子之言，雖爲兩事，而所言「載魄」，則其文義同爲一説。故丹經歷術，皆有

「納甲」之法，互相資取，以相發明，蓋其理初不異也。但爲之説者，不能深考。如河上公之言老子，以「營」爲「魂」，則固非字義，而又并言「人載魂魄之上以得生，當愛養之」，則又失其文意。獨其「載」字之義，粗爲得之，然不足以補其所失之多也。若王輔嗣以「載」爲「處」、以「營魄」爲「人所常居之處」，則亦河上之意。至於近世，而蘇子由、王元澤之説出焉，則此二人者，平生之論如水火之不同，而於此義皆以魂爲神，以魄爲物，而欲使神常載魄以行，不欲使神爲魄之所載。洪慶善之於此書，亦謂「陽氣充魄爲魂，魂能運動則其生全矣」。則其意亦若蘇、王之云，而皆以「載」爲以「車承人」之義矣。是不唯非其文意且若如此，則是將使神常勞動，而魄亦不得以少息，雖幸免於物欲沈溺之累，而窈冥之中精一之妙，反爲强陽所挾，以馳騖於紛拏膠擾之塗，卒以陷於衆人傷生損壽之域，而不自知也。其於二子之意何如哉？若其説揚子者，則皆以「載」爲「哉」，固失其指，而李軌解魂爲光，尤爲乖謬。至宋貫之、司馬公始覺其非，然遂欲改魄爲朏，則亦未深考此「載」字之義，而失之愈遠矣。唯近歲王伯照以爲未望則魄爲明所載，似得其理。既而又曰：既望則明爲魄所終，則是下句當曰「終明」，而不當爲「終魄」矣。以此推之，恐其於上句文義之鄉背，亦未免如蘇氏、王氏之云，爲自下而載上也。大抵後人讀前人之書，不能沈潛反覆，求其本義，而輒以己意輕爲之説，故其鹵莽有如此者。況讀楚辭者，徒玩意於浮華，宜其於此尤不暇深究其底藴。故余因爲辯之，以爲覽者能因是而考焉，則或泝流求原之一助也。

「登霞」之「霞」，本「遐」之借用，猶曰適遠云爾。曲禮「告喪」之辭，乃又借以爲死者美稱也。莊子作「登假」，蓋亦此例。但此篇注者，遂解爲赤黄〔一〇〕之氣，釋莊音者，又讀「假」爲「格」而訓至焉，則其誤愈遠矣。

卜居

史記有滑稽傳，索隱云：「滑，亂也。稽，同也。言辯捷之人言非若是，言是若非，能亂異同也。」楊雄酒賦「鴟夷滑稽」，顔師古曰：「滑稽，圜轉縱捨無窮之狀。」此辭所用二字之意，當以顔説爲正。

漁父

衣，叶於巾反者。禮記「一戎衣」，鄭讀爲「殷」。古韻通也。

九辯

悲秋，舊説取譬煩雜，皆失本意。

「有美一人」，注指懷王。非是。「心不繹」，注訓「繹」爲「解」，即當作「釋」。補訓「抽絲」〔一一〕，乃説爲「繹」字耳。又疑或是「懌」字，喜悦意耳。

「無伯樂之善相，今誰使乎譽之。」譽，一作訾，相度之義也。又與上句「知」字叶韻，故當作「訾」爲是。但下句兩「之」上字復不韻，則又不可曉。故今且作譽，而四句皆以「之」字爲韻。

朱雀，雀，一作榮。非是。蓋以下與「蒼龍」爲對，皆爲飛行之物，不當作榮。王注亦自作雀。不知洪本何以作「榮」也。茇茇，音旆。蓋言朱雀飛揚，其翼茇茇然也。今一作芺，音於表反，乃隨榮字而誤解耳。

「輕輬」，輬，一作輊。非是。輕字義證甚明，輊乃車之行皃，於義不通。

招魂

後世招魂之禮，有不專爲死人者，如杜子美彭衙行云：「煖湯濯我足，剪紙招我魂。」蓋當時關、陝間風俗，道路勞苦之餘，則皆爲此禮以祓除而慰安之也。近世高抑崇作送終禮云：「越俗有暴死者，則亟使人偏於衢路以其姓名呼之，往往而甦。」以此言之，又見古人於此誠有望其復生，非徒爲是文具而已也。

「恐後之」，如漢武帝遣人取司馬相如遺文，而曰「若後之矣」之意。注云：「言已在它人後也。」

此篇所言四方怪物，如「十日代出」之類，决是誕妄，無可疑者。其它小小異事，如東方長人、南方雕題、殺人祭鬼、蛇虺封狐、西方流沙、求水不得、北方層冰飛雪之類，則或往往有之。如五代史言「北方之極，魑魅龍蛇，白晝羣行」。蓋地偏氣異，自然如此，不足怪也。

「無木謂之臺，有木謂之榭。」一曰：凡屋無室曰榭。説文乃云：「臺，觀四方而高者。」「榭，臺有屋也。」説文與二説不同。以春秋「宣榭火」考之，則榭有屋明矣。説文誤也。

卒章「心」字，舊蘇含反，蓋以下叶南韻。然於上句「楓」字却不叶，此不知「楓」有「孚金」、「南」有「尼金」，可韻。而誤以楓爲散句耳。「心」字但當如字，而以楓、南二字叶之，乃得其讀，前亦多此例矣。

大招

周頌「陟降庭止」，傳注訓「庭」爲「直」，而説之云：「文王之進退其臣，皆由直道。」諸儒祖之，無敢違者。而顔監於匡衡傳所引，獨釋之曰：「言若有神明臨其朝廷也。」蓋匡衡時未行毛説，顔監又精史學，而不梏於專經之陋，故其言獨能如此，無所阿隨，而得經之本指也。余舊讀詩而愛顔説，然尚疑其無據，及讀此辭，乃有「登降堂只」之文，於是益信「陟降庭止」之爲古語，其義審如顔説而無疑也。顔注漢書時有發明，於經指多若此類。如訓「棐」爲「匪」，尤爲明切。足證孔安國、張平子之繆，其視韋昭之徒專守毛、鄭而不能一出己見者，相去遠矣。

晁録

王逸所傳楚辭篇次，本出劉向，其七諫以下，無足觀者，而王褒爲最下，余已論於前矣。

近世晁無咎以其所載不盡古今辭賦之美，因别録續楚辭、變離騷爲兩書，則凡辭之如騷者已略備矣。自原之後，作者繼起，而宋玉、賈生、相如、揚雄爲之冠，然較其實，則宋、馬辭有餘而理不足，長於頌美而短於規過。雄乃專爲偷生苟免之計，既與原異趣矣。其文又以摹擬掇拾之故，斧鑿呈露，脉理斷絶，其視宋、馬猶不逮也。獨賈太傅以卓然命世英傑之材，俯就騷律，所出三篇，皆非一時諸人所及。而惜誓所謂「黄鵠之一舉兮，見山川之紆曲，再舉兮，睹天地之員方」者，又於其間超然拔出言意之表，未易以筆墨蹊徑論其高下淺深也。此外晁氏所取，如荀卿子諸賦，皆高古，而成相之篇，本擬工誦箴諫之辭，其言姦臣蔽主擅權，馴致移國之禍，千古一轍，可爲流涕。其它如易水、越人、大風、秋風、天馬，下及烏孫公主、諸王妃妾、息夫躬、晉陶潛、唐韓柳，本朝王介父之山谷建業、黄魯直之毁璧隕珠、邢端夫之秋風三疊，其古今大小雅俗之變，雖或不同，而晁氏亦或不能無所遺脱，然皆爲近楚語者。其次則如班姬、蔡琰、王粲及唐元結、王維、顧況，亦差有味。又此之外，則晁氏所謂過騷之言者，非余之所敢知矣。晁書新序多爲義例，辨説紛拏，而無所發於義理，殊不足以爲此書之輕重。且復自謂嘗爲史官，古文國書，職當損益。不惟其學，而論其官，固已可笑，況其所謂筆削者，又徒能移易其篇次，而於其文字之同異得失，猶不能有所正也。浮華之習，徇名飾外，其弊乃至於此，可不戒哉！

校勘記

〔一〕野　原作「萬」，據端平本改。

〔二〕菟　原作「兔」，據端平本改。

〔三〕愈　原無此字，據端平本補。

〔四〕嶺南　原作「領南」，據端平本改。

〔五〕家　原無此字，據端平本補。

〔六〕「羿焉」以下八字　原無，據端平本補。

〔七〕邂逅　原作「解后」，據端平本改。

〔八〕小　原作「水」，據景元本改。

〔九〕事　原無此字，據端平本補。

〔一〇〕赤黄　原作「黄赤」，據端平本乙。

〔一一〕絲　原作「思」，據端平本改。

楚辭後語

楚辭後語目録（一）

右楚辭後語目録，以鼂氏所集録續、變二書，刊補定著，凡五十二篇。鼂氏之爲此書，固主於辭，而亦不得不兼於義。今因其舊，則其考於辭也宜益精，而擇於義也當益嚴矣。此余之所以兢兢而不得不致其謹也。

蓋屈子者，窮而呼天，疾痛而呼父母之詞也。故今所欲取而使繼之者，必其出於幽憂窮蹙、怨慕凄涼之意，乃爲得其餘韻，而宏衍鉅麗之觀、懽愉快適之語，宜不得而與焉。至論其等，則又必以無心而冥會者爲貴，其或有是，則雖遠且賤，猶將汲而進之。一有意於求似，則雖迫真如揚、柳，亦不得已而取之耳。若其義，則首篇所著荀卿子之言，指意深切，詞調鏗鏘，君人者誠能使人朝夕諷誦，不離於其側，如衛武公之抑戒，則所以入耳而著心者，豈但廣厦細旃、明師勸誦之益而已哉？此固余之所爲眷眷而不能忘者。若高唐、神女、李姬、洛神之屬，其詞若不可廢，而皆棄不録，則以義裁之，而斷其爲禮法之罪人也。高唐卒章雖有「思〔二〕萬方，憂國害，開聖賢，輔不逮」之云，亦屠兒之禮佛、倡家之讀禮耳，幾何其不爲獻笑之資，而何諷一之有哉？其息夫躬、柳宗元之不棄，則鼂氏已言之矣。至於揚雄，則未有議其罪者。而余獨以爲是其失節，亦蔡琰之儔耳。然琰猶知愧而自訟，若雄則反訕前哲以自文，宜又不得與琰比矣。今皆取之，豈不以夫琰之母子無絶道，而於雄則欲因反騷而著蘇氏、洪氏之貶詞，以明天下之大戒也。陶翁之詞，鼂氏以爲中和之發，於此不類，特以其爲古賦之流而取之，是也。抑以其自謂晉臣，恥事二姓而言，則其意亦不爲不悲矣。序列於此，又何疑焉。至於終篇，特著張夫子、吕與叔之言，蓋又以告夫游藝之及此者，使知學之有本而反求之，則文章有不足爲者矣。其餘微文碎義，又各附見於本篇，此不暇悉著云。

校勘記

〔一〕本目録篇題與正文偶不一致，今俱從正文篇題改。胡箈二十以下無序號，姑仍之。

〔二〕思　原作「恩」，據景元本改。

楚辭後語卷第一

成相第一

成相者，楚蘭陵令荀卿子之所作也。荀卿，趙人，名況。學於孔氏門人馯臂子弓者，尤邃於禮，著書數萬言。少遊學於齊，歷威、宣，至襄王時，三爲稷下祭酒。後以避讒適楚，春申君以爲蘭陵令。春申君死，荀卿亦廢，遂家蘭陵而終焉。此篇在漢志號成相雜辭，凡三章，雜陳古今治亂興亡之効，託聲詩以風時君，若將以爲工師之誦、旅賁之規者。其尊主愛民之意，亦深切矣。相者，助也。舉重勸力之歌，史所謂「五羖大夫死，而舂者不相杵」是也。卿非屈原之徒，故劉向、王逸不録其篇。今以其詞亦託於楚而作，又頗有補於治道，故録以附焉。然黄歇亂人，卿乃以爲託身行道之所，則已誤矣。卿學要爲不醇粹，其言精神相反爲聖人，意乃近於黄、老。而「復後王」、「君論五」者，或頗出入申、商間。此其所以傳不壹、再而爲督責、坑焚之禍也。差之豪釐，謬以千里，可不謹哉，可不謹哉！

請成相，世之殃，愚闇愚闇墮賢良。人主無賢，如瞽無相何倀倀。相，並息亮反，上叶平聲。墮，許規反。倀，丑羊反。○相，助也。成相，助力之歌也。墮，壞也。「瞽無相」者，瞽者無目，故必使人助之亦謂之相，不可無也。倀倀，狂惑之皃。請布基，慎聖人，愚而自專事不治。主忌苟勝，羣臣莫諫必逢災。慎，讀作順。人，叶音兒。治，直吏反，叶平聲。災，叶音滋。○布基，謂陳布基業之事也。忌，猜忌也。苟勝，不顧義理，而苟求勝人，若下文所引商紂之事也。論臣過，反其施，尊主安國尚賢義。拒諫飾非，愚而上同國必禍。過，叶音規。義，叶平聲。禍，叶許規反。○論，論其罪而治之也。言治臣下之過者，必當自省而反其所爲，不可尤而効之也。欲尊主安國者，必尚賢義，然後可爲，若如紂之知足以飾非，辨足以拒諫，己自愚暗，又欲使人同己，則國必禍也。上與尚同。曷謂罷？國多私，比周還主黨與施。遠賢近讒，忠臣蔽塞主勢移。罷，讀作疲。比，必寐反。遠、近，皆去聲。○疲，謂弱不任事也。國語曰「罷士無伍，罷女無家」是也。若國多私，則其君亦罷矣。還，繞也。讒人用事，能使忠臣蔽塞，而人莫敢言，則權在於彼而不在君矣，此主勢所以移於下也。曷謂賢？明君臣，上能尊主愛下民。主誠聽之，天下爲一海内賓。賢，叶胡鄰反。○賢，謂賢臣也。能明君臣之道，則爲賢臣也。主之孽，讒人達，賢能遁逃國乃蹷。愚以重愚，闇以重闇成爲桀。孽，災也。蹷，顛覆也。久而愚闇愈甚，遂至於夏桀之無道也。世之災，妬賢能，飛廉知政任惡來。卑其志意，大其園囿高其臺。能，叶奴來反。「臺」下本有「榭」字，以韻叶之，知是後人誤加，今刪去。○惡來，飛廉之子。惡來有力，飛廉善走，父子俱以材力事紂也。卑其志意，言無遠慮，不慕往古，蓋當高者反卑，而當卑者反高也。武王怒，師牧野，紂卒易鄉啓乃下。武王善之，封之於宋立其祖。怒，叶去聲。野，叶上與反。鄉，讀作向。下，叶音户。○易鄉，回也，謂前徒倒戈攻于後。啓，微子名。下，降也。立其祖，使祭祀不絕也。世之衰，讒人歸，比干見刳箕子累。武王誅之，呂尚招麾殷民懷。刳音枯。累，平聲，與縲同。懷，胡威反。○比干、箕子事，見九章、天問。縲，囚縶也。呂尚，太公也。世之禍，惡賢士，子胥見殺百里徙。穆公得之，强配五伯六卿施。禍，叶許詭反。伯，讀爲霸。施，叶上聲。○子胥，吳大夫伍員字也。諫夫差不聽，爲所殺。百里奚，虞公之臣。徙，遷也。謀不見用，虞滅，係虜遷徙於秦。穆公，秦伯任好也。六卿，天子之制。施，猶置也。言其强大，僭置天子之官也。世之愚，惡大儒，逆斥不通孔子拘。展禽三絀，春申道綴基畢輸。惡，去聲。綴，讀作輟。○逆，拒。斥，逐大儒不使通。拘，謂畏匡戹陳也。展禽，魯大夫，名獲，居於柳下，謚曰惠。爲士師，三見絀。春申，楚相黄歇，封爲春申君。綴，止也。畢，盡也。輸，傾委也。言春申爲李園所殺，其政治基業，盡傾覆委地也。請牧基，賢者思，堯在萬世如見之。讒人罔極，險陂傾側此之疑。陂與詖同。○牧，治也。言賢者必常見思，雖久不忘，但讒人必欲毁之，使人君疑於此人，然後己得行其姦詐也。基必施，辨賢罷，文武之道同伏戲。由之者治，不由者亂何疑爲？罷，音見上。戲與羲同。○文、武，周文王、武王。伏戲，古帝王太昊氏，始畫八卦，造書契者。言古今一理，順之則治，逆之則亂，無可疑也。凡成相，辨法方，至治之極復後王。慎墨季惠，百家之說誠不祥。祥，一作詳。○後王，當時之王，謂當自立，復爲一王之法，不必事事泥古也。慎，慎到。墨，墨翟。季，季梁。列子云：「楊朱之友也。」惠，惠施也。祥，善也。治復一，脩之吉，君子執之心如結。衆人貳之，讒夫棄之形是詰。結，叶音吉。形，當作刑。○復一，歸於一理也。心如結，言堅固不解也。貳之，不一也。棄之，不由也。如此之人皆當以刑詰之也。水至平，端不傾，心術如此象聖人。而有埶，直而用抴〔一〕必參天。「人」下脱「一」字，屬下句。抴，余制反。天，叶鐵因反。○承上章，言聖人則心平如水，無往而非一矣。抴，引也。未詳。世無王，窮賢良，暴人芻豢，仁人糟糠。禮樂滅息，聖人隱伏墨術行。行，叶户郎反。○無王者興，則賢良窮困。治之經，禮與刑，君子以修百姓寧。明德慎罰，國家既治四海平。治，直吏反。治之志，後埶富，君子誠之好以待。處之敦固，有深藏之能遠思。治，同上。富，叶音費。好，去聲。待，叶音地。有，讀爲又。思，叶去聲。○爲治之意，後權埶與富者，則公道行而貨賂息也。誠之好以待者，誠意好之以待用也。處之厚固，又能深藏，則能遠慮也。思乃精，志之榮，好而壹之神以成。精神相反，一而不貳爲聖人。好，去聲。○好而不二，則通於神明矣。相反，謂反覆不離散。治之道，美不老，君子由之佼以好。下以教誨子弟，上以事祖考。佼音絞。○老，休息也。爲治當日新其美，不使休息。佼，亦好也。成相竭，辭不蹷，君子道之順以達。宗其賢良，辨其殃孽。蹷音厥。○竭，盡也。蹷，仆也。此論成相之事，雖至終篇，辭不仆躄，言無窮也。道，言説也。辭既不躄，君子言之，必和順而通達。

右一章

請成相，道聖王，堯舜尚賢身辭讓。許由、善卷，重義輕利行顯明。讓，叶平聲。卷音拳。明，叶音芒。○道，亦言也。堯讓天下於許由，舜讓天下於善卷，二人不受，並見莊子。堯讓賢，以爲民，氾利兼愛德施均。辨治上下，貴賤有等明君臣。賢，叶音形。爲，去聲。○爲萬民求明君，所以不私其子。堯授能，舜遇時，尚賢推德天下治。雖有賢聖，適不遇世孰知之？能，叶音尼。治，叶平聲。堯不德，舜不辭，妻以二女任以事。大人哉舜，南面而立萬物備。德，叶音帝。辭，叶音似。妻，去聲。「大人哉舜」四字，爲一小句。○堯授舜以天下而不自以爲德，舜受堯之天下而不辭，授受皆以至公，無私情也。舜授禹，以天下，尚得推賢不失序。外不避仇，內不阿親賢者予。下，叶音户。得，當作德。序、予，並叶上聲。○舜之授禹，亦以天下之故也。不避仇，謂殛鯀興禹，不阿親，則不私其子，惟賢者則予之也。禹勞心力堯有德，干戈不用三苗服。舉舜甽畝，任之天下身休息。甽，與畎同。○三苗服，見尚書。乃舜事，此誤也。得后稷，五穀殖，夔爲樂正鳥獸服。契爲司徒，民知孝弟尊有德。稷、夔、契事，並見尚書。亦堯臣，舜申命之。禹有功，抑下鴻，辟除民害逐共工。北決九河，通十二渚疏三江。辟與闢同。共音恭。○抑，遏也。下，謂治水使歸下也。鴻，即洪水也。流共工，決九河，通三江，並見尚書。但流共工，亦舜事，今以爲禹，誤矣。十二渚，亦未詳其名也。〔二〕禹溥土，平天下，躬親爲民行勞苦。得益、皋陶、横革、直成爲輔。溥，一作傅，皆讀爲敷。○溥土，見尚書。言洪水泛濫，禹分布治九州之土也。益、皋陶，見尚書。横革、直成，未詳。契玄王，生昭明，居於砥石遷于商。十有四世，乃有天乙是成湯。明，叶音芒。○玄王者，契本以母簡狄呑玄鳥卵而生，故追號之曰玄王也。昭明，契子也。砥石，未詳。或云即砥柱也。商，商丘也。十四世，見史記。天乙湯，論舉當，身讓卞隨舉牟光，道古賢聖基必張。當，叶平聲。牟，或作務。○湯讓天下於卞隨、務光，二人不受。亦見莊子。又言湯能行古聖賢之事，故基業張大也。

願陳辭，世亂惡善不此治，隱諱疾賢，良由姦詐鮮無災。患難哉，阪爲先，此一節有脱誤。「患難哉，阪爲先」，尤不可曉，姑闕之。聖知不用愚者謀。前車已覆，後未知更何覺時？此上亦脱六字。謀，叶音縻。更，平聲。○後，後車也。更，改也，謂改轍也。屬上小句。何覺時，言前事之戒如此之明，而猶不覺悟，後豈復有覺悟時也。不覺悟，不知苦，迷惑失指易上下。忠不上達，蒙揜耳目塞門户。悟，叶上聲。「指」下一有「不」字。非是。下，叶音户。門户塞，大迷惑，悖亂昏莫不終極。是非反易，比周欺上惡正直。比，必寐反。惡，去聲。○莫，冥寞，言闇也。正是惡，心無度，邪枉辟回失道途。己無郵人，我獨自美豈無故。是，一作直。辟，讀爲僻。途，叶去聲。郵，一作尤。一本「豈」下有「獨」字。非是。○正直是惡，則心無尺度，不知長短，所向無非邪辟之途矣，豈可尤責它人而自以爲美乎？蓋凡事之得失必有其故，當自省也。不知戒，後必有，恨後遂過不肯悔。讒夫多進，反覆言語生詐態。有，疑當作「悔」。恨後，疑當作「後復」。人之態，不如備，爭寵嫉賢利惡忌。妬功毁賢，下斂黨與上蔽匿。如，當作知。匿，叶奴計反。○言人之詐態，上若不知爲備，則有忌嫉蔽匿之患也。利惡忌，謂以惡忌賢者爲己利也。斂，聚也。下聚黨與，則上蔽匿矣。上壅蔽，失輔埶，任用讒夫不能制。孰公長父之難，厲王流于彘。父音甫。難，去聲。○主蔽匿，則賢人不得盡忠於上，而自失輔助之勢。蓋其始以讒人爲可任，而後已失勢，遂不能制之也。孰，當作郭。郭公長父，周厲王之臣，未詳其事。彘，地名，在河東。厲王無道，信任小人，專利監謗，遂爲國人所逐而流于彘。周幽厲，所以敗，不聽規諫忠是害。嗟我何人，獨不遇時當亂世。幽，厲王孫幽王也。淫昏暴虐，無道尤甚，後爲犬戎所殺。欲衷對，言不從，恐爲子胥身離凶。進諫不聽，剄而獨鹿棄之江。衷對，當作「對衷」，乃與韻叶。而，一作以。鹿與麗同，音鹿。一説：獨鹿，一作屬鏤。上之欲反，下力朱反。江，叶音工。○衷，誠也。欲對以誠，恐言不從而遇禍如子胥也。獨鹿，罜麗，小罟也。言子胥自剄之後，盛以小罟而棄之江也。一説：獨鹿，屬鏤也，劒名。吴王以賜子胥，使自剄者也。二説未知孰是。然作「獨鹿」，即「以」當作「而」。作「屬鏤」，即「而」當作「以」。竊謂依本文者近是。觀往事，以自戒，治亂是非亦可識，託於成相以喻意。戒，叶音計。識，叶音志。

右二章

請成相，言治方，君論有五約以明。君謹守之，下皆平正國乃昌。明，叶音芒。○論爲君之道有五，甚簡約明白，謂臣下職，一也。君法明，二也。刑稱陳，三也。言有節，四也。上通利，五也。

○臣下職，莫游食，務本節用財無極。事業聽上，莫得相使一民力。游食，謂不勤於事，素飡游手也。所興事業，皆聽於上，羣下不得擅相役使，則民力一也。○守其職，足衣食，厚薄有等明爵服。利往卬上，莫得擅與孰私得。服，叶蒲北反。卬，宜亮反。○又言民不失職，則衣食足。明爵服，謂貴賤有等也。利之所往，皆卬於上，莫得擅爲賜與，則誰敢私得於人乎？擅相賜與，若齊田氏然。

○君法明，論有常，表儀既設民知方。進退有律，莫得貴賤孰私王。明，叶音芒。○君法所以明，在言論有常，不二三也。進人退人皆以法律，臣下不得以意爲貴賤，則孰有能自相貴者乎？○君法儀，禁不爲，莫不說教名不移。修之者榮，離之者辱孰它師？又言君者，民之法儀，當自禁止不爲惡，既能正己，則民皆悦上之教，而善名不移也。孰敢以它爲師？言皆歸王道，不敢離貳也。○刑稱陳，守其銀，下不得用輕私門。罪禍有律，莫得輕重威不分。○請牧祺，明有基，主好論議必善謀。五聽循領，莫不理續主執持。○聽之經，明其請，參伍明謹施賞刑。顯者必得，隱者復顯民反誠。稱，尺證反。銀與垠同。門，叶音民。分，叶孚巾反。謀，叶音糜。請，當作情。○稱，謂當罪。當罪之法施陳，則各守其分限矣。下不得專用刑法，則私門自輕矣。禍，亦罪也。祺，吉也。又言請牧治吉祥之事，在明其所有之基業。五聽，見周禮。循領，謂修之使得綱領，莫不有文理相續也。主自執持此道，不使權歸於下矣。參伍，猶錯雜也。又言或往參之，或往伍之，皆使明謹，施其賞刑，言精研不使僭濫也。幽隱皆通，則民不詐僞矣。○言有節，稽其實，信誕以分賞罰必。下不欺上，皆以情言明若日。節，叶音即。○節，謂法度。欲使民言有法度，不欺誑，在稽考其事實也。○上通利，隱遠至，觀法不法見不視。耳目既顯，吏敬法令莫敢恣。上通利不壅蔽，則幽隱遐遠者皆至也。所觀之法非法，則雖見不視也。此已上，君論有五之事也。君教出，行有律，吏謹將之無鈹滑。下不私請，各以宜舍巧拙。鈹與披同。滑與汩同，音骨。「以」下疑脱「所」字。○五論既明，則教令之出皆有法律，而吏謹持之，無敢紛披汩亂者矣。羣下孰敢私請，不守所宜，而以巧拙爲强弱哉。臣謹修，君制變，公察善思論不亂。以治天下，後世法之成律貫。言臣下但當謹守法度，而君制其變，以出非常之斷，公察而善思之，則其論不亂，而天下後世皆得守之，以成法律之條貫也。或疑「思」當作「惡」。

右三章

佹詩第二

佹詩者，荀卿子之所作也。或曰：荀卿既爲蘭陵令，客有説春申君者曰：「湯以亳，武王以鎬，皆有天下，今荀子賢，而君借以百里之勢，臣爲君危之。」春申君乃謝荀子。荀子去，之趙。人又説春申君曰：「昔伊尹去夏入殷，殷王而夏亡。管仲去魯入齊，魯弱而齊強。賢者所在，其君未嘗不尊榮也。今荀子天下賢士，君何爲謝之？」春申君又使人請荀子，荀子不還而遺之賦。蓋即此佹詩也。然此其説，又與前異。未知其果孰是云。

天下不治，請陳佹詩。治，叶平聲。佹與詭同。○佹詩，佹異激切之詩也。天地易位，四時易鄉。列星隕墜，旦暮晦盲。幽闇登昭，日月下藏。盲，叶音芒。昭，或作照。公正無私，反見從横。志愛公利，重樓疏堂。無私罪人，憼革二兵。道德純備，讒口將將。仁人絀約，敖暴擅強。天下幽險，恐失世英。螭龍爲蝘蜓，鴟梟爲鳳皇。比干見刳，孔子拘匡。横，叶音黄。憼與儆同。兵，叶補芒反。將，七羊反。敖與傲同。英，叶音央。螭，丑知反。蝘音偃。蜓音典。鴟，稱脂反。梟，工堯反。○反見從横者，反見謂爲從横反覆之人也。愛，猶貪也。竊取公家之利以爲己有，而反得華屋以居也。憼，戒也。革，甲也。二，副也。言無私心而治有罪之人，乃反恐爲所讎害，而常爲兵革以備之也。將將，聲也。詩曰：「佩玉將將。」螭，見九歌。蝘蜓，蜴蜥也。鴟梟，見惜誓。昭昭乎其知之明也，郁郁乎其遇時之不祥也，拂乎其欲禮義之大行也，闇乎天下之晦盲也。明、盲，皆叶音芒。行，叶户郎反。○揚倞曰：「郁郁，有文章貌。拂，違也。此蓋誤耳，當爲拂乎其遇時之不祥也，郁郁乎其欲禮義之大行也。晦盲，言人莫之識也。」皓天不復，憂無疆也。千秋必反，古之常也。弟子勉學，天不忘也。聖人共手，時幾將矣。皓與昊同。秋，一作歳。共，讀爲拱。○言若使昊天之運往而不復，則所憂無窮。顧盛衰消息，循環代至，未有千歲而不反者，此固古今之常理也。弟子亦勉於學，以俟時耳，天道神明豈終忘此世者哉。況今之時，衰亂已極，雖有聖人亦拱手而不能有爲。蓋物極必反，時運之開，其亦將不久矣。與愚以疑，願聞反辭。此爲子弟承勉學之訓，而請問之詞。愚，爲其自稱也。蓋曰聖人拱手，則天下果已不可爲矣，而曰時幾將矣，則是與我以疑，而使我終不能曉也。故願聞其所以必反之説，而使我無所疑也。

其小歌曰〔三〕：九章亦有少歌，此即反詞也。念彼遠方，何其塞矣。仁人詘約，暴人衍矣。忠臣危殆，讒人般矣。塞字，音義皆未詳。或恐是「蹇」字也。般音盤，叶蒲典反。一作服。九歌首章服，亦作般，蓋通用也。○衍，饒裕也。般，樂也。琁玉瑶珠，不知佩也。雜布與錦，不知異也。閭娵、子奢，莫之媒也。嫫母、刀父，是之喜也。琁音旋。佩，叶音備。娵，子侯反。媒，叶音寐。嫫音謨。喜，許既反。○琁，赤玉。瑶，美玉。布錦不異，言精粗不同而不能辨也。閭娵、子奢，古之美女也。或曰：奢，當作都，然則乃謂男子也。嫫母，已見九章。刀父，未詳。以盲爲明，以聾爲聰。以危爲安，以吉爲凶。嗚呼上天！曷維其同？言衰亂之極，人懷私意，乖異反易，至於如此，故呼天而問之曰：何爲而可使之同乎？同則合乎天下之公，是非善惡皆當於理，而天下治矣。此明天意，悔禍則轉禍爲福，撥亂反正，不足爲難，以解弟子之惑也。或曰：雲漢之卒章曰：「瞻卬昊天，曷惠其寧？」恐此或用其語，則「維」當作「惠」，而文意愈明白矣。

易水歌第三

易水歌者，燕刺客荆軻之所作也。燕太子丹患秦攻伐諸侯無已時，使荆軻奉督亢之圖、樊於期之首，入秦刺秦王。將發，太子及賓客知其事者，皆白衣冠以送之。至易水之上，既祖，取道，高漸離擊筑，荆軻和而歌，爲變徵之聲。士皆垂淚涕泣。又前而歌，復爲羽聲，忼慨，士皆瞋目，髮盡上指冠。於是荆軻就車而去。夫軻，匹夫之勇，其事無足言。然於此可以見秦政之無道，燕丹之淺謀，而天下之勢已至於此，雖使聖賢復生，亦未知其何以安之也。且余於此又特以其詞之悲壯激烈，非楚而楚，有足觀者，於是録之，它固不遑深論云。

風蕭蕭兮易水寒，壯士一去兮不復還。

越人歌第四

越人歌者，楚王之弟鄂君泛舟於新波之中，榜枻越人擁棹而歌此詞。其義鄙褻不足言，特以其自越而楚，不學而得其餘韻。且於周太師「六詩」之所謂「興」者，亦有契焉。知聲詩之體，古今共貫，胡、越一家，有非人之所能爲者，是以不得以其遠且賤而遺之也。

今夕何夕兮，搴洲中流。今日何日兮，得與王子同舟。蒙羞被好兮，不訾詬恥。心幾頑而不絶兮，得知王子。山有木兮木有枝，心説君兮君不知。

垓下帳中之歌第五

垓下帳中歌者，西楚霸王項羽之所作也。漢王大會諸侯以伐楚，羽壁垓下，軍少食盡，漢帥諸侯，圍之數重。羽夜聞漢軍四面皆楚歌，乃驚曰：「漢皆已得楚乎？是何楚人多也！」起飲帳中，有美人姓虞氏，常幸從。駿馬名騅，常騎。蒼白雜毛曰騅。羽迺悲歌忼慨，自爲歌詩。歌數曲，美人和之。羽泣下數行，左右皆泣，莫能仰視。於是羽遂上馬，戲下騎從者八百餘人，夜直潰圍南出。漢追及之，羽遂自剄。羽固楚人，而其詞忼慨激烈，有千載不平之餘憤，是以著之。若其成敗得失，則亦可以爲强不義者之深戒云。

力拔山兮氣蓋世，時不利兮騅不逝。騅不逝兮可柰何，虞兮虞兮柰若何。

大風歌第六

大風歌者，漢太祖高皇帝之所作也。上破黥布於會垂上工外反，下丈瑞反。還過沛，留置酒沛宮，悉召故人父老子弟佐酒，發沛中兒得百二十人，教之歌。酒酣，上擊筑，筑音竹。○狀似琴而大頭細頸，安弦，以竹擊之，故名爲筑。自歌，令兒皆歌習之。上乃起舞，忼慨傷懷，泣數行下。謂沛父兄曰：「游子悲故鄉。吾雖都關中，萬歲之後，吾魂魄猶思沛。且朕自沛公以誅暴逆，遂有天下，其以沛爲朕湯沐邑，復其民，世世無有所與。」此其歌，正楚聲也。亦名三侯之章。文中子曰：「大風，安不忘危，其霸心之存乎！」美哉乎！其言之也。漢之所以有天下，而不能爲三代之王，其以是夫。然自千載以來，人主之詞，亦未有若是其壯麗而奇偉者也。嗚呼雄哉！

大風起兮雲飛揚，威加海內兮歸故鄉，安得猛士兮守四方。

鴻鵠歌第七

鴻鵠歌者，漢高帝之所作也。初，呂后起閭閻，佐帝定天下。既老而疏，太子盈又柔弱，而戚夫人有寵於上，上以其子趙王如意爲類己，欲廢太子而立之。呂后恐，不知所爲，問計於留侯。留侯爲畫計，使太子卑詞厚禮，招隱士四人以爲客。後上置酒，太子侍，四人者從，年皆八十有餘，須眉皓白，衣冠甚偉。上怪問之，四人前對，各言姓名。上迺驚曰：「吾求公，公避逃我，何自從吾兒遊乎？」四人曰：「陛下輕士善罵，臣等義不辱，故恐而亡匿。今聞太子仁孝，恭敬愛士，天下莫不延頸願爲太子死者，故臣等來。」上曰：「煩公幸卒調護太子。」四人爲壽已畢，趨出。上目送之，召戚夫人，指視之曰：「我欲易之，彼四人者輔之，羽翼已成，難動矣。呂氏真迺主矣。」戚夫人泣涕，上曰：「爲我楚舞，吾爲若楚歌。」歌數闋，戚夫人歔欷流涕，上起去，罷酒，竟不易太子云。余嘗怪留侯明炳幾先，筭無遺策，而其爲此，則不唯不暇爲高祖愛子計，亦不復爲漢家社稷計矣。抑高祖之歌詞如此，而其言曰「呂氏真迺主矣」，此又豈專以太子柔弱之故而爲是舉哉？一念之差，基怨造禍，以至於此，固無兩全之理矣。留侯姑亦權其正且重者而存之，以爲是甚不獲已之計，非別有長策而故左之以就此也。嗚呼！向使高祖之心本不出於私愛，則必能深以天下國家之大計爲己憂，而畨與張、陳、陵、勃諸公謀之帷幄，以定其論。可則以恒易盈，固爲兩得。不可則姑仍其舊，而屬大臣輔以誼。庶幾吕氏悍戾之心，亦無所激而將自平，則後來之禍，猶可以不至於若是其烈。今既不然，則杜牧所謂「四老安劉，反爲滅劉」者，真可爲寒心也哉！抑此詞卒章，意象蕭索，亦非復三俟比矣。

鴻鵠高飛，一舉千里。羽翼已就，横絶四海。海，叶音喜。○絶，謂飛而直度也。横絶四海，又可柰何？雖有矰繳，尚安所施？施，叶踈何反。○繳，弋射也，其矢曰矰。

校勘記

〔一〕抴 原作「枻」，據荀子改，注文同。

〔二〕也 原作「數」，據景元本改。

〔三〕曰 原作「也」，據掃葉本改。

楚辭後語卷第二

弔屈原第八

服賦第九 並見續離騷。

瓠子之歌第十

瓠子歌者，漢孝武帝之所作也。帝既封禪，乃發卒數萬人塞瓠子決河。還，自臨祭，沈白馬、玉璧，令羣臣從官皆負薪寘決河。時東郡燒薪柴少，乃下淇園之竹以爲楗。燒，旱也。樹竹塞水決口謂之楗。以草塞其裏，乃以土填之，有石以石爲之。天子悼其功之不就，爲作歌詩二章，於是卒塞瓠子，築宮其上，名曰宣防。史記防作「房」，後同。而導河北行二渠，復禹舊迹。自此梁、楚之地復寧，無水災矣。歸來子曰：「先是帝封禪，巡祭山川，殫財極侈，海内爲之虚耗。及爲此歌，乃閔然有籲神憂民惻怛之意云。」

瓠子決兮將柰何？浩浩洋兮慮殫爲河。史記「浩」作「皓」、「慮」作「閭」，注云：「謂州〔一〕閭也。」殫爲河兮地不得寧，功無已時兮吾山平。吾山平兮鉅野溢，魚弗鬱兮柏冬日。注云：「吾山，疑謂東阿魚山也。」平者，鑿山以填河，故山平也。鉅野，即禹貢之大野澤。史記「弗」作「沸」。弗鬱，憂不樂也。柏與迫同。水長涌溢，穢濁不清，故魚不樂。又迫冬日，將甚困也。正道弛兮離常流，蛟龍騁兮放遠遊。史記「正」作「延」。正道，河之正道也。弛，壞也。歸舊川兮神哉沛，不封禪兮安知外？沛，普大反。○神哉沛，言神靈滂沛也。又言不因封禪，則不知關外有此水。爲我謂河伯兮何不仁，泛濫不止兮愁吾人。漢書「爲我」二字作「皇」，「伯」作「公」。齧桑浮兮淮泗滿，久不反兮水維緩。水維，水之綱維也。

右一

河湯湯兮激潺湲，北渡回兮迅流難。史記「回」作「迂」、「迅」作「浚」。搴長筊兮湛美玉，河伯許兮薪不屬。搴音騫。筊音交，竹葦絙，以引置土石者也。湛，讀爲沈。美玉，即玉璧也。屬，之欲反。沈玉禮神，神已見許，但以薪不屬逮，故無功也。薪不屬兮衛人罪，燒蕭條兮噫乎何以御水？御與禦同，止也。東郡，衛地。言以旱燒而薪不屬，乃衛人之罪，將何以止水也。隤林竹兮楗石菑，宣防塞兮萬福來。隤林竹，即所謂下淇園之竹。菑，側其反，臿也。楗石菑者，臿石立之以爲楗也。

右二

秋風辭第十一

秋風辭者，漢武帝之所作也。帝幸河東，祠后土，讌飲中流，歡甚作此。文中子曰：「秋風，樂極而哀來，其悔心之萌乎？」

秋風起兮白雲飛，草木黄落兮鴈南歸。蘭有秀兮菊有芳，懷佳人兮不能忘。汎樓船兮濟汾河，横中流兮揚素波。簫鼓鳴兮發櫂歌，懽樂極兮哀情多，少壯幾時兮柰老何！蘭秀菊芳，以興下句之詞，與湘夫人及越人歌同法，知此則知興之體矣。

烏孫公主歌第十二

烏孫公主歌者，漢武帝元封中，以江都王建女細君爲公主，妻烏孫王昆莫爲右夫人。公主至其國，自治宮室居。歲時一再，與昆莫會，置酒飲食。昆莫年老，言語不通，公主悲愁，自爲作歌如此。昆莫乃上書，請使其孫尚公主，詔許之。公主不聽，亦上書言狀。天子乃報，使從其俗。公主詞極悲哀，固可録。然并著其本末者，亦以爲中國結昏夷狄，自取羞辱之戒云。

吾家嫁我兮天一方，遠託異國兮烏孫王。穹廬爲室兮旃爲牆，以肉爲食兮酪爲漿。食，飤也。音嗣。居常土思兮心内傷，願爲黄鵠兮歸故鄉。

長門賦第十三

長門賦者，司馬相如之所作也。歸來子曰：「此諷也，非高唐、洛神之比。」梁蕭統文選云：「漢武帝陳皇后得幸，頗妬，别在長門宮，聞蜀郡司馬相如天下工爲文，奉黄金百斤爲相如、文君取酒，因求解悲愁之辭。而相如爲文以悟主上，皇后復得幸。」而漢書皇后及相如傳無奉金求賦復幸事。然此文古妙，最近楚辭。或者相如以后得罪，自爲文以諷，非后求之，不知叙者何從實此云。

夫何一佳人兮，步逍遥以自虞。魂踰佚而不返兮，形枯槁而獨居。言我朝往而暮來兮，飲食樂而忘人。心慊〔二〕移而不省故兮，交得意而相親。伊予志之慢愚兮，懷貞愨之歡心。願賜問而自進兮，得尚君之玉音。奉虛言而望誠兮，期城南之離宮。脩薄具而自設兮，君不肯兮幸臨。廓獨潛而專精兮，天飄飄而疾風。登蘭臺而遥望兮，神怳怳而外淫。浮雲鬱而四塞兮，天窈窈而晝陰。雷隱隱而響起兮，聲象君之車音。飄風迴而赴閨兮，舉帷幄之襜襜。桂樹交而相紛兮，芳酷烈之誾誾。孔雀集而相存兮，玄猿嘯而長吟。翡翠脅翼而來萃兮，鸞鳳飛而北南。心憑噫而不舒兮，邪氣壯而攻中。下蘭臺而周覽兮，步從容於深宮。正殿塊以造天兮，鬱並起而穹崇。間徙倚於東廂兮，觀夫靡靡而無窮。擠玉户以撼金鋪兮，聲噌吰而似鍾音。刻木蘭以爲榱兮，飾文杏以爲梁。羅丰茸之游樹兮，離樓梧而相撐。施瑰木之欂櫨兮，委參差以槺梁。時髣髴以物類兮，象積石之將將。五色炫以相曜兮，煥爛熚而成光。致錯石之瓴甓兮，象瑇瑁之文章。張羅綺之幔帷兮，垂楚組之連綱。撫柱楣以從容兮，覽曲臺之央央。白鶴噭以哀號兮，孤雌跱於枯楊。日黄昏而望絶兮，悵獨託於空堂。懸明月以自照兮，徂清夜於洞房。援雅琴以變調兮，奏愁思之不可長。案流徵以却轉兮，聲幼妙而復揚。貫歷覽其中操兮，意慷慨而自卬。左右悲而垂淚兮，涕流離而從橫。舒息悒而增欷兮，蹝履起而彷徨。投長袂以自翳兮，數昔日之諐殃。無面目之可顯兮，遂頹思而就床。摶芬若以爲枕兮，席荃蘭而茝香。忽寢寐而夢想兮，魂若君之在傍。惕寤覺以無見兮，魂迋迋若有亡。衆雞鳴而愁予兮，起視月之精光。觀衆星之行列兮，畢昴出於東方。望中庭之藹藹兮，若季秋之降霜。夜漫漫其若歲兮，懷鬱鬱其不可再更。澹偃蹇而待曙兮，荒亭亭而復明。妾人竊自悲傷兮，究年歲而不敢忘。

哀二世賦第十四

哀二世賦者，司馬相如之所作也。相如嘗從上至長楊獵，還過宜春宮。宜春者，本秦離宮，閻樂殺胡亥之地也。相如奏賦以哀二世行失，其詞如此。蓋相如之文，能侈而不能約，能諂而不能諒。其上林、子虛之作，既以誇麗而不得入於楚詞，大人之於遠遊，其漁獵又泰甚，然亦終歸於諛也。特此二篇，爲有諷諫之意，而此篇所爲作者，正當時之商監，尤當傾意極言，以寤主聽。顧乃低徊局促，而不敢盡其詞焉，亦足以知其阿意取容之可賤也。不然，豈其將死而猶以封禪爲言哉？

登陂陁之長阪兮，坌入曾宮之嵯峨。臨曲江之隑州兮，望南山之參差。巖巖深山之谾谾兮，通谷𧮯乎谽谺。陂，普何反。陁，徒何反。坌，普頓、步頓二反，並也。曾，重也。隑，巨依反，曲岸頭也。與碕同。差，叶初歌反。谾谾，音籠，深通皃。𧮯，呼活反。谽，呼含反，大開皃。谺，呼加反，叶音河。汩淢靸以永逝兮，注平皋之廣衍。觀衆樹之蓊薆兮，覽竹林之榛榛。汩，于筆反。淢音域，疾皃。靸，先合反，輕舉意。皋，水邊地也。蓊，烏孔反。薆音愛，陰蔽皃。榛，側巾反，盛皃。叶韻未詳，恐有棧音。東馳土山兮，北揭石瀨。弭節容與兮，歷弔二世。持身不謹兮，亡國失勢。揭，丘例反，褰衣而涉也。石而淺水曰瀨。信讒不寤兮，宗廟滅絶。烏乎！操行之不得。墓蕪穢而不修兮，魂亡歸而不食。操，七到反。

自悼賦第十五

自悼賦者，漢孝成班倢伃之所作也。班氏世世以儒學顯，倢伃以選入宮，貴幸。嘗從游後庭，帝召欲與同輦載，辭〔三〕曰：「觀古圖畫，賢聖之君，皆有名臣在側，三代末主迺有嬖女，今欲同輦，得無近似之乎？」上善其言而止。近，巨靳反。倢伃誦詩及窈窕、德象、女師之篇，每進見上疏，依則古禮。詩，謂關雎以下也。窈窕、德象、女師之篇，皆古箴戒之書也。後趙飛燕娣弟自微賤興，倢伃稀復進見。飛燕遂譖倢伃祝詛主上，考問倢伃。倢伃對曰：

「妾聞死生有命，富貴在天。脩正尚未蒙福，爲邪欲以何望？使鬼神有知，不受不臣之愬，如其無知，愬之何益？故不爲也。」上善其對，事遂釋。然倢伃恐久終見危，求得共養太后長信宫，共，居用反。養，弋向反。因作賦以自悼。歸來子以爲「其詞甚古，而侵尋於楚人，非特婦人女子之能言」者。是固然矣。至其情雖出於幽怨，而能引分以自安，援古以自慰，和平中正，終不過於慘傷。又其德性之美，學問之力，有過人者，則論者有不及也。嗚呼賢哉！柏舟、緑衣見録於經，其詞義之美，殆不過此云。

承祖考之遺德兮，何性命之淑靈。登薄軀於宫闕兮，充下陳於後庭。蒙聖皇之渥惠兮，當日月之盛明。揚光烈之翕赫兮，奉隆寵於增成。何音賀，任也，負也。陳，列也。增成，後宫之舍，倢伃所居也。既過幸於非位兮，竊庶幾乎嘉時。每寤寐而絫息兮，申佩離以自思。陳女圖以鏡監兮，顧女史而問詩。悲晨婦之作戒兮，哀襃閻之爲郵。美皇英之女虞兮，榮任姒之母周。雖愚陋其靡及兮，敢舍心而忘兹。絫，古「累」字。累息，言懼而增累喘息也。離與縭同，袿衣之帶也。女子適人，父結其縭而戒之，故言自思也。晨雞，見尚書，曰：「牝雞之晨，惟家之索。」言婦人不當預外事也。襃，襃姒，周幽王之嬖妾也，見天問。閻，即詩所謂「豔妻」，亦指襃姒也。郵，過也。皇，娥皇。英，女英。見九歌。女，尼據反。女虞，謂嫁於虞舜也。任，太任，文王母。姒，太姒，武王母也。鄄、周，皆叶時韻讀。舍，息也。歷年歲而悼懼兮，閔蓄華之不滋。痛陽禄與柘館兮，仍繈褓而離災。豈妾人之殃咎兮，將天命之不可求。陽禄、柘館，二觀名。倢伃嘗就産子，數月失之。災、求，並叶滋韻。白日忽已移光兮，遂晻莫而昧幽。猶被覆載之厚德兮，不廢捐於罪鄄。奉共養于東宫兮，託長信之末流。共洒埽於帷幄兮，永終死以爲期。願歸骨於山足兮，依松栢之餘休。晻與暗同，又烏感反。莫，讀作暮，或曰：靜也，如字。鄄、共養，並見上。「流」下「共」，居容反。洒音灑。埽，先到反。山足，謂陵下。休，廕也。重曰：潛玄宫兮幽以清，應門閉兮禁闥扃。華殿塵兮玉階菭，中庭萋兮緑草生。廣室陰兮帷幄暗，房櫳虚兮風泠泠。感帷裳兮發紅羅，紛綷縩兮紈素聲。神眇眇兮密靚處，君不御兮誰爲榮。應門，正門也。扃，短關也。菭音臺。萋音妻。櫳，疏檻也，來東反。感，動也。綷，千賄反。縩音蔡，衣聲。靚與靜同。俯視兮丹墀，思君兮履綦。仰視兮雲屋，雙涕兮横流。丹墀，赤地也。綦音其，履下飾也。雲屋，言其黮䨴若雲也。流，叶綦韻。顧左右兮和顔，酌羽觴兮銷憂。惟人生兮一世，忽已過兮若浮。已獨享兮高明，處生民兮極休。勉虞精兮極樂，與福禄兮無期。緑衣兮白華，自古兮有之。羽觴，見招魂。享，受也。休，美也。虞與娱同。緑衣，衛莊姜失位，自傷之詩。白華，周幽王申后被廢所作。

反離騷第十六〔四〕

校勘記

〔一〕州　原作「川」，據景元本改。

〔二〕慊　原作「嫌」，據景元本改。

〔三〕辭　原作「詞」，據景元本改。

〔四〕反離騷見集注卷第八末附。

楚辭後語卷第三

絶命詞第十七

絶命詞者，漢息夫躬之所作也。躬以變告東平王雲祠祭祝詛事拜官封侯，而雲坐誅死。後又數上疏論事，語皆險譎。竟以罪繫詔獄，仰天大嘑，絶咽而死。躬以利口作姦，死不償責。而此詞乃以「發忠忘身」，號于上帝，甚矣其欺天也！特以其詞高古似賈誼，故録之。而備其本末如此，又以見文人無行之不足貴云。

玄雲泱鬱，將安歸兮。鷹隼横厲，鸞徘徊兮。泱，烏朗反。○泱鬱，盛皃。厲，疾飛也。鸞，神鳥也。徘徊，不得其所也。矰若浮猋，動則機兮。叢棘棧棧，曷可棲兮？猋，必遥反。棧，仕巾反。○矰，弋射矢也。猋，疾風也。機，謂觸其機牙也。棧，衆盛皃。發忠亡身，自繞罔兮。寃頸折翼，庸得往兮？罔與網同。○寃，屈也。庸，猶何也。此上皆以鸞自喻也。涕泣流兮萑蘭，心結愲兮傷肝。萑音桓。愲音骨。○萑蘭，涕下闌干也。結愲，亂也。虹蜺曜兮日微，孽杳冥兮未開。開，叶音歸。○孽，虹蜺覆日之氣也。痛入天兮嗚嘑，冤際絶兮誰語？嘑，火故反。語，牛助反。○際，交也。仰天光兮自列，招上帝兮我察。招，呼也。秋風爲我唫，浮雲爲我陰。唫，古「吟」字。嗟若是兮欲何留？撫神龍兮攬其須。留，叶音閭。或云如字。而須，叶音秋。游曠迥兮反亡期，雄失據兮世我思。自言英雄失據，後當爲世所思也。

思玄賦第十八

晁氏曰：「思玄賦者，漢侍中張衡之所作也。順帝引在幃幄，諷諭左右。嘗問衡天下所疾惡者，宦官懼其毁己，皆共目之。衡乃詭對而出。猶共危衡，衡常思圖身之事，以爲吉凶隱伏，幽微難明，迺作思玄賦，以宣寄情志云。」

仰先哲之玄訓兮，雖彌高其弗違。匪仁里其焉宅兮，匪義迹其焉追？潛服膺以永靚兮，綿日月而不衰。伊中情之信脩兮，慕古人之貞節。竦余身而順止兮，遵繩墨而不跌。志團團以應懸兮，誠心固其如結。旌性行以制佩兮，佩夜光與瓊枝。纗幽蘭之秋華兮，又綴之以江蘺。美襞積以酷烈〔一〕兮，允塵邈而難虧。既姱麗而鮮雙兮，非是時之攸珍。奮余榮而莫見兮，播余香而莫聞。幽獨守此仄陋兮，敢怠皇而舍勤。幸二八之遻虞兮，喜傅説之生殷。尚前良之遺風兮，恫後辰而無及。何孤行之煢煢兮，孑不羣而介立。感鸞鷟之特棲兮，悲淑人之稀合。

彼無合其何傷兮，患衆僞之冒真。旦獲讟于羣弟兮，啓金縢而乃信。覽蒸民之多僻兮，畏立辟以危身。曾煩毒以迷或兮，羌孰可與言己？私湛憂而深懷兮，思繽紛而不理。願竭力以守義兮，雖貧窮而不改。執雕虎而試象兮，阽焦原而跟止。庶斯奉以周旋兮，要既死而後已。俗遷渝而事化兮，泯規矩之圓方。珍蕭艾於重笥兮，謂蕙芷之不香。斥西施而弗御兮，羈要裛以服箱。行陂僻而獲志兮，循法度而離殃。惟天地之無窮兮，何遭遇之無常？不抑操而苟容兮，譬臨河而無航。欲巧笑以干媚兮，非余心之所嘗。襲温恭之黻衣兮，披禮義之繡裳。辮貞亮以爲鞶兮，雜技藝以爲珩。昭綵藻與雕琢兮，璜聲遠而彌長。淹棲遲以恣欲兮，燿靈忽其西藏。恃己知而華予兮，鶗鴂鳴而不芳。冀一年之三秀兮，遒白露之爲霜。時亹亹而代序兮，疇可與其比伉？咨妒嫮之難並兮，想依韓以流亡。恐漸冉而無成兮，留則蔽而不章。

心猶與而狐疑兮，即岐阯而攄情。文君爲我端蓍兮，利飛遁以保名。歷衆山以周流兮，翼迅風以揚聲。二女感於崇岳兮，或冰折而不營。天蓋高而爲澤兮，誰云路之不平？勔自强而不息兮，蹈玉階之嶢崢。懼筮氏之長短兮，鑽東龜以觀禎。遇九皋之介鳥兮，怨素意之不逞。遊塵外而瞥天兮，據冥翳而哀鳴。鵰鶚競於貪婪兮，我脩絜以益榮。子有故於玄鳥兮，歸母氏而後寧。

占既吉而無悔兮，簡元辰而俶裝。旦余沐於清原兮，晞余髮於朝陽。漱飛泉之瀝液兮，咀石菌之流英。翾鳥舉而魚躍兮，將往走乎八荒。過少皥之窮野兮，問三丘乎句芒。何道真之淳粹兮，去穢累而票輕。登蓬萊而容與兮，鼇雖抃而不傾。留瀛洲而採芝兮，聊且樂乎長生。憑歸雲而遐逝兮，夕余宿乎扶桑。噏青岑之玉醴兮，餐沆瀣以爲糧。發昔夢於木禾兮，穀崑崙之高岡。朝吾行於湯谷兮，從伯禹於稽山。集羣神之執玉兮，疾防風之食言。

指長沙以邪徑兮，存重華乎南鄰。哀二妃之末從兮，翩儐處彼湘瀕。流目頫夫衡阿兮，睹有黎之圮墳。痛火正之無懷兮，託山陂以孤魂。愁蔚蔚以慕遠兮，越邛州而愉敖。躋日中于昆吾兮，憩炎天之所陶。揚芒熛而絳天兮，水泫沄而涌濤。温風翕其增熱兮，惄鬱邑其難聊。顝羈旅而無友兮，余安能乎留茲？

顧金天而歎息兮，吾欲往乎西嬉。前祝融使舉麾兮，纚朱鳥以承旗。躔建木於廣都兮，拓若華而躊躇。超軒轅於西海兮，跨汪氏之龍魚。聞此國之千歲兮，曾焉足以娛余？

思九土之殊風兮，從蓐收而遂徂。欻神化而蟬蛻兮，朋精粹而爲徒。蹶白門而東馳兮，云台行乎中野。亂弱水之潺湲兮，逗華陰之湍渚。號馮夷俾清津兮，櫂龍舟以濟予。會帝軒之未歸兮，悵相佯而延佇。呬河林之蓁蓁兮，偉關雎之戒女。黄靈詹而訪命兮，摎天道其焉如？曰：近信而遠疑兮，六籍闕而不書。神逵昧其難覆兮，疇克謨而從諸？牛哀病而成虎兮，雖逢昆其必噬。鼈令殪而尸亡兮，取蜀禪而引世。死生錯而不齊兮，雖司命其不晰。竇號行於代路兮，後膺祚而繁廡。王肆侈於漢廷兮，卒銜恤而絶緒。尉厖眉而郎潛兮，逮三葉而遘武。董弱冠以司衮兮，設王隧而弗處。夫吉凶之相仍兮，恒反側而靡所。穆負天以悦牛兮，豎亂叔而幽主。文斷袪而忌伯兮，閹謁賊而寧后。通人闇於好惡兮，豈愛惑之能剖？嬴擿讖而戒胡兮，備諸外而發内。或輦賄而違車兮，孕行産而爲對。慎竈顯於言天兮，占水火而妄諄。梁叟患夫黎丘兮，丁厥子而事刃。親所睇而弗識兮，矧幽冥之可信？母綿攣以涬己兮，思百憂以自疢。〔二〕彼天監之孔明兮，用棐忱而佑仁。湯蠲體以禱祈兮，蒙厖褫以拯人。景三慮以營國兮，熒惑次於它辰。魏顆亮以從理兮，鬼亢回以敝秦。咎繇邁而種德兮，樹德茂乎英六。桑末寄夫根生兮，卉既彫而已毓。有無言而不讎兮，又何往而不復？盍遠迹以飛聲兮，孰謂時之可蓄？

仰矯首以遥望兮，魂惝惘而無儔。偪區中之隘陋兮，將北度而宣遊。行積冰之磑磑兮，清泉沍而不流。寒風凄而永至兮，拂穹岫之騷騷。玄武縮於殼中兮，螣蛇蜿而自糾。魚矜鱗而并凌兮，鳥登木而失條。坐太陰之屏室兮，慨含欷而增愁。怨高陽之相寓兮，伷顓頊而宅幽。庸織絡於四裔兮，斯與彼其何瘳！望寒門之絶垠兮，縱余緤乎不周。迅飇潚其媵我兮，鶩翩飄而不禁。趨谽嘲之洞穴兮，摽通淵之碄碄。經重陰乎寂寞兮，愍墳羊之潛深。追慌忽於地底兮，軼無形而上浮。出石〔三〕密之闇野兮，不識蹊之所由。速燭龍令執炬兮，過鍾山而中休。瞰瑶谿之赤岸兮，弔祖江之見劉。聘王母於銀臺兮，羞玉芝以療飢。戴勝慭其既歡兮，又誚余之行遲。載太華之玉女兮，召洛浦之宓妃。咸姣麗以蠱媚兮，增嫮眼而娥眉。舒妙婧之纖腰兮，揚雜錯之袿徽。離朱脣而微笑兮，顔的礰以遺光。獻環琨與璵縭兮，申厥好以玄黄。雖色豔而賂美兮，志浩蕩而不嘉。雙材悲於不納兮，並詠詩而清歌。歌曰：「天地烟熅，百卉含蘤。鳴鶴交頸，雎鳩相和。處子懷春，精魂回移。如何淑明，忘我實多。」

將荅賦而不暇兮，爰整駕而亟行。瞻崑崙之巍巍兮，臨縈河之洋洋。伏靈龜以負坻兮，亘螭龍之飛梁。登閬風之曾城兮，構不死而爲牀。屑瑶蕊以爲糇兮，斞白水以爲漿。抨巫咸以占夢兮，迺貞吉之元符。滋令德於正中兮，含嘉秀以爲敷。既垂穎而顧本兮，爾要思乎故居。安和靜而隨時兮，姑純懿之所廬。

戒庶寮以夙會兮，僉恭職而並迓。豐隆軯其震霆兮，列缺爗其照夜。雲師黮以交集兮，涷雨沛其灑塗。轙琱輿而樹葩兮，擾應龍以服輅。百神森其備從兮，屯騎羅而星布。振余袂而就車兮，脩劍揭以低昂。冠咢咢其映蓋兮，佩綝纚以煇煌。僕夫儼其正策兮，八乘攄而超驤。氛旄溶以天旋兮，蜺旌飄而飛揚。撫軨軹而還睨兮，心灼藥其如湯。羨上都之赫戲兮，何迷故而不忘？左青琱以揵芝兮，右素威以司鉦。前長離使拂羽兮，委水衡乎玄冥。屬箕伯以函風兮，澂淟涊而爲清。曳雲旗之離離兮，鳴玉鸞之譻譻。涉清霄而升遐兮，浮蔑蒙而上征。紛翼翼以徐戾兮，焱回回其揚靈。叫帝閽使闢扉兮，覿天皇于瓊宮。聆廣樂之九奏兮，展洩洩以彤彤。考理亂於律鈞兮，意建始而思終。惟盤逸之無斁兮，懼樂往而哀來。素撫弦而餘音兮，大容吟曰念哉。既防溢而靜志兮，迨我暇以翱翔。出紫宮之肅肅兮，集大微之閬閬。命王良掌策駟兮，踰高閣之鏘鏘。建罔車之幕幕兮，獵青林之芒芒。彎威弧之撥剌兮，射嶓冢之封狼。觀壁壘於北落兮，伐河鼓之磅硠。乘天潢之汎汎兮，浮雲漢之湯湯。倚招搖攝提以低回劉流兮，察二紀五緯之綢繆遹皇。偃蹇夭嬌娩以連卷兮，雜沓叢顇颯以方驤。䑣汨飂戾沛以罔象兮，爛漫麗靡藐以迭遏。凌驚雷之砊磕兮，弄狂電之淫裔。踰庬澒於宕冥兮，貫倒景而高厲。廓盪盪其無涯兮，乃今窺乎天外。

據開陽而頫盼兮，臨舊鄉之暗藹。悲離居之勞心兮，情悁悁而思歸。魂眷眷而屢顧兮，馬倚輈而徘回。雖遨遊以媮樂兮，豈愁慕之可懷？出閶闔兮降天塗，乘飈忽兮馳虚無。雲霏霏兮繞余輪，風眇眇兮震余旟。繽聯翩兮紛暗曖，儵眩眃兮反常閭。收疇昔之逸豫兮，卷淫放之遐心。脩初服之娑娑兮，長余珮之參參。文章焕以粲爛兮，美紛紜以從風。御六蓺之珍駕兮，遊道德之平林。結典籍而爲罟兮，敺儒墨而爲禽。玩陰陽之變化兮，詠雅、頌之徽音。嘉曾氏之歸耕兮，慕歷阪〔四〕之欽崟。共夙昔而不貳兮，固終始之所服也。夕惕若厲以省諐兮，懼余身之未勑也。苟中情之端直兮，莫吾知而不恧。墨無爲以凝志兮，與仁義乎消摇。不出户而知天下兮，何必歷遠以劬勞？

系曰：天長地久歲不留，俟河之清祇懷憂。願得遠度以自娱，上下無常窮六區。超踰騰躍絶世俗，飄颻神舉逞所欲。天不可階〔五〕仙夫希，柏舟悄悄吝不飛。松、喬高跱孰能離？結精遠遊使心攜。回志朅來從玄謀，獲我所求夫何思！

悲憤詩第十九

晁氏曰：「悲憤詩者，漢中郎蔡邕女琰之所作也。琰嫁爲衛仲道妻，遭亂爲胡騎所獲，没於南匈奴左賢王者十二年，爲生二子。曹操素善邕，痛其無後，以金璧重賂贖之，而重歸於董祀。琰自傷失節，而不能忘其二子，為作此辭。」

嗟薄祐兮遭世患，宗族殄兮門户單。身執略兮入西關，歷險阻兮之羌蠻。山谷眇兮路曼曼，眷東顧兮但悲歎。冥當寢兮不能安，飢當食兮不能餐。常流涕兮眥不乾，薄志節兮念死難，雖苟活兮無形顔。惟彼方兮遠陽精，陰氣凝兮雪夏零。沙漠壅兮塵冥冥，有草木兮春不榮。人似禽兮食臭腥，言兜離兮狀窈停。歲聿暮兮時邁征，夜悠長兮禁門扃。不能寐兮起屏營，登胡殿兮臨廣庭。玄雲合兮翳月星，北風厲兮肅泠泠。胡笳動兮邊馬鳴，孤鴈歸兮聲嚶嚶。樂人興兮彈琴箏，音相和兮悲且清。心吐思兮匈憤盈，欲舒氣兮恐彼驚，含哀咽兮涕沾頸。家既迎兮當歸寧，臨長路兮捐所生。兒呼母兮嗁失聲，我掩耳兮不忍聽。追持我兮走煢煢，頓復起兮毁顔形。還顧之兮破人情，心怛絶兮死復生。

胡笳第二十

胡笳者，蔡琰之所作也。東漢文士有意於騷者多矣，不録而獨取此者，以爲雖不規規於楚語，而其哀怨發中，不能自已之言，要爲賢於不病而呻吟者也。范史乃棄不録，而獨載其悲憤二詩。二詩詞意淺促，非此詞比，眉山蘇公已辯其妄矣。蔚宗文下固有不詧。歸來子祖屈而宗蘇，亦未聞此，何邪？琰失身胡虜，不能死義，固無可言。然猶能知其可耻，則與揚雄反騷之意，又有間矣。今録此詞，非恕琰也，亦以甚雄之惡云爾。

我生之初尚無爲，我生之後漢祚衰。天不仁兮降亂離，地不仁兮使我逢此時。干戈日尋兮道路危，民卒流亡兮共哀悲。煙塵蔽野兮胡虜盛，志意乖兮節義虧。對殊俗兮非我宜，遭惡辱兮當告誰？笳一會兮琴一拍，心憤怨兮無人知。

戎羯逼我兮爲室家，將我行兮向天涯。雲山萬重兮歸路遐，疾風千里兮風揚沙。人多暴猛兮如虺蛇，控弦被甲兮爲驕奢。兩拍張絃兮絃欲絶，志摧心折兮自悲嗟。

越漢國兮入胡城，亡家失身兮不如無生。氈裘爲裳兮骨肉震驚，羯羶爲味兮枉遏我情。鞞鼓喧兮從夜達明，胡風浩浩兮暗塞營。傷今感昔兮三拍成，銜悲畜恨兮何時平！

無日無夜兮不思我鄉土，禀氣含生兮莫過我最苦。天災國亂兮人無主，唯我薄命兮没戎虜。殊俗心異兮身難處，嗜欲不同兮誰可與語？尋思涉歷兮多艱阻，四拍成兮益悽楚。

鴈南征兮欲寄邊聲，鴈北歸兮爲得漢音。鴈飛高兮邈難尋，空斷腸兮思愔愔。攢眉向月兮撫雅琴，五拍泠泠兮意彌深。

冰霜凛凛兮身苦寒，飢對肉酪兮不能飡。夜聞隴水兮聲嗚咽，朝見長城兮路杳漫。追思往日兮行李難，六拍悲來兮欲罷彈。

日暮風悲兮邊聲四起，不知愁心兮説向誰是？原野蕭條兮烽戍萬里，俗賤老弱兮少壯爲美。逐有水草兮安家葺壘，牛羊滿野兮聚如蜂蟻。草盡水竭兮羊馬皆徙，七拍流恨兮惡居於此。

爲天有眼兮何不見我獨漂流？爲神有靈兮何事處我天南海北頭？我不負天兮天何配我殊匹？我不負神兮神何殛我越荒州？製兹八拍兮擬俳優，何知曲成兮心轉愁！

天無涯兮地無邊，我心愁兮亦復然。人生倏忽兮如白駒之過隙，然不得歡樂兮當我之盛年。怨兮欲問天，天蒼蒼兮上無緣。舉頭仰望兮空雲煙，九拍懷情兮誰與傳？

城頭烽火不曾滅，疆場征戰何時歇？殺氣朝朝衝塞門，胡風夜夜吹邊月。故鄉隔兮音塵絶，哭無聲兮氣將咽。一生辛苦兮緣别離，十拍悲深兮淚成血。

我非貪生而惡死，不能捐身兮心有以。生仍冀得兮歸桑梓，死當埋骨兮長已矣。日居月諸兮在戎壘，胡人寵我兮有二子。鞠之育之兮不羞耻，愍之念之兮生長邊鄙。十有一拍兮因兹起，哀響纏綿兮徹心髓。

東風應律兮暖氣多，知是漢家天子兮布陽和。羌胡蹈舞兮共謳歌，兩國交歡兮罷兵戈。忽遇漢使兮稱近詔，遣千金兮贖妾身。喜得生還兮逢聖君，嗟别稚子兮會無因。十有二拍兮哀樂均，去住兩情兮誰具陳？

不謂殘生兮却得旋歸，撫抱胡兒兮泣下沾衣。漢使迎我兮四牡騑騑，號失聲兮誰得知？與我生死兮逢此時，愁爲子兮日無光輝。焉得羽翼兮將汝歸？一步一遠兮足難移，魂消影絶兮恩愛遺。十有三拍兮絃急調悲，肝腸攪刺兮人莫我知。

身歸國兮兒莫知隨，心懸懸兮長如飢。四時萬物兮有盛衰，唯我愁苦兮不暫移。山高地闊兮見汝無期，更深夜闌兮夢汝來斯。夢中執手兮一喜一悲，覺後痛吾心兮無休歇時。十有四拍兮涕淚交垂，河水東流兮心是思。

十五拍兮節調促，氣填胷兮誰識曲？處穹廬兮偶殊俗，願得歸來兮天從欲。再還漢國兮歡心足，心有懷兮愁轉深，日月無私兮曾不照臨。子母分離兮意難任，同天隔越兮如商參，生死不相知兮何處尋？

十六拍兮思茫茫，我與兒兮各一方。日東月西兮徒相望，不得相隨兮空斷腸。對萱草兮憂不忘，彈鳴琴兮情何傷？今别子兮歸故鄉，舊怨平兮新怨長。泣血仰頭兮訴蒼蒼，胡爲生我兮獨罹此殃！

十七拍兮心鼻酸，關山阻脩兮行路難。去時懷土兮心無緒，來時别兒兮思漫漫。塞上黄蒿兮枝枯葉乾，沙場白骨兮刀痕箭瘢。風霜凛凛兮春夏寒，人馬飢虺兮筋力單。豈知重得兮入長安，歎息欲絶兮淚闌干。

胡笳本出自胡中，緣琴翻出音律同。十八拍兮曲雖終，響有餘兮思無窮。是知絲竹微妙兮，均造化之功，哀樂各隨人心兮，有變則通。胡與漢兮異域殊風，天與地隔兮子西母東。苦我怨氣兮浩於長空，六合雖廣兮受之應不容。

校勘記

〔一〕烈　原作「裂」，據景元本改。

〔二〕疢　文選作「疹」。

〔三〕石　原作「右」，據文選本改。

〔四〕阪　原作「陵」，據景元本改。

〔五〕階　原作「偕」，據景元本改。

楚辭後語卷第四

登樓賦第二十一

登樓賦者，魏侍中王粲之所作也。歸來子曰：「粲詩有古風。登樓之作，去楚詞遠，又不及漢，然猶過曹植、潘岳、陸機愁詠、閑居、懷舊衆作，蓋魏之賦極此矣。」

登茲樓以四望兮，聊假日以銷憂。覽斯宇之所處兮，實顯敞而寡仇。挾清漳之通浦兮，倚曲沮之長洲。背墳衍之廣陸兮，臨皐隰之沃流。北彌陶牧，西接昭丘。華實蔽野，黍稷盈疇。雖信美而非吾土兮，曾何足以少留？遭紛濁而遷逝兮，漫踰紀以迄今。情眷眷而懷歸兮，孰憂思之可任？凴軒檻以遥望兮，向北風而開襟。平原遠而極目兮，蔽荆山之高岑。路逶迤以脩迥兮，川既漾而濟深。悲舊鄉之擁隔兮，涕横墜而弗禁。昔尼父之在陳兮，有歸歟之歎音。鍾儀幽而楚奏兮，莊舃顯而越吟。人情同於懷土兮，豈窮達而異心？

惟日月之逾邁兮，俟河清乎其未極。冀王道之一平兮，假高衢而騁力。懼匏瓜之徒懸兮，畏井渫之莫食。步棲遲以徙倚兮，白日忽其將匿。風蕭瑟而并興兮，天慘慘其無色。獸狂顧以求羣兮，鳥相鳴而舉翼。原野閴其無人兮，征夫行而未息。心悽愴以感發兮，意忉怛而憯惻。循階除而下降兮，氣交憤於胸臆。夜參半而不寐兮，悵盤桓以反側。

歸去來辭第二十二

歸去來詞者，晉處士陶潛淵明之所作也。潛有高志遠識，不能俯仰時俗。嘗爲彭澤令，督郵行縣，且至。吏白：「當束帶見之。」潛歎曰：「吾安能爲五斗米折腰，向鄉里小兒耶？」即日解印綬去，作此詞以見志。後以劉裕將移晉祚，恥事二姓，遂不復仕。宋文帝時，特徵不至，卒謚靖節徵士。歐陽公言：「兩晉無文章，幸獨有此篇耳。」然其詞義夷曠蕭散，雖託楚聲，而無其尤怨切蹙之病云。

歸去來兮，田園將蕪胡不歸？既自以心爲形役，奚惆悵而獨悲？悟已往之不諫，知來者之可追。實迷途其未遠，覺今是而昨非。舟遥遥以輕颺，風飄飄而吹衣。問征夫以前路，恨晨光之熹微。乃瞻衡宇，載欣載奔，童僕歡迎，稚子候門。三徑就荒，松菊猶存。攜幼入室，有酒盈罇。引壺觴以自酌，眄庭柯以怡顔。倚南窗以寄傲，審容膝之易安。園日涉以成趣，門雖設而常關。策扶老以流憩，時矯首而遐觀。雲無心以出岫，鳥倦飛而知還。景翳翳以將入，撫孤松而盤桓。歸去來兮，請息交以絶游。世與我而相遺，復駕言兮焉求？悦親戚之情話，樂琴書以消憂。農人告余以春及〔二〕，將有事乎西疇。或命巾車，或棹孤舟。既窈窕以尋壑，亦崎嶇而經丘。木欣欣以向榮，泉涓涓而始流。善萬物之得時，感吾生之行休。已矣乎，寓形宇内能復幾時，曷不委心任去留？胡爲遑遑欲何之？富貴非吾願，帝鄉不可期。懷良辰以孤往，或植杖而耘耔。登東皋以舒嘯，臨清流而賦詩。聊乘化以歸盡，樂夫天命復奚疑？

鳴皋歌第二十三

鳴皋歌者，唐翰林供奉李白之所作也。白天才絶出，尤長於詩，而賦不能及魏、晉，獨此篇近楚辭。然歸來子猶以爲白才自逸蕩，故或離而去之者，亦爲知言云。

若有人兮思鳴皋，阻積雪兮心煩勞。洪河淩兢不可以徑度，冰龍鱗兮難容舠。邈仙山之峻極兮，聞天籟之嘈嘈。霜崖縞皓以合沓兮，若長風扇海，湧滄溟之波濤。玄猿綠羆，舔啖崟岌，危柯振石，駭膽慄魄，羣呼而相號。峯崢嶸以路絶，挂星辰於巖嶅。送君之歸兮，動鳴皋之新作。交鼓吹兮彈絲，觴清泠之池閣。君不行兮何待？若返顧之黄鶴。掃梁園之羣英，振大雅於東洛。巾征軒兮歷阻折，尋幽居兮越巘崿。盤白石兮坐素月，琴松風兮寂萬壑。望不見兮心氤氲，蘿冥冥兮霰紛紛。水横洞以下淥，波小聲而上聞。虎嘯谷而生風，龍藏谿而吐雲。寡鶴清唳，飢鼯嚬呻。塊獨處此幽默兮，愀空山而愁人。雞聚族以爭食，鳳孤飛而無鄰。蝘蜓嘲龍，魚目混珍。嫫母衣錦，西施負薪。若使巢、由桎梏於軒冕兮，亦奚異乎夔龍蹩躠於風塵？哭何苦而救楚，笑何誇而却秦？吾誠不能學二子沽名矯節以耀世兮，固將棄天地而遺身。白鷗兮飛來，長與君兮相親。

引極第二十四

引極者，唐容管經略使元結之所作也。歸來子曰：「結性耿介，有憂道閔俗之意。天寶之亂，或仕或隱，自謂與世聱牙，故其見於文字者，亦冲澹而隱約。譬古鍾磬不諧於里耳，而詞義幽眇，玩之翛然，若有塵外之趣云。」

天曠漭兮杳泱茫，氣浩浩兮色蒼蒼。上何有兮人不測，積清寥兮成元極。彼元極兮靈且異，思一見兮藐難致。思不從兮空自傷，心慅勞兮意惶懹。思假翼兮鸞皇，乘長風兮上翃。揖元極兮本深實，滄至和兮永終日。

山中人第二十五

山中人者，唐尚書右丞王維之所作也。維以詩名開元閒。遭禄山亂，陷賊中，不能死。事平，復幸不誅。其人既不足言，詞雖清雅，亦萎蒻少氣骨。獨此篇與望終南、迎送神爲勝云。

山寂寂兮無人，又蒼蒼兮多木。羣龍兮滿朝，君何爲兮空谷？文寡和兮思深，道難知兮行獨。悦石上兮流泉，與松閒兮草屋。入雲中兮養雞，上山頭兮抱犢。神與棗兮如瓜，虎賣杏兮收穀。媿不才兮妨賢，嫌既老兮貪禄。誓解印兮相從，何詹尹兮可卜？

山中人兮欲歸，雲冥冥兮雨霏霏。水驚波兮翠菅靡，白鷺忽兮翻飛。君不可兮褰衣，山萬重兮一雲，混天地兮不分。樹晻曖兮氛氲，猿不見兮空聞。忽山西兮夕陽，見東皋兮遠村。平蕪緑兮千里，眇惆悵兮思君。

望終南第二十六

望終南者，王維之所作也。

晚下兮紫微，悵塵事兮多違。駐駟馬兮雙樹，望青山兮不歸。

魚山迎送神曲第二十七

魚山迎送神曲者，王維之所作也。

坎坎擊鼓，魚山之下。吹洞簫，望極浦。女巫進，紛屢舞。陳瑶席，湛清酤。風凄凄兮夜雨，神之來兮不來，使我心兮苦復苦。紛進拜兮堂前，目眷眷兮瓊筵。來不語兮意不傳，作暮雨兮愁空山。悲急管，思繁絃，靈之駕兮儼欲旋。倏雲收兮雨歇，山青青兮水潺湲。

日晚歌第二十八

日晚歌者，唐著作郎顧況之所作也。況詩有集，然皆不及其見於韋應物詩集者之勝。歸來子録其楚語三章，以爲「可與王維相上下」。予讀之信然。然其朝上清者，有曰：「和爲舟兮靈爲馬，因乘之觴于瑶池之上兮，三光羅列而在下。」則意非維所能及。然它語殊不近，故不得取，而獨采此篇。亦以爲氣雖淺短，而意若差健云。

日窅窅兮下山，望佳人兮不還。花落兮屋上，草生兮階閒。日日兮春風，芳菲兮欲歇。老不可兮更少，君胡爲兮輕别？

復志賦第二十九

晁氏曰：「復志賦者，唐文公韓愈之所作也。其自叙云：『愈從隴西公平汴州，其明年七月，有負薪之疾，退休于居，作復志賦。』以唐書考之，隴西公，蓋董晉也。漢仲舒之後，自廣川徙隴西云。初，貞元十一年，宣武李萬榮死，李廼作亂，鄧惟恭縛廼以歸朝廷，伏誅。德宗詔晉節度宣武軍，始奏愈觀察推官。晉受命，不召兵，直造汴。惟恭謀亂，晉覺之，械送京師，軍廼安。愈叙稱明年，則貞元十二年也。蓋愈自傷幼學，既壯而弗獲，思復其志，以晉知己，欲去未可云。」

居悒悒之無解兮，獨長思而永歎。豈朝食之不飽兮，寧冬裘之不完？昔余之既有知兮，誠坎軻而艱難。當歲行之未復兮，從伯氏以南遷。淩大江之驚波兮，過洞庭之漫漫。至曲江而乃息兮，逾南紀之連山。嗟日月其幾何兮，攜孤嫠而北旋。值中原之有事兮，將就食於江之南。始專專於講習兮，非詁訓爲無所用其心。窺前靈之逸迹兮，超孤舉而幽尋。既識路又疾驅兮，孰知余力之不任。考古人之所佩兮，閲時俗之所服。忽忘身之不肖兮，謂青紫其可拾。自知者爲明兮，故吾之所以爲惑。擇吉日余西征兮，亦既造夫京師。君之門不可逕而入兮，遂從試於有司。惟名利之都府兮，羌衆人之所馳。競乘時而射勢兮，紛變化其難推。全純愚以靖處兮，將與彼而異宜。欲奔走以及事兮，顧初心而自非。朝馳騖乎書林兮，夕翺翔乎藝苑。諒却步以圖前兮，不浸近而逾遠。哀白日之不與吾謀兮，至今十年其猶初。豈不登名於一科兮，曾不補其遺餘。進既不獲其志願兮，退將遁而窮居。排國門而東出兮，嗟余行之舒舒。時馮高以迴顧兮，涕泣下而交如。戾洛師而悵望兮，聊浮遊以躊躇。假火龜以視兆兮，求幽貞之所廬。甘潛伏以老死兮，不顯著其名譽。非夫子之洵美兮，吾何爲乎浚之都？小人之懷惠兮，猶知獻其至愚。固余異於牛馬兮，寧止乎飲水而求芻。伏門下之默默兮，竟歲年以康娱。時乘閒以獲進兮，顔垂歡而愉愉。仰盛德以安窮兮，又何忠之能輸？昔余之約吾心兮，誰無施而有獲？嫉貪佞之洿濁兮，曰吾其既勞而後食。懲此志之不脩兮，愛此言之不可忘。情怊悵以自失兮，心無歸而茫茫。苟不内得其如斯兮，孰與不食而高翔？抱關之阨陋兮，有肆志之陽陽。伊尹之樂於畎畝兮，焉富貴之能當？恐誓言之不固兮，斯自誦以成章。往者不可復兮，冀來今之可望。

閔己賦第三十

晁氏曰：「閔己賦者，韓愈之所作也。愈去汴州，依武寧張建封，辟府推官，以鯁直稱。後遷監察御史，上疏極論宫市。德宗怒，貶陽山令，時貞元十八年也。憲宗即位，始召爲國子博士，稍遷職方員外郎。坐論柳澗事，復爲博士。愈才高，數黜官，頗自傷其不遇。故此賦云，『就水草以休息兮，恒未安而既危』。『君子有失其所兮，小人有得其時』。蓋思古人靜俟之義，以自堅其志，終之於無悶云。」

余悲不及古之人兮，伊時勢而則然。獨閔閔其曷已兮？憑文章以自宣。昔顔氏之庶幾兮，在隱約而平寬。固哲人之細事兮，夫子乃嗟嘆其賢。惡飲食乎陋巷兮，亦足以頤神而保年。有至聖而爲之依歸兮，又何苦不自得於艱難？曰余昏昏其無類兮，望夫人其已還。行舟檝而不識四方兮，涉大水之漫漫。勤祖先之所貽兮，勉汲汲於前脩之言。雖舉足以蹈道兮，哀與我者爲誰？衆皆捨而已用兮，忽自惑其是非。下土茫茫其廣大兮，余豈不知其可懷？就水草以休息兮，恒未安而既危。久拳拳其何故兮，亦天命之本宜。惟否泰之相極兮，咸一得而一違。君子有失其所兮，小人有得其時。聊固守以靜俟兮，誠不及古之人兮其焉悲！

別知賦第三十一

晁氏曰：「別知賦者，韓愈之所作也。愈論宫市，貶陽山之明年，則歲癸未也。時楊儀之為湖南支使，以使來，愈愛儀之，以謂『智足以造謀，才足以立事，忠足以勤上，惠足以存下，又修之以詩、書六藝之學，宜其從事於是府，而流聲實於天朝也』。以比宣州李博、崔羣賓主，謂非己以為邑長於斯而媚夫人者比。以送楊歸湖南序考之，愈自謂知儀之，故於其別為此賦，不知與閔已孰先後。而復志、閔己，愈自道也，故以先別知。」

余取友於天下，將歲行之兩周。下何深之不即，上何高之不求。紛擾擾而既多，咸喜能而好修。寧安顯而獨裕，顧阨窮而共愁。惟知心而難得，斯百一而爲收。歲癸未而遷逐，侶蟲蛇於海陬。遇夫人之來使，闢公館以羅羞。索微言於亂志，發孤笑於羣憂。物何深而不考，理何隱而不抽？始參差以異序，卒爛漫而同流。何此歡之不可恃？遂駕馬以迴輈。山磝嗷其相軋，樹蓊蓊其相摎。雨浪浪其不止，雲浩浩其常浮。知來者不可以數，哀去此以無由。倚郭郛而掩涕，空盡日以遲留。

訟風伯第三十二

晁氏曰：「訟風伯者，韓愈之所作也。旱以諭時澤不下流。風以比小人實為此厲，雲以媲君子欲施而不可得，以夫為此厲者間之也。此楚辭也，而近詩『投畀有昊』之義，故繫之於此云。」

維兹之旱兮，其誰之由？我知其端兮，風伯是尤。山升雲兮澤上氣，雷鞭車兮電摇幟。雨濅濅兮將欲墜，風伯怒兮雲不得。止暘烏之仁兮念此下民，閟其光兮不鬭其神。嗟風伯兮其將謂何？我於爾兮豈有其他？求其時兮修祀事，羊甚肥兮酒甚旨。食足飽兮飲足醉，風伯之怒兮誰使？雲屏屏兮吹使離之，氣將交兮吹使離之。鑠之使氣不得化，寒之使雲不得施。嗟爾風伯，欲逃其罪其又何辭？上天孔明兮有紀有綱，今我上訟兮其罪誰當？天誅加兮不可悔，風伯雖死兮人誰爾傷！

弔田横文第三十三

晁氏曰：「弔田横文者，韓愈之所作也。愈有大志，不為世知，故行經横墓，感其義高能得士，而取酒祭横，為文以弔之，有傷時思古，慨然有不可復見之意。然田横安足道哉！故其言曰『非今世之所希，孰為使余歔欷而不可禁』也。又，唐宰相如董晉亦未足言，而晉為汴州，纔奏愈從事，愈終始感遇，語稱隴西公而不姓。後從裴度，亦自謂度知己，然度亦終不引愈共天下事。自古以文學擅世名，世忌之，率不得大柄。雖有世名，如世不知。故愈躊躕發憤，太息於區區之横，以謂夫苟如横之好士，天下將有賢於五百人者至焉。」

事有曠百世而相感者，余不自知其何心。非今世之所稀，孰爲使余歔欷而不可禁？余既博觀乎天下，曷有庶幾乎夫子之所爲？死者不復生，嗟余去此其從誰？當秦氏之敗亂，得一士而可王。何五百人之擾擾，而不能脱夫子於劍鋋？抑所寶之非賢，亦天命之有常？昔闕里之多士，孔聖亦云其遑遑。苟余行之不迷，雖顛沛其何傷？自古死者非一，夫子至今有耿光。跽陳辭而薦酒，魂髣髴而來享。

享羅池第三十四

晁氏曰：「享羅池者，韓愈之所作也。愈善柳宗元，宗元為柳州刺史，且死，語其所常與遊者曰：『吾謫於此，與若等相好也。明年吾當死，死而為神，若等祠我。』如期而歿，為羅池神，且能動於靈響。愈傷宗元，為銘以實其事。自唐史臣非之。夫神不可知，孔子殛不語。雖然，此非銘羅池神之文也，愈弔宗元之文也。」

茘子丹兮蕉黃，雜肴蔬兮進侯堂。侯之舩兮兩旗，度中流兮風泊之，待侯不來兮不知我悲。侯乘駒兮入廟，慰我民兮不嚬以笑。鵝之山兮柳之水，桂樹團團兮白石齒齒。侯朝出游兮暮來歸，春與猨吟兮秋鶴與飛。北方之人兮爲侯是非，千秋萬歲兮侯無我違。福我兮壽我，驅厲鬼兮山之左。下無苦濕兮高無乾，秔稌充羨兮虵蛟結蟠。我民報事兮無怠，其始自今兮欽于世世。

琴操第三十五

晁氏曰："琴操者，韓愈之所作也。愈博學羣書，奇辭奥旨，如取諸室中物。以其所涉博，故能約而爲此也。夫孔子於三百篇皆弦歌之。操，亦弦歌之辭也。其取興幽眇，怨而不言，最近離騷。離騷本古詩之衍者，至漢而衍極，故離騷亡。操與詩賦同出而異名，蓋衍復於約者，約故去古不遠。然則後之欲為離騷者，惟約猶近之。十操取其四，以近楚辭，其删六首者，詩也。"

將歸操，孔子之趙，聞殺鳴犢作。

秋之水兮，其色幽幽。我將濟兮，不得其由。涉其淺兮，石齧我足。乘其深兮，龍入我舟。我濟而悔兮，將安歸尤？歸乎歸乎，無與石鬬兮，無應龍求。

龜山操，孔子以季桓子受齊女樂，諫不從，望龜山而作。

龜之氣兮，不能雲雨。龜之枿兮，不中梁柱。龜之大兮，秖以奄魯。知將隳兮，哀莫余伍。周公有鬼兮，嗟余歸輔。

拘幽操，文王羑里作。

目揜揜兮，其凝其盲。耳肅肅兮，聽不聞聲。朝不日出兮，夜不見月與星。有知無知兮，爲死爲生。嗚呼，臣罪當誅兮，天王聖明。

殘形操，曾子夢見一狸，不見其首作。

有獸維狸兮，我夢得之。其身孔明兮，而頭不知。吉凶何爲兮，覺坐而思。巫咸上天兮，識者其誰？

校勘記

〔一〕及　原脱，據景元本補。

楚辭後語卷第五

招海賈文第三十六

晁氏曰：「招海賈文者，唐柳州刺史柳宗元之所作也。昔屈原不遇於楚，徬徨無所依，欲乘雲騎龍，遨遊八極，以從己志而不可，猶怛然念其故國。至於將死，精神離散，四方上下，無所不往。又有衆鬼虎豹怪物之害，故大招其魂而復之，言皆不若楚國之樂者。招海賈文雖變其義，蓋取諸此也。言賈尚不可為，而又浮於海，大泊彌淪，八方易位，魚龍神怪，其禍不測，孰與上黨易野，出入無虞而可樂哉？上黨，亦晉地。宗元以謂崎嶇冒利，遠而不復，不如己故鄉常産之樂。亦以諷世之士，行險以徼幸，不如居易以俟命云。」

咨海賈兮，君胡以利易生而卒離其形？大海盪泊兮，顛倒日月。龍魚傾側兮，神怪隳突。滄茫無形兮，往來遽卒。陰陽開闔兮，氛霧滃渤。君不返兮，逝恍惚。舟航軒昂兮，下上飄鼓。騰趠嶢嵲兮，萬里一覩。崒入泓坳兮，視天若畝。奔螭出抃兮，翔鵬振舞。天吴九首兮，更笑迭怒。垂涎閃舌兮，揮霍旁午。君不返兮，終爲虜。黑齒棧齴鱗文肌，三角駢列耳離披。反斷叉牙踔嶔崖，蛇首狶〔一〕鬣虎豹皮。羣没互出讙遨嬉，臭腥百里霧雨瀰，君不返兮以充飢。溺水蓄縮，其下不極。投之必沉，負羽無力。鯨鯢疑畏，淫淫嶷嶷，君不返兮卒自賊。怪石森立涵重淵，高下迾置滔危顛。崩濤搜疏剡戈鋋，君不返兮耆沉顛。其外大泊泙瀹淪，終古迴薄旋天垠。八方易位更錯陳，君不返兮亂星辰。東極傾海流不屬，泯泯超忽紛盪沃，殆而一跌兮沸入湯谷，舳艫霏解梢若木，君不返兮魂焉薄？海若嗇貨號風雷，巨鼇頷首丘山頹。猖狂震虩翻九垓，君不返兮麋以摧。咨海賈兮君胡樂？出幽險而疾平夷。惘駭愁苦，而以忘其歸。上黨易野恬以舒，蹈蹂厚土堅無虞。歧路脉布彌九區，出無入有百貨俱。周游傲睨神自如，撞鍾擊鮮恣歡娱，君不返兮欲誰須？膠鬲得聖捐鹽魚，范子去相安陶朱。吕氏行賈南面孤，弘羊心計登謀謨。煮鹽大冶九卿居，禄秩山委收國租。賢智走諾爭下車，逍遥縱傲世所趨，君不返兮謚爲愚。咨海賈兮，賈尚不可爲，而又海是圖。死爲險魄兮，生爲貪夫。亦獨何樂哉？歸來兮，寧君軀。

懲咎賦第三十七

晁氏曰：「懲咎賦者，柳宗元之所作也。貞元十九年，宗元爲監察御史裏行，時年三十三矣。王叔文、韋執誼用事，二人奇其才，引納禁中，與計議，擢禮部員外郎，欲大用之。俄而叔文敗，宗元與劉禹錫等七人俱貶，而宗元爲永州司馬。元和十年，乃徙柳州刺史以卒。初，宗元竄斥崎嶇蠻瘴閒，堙阨感鬱，一寓於文，爲離騷數十篇。懲咎者，悔志也。其言曰：『苟餘齒之有懲兮，蹈前烈而不頗。』後之君子欲成人之美者，讀而悲之。」

懲咎愆以本始兮，孰非余心之所求。處卑汙以閔世兮，固前志之爲尤。始余學而觀古兮，怪今昔之異謀。惟聰明爲可考兮，追駿步而遐游。潔誠之既信直兮，仁友藹而萃之。日施陳以繫縻兮，邀堯舜與之爲師。上睢盱而混茫兮，下駁詭而懷私。旁羅列以交貫兮，求大中之所宜。曰道有象兮，而無其形。推變乘時兮，與志相迎。不及則殆兮，過則失貞。謹守而中兮，與時偕行。萬類芸芸兮，率由以寧。剛柔弛張兮，出入綸經。登能抑枉兮，白黑濁清。蹈乎大方兮，物莫能嬰。

奉訏謨以植内兮，欣余志之有獲。再徵信乎策書兮，謂炯然而不惑。愚者果於自用兮，惟懼夫誠之不一。不顧慮以周圖兮，專兹道以爲服。讒姤構而不戒兮，猶斷斷於所執。哀吾黨之不淑兮，遭任遇之卒迫。勢危疑而多詐兮，逢天地之否隔。欲圖退而保己兮，惜乖期乎曩昔。欲操術以致忠兮，衆呀然而互嚇。進與退吾無歸兮，甘脂潤乎鼎鑊。

幸皇鑒之明宥兮，纍郡印而南適。惟罪大而寵厚兮，宜夫重仍乎禍讁。既明懼乎天討兮，又幽慄乎鬼責。惶惶乎夜寤而晝駭兮，類麏麚之不息。淩洞庭之洋洋兮，泝湘流之沄沄。飄風擊以揚波兮，舟摧抑而迴邅。日霾曀以昧幽兮，黝雲涌而上屯。暮屑窣以淫雨兮，聽嗷嗷之哀猨。衆鳥萃而啾號兮，沸洲渚以連山。漂遥逐其詎止兮，逝莫屬余之形魂。攢巒〔二〕奔以紆委兮，束洶涌之崩湍。畔尺進而尋退兮，盪洄汩〔三〕乎淪漣。際窮冬而止居兮，羈纍棼以縈纏。

哀吾生之孔艱兮，循凱風之悲詩。罪通天而降酷兮，不亟死而生爲？逾再歲之寒暑兮，猶貿貿而自持。將沈淵而隕命兮，詎蔽罪以塞禍。惟滅身而無後兮，顧前志猶未可。進路呀以劃絶兮，退伏匿又不果。爲孤囚以終世兮，長拘攣而轗軻。

曩余志之脩蹇兮，今何爲此戾也？夫豈貪食而盜名兮，不混同於世也。將顯身以直遂兮，衆之所宜蔽也。不擇言以危肆兮，固羣禍之際也。御長轅之無橈兮，行九折之峩峩。

却驚棹以横江兮，泝淩天之騰波。幸余死之已緩兮，完形軀之既多。苟餘齒之有懲兮，蹈前烈而不頗。死蠻夷固吾所兮，雖顯寵其焉加。配大中以爲偶兮，諒天命之謂何！

閔生賦第三十八

晁氏曰：「閔生賦者，柳宗元之所作也。宗元雅善蕭俛，在江嶺閒貽書言情云：『宗元與罪人交十年，官以是進，辱在附會。今天子定邪正，海内皆欣欣怡愉，而僕與四五子者淪陷如此，豈非命歟？然居治平，終身為頑人之類，猶有少恥，未能盡忘。』此蓋以叔文輩為罪人。頑人，謂己恥辱，雖在困事當云爾者。然悔厲極矣。其曰：『閔吾生之險阸兮，紛喪志以逢尤。』蓋自以生之不幸，喪志而為此云。」

閔吾生之險阸兮，紛喪志以逢尤。氣沈鬱以杳眇兮，涕浪浪而常流。膏液竭而枯居兮，魄離散而遠遊。言不信而莫余白兮，雖遑遑欲焉求？合喙而隱志兮，幽默以待盡。爲與世而斥繆兮，固離披以顛隕。騏驥之棄辱兮，駑駘以爲騁。玄虬蹶泥兮，畏避鼃黽。行不容之崢嶸兮，質魁壘而無所隱。鱗介槁以横陸兮，鴟嘯羣而厲吻。心沈抑以不舒兮，形低摧而自愍。肆余目於湘流兮，望九疑之垠垠。波淫溢以不返兮，蒼梧鬱其蜚雲。重華幽而野死兮，世莫得其僞真。屈子之悁微兮，抗危辭以赴淵。古固有此極憤兮，矧吾生之藐艱。列往則以考己兮，指斗極以自陳。登高嵒而企踵兮，瞻故邦之殷轔。山水浩以蔽虧兮，路蓊勃以揚氛。空廬頹而不理兮，翳丘木之榛榛。塊窮老以淪放兮，匪魑魅吾誰鄰？仲尼之不惑兮，有垂訓之藹言。孟軻四十乃始持心兮，猶希勇乎黝賁。顧余質愚而齒減兮，宜觸禍以阽身。知徙善而革非兮，又何懼乎今之人？噫禹績之勤備兮，曾莫理夫茲川。殷周之廓大兮，南不盡夫衡山。余囚楚越之交極兮，邈離絶乎中原。壤汙潦以墳洳兮，蒸沸熱而恒昏。戲梟鶹乎中庭兮，蒹葭生於堂筵。雄虺蓄形於木杪兮，短狐伺景於深淵。仰矜危而俯慄兮，弭日夜之拳攣。慮吾生之莫保兮，忝代德之元醇。孰眇軀之敢愛兮，竊有繼乎古先。神明之不欺余兮，庶激烈而有聞。冀後害之無辱兮，匪徒蓋乎曩愆。

夢歸賦第三十九

晁氏曰：「夢歸賦者，柳宗元之所作也。宗元既貶，悔其年少氣鋭，不識幾微，久幽不還，復貽其所知許孟容書，其略云：『立身一敗，萬事瓦裂，墳墓不埽，宅三易主。恐一日死，曠墜先緒。』意託孟容以少北者，故作夢歸賦。初言覽故都喬木而悲，中言仲尼欲居九夷、老子適戎以自釋，末云首丘鳴號，示終不忘其舊。當世憐之，然衆畏其才高，竟廢不復云。」

罹擯斥以窘束兮，余惟夢之爲歸。精氣注以凝沍兮，循舊鄉而顧懷。夕余寐于荒陬兮，心慊慊而莫違。質舒解以自恣兮，息愔翳而愈微。欻騰踴而上浮兮，俄滉瀁之無依。圓方混而不形兮，顥醇白之霏霏。上茫茫而無星辰兮，下不見夫水陸。若有鉥余以往路兮，馭儗儗以回復。浮雲縱以直度兮，云濟余乎西北。風纚纚以驚耳兮，類行舟迅而不息。洞然於以瀰漫兮，虹蜺羅列而傾側。横衝飆以盪擊兮，忽中斷而迷惑。靈幽漠以瀄汩兮，進怊悵而不得。白日邈其中出兮，陰霾披離以泮釋。施岳瀆以定位兮，互參差之白黑。崩騰上下以恫惶兮，聊按衍而自抑。指故都以委墜兮，瞰鄉閭以脩直。原田蕪穢兮，峥嶸榛棘。喬木摧解兮，垣廬不飾。山嵎嵎以嵓立兮，水汩汩以漂激。魂恍恍若有無兮，涕浪浪以隕軾。類曛黄之黯漠兮，欲周流而無所極。紛若喜而佁儗兮，心迴互以壅塞。鍾鼓喤以戒旦兮，陶去幽而開寤。罾罻蒙其復體兮，孰云桎梏之不固？精誠之不可再兮，余無蹈夫歸路。偉仲尼之聖德兮，謂九夷之可居。惟道大而無所入兮，猶流游乎曠野。老聃遁而適戎兮，指淳茫以縱步。蒙莊之恢怪兮，寓大鵬之遠去。苟遠適之若兹兮，胡爲故國之爲慕？首丘之仁類兮，斯君子之所譽。鳥獸之鳴號兮，有動心而曲顧。膠余哀之莫能捨兮，雖判析而不悟。列兹夢以往復兮，極明昏而告愬。

弔屈原文第四十

晁氏曰：「弔屈原文者，柳宗元之所作也。原没，賈誼過湘，初為賦以弔原。至楊雄，亦為文，而頗反其辭，自峄山投諸江以弔之。誼愍原忠，逢時不祥，以比鸞鳳、周鼎之竄棄。雄則以義責原，何必沉身。二人者不同，亦各從志也。乃宗元得罪，與昔人離讒去國者異。太史公所謂虞卿非窮愁，亦不能著書以自見於世者。故補之論宗元之弔原，殆困而知悔者，其辭慙矣。」

後先生蓋千祀兮，余再逐而浮湘。求先生之汨羅兮，擥蘅若以薦芳。願荒忽之顧懷兮，冀陳辭而有明。先生之不從世兮，惟道是就。支離搶攘兮，遭世孔疚。華蟲薦壤兮，進御羔褎。牝雞咿嚘兮，孤雄束咮。哇咬環觀兮，蒙耳大吕。堇喙以爲羞兮，焚棄稷黍。犴獄之不知避兮，宫庭之不處。陷塗藉穢兮，榮若繡黼。榱折火烈兮，娭娭笑語。讒巧之嘵嘵兮，惑以爲咸池。便媚鞠恧兮，美愈西施。謂謨言之怪誣兮，友實瑱而遠違。匿重痼以諱避兮，進俞緩之不可爲。何先生之凜凜兮，厲鍼石而從之。仲尼之去舍魯兮，曰吾行之遲遲。柳下惠之直道兮，又焉往而可施？今夫世之議夫子兮，曰胡隱忍而懷斯？惟達人之卓軌兮，固僻陋之所疑。委故都以從利兮，吾知先生之不忍。立而視其覆墜兮，又非先生之所志。窮與達固不渝兮，夫唯服道以守義。矧先生之悃愊兮，滔大故而不貳。沉璜瘞珮兮，孰幽而不光？荃蕙蔽匿兮，胡久而不芳？先生之皃不可得兮，猶髣髴其文章。託遺編而歎喟兮，涣余涕之盈眶。呵星辰而驅詭怪兮，夫孰救於崩亡？何揮霍雷電兮，苟爲是之荒茫。耀姱辭之曭朗兮，世果以是之爲狂。哀余衷之坎坎兮，獨藴憤而增傷。諒先生之不言兮，後之人又何望？忠誠之既内激兮，抑銜忍而不長。芊爲屈之幾何兮，胡獨焚其中腸。吾哀今之爲仕兮，庸有慮時之否臧？食君之禄畏不厚兮，悼得位之不昌。退自服以默默兮，曰吾言之不行。既媮風之不可去兮，懷先生之可忘。

弔萇弘文第四十一

晁氏曰：「弔萇弘文者，柳宗元之所作也。萇弘字叔，周靈王之賢臣，為劉文公之屬大夫。敬王十年，劉文公與弘欲城成周，使告于晉。魏獻子涖政，悦萇弘而與之，合諸侯于狄泉。衛彪傒曰：『萇弘其不殁乎！周詩有之曰：「天之所壞，不可支也。」及范、中行之難，周人殺萇弘。』莊周云：『萇弘胣，藏其血，三年而化為碧。』蓋語其忠誠然也。宗元哀弘之以忠死，故弔云。」

有周之羸兮，邦國異圖。臣乘君則兮，王易爲侯。威强逆制兮，鬱命轉幽。疹蠱膠密兮，肝膽化仇。姦權蒙貨兮，忠勇以劉。伊時云幸兮，大夫之羞。嗚呼危哉！河渭潰溢兮，横軀以抑。嵩高坼隊兮，舉手排直。壓溺之不慮兮，堅剛以爲式。知死不可撓兮，明章人極。夫何大夫之炳烈兮，王不寤夫讒賊。卒施快於剽狡兮，怛就制乎强國。松柏之斬刈兮，蓊茸欣植。盜驪折足兮，罷駑抗臆。鷙鳥之高翔兮，蔞狐惴而不食。竊畏忌以羣朋兮，夫孰病百而申一。挺寡以校衆兮，古聖人之所難。矧援羸以威傲兮，兹固蹈殆而違安。殺身之匪予戚兮，閔宗周之不完。豈成城以夸功兮，哀清廟之將殘。嫉彪子之肆誕兮，獮皇覽以爲謾。姑舍道以從世兮，焉用夫考古以登賢。指白日以致憤兮，卒頽幽而不列。版上帝以飛精兮，黮寥廓而殄絶。竭馮雲以狃怨兮，終冥冥以鬱結。欲登山以號辭兮，愈洋洋以超忽。心沍涸其不化兮，形凝冰而自慄。圖始而慮末兮，非大夫之操。陷瑕委厄兮，固衰世之道。知不可而愈進兮，誓不偷以自好。陳誠以定命兮，侔貞臣與爲友。比干之以仁類兮，緬遼絶以不羣。伯夷殉潔以莫怨兮，孰克軌其遺塵？苟端誠之内虧兮，雖耆老其誰珍？古固有一死兮，賢者樂得其所。大夫死忠兮，君子所與。嗚呼哀哉兮，敬弔忠甫！

弔樂毅第四十二

晁氏曰：「弔樂毅文者，柳宗元之所作也。樂毅，其先曰樂羊，燕昭王以子之之亂，而齊大敗燕。昭王怨齊，未嘗一日而忘報齊也。廼先禮郭隗，而毅往委質焉。以為上將軍，下齊七十餘城。田單閒之，毅畏誅，遂西降趙。以書遺燕惠王曰：『臣聞聖賢之君，功立而不廢。故著於春秋。蚤知之士，名成而不毁，故稱於後世。』宗元傷毅之有功而不見知，而以讒廢也，故弔云。」

大厦之驁兮，風雨萃之。車亡其軸兮，乘者棄之。嗚呼夫子兮，不幸類之。尚何爲哉？昭不可留兮，道不可常。畏死疾走兮，狂顧傍徨。燕復爲齊兮，東海洋洋。嗟夫子之專直兮，不慮後而爲防。胡去規而就矩兮，卒陷滯以流亡？惜功美之不就兮，俾愚昧之周章。豈夫子之不能兮，無亦惡是之遑遑？仁夫對趙之悃款兮，誠不忍其故邦。君子之容與兮，彌億載而愈光。諒遭時之不然兮，匪謀慮之不長。跽陳辭以隕涕兮，仰視天之茫茫。苟偷世之謂何兮，言余心之不臧。

乞巧文第四十三

晁氏曰：「乞巧文者，柳宗元之所作也。傳曰：『周鼎鑄倕而使吃其指。』先王以見大巧之不可為也。故子貢教抱甕者為桔槔，用力少而見功多，而抱甕者羞之。夫鳩不能巢，拙莫比焉。而屈原乃曰：『雄鳩之鳴逝兮，吾猶惡其佻巧。』原誠傷世澆偽，固詆〔四〕拙以為巧，意昔之不然者，今皆然矣，甚之也。柳宗元之作雖亦閔時奔騖，要歸諸厚，然宗元愧拙矣。

柳子夜歸自外庭，有設祠者飶餌馨香，蔬果交羅，插竹垂綏，剖瓜犬牙，且拜且祈。怪而問焉。女隸進曰：「今茲秋孟七夕，天女之孫將嬪於河鼓，邀而祠者，幸而與之巧，驅去蹇拙，手目開利，組紝縫製，將無滯於心焉，爲是禱也。」柳子曰：「苟然歟？吾亦有所大拙，儻可因是以求去之。」乃纓弁束衽，促武縮氣，旁趨曲折，傴僂將事。再拜稽首稱臣而進曰：

「下土之臣，竊聞天孫，專巧于天，轇轕璇璣，經緯星辰。能成文章。黼黻帝躬，以臨下民，欽聖靈、仰光耀之日久矣。今聞天孫不樂其獨得，貞卜於玄龜，將蹈石梁，款天津，儷于神夫，于漢之濵。兩旗開張，中星耀芒，靈氣翕歘，兹辰之良。幸而弭節，薄遊民間，臨臣之庭，曲聽臣言。臣有大拙，智所不化，醫所不攻，威不能遷，寬不能容。乾坤之量，包含海岳，臣身甚微，無所投足。蟻適于垤，蝸休于殼，龜黿螺蚌，皆有所伏。臣物之靈，進退唯辱。仿佯爲狂，局束爲諂。吁吁爲詐，坦坦爲忝。他人有身，動必得宜，周旋獲笑，顛倒逢嘻。己所尊昵，人或怒之。變情徇勢，射利抵巇。中心甚憎，爲彼所奇。忍仇佯喜，悦譽遷隨。胡執臣心，常使不移。反人是己，曾不惕疑。貶名絶命，不負所知。抃嘲似傲，貴者啓齒。臣旁震驚，彼且不耻。叩稽匍匐，言語譎詭。令臣縮恧，彼則大喜。臣若效之，瞋怒叢己。彼誠大巧，臣拙無比。王侯之門，狂吠狴犴。臣到百步，喉喘顛汗。睢盱逆走，魄遁神叛。欣欣巧夫，徐入縱誕。毛羣掉尾，百怒一散。世途昬險，擬步如漆。左低右昂，鬬冒衝突。鬼神恐悸，聖智危慄。泯焉直透，所至如一。是獨何工？縱横不恤。非天所假，彼智焉出？獨嗇於臣，恒使玷黜。沓沓騫騫，恣口所言。迎知喜怒，默測憎憐。摇脣一發，徑中心原。膠加鉗夾，誓死無遷。探心扼膽，踴躍拘牽。彼雖佯退，胡可得旃？獨結臣舌，喑抑御寃。擘眥流血，一辭莫宣。胡爲賦授，有此奇偏！眩耀爲文，瑣碎排偶。抽黄對白，啽哢飛走。駢四儷六，錦心繡口。宫沉羽振，笙簧觸手。觀者舞悦，誇談雷吼。獨溺臣心，使甘老醜。嚚昬莽鹵，樸鈍枯朽。不期一時，以俟悠久。旁羅萬金，不鬻弊帚。跪呈豪傑，投棄不有。眉矉頞蹙，喙唾胸歐。大赧而歸，填恨低首。天孫司巧，而窮臣若是，卒不余畀，獨何酷歟？敢願聖靈悔禍，矜臣獨艱。付與姿媚，易臣頑顏。鑿臣方心，規以大圓。拔去吶舌，納以工言。文詞婉軟，步武輕便。齒牙饒美，眉睫增妍。突梯卷臠，爲世所賢。公侯卿士，五屬十連。彼獨何人，長享終天！」

言訖，又再拜稽首，俯伏以俟。至夜半，不得命，疲極而睡。見有青褏朱裳，手持絳節而來告曰：「天孫告汝，汝詞良苦。凡汝之言，吾所極知。汝擇而行，嫉彼不爲。汝之所欲，汝自可期。胡不爲之，而誑我爲？汝唯知恥，諂貌淫詞。寧辱不貴，自適其宜。中心已定，胡妄而祈？堅汝之心，密汝所持。得之爲大，失不汙卑。凡吾所有，不敢汝施。致命而昇，汝慎勿疑。」嗚呼！天之所命，不可中革。泣拜欣受，初悲後懌。抱拙終身，以死誰惕？

憎王孫文第四十四

晁氏曰：「憎王孫文者，柳宗元之所作也。離騷以虬龍鸞鳳託君子，以惡禽臭物指讒佞，而宗元放之焉。」

湘水之泦泦兮，其上羣山。胡茲鬱而彼瘁兮，善惡異居其間。惡者王孫兮善者猨，環行遂植兮止暴殘。王孫兮甚可憎。噫，山之靈兮，胡不賊旃？跳踉叫囂兮，衝目宣齗。外以敗物兮，内以爭羣。排鬭善類兮，譁駭披紛。盗取民食兮，私己不分。充嗛果腹兮，驕傲驩欣。嘉華美木兮碩而繁，羣披競齧兮枯株根。毁成敗實兮更怒喧，居民怵苦兮號穹旻。王孫兮甚可憎。噫，山之靈兮，胡獨不聞？猨之仁兮，受逐不校。退優游兮，惟德是傚。廉來同兮聖囚，禹稷合兮凶誅。羣小遂兮君子違，大人聚兮孽無餘。善與惡不同鄉兮，否泰既兆其盈虚。伊細大之固然兮，乃禍福之攸趨。王孫兮甚可憎。噫，山之靈兮，胡逸而居！

校勘記

〔一〕狶　原作「稀」，據景元本改。

〔二〕巒　原作「欒」，據柳集改。

〔三〕汩　原作「泊」，據景元本改。

〔四〕詆　原作「抵」，據柳集改。

楚辭後語卷第六

幽懷賦第四十五

晁氏曰：「幽懷賦者，唐山南節度使李翺之所作也。翺從韓愈為文章，見推當時。性鯁直，議論不能下人，仕不得志，鬱鬱無所發。面斥宰相李逢吉，坐此不振。故翺自叙云：『其交有相歎者，賦幽懷以答之。』昔歐陽文忠公嘗云：『始，余讀翺復性書，曰：「此特中庸之義疏耳，不作可焉。」意翺特秦、漢間好事行義之一豪耳。最後讀幽懷賦，云：「衆嚚嚚而雜處兮，咸歎老以嗟卑。視余心之不然兮，慮行道之猶非。」乃始太息。至薄韓愈不及翺賦，以謂不過羨二鳥之光榮，歎一飽之無時耳。』又云：『翺怪神堯以一旅取天下，而後世子孫不能以天下取河北為憂。曰：嗚呼，使當時君子皆易其歎老嗟卑之心，為翺所憂之心，則唐之天下豈有亂與亡哉？』其重若是，故附見於此。」

衆嚚嚚而雜處兮，咸嗟老而羞卑。視予心之不然兮，慮行道之猶非。儻中懷之自得兮，終老死其何悲？昔孔門之多賢兮，惟回也爲庶幾。超羣情以獨去兮，指聖域惟高追。固簞食與瓢飲兮，寧服輕而駕肥。望若人其何如兮，慙吾德之纖微。躬不田而飽食兮，妻不織而豐衣。援聖賢而比度兮，何僥倖之能希？念所懷之未展兮，非悼己而陳私。自禄山之始兵兮，歲周甲而未夷。何神堯之郡縣兮，乃家傳而自持。税生人而育卒兮，列高城以相維。何兹世之可久兮，宜永念而遐思。有三苗之逆命兮，舞干羽以來之。惟刑德之既修兮，無遠邇而咸歸。當高祖之初起兮，提一旅之羸師。能順天而用衆兮，竟掃寇而戡隋。況天子之神明兮，有烈祖之前規。剗弊政而還本兮，如反掌之易爲。苟廟堂之治得兮，何下邑之能違。哀予生之賤遠兮，包深懷而告誰？嗟此誠之不達兮，惜此道而無遺。獨中夜以潸歎兮，匪吾憂之所宜。

書山石辭第四十六

書山石辭者，宋丞相荆國王文公安石之所作也。公遊舒州山谷，書此詞於澗石。蓋非學楚言者，而亦非今人之語也，是以談者尚之。

水泠泠而北出，山靡靡以旁圍。欲窮原而不得，竟悵望以空歸。

寄蔡氏女第四十七

寄蔡氏女者，王文公之所作也。公以文章節行高一世，而尤以道德經濟爲己任。被遇神宗，致位宰相。世方仰其有爲，庶幾復見二帝、三王之盛。而公乃汲汲以財利兵革爲先務，引用凶邪，排擯忠直，躁迫强戾，使天下之人囂然喪其樂生之心，卒之羣姦嗣虐，流毒四海。至於崇、宣之際，而禍亂極矣。公又以女妻蔡卞，此其所予之詞也。然其言平淡簡遠，翛然有出塵之趣，視其平生行事心術，略無豪髮肖似，此夫子所以有「於予改是」之歎也歟？鼂氏録其少作兩賦，而獨遺此，蓋不可曉。故今特收采，而并著其本末，亦使讀者無疑於宜陵絶命之章云。

建業東郭，望城西堠。千嶂承宇，百泉遶霤。青遥遥兮纚屬，緑宛宛兮横逗。積李兮縞夜，崇桃兮炫晝。蘭馥兮衆植，竹娟兮常茂。柳蔫綿兮含姿，松偃蹇兮獻秀。鳥跂兮下上，魚跳兮左右。顧我兮適我，有斑兮伏獸。感時物兮念汝，遲汝歸兮攜幼。

我營兮北渚，有懷兮歸女。石梁兮以苫蓋，緑陰陰兮承宇。仰有桂兮俯有蘭，嗟女歸兮路豈難？望超然之白雲，臨清流而長歎。

服胡麻賦第四十八

服胡麻賦者，翰林學士眉山蘇公軾之所作也。國朝文明之盛，前世莫及。自歐陽文忠公、南豐曾公鞏與公三人相繼迭起，各以其文擅名當世。然皆傑然自爲一代之文，於楚人之賦有未數數然者。獨公自蜀而東，道出屈原祠下，嘗爲之賦，以詆揚雄而申原志。然亦不專用楚語，其輯之亂，乃曰：「君子之道，不必全兮。全身遠害，亦或然兮。嗟子區區，獨爲其難兮。雖不適中，要以爲賢兮。夫我何悲，子所安兮。」是爲有發於原之心，而其詞氣亦若有冥會者。它詞則唯此賦爲近於橘頌，故録其篇云。

我夢羽人，頎而長兮。惠而告我，藥之良兮。喬松千尺，老不僵兮。流膏入土，龜蛇藏兮。得而食之，壽莫量兮。於此有草，衆所嘗兮。狀如狗蝨，其莖方兮。夜炊晝曝，久乃臧兮。伏苓爲君，此其相兮。我興發書，若合符兮。乃瀹乃烝，甘且腴兮。補填骨髓，流髮膚兮。是身如雲，我何居兮。長生不死，道之餘兮。神藥如蓬，生爾廬兮。世人不信，空自劬兮。搜抉異物，出怪迂兮。槁死空山，固其所兮。至陽赫赫，發自坤兮。至陰肅肅，躋於乾兮。寂然反照，珠在淵兮。沃之不滅，又不燔兮。長虹流電，光燭天兮。嗟此區區，何與於其間兮。譬之膏油，火之所傳而已耶？

毁璧第四十九

毁璧者，豫章黄太史庭堅之所作也。庭堅以能詩致大名，而尤以楚辭自喜。然以其有意於奇也泰甚，故論者以爲不詩若也。獨此篇爲其女弟而作，蓋歸而失愛於其姑，死而猶不免於水火，故其詞極悲哀，而不暇於爲作，乃爲賢於它語云。

毁璧兮隕珠，執手者兮問過。愛憎兮萬世一軌，居物之忌兮固常以好爲禍。羞桃菊兮飯汝，有席兮不嬪汝坐。歸來兮逍遥，采芝英兮禦餓。淑善兮清明，陽春兮玉冰，畸於世兮天脱其纓，愛胃人兮生冥冥，棄汝陽侯兮遇汝曾不如生。未可以去兮殆其雛嬰，衆雛羽翼兮故巢傾。歸來兮逍遥，西江浪波何時平？山涔涔兮猿鶴同社，瀑垂天兮雷霆在下。雲月爲晝兮風雨爲夜，得意山川兮不可繪畫。寂寥無朋兮去道如咫，彼幽坎兮可謝。歸來兮逍遥，增膠兮不聊此暇。卒章疑有誤字。

秋風三疊第五十

秋風三疊者，原武邢居實之所作也。居實，惇子，自少有逸才，大爲蘇、黄諸公所稱許，而不幸蚤死。其爲此時，年未弱冠。然味其言，神會天出，如不經意，而無一字作今人語。同時之士，號稱前輩、名好古學者，皆莫能及。使天壽之，則其所就，豈可量哉？

秋風夕起兮白露爲霜，草木憔悴兮竊獨悲此衆芳。明月皎皎兮照空房，晝日苦短兮夜未央。有美一人兮天一方，欲往從之兮路渺茫。登山無車兮涉水無航，願言思子兮使我心傷。

秋風淅淅兮雲冥冥，鵋臬晝號兮蟋蟀夜鳴。歲月徂邁兮忽如流星，少壯幾時兮老冉冉其相仍。展轉反側兮從夜達明，悵獨處此兮誰適爲情。長歌激烈兮涕泣交零，願言思子兮使我心怦。

秋風浩蕩兮天宇高，羣山逶迤兮溪谷寂寥。登高望遠兮不自聊，駕言適野兮誰與遊遨。空原無人兮四顧蕭條，猿狖與伍兮麋鹿爲曹。浮雲千里兮歸路遠遥，願言思子兮使我心勞。

鞠歌第五十一

鞠歌者，横渠張夫子之所作也。自孟子没，而聖學不得其傳，至是蓋千有五百年矣。夫子蚤從范文正公受中庸之書，中歲出入於老、佛諸家之説，左右采獲，十有餘年，既自以爲得之矣。晚見二程夫子於京師，聞其論説而有警焉，於是盡棄異學，醇如也。嘗見神宗，顧問治道之要，即以漸復三代爲對。退與宰相議不合，因謝病歸，著訂頑、正蒙等書數萬言。閒閲古樂府詞，病其語卑，乃更作此以自見，并以寄二程云。

鞠歌胡然兮，邈余樂之不猶。宵耿耿其不寐兮，日孜孜焉繼余乎厥脩。井行惻兮王收，曷賈不售兮，阻德音其幽幽？述空文以見志兮，庶感通乎來古。搴昔爲之純英兮，又申申其以告。鼓弗躍兮麾弗前，千五百年兮寥哉闊焉。謂天實爲兮則吾豈敢？嗟審己兹乾乾。

擬招第五十二

擬招者，京兆藍田吕大臨之所作也。大臨受學程、張之門，其爲此詞，蓋以寓夫求放心、復常性之微意，非特爲詞賦之流也。故附張子之言，以爲是書之卒章，使游藝者知有所歸宿焉。

上帝若曰：哀我人斯，資道之微。肖天之儀，神明精粹。降爾德兮，予無汝欺。視聽食息，皆有則兮，予何敢私？顧弱喪以流徙，返故居兮謬迷。圈豚放馳，散無適歸。蟻慕羊羶，聚附弗離。予哀若時，魂莫予追。乃命巫陽，爲予招之。陽拜稽首，敢不祗承上帝之耿命，退而招之以辭，辭曰：

魂乎來歸魂無東，大明朝生兮啓羣蒙。萬物摇蕩兮隱以風，遷流正性兮失厥中。魂兮來歸魂無南，離明獨照兮萬物瞻。文章焕發兮不可緘，夸淫侈大兮志弗厭。魂兮來歸魂無西，日入昧谷兮草木萎。實落材成兮雖有時，志意彫謝兮與物衰。魂兮來歸魂毋北，幽都闇黯兮深蔽塞，歸根獨有兮專靜默，有心獨藏兮吝爲德。魂乎來歸魂無上，清陽朝徹兮文惚恍。絶類離羣兮入無象，杳然高舉兮極驕亢。魂兮來歸魂毋下，素位安行兮以時舍。沉濁下流兮甘土苴，固哉成形兮不知化。魂兮來歸反故居，盍歸休兮復吾初。範博厚以爲宫兮，戴高明以爲廬。植大中以爲常産兮，藴至和以爲厨。動震雷以鼓昕兮，守艮山以止隅。秉離明以爲燭兮，御巽風以行車。守吾坎以禦侮兮，開吾兑以進趨。資糧械器惟所用兮，何物之不儲？四方上下惟所之兮，何適而非塗？雖備物以致用兮，廓吾府而常虚。縱奔鶩以終日兮，燕吾居而晏如。惟寞惟寂，疑有疑無。其尊無對，其大無餘。曷自苦兮一方拘？魂兮來歸反故居！

附録一　楚辭集注序跋著録

宋嘉定四年同安郡齋刊本跋

宋　楊楫

慶元乙卯，楫自長溪往侍先生於考亭之精舍。時朝廷治黨人方急，丞相趙公謫死於道。先生憂時之意屢形於色。忽一日出示學者以所釋楚辭一編，楫退而思之，先生平居教學者首以大學、語、孟、中庸四書，次而六經，又次而史傳，至於秦、漢以後詞章，特餘論及之耳。乃獨爲楚辭解釋，其義何也？然先生終不言，楫輩亦不敢竊有請焉。歲在己巳，忝屬冑監，與先生嗣子將作簿同朝，因得録而藏之。今以屬廣文游君參校而刊於同安郡齋。嘉定四年七月朔日門人長樂楊楫謹述。

宋嘉定六年刊本題識

宋　王洿

晦菴先生集注、辯證楚辭，得於□□因是正之，刊于章貢郡齋，俾學者知風雅之變云。嘉定癸酉三月甲子襄陽王洿敬書。

宋端平刊乙未刊本跋

宋　鄒應龍

楚辭後語者，我宋文公朱先生之所作也。其述作之本意，先生自序之詳矣。而其編定此書之時，與夫論著之詳略，則又已見於先生之季子通守監簿君之後序。應龍生晚，不及侍先生函丈，獨幸與監簿君同朝。及來温陵，又爲僚相好也。暇日，因從問先生平日述作大槩，以爲它書已行於世，獨此編乃晚年所定，猶未及卒業，故人未及見，而首以示應龍，因得伏而讀之。其微詞奥義，不一而足。獨論漢揚雄，則反覆屢致其意。其序反騷也，則以爲屈原之罪人、離騷之讒賊。其序胡笳也，則以爲「非恕琰，亦以甚雄之惡」。夫揚雄以好深沈之思，作爲雅麗之文，後世讀之，未有以爲非者。而先生待之不少恕如此。抑應龍嘗就監簿君借先生所作資治通鑑綱目之書讀之，見其所書雄之死曰「莽大夫揚雄卒」，則知先生之所以貶雄者，其意蓋有在也。嗚呼嚴哉！後之攬者，儻知先生所以去取之意，而明三綱五常之義，如讀春秋而亂臣賊子懼者，則庶乎其不蹈騷人之失，而先生此書爲不苟作矣。應龍不敏，何足以識先生之指意？特見而謂之知之謂耳。因以是説，諗於監簿君。君曰：「然。」乃敬書其後而歸之。嘉定壬申重九後一日，邵武鄒應龍書於温陵郡齋。

宋端平刊乙未刊本跋

宋　朱在

先君晚歲草定此編，蓋本諸晁氏續、變二書，其去取之義精矣，然未嘗以示人也。每章之首，皆略叙其述作之由，而因以著其是非得失之跡。獨思玄、悲憤及復志賦以下，至于幽懷，則僅存其目，而未及有所論述。故今於此十九章之叙，皆因晁氏之舊而書之。若夫鞠歌、擬招二章，則非歸來子之書所及者，讀者又當有以識夫旨意於言詞之外也。嘉定壬申仲秋，在始取遺藁，謄寫成編，捧玩手澤如新，而音容不復可見矣，因涕泣而書其後。又五年，歲在丁丑，補外來守星江，寔嗣世職，既取郡齋所刊楚詞集注，重加校定，復併刻此書，庶幾並行，且以識予心之悲也。中秋日，在謹記。

宋端平刊乙未刊本跋

宋　朱鑑

弔屈、服賦，已見續騷。反騷一篇，亦附卷末。而後語之作，皆復收入。其本旨既不可知，而二集並存，則爲重複。今以反騷著於此，而賈賦二章，則存其目，庶幾二集若相爲用，不可偏廢。而纂輯之意，或以是而得之。至於思玄以下十九章，用歸來子之說，而未經刊定者，姑以附注於篇目之下云。端平乙未秋七月朔，孫承議郎、權知興國軍兼管内勸農營田事、節制屯戍軍馬鑑百拜敬識。

明成化十一年吴原明刊本序

明　何喬新

楚辭八卷，紫陽朱夫子之所校定；後語六卷，則朱子以晁氏所集録而刊補定著者也。蓋三百篇之後，惟屈子之辭最爲近古。屈子爲人，其志潔，其行廉，其姱辭逸調，若乘鷖駕虬而浮游乎埃壒之表。自宋玉、景差以至漢、唐、宋，作者繼起，皆宗其榘矱而莫能尚之，真風雅之流而詞賦之祖也。漢王逸嘗爲之章句，宋洪興祖又爲之補注，而晁無咎又取古今詞賦之近騷者以續之。然王、洪之注，隨文生義，未有能白作者之心。而晁氏之書，辨説紛拏，亦無所發於義理。朱子以豪傑之才、聖賢之學，當宋中葉，阨於權奸，迄不得施，不啻屈子之在楚也。而當時士大夫希世媒進者，從而沮之排之，目爲僞學，視子蘭、上官之徒殆有甚焉。然朱子方且與二三門弟子講道武夷，容與乎溪雲山月之間，所以自處者蓋非屈子所能及。閒嘗讀屈子之辭，至於所謂「往者余弗及，來者吾不聞」而深悲之，迺取王氏、晁氏之書删定以爲此書。又爲之注釋，辨其賦比興之體，而發其悲憂感悼之情。繇是作者之心事，昭然於天下後世矣。予少時得此書而讀之，愛其詞調鏗鏘，氣格高古；徐察其憂愁鬱邑、繾綣惻怛之意，則又悵然興悲，三復其辭，不能自已。顧書坊舊本刓缺不可讀，嘗欲重刊以惠學者而未能也。及承乏泒臺，公暇與僉憲吴君原明論朱子著述，偶及此書，因道予所欲爲者。吴君欣然出家藏善本，正其訛，補其缺，命工鋟梓以傳。既而以書屬予曰：「書成矣，子其序之，使讀者知朱子所以訓釋此書之意，而不敢以詞人之賦視之也。」嗟夫！大儒著述之旨，豈末學所能窺哉！然嘗聞之，孔子之删詩、朱子之定騷，其意一也。詩之爲言，可以感發善心，懲創逸志，其有裨於風化也大矣！騷之爲辭，皆出於忠愛之誠心，而所謂「善不由外來，名不可以虚作」者，又皆聖賢之格言。使放臣屏子呻吟咏嘆於寂寞之濱，則所以自處者必有其道矣。而所天者幸而聽之，寧不淒然興感而廸其倫紀之常哉！此聖賢删定之大意也。讀此書者，因其辭以求其義，得其義而反諸身焉，庶幾乎朱子之意，而不流於雕蟲篆刻之末矣。成化十一年乙未八月既望賜進士出身嘉議大夫河南按察使司按察使盱江何喬新書。

明正德十四年沈圻刊本序

明　張旭

屈原，楚世家也。原之悲憂感悼之情，皆出於忠君愛國之誠心，至於不得已作離騷，氣格高古，詞調鏗鏘。故宋景文公稱其爲詞賦之祖，後世宗之，乃取文之類楚聲者，次第成編。前一册乃漢王逸爲之章句，其補注作於宋之洪興祖；後一册則晁無咎之所集録者，朱子删定之、注釋之、辯證之，然後成楚辭一書。此集注、後語所由分也。集注前五卷，文二十五篇，皆屈原所作，而以離騷一篇爲之冠。離，遭也；騷，擾動也。題以「離騷」名，憫當世也。其九歌至漁父等篇，則各因一事而發，非離騷也，觀原之列傳可見矣。後三卷，文一十六篇，首則九辯，而以招隱士終焉。蓋此等文字，一皆出於怨慕，可以步離騷之後塵，故取之，非取其爲續離騷而作也。朱子之定本如此。夫何後之好事者，復參用晁本，乃於目録中「離騷」之下妄加一「經」字，而以九歌至漁父皆爲「離騷」，於此七題之上各加「離騷」二字，九辯至招隱士皆以爲「離騷」之「傳」，於此八題之上又各加「續離騷」三字。不寧惟是，復以「離騷一」至「七」等字，衍出二十有五之數，分屬屈原五卷之文。牽强附會，不知甚矣，於朱子何加多哉！後語六卷，文則七十八篇，言雖人人殊，皆能發其繾綣悒鬱之情。以故揚雄之反離騷、蔡琰之胡笳，朱子亦不去焉。蓋琰以失節之婦猶知有子，而雄以名世大儒反不知有君。故兩存之，其責之之意深矣。賈誼之屈、服二賦已採入續離騷，復以「弔屈原第八」「服賦第九」二虛名作二行，妄加於第一卷之首。朱子之定本豈如是哉？噫，自三百篇之後，惟離騷一篇最爲近古，以其興少而比、賦多也。去古既遠，真知而篤好之者幾何人哉？平湖沈公子京以柱下史來知休寧縣事，未朞年，政教大有聲，行將復入内臺，乃梓行此書，以嘉惠乎後學。恐今本不善，命旭爲之校讎，其盛心哉！竊惟朱子因離騷以删定楚辭，與孔子之假魯史以脩春秋同一心也。春秋既作，亂臣賊子知所懼。楚辭既行於世，忠臣義士其不知所奮發哉！但孔子之筆削，雖賢如游夏，尚不能贊一辭，旭何人斯，既未得遊於朱子之門，又安敢如蔡九峰之於書傳哉！辭弗獲，則以旭前之鄙見告之，必删去後人妄加字樣，則其爲書無媿於朱子矣。公曰：「諾。吾聞之，屈原往見太卜鄭詹尹曰：『余有所疑，願先生決之。』有以哉！」公乃取決於旭。旭謹奉嚴命，遂將楚辭二册之中後人妄加「離騷經」、「傳」、數目、小注、空題等九十八字及成相三章八段之上八圈一切删去，其餘三復校正，求其字無魯魚豕亥之誤然後已。公曰：「若然，則於朱子之定本，必符節之相合矣。」乃捐俸以刻之。公其有功於天下後世大矣哉！旭年在桑榆，幸逢奇會，敢不志之以諗同道之君子？若曰作聰明亂舊章，則非知我者！正德十四年歲在己卯九月重陽前一日後學新安林下七十三翁梅巖張旭書。

明正德十四年沈圻刊本跋

明 沈圻

圻幼讀書之暇，家君參藩，承一山先生以前輩僉憲原明吴君所刊楚辭授讀，長而頗解文義。披揭歲久，原本缺壞殆盡，更求之以便温習而不可得。閩中書坊所刊售者，字多訛舛，體式以繆，殊厭觀覽。及登仕路，每欲重刊以廣來學，顧遭貶謫、勞案牘，不惟不能，亦不暇也。邇者承尹徽之休陽，遍訪徽郡官民所刊書籍，雖皆闢珍襲奇，求如此書可維三百篇之後者，則未之刊行，深以爲恨，乃請於郡守新淦文林張公，公曰：「是吾志也，子亟圖之。」偶會婺源鄉進士汪濟民者，以吴君舊本遺圻，如獲拱璧，喜不自勝。又慚褻識井見，且民事勞心，不能校證，託之於鄉大夫張君廷曙别號梅巖者。梅巖以夙學閒身，嚴加考訂，其目録體制有未合式者，稍爲更改，圻遂捐俸命工以鋟梓。工告成，而張公適更調杭郡，代之者温陵克全留公也。公既至，召圻而語之曰：「聞吾子於楚辭用意殆先得我心之所同然者，當與吾子共廣其傳。」圻喜是書之成，頗於達人君子有合，僭書此以附篇終云。正德十四年己卯冬十二月賜進士出身知休寧縣事平湖後學沈圻謹跋。

明嘉靖十七年楊上林刊本叙

明　唐樞

楚辭者，風雅之變也，其源昉於屈子。厥後作者繼起，咸祖其辭，而皆楚聲也，故俱謂之楚辭。漢劉向始輯爲編，自離騷而下，續以宋玉、賈誼、淮南小山、東方朔、莊忌、王褒諸作，及向所著九歎爲一十六篇。東京王逸又增以所著九思一篇而注釋之。宋洪興祖復爲補注。我紫陽朱夫子又取二家所注，重加訂正，謂七諫以下辭意不類，悉删去之，而增入賈誼弔屈原、服賦二篇，别爲之注，梓行久矣。邑侯楊君偶得善本，手自校正，翻刻以廣厥傳，而屬余爲叙。余惟言者心之聲也，言之發而可歌者，則謂之辭。屈子心乎公室，以忠見廢，其抑鬱無聊、怨慕不平之意無所於泄，而假辭焉發之，猶之窮而呼天、疾痛而呼父母，蓋有出於情實。王、洪、晁、周之説，逐騖詞苑，正義愈遠，辭而闢之，無以也。申此以抑彼，龍津子能無意乎？龍津姓楊名上林，乙未進士，令長興，敦本章意，以治暇及之。若曰有感而成，清世無慶元之士。嘉靖歲戊戌中秋日歸安唐樞撰。

明嘉靖十七年楊上林刊本叙

明　顧應祥

嘗讀楚辭，味離騷經，竊疑瓌士自用，激發憤嫉，無以概諸聖。及語蓋衷耿然，三代完節，然終不可以爲訓。況呻吟不恙曁齷齪自以僨者雜次同糅可耶？原藻致迴爲詞祖，九辯後諸作，計亦必傳。顧藝成而下，要非正性之習。靈修爽世麗作，同聲和者彙起。而莊、山感離憂之情，道騫善昂切之韻，是則楚之辭也。傳云：「登高能賦，可以爲大夫。」夫其能者，能稱詩以諭其志、別賢不肖而觀盛衰焉。溷之以不類，非矣。雖然，晦翁有取之。學隨事明，情由言律。故有借事以明其心，有借辭以明其事，有借類以明其本，有借人以明其辭。兹編也，皆所以明學也。雖然，何不爲法語梓而廣之以明學？猶慮其計之左也。雖然，方時文肆漫，不探其之不能已者。諸家所注，未嘗沉潛反覆，以尋其旨趣之所歸，而祇於文義間求之，故未免於迂滯迫切之病，而使屈子之志抑鬱於當時者，不得伸於後也。此朱子集注之所爲作也。朱子嘗曰：「楚辭未嘗怨君。」斯言也，可謂深得屈子之心矣！夷考朱子此注，實在慶元退居之後，時禁方嚴。所遭不辰，亦與屈子大率相類。序所謂「放臣棄子、怨妻屏婦」有感而託焉者，殆是也。而其樂天知命，講學不輟，較之制行過於中庸而不可爲法者，又有間矣。朱子於六經皆有訓傳，而於是書復惓惓焉，蓋將以昭君臣之大義，而激發夫忠臣烈士之心於千載之下云爾。然則楚辭固不當以詞人之賦視之，而朱子爲之注，又豈訓詁文義者可例觀哉？學者欲留心游藝，則是書宜不可少。而司風教者，固當知所務矣。楊君上林，淮陰人，乙未進士，素有志於古人者，刻兹集以厲風教云。嘉靖戊戌秋中朔日長興顧應祥敘。

明嘉靖十七年楊上林刊本題識

明　楊上林

屈子抗衷而陳辭，援事而脩意。其辭油，其情腆，其志不貳，其道無回，怨而不怒，哀而不傷。要其詞意所託，宛乎愛國憂君也。而汨羅之死，千載悲之，匪徒以其辭焉爾矣。嗟呼！物之材者，産於山林，掄於匠氏，細大靡弗遭也。屈子，瓌士也，而顧無所遭哉！辭而楚焉，亦傷己之未逢爾矣。雖然，死也諒矣，而隱居之道則未焉，惜也，處死之未至也。然則朱子何爲取之？夫亦曰：有屈子之志則可耳。遇主獲上，暢志宣猷，喜起之歌，被之金石，歷萬世耀耀焉，辭雖無楚可也。嘉靖戊戌五月望淮陰楊上林識。

明嘉靖三十八年葉邦榮刊本序

明　葉邦榮

嘗聞諸人曰：古人立言之遠，曠百世而不受知者，屈子離騷是也。屈子離騷章往察來，信今傳後，而亦奚至於不知邪？若夫芳潔之操，忠貞之行，騎龍弄鳳，嬉遊之間，雖與日月爭光可也，而又奚至於不知邪？粤稽史，在昔屈子職掌王族，以定國是，同列大夫上官、靳尚共譖毁之，至於唯言是聽，懷王之過也。屈子無重懷王之過，義以爲諷，離騷作焉，而無私怨，可以爲明質也。噫！屈子生非其時也。使屈子生於三代之隆，亦有緝熙賡歌、都俞可繼也，奚必以騷之爲貴而輕天下哉！戰國之時，敝斯極矣。貨賄相銜，脂韋相錯。縱横長短之説，轉相狙詐以上謀也。明珠委道，瓦釜鳴雷。此屈子之所不與也。王臣斷國，無所回護，且懼趨偶而忝貴卿，冒愧逞願而非正以處之，此又有道者之所不履也。且我聞之，欒書搆郤而厲公弑，郈伯毁季而昭公逐，費忌納女而楚建走，宰嚭譖胥而夫差喪，事幾之不可與權也。今上官捷徑，不忍以投步矣。雖然，舍王非忍也。自夫襄王之再放也，迺作而呼曰：自今無有代吾君以任患者。有一於斯，將爲繼乎？於是乎九歌、九章，援天引聖以自明，庶其曰納約自牖者也。其將通吾君於理乎？而今淒楚益有辭矣。遐思邁往，欲追靈脩而不可得，浮游天地之間，而竟齎志以歿。夫出處有謂，名體不污，風采足懷，百世改顔，不可廢也。自宋玉以下，無慮數十家，皆悲屈子而發其餘烈者也，故統曰之楚辭。重曰：讀屈子者，可知立言之有序也。夫廉以潔其身，去國而不忘其訓，君子謂離騷於是乎可傳。於此徵志，於此徵忠，於此徵德，觀會通而三美具，能章勸也。能章勸，故謂之不朽。詩曰：「我思古人，實獲我心。」離騷有焉。予刺安吉，時丙申，校楚辭成，明年既逢憂以歸。蓋嘗抱離騷之潔，相羊於清明之時，而無所於辭也，方且叙之，以俟知者。嘉靖三十八年己未孟冬望日閩中樸齋山人葉邦榮仁甫撰。

明萬曆朱崇沐重刻楚辭全集序

明 葉向高

朱子曰：「屈原之忠，忠而過者也。」此傷原之甚而爲是言耳。臣子之分無窮，其爲忠亦無窮，安有所謂過者？悲夫屈子之遇懷、襄也，身既遭讒，主復見詐，奸諛竊柄，宗國將淪，徘徊睠顧，幾幸於萬一，不得已而作爲騷辭。上叩帝閽，下窮四極，遠求宓妃，近問漁父，甚至巫咸占卜，蹇修爲媒，湘君陟降，司命周旋，舉世人所謂荒忽駭怪之談，皆託焉以寫其無聊之情，無可奈何之苦。當此際也，雖欲不死，其將能乎？屈子死而楚亡，湘江之濱，精魄未散，猶將感憤悲號，恨爲忠之未盡，而豈以一死爲足以滿志也夫？屈子之死，蓋處於不得不死之地，固忘其死之爲忠，又何論其忠之過與否哉！世之輕死者，子以孝，女以烈，此雖出於天經地義之不容已，乃罔極之恩、伉儷之好維繫綰結，若或迫之，情之至也。君臣則堂陛勢疏，晉接日少，若有餘於分，而不足於情。乘有餘以成睽，乘不足以成薄，而臣節替矣。屈子之言曰：「豈余身之憚殃兮，恐皇輿之敗績。」「長太息以掩涕兮，哀民生之多艱。」其情之婉轉惻切，千載而下，令人酸鼻。凡爲臣子當書一通，置之坐右矣。屈子楚辭若干篇，後世傚其體者皆附焉。朱子爲之注釋，而謂有味其言，不敢以詞人之賦視之。夫朱子躬遭宋季，爲王淮、陳賈所排，宜其有感於屈子。其講業建溪，自託於遯晦，視汨羅之憤，爲其中正。要亦所處之不同，未可以一律論也。屈子死矣，毋論忠憤之氣日月爭光，即其詞賦亦與六經並傳。彼上官、子蘭之徒，骨枯舌爛，千古爲僇，亦何利而爲此哉！朱生崇沐，重刻此集，余三讀而悲屈子之所以死者原發於至情，而於臣子之分，亦未嘗有過。以爲願忠者勸，其亦竊附於朱子注釋之意也。

明萬曆二十五年吉府刊本序

明　陸長庚

楚，澤國也，羽毛齒革甲天下，而其沈鬱瑰琦發於材最著。材如左倚彬彬矣，而忠且材者，則三閭大夫最著。大夫之離騷，自怨生也，喟然慘怛，怨而不怒。嗟嗟，楚人之善怨，其天性哉！余讀其辭，窮天地之紀，採人物之變，與夭喬飛走、幽闃遼邈之態，經緯臚列，大指可揆也。而滄浪濯纓，湘流鼓枻，直令羈臣戀國，逆旅悲鄉，泠泠淒絶矣。世謂楚奉江潭爲三閭湯沐，洵也侈於饗哉！至如藝文家哀時命、九懷、九歎，類冠以楚，則其悲淒婉戀，實肖貌之，勿論非楚産矣。余莅星沙，歷故羅，望湘瀯，盡焉傷之，想見故所行吟抱石處，輒求所謂楚辭者。而舊籍多堙缺不全，豈其湯沐邑而重令泯泯爲？無亦逢執事之閒而不以崇大表章也？若觀忠何？適給事吉藩魏君重鋟是辭，字櫛句比，雲燦星列，畏壘杓之人矣，斯詎止湯沐是爲？維是大夫爰實楚宗，宗而忠也，宗而材也。鋟之，於以感動諸宗，俾忠且材者蒸蒸乎獨以文詞哉？其以興起諸宗，功非渺矣。時萬曆戊戌朱明之吉賜進士出身、亞中大夫、廣西布政司左參政前奉敕提督太嶽泰和山湖廣布政按二司守巡下荆湖南道鵝湖陸長庚元白父撰。

明萬曆二十五年吉府刊本序

明 莊天合

楚詞編於劉子政者十六卷，章句於王叔師者十七卷。其上自劉、王，下迨洪氏，折衷於朱晦菴而定爲集注者八卷，復取晁無咎續編而定爲後語集注者又六卷。自集注出，而宋儒陳氏以爲發屈子之微於千載之下，故學者宗之，迄於今不廢，則今吉殿下命魏給事刻者是已。刻成，莊生爲題其端曰：夫所貴於賢人君子者，則莫不一稟於忠義文章矣。忠以致身，文以流藻，二者所難兼，而屈子兼之。故離騷者，忠義之肝脾、文章之林府也。情迫則諷諭不得不深，才多則聲貌不得不廣。諷諭深，故其旨多婉轉惆悵，反覆循環，能使讀者動色悽心，低回而不勝其忉怛；聲貌廣，故其詞多窮天極地，探幽入微，能使讀者鬼眼湏耳，斟酌而莫得其盈虛。總之，忠即爲文，文即爲忠。雖屈子不自知，而忠者得之以爲忠，文者得之以爲文，則是編不可少也。今天下一家，四海一國，豈必主懷襄、讒上官子蘭而後令愛君憂國之士彰？又豈必疏遠放逐、憔悴江潭、枯槁澤畔而後令博聞强記之士以詞自表哉？夫君臣之義，無所逃於天地之間，彼屈子偶遭其窮者也。頃聖明在上，士既生逢堯舜禹湯，而服杜衡蘭茝以媚於天子，豈其舍廉潔正直之操、受變於突梯滑稽之習者！且夫挹水於河，取火於燧，言資其有也。士染翰操觚，激昂風雅，思以鳴國家之盛，而落實取材，宜於何資焉？故吾以爲侯王而通於騷，則本支之恩必篤；公卿大夫而通於騷，則夾輔之益必弘；臺諫侍從而通於騷，則論思之道必廣；羣有司、百執事而通於騷，則奔走之勤必著。若乃奧博者菀其鴻裁，中巧者獵其艷詞，吟諷者銜其山川，童蒙者拾其香草，追風入麗，沿波得奇，雖復宣炳王猷，潤色儒業，無之而不可矣。蓋孔子論詩曰：可以興，可以觀，可以羣，可以怨，可以事君父，可以資多識。則余於離騷亦云。是固紫陽集注之意而吉藩教忠教文之盛心也。彼夫宋景賈馬而下，蘇黄張吕以前，雖作者代起，情制殊途，然莫不異軌同奔，遞相師祖，按先聲於玉管，啓後乘之司南。學者合而求之，固亦天下之極觀也。時萬曆戊戌季夏月之吉郡人莊天合得全甫撰。

明萬曆楊鶴刊本序

明　李維楨

楚三閭大夫屈平所作離騷、九歌、天問、九章、遠遊、卜居、漁父、大招，而宋玉、漢賈誼、淮南王安、東方朔、嚴忌、王褒、劉向皆擬之。其始爲傳者安也。其尊離騷爲經，而以後人所作，人非楚而辭則楚，辭非楚而指則楚，附之爲十六卷，別稱楚辭者，向也。爲之注，而以己作九思附之者，王逸也。爲補注者，洪興祖也。續楚辭自宋玉以下至宋朝爲變離騷者，晁補之也。採王、洪、晁三家爲集注，又差擇去取其所録名楚辭後語，附以辨證者，朱子也。自朱子注行，而諸説俱左次矣。蓋嘗聞騷者詩之變也，詩無楚風，而楚乃有騷。屈氏爲騷時，江漢皆楚地，文王化行南國，漢廣、江有汜諸詩，已列十五國之先。風雅既變，而楚狂接輿、滄浪孺子之歌，入孔子聽聞。其歌楚聲，體又稍變於詩，未若十五國風陳太史、經聖人筆削也。屈本詩義爲騷，世號楚辭，不正名爲賦。後語中所收荀卿諸賦、成相、佹詩，與賦與騷與詩諸體雜糅。卿亦楚人，得無楚之習然耶？則謂騷爲「楚風」可也。惜不及仲尼之時，不見採耳。此語若張楚而設。考之朱子，以三閭「志行過中庸，不可爲法，而皆出於忠君愛國之誠心。其詞旨雖跌宕怪神，怨懟激發，不可爲訓，而皆生於繾綣惻怛不能已之至意」。又曰「楚辭之寄意男女，寓情草木，以極游觀之適，爲變風。叙事陳情，感今懷古，不忘君臣之義，爲變雅。語冥昏而越禮，攄怨憤而失中，爲風、雅再變。述祀神歌舞之盛，則幾於頌，而其變爲甚。賦則離騷經首之章；比則香草惡物之類；興則託物興詞，如沅芷澧蘭，思公子而未敢言之屬。詩興多而比賦少，騷興少而比賦多」。又曰「屈氏不怨君，諸家解成怨，至以山鬼爲君，大失其旨。辭本平易，而後人學者，艱深都不可曉」。三閭地下忠魂心服知己矣。朱子之先，司馬遷稱其志潔行廉，與日月爭光，而以好色不淫、怨悱不亂，兼國風、小雅之美。漢宣帝以爲皆合經術。揚子雲亦言體同詩雅，豈不信哉！楊侍御修齡，楚人也，刊楚辭而屬余爲序。余亦楚人也，豈敢作張楚語，惟折衷於朱子之論如此。朱子之論，論其所以辭也，余第就其辭論。今夫詩三百篇，無一字不文，無一語無法，會蕞諸家之長，修辭潤色之耳。騷出於詩而衍於詩，以一人之手創千古之業，若總雜無倫而脈絡經緯自具，若蟬連不已而醞藉囊括自遠。微婉雋永，使人吟咀餘味，殆不忍置；悽欷緊萘，使人情事欲絶，涕泣横集；富麗廣博，使人望洋自歎，無測邊際；環琦卓詭，使人驚心動魄，未可直視；嚴整高華，使人肅然起敬，正襟拱立。兩漢、六代、三唐諸人，得其章法、句法、字法，遂臻妙境、奪勝場。如詩三百篇後有作者，卒莫出其範圍。劉勰所謂「氣往轢古，辭來切今，驚采絶艶，難與並能」，豈不信哉！或曰注有異同，即朱子不必盡諧衆說。余曰：年祀綿邈，載籍闕軼，六經訓故，尚爾人持一意見，何疑於楚辭！且也汨羅之死，傳述已久，説者或比諸浮海居夷。猶騷所謂道崑崙，遵赤水，至西極，陟陞皇，寓言也。寸寸而度之，至丈必差，而何求備於注楚辭者？要以朱子學識其於大義微言思過半矣！

明天啓六年忠雅堂刊本序

明　蔣之翹

予酷嗜騷，未嘗一日肯釋手。每值明月下，必掃地焚香，坐石上，痛飲酒熟讀之，如有淒風苦雨颯颯從壁間至，聞者莫不愴然，悲心生焉。竊論孔公删後詩亡，能變詩而足以存詩者惟是。其辭麗以則，其情悽以婉。至美人夢寐，一篇三致其思，自有一種涕泣無從、令血化碧於九原而天地震驚之意。「詩可以怨」，信然，宋、景而下莫及也。況乎相如以浮辭媚主上，雄爲莽大夫而復反其意以自文過，儻屈氏有鬼，必執罪而問之，是尚得並稱歟？若夫原情闡旨，則太史公猶未相知也，下而班固、顔之推之徒，烏足置喙焉？有深獨契，惟留此朽墨數行，與汨羅一片悠悠映對千古耳。奈之何世復乏佳刻，殊晦厥意！王逸、洪興祖二家訓詁僅詳，會意處不無遺譏。惟紫陽朱子注甚得所解，原其始意，似欲與六經諸書並垂不朽。惜其明晦相半，故余敢參古今名家評，暨家傳李長吉、桑民懌未刻本，裁以臆説，謀諸剞劂氏，僉曰可。庶貽茲來世，以見予與原爲千古同調，獨有感於斯文云。於時歲次丙寅天啓六年冬十一月殺青迺竟。石林山人蔣之翹楚穉撰。

明天啓六年忠雅堂刊本序

明　黄汝亨

予嘗序馮氏刻王叔師騷注，其所以論騷者，亦大概詳矣。今且謂蔣楚穉，世以騷名家，負暢達用世之才而不遇，是誠騷中人也。其年十五時，便從尊大人野鴻公裹糧入楚，躡屩陟衡岳，浮洞庭，探雲夢、九疑、三湘、七澤之勝，已而謁三閭故廟，咨嗟慨慕，詩以弔焉。迄今七年於茲，落寞如故，負譏自放，彷徨林澤間，遊是三閭行徑，醉後時設几，灌酒漿，奉離騷經於上，跪而泣曰：「嗟乎！千古來惟先生與某同調也。」遂閉户，然水沉，棲劍嘯臺上，昕夕披離騷本。主朱考亭集注，參以諸家之評。上自漢、魏以及國朝，凡百名流，苟其一言一字之似，荒謬若予者，無不蒐羅而備輯之，甚至注與評而載之。未詳者君必考諸他書，裁之獨見，爲併詳之。外有諫、歎諸作，考亭之所删也，君以其原本所載，另立一卷，爲附覽以存之。國朝騷賦，後語所未及録也，君又旁搜徧問，一一編次之、標引之。下之若詩、若論、若列傳、若外傳、若傳贊、若祭文哀文等篇，稍有可以相折衷處，亦悉録而附之。楚穉其可謂勤歟？猶之滄海朝宗者，大而江淮河漢，小而溝渠行潦，靡弗納也。洋洋然洵騷之大觀也哉！讀此可知楚穉之學，皆得力於騷。如所載攘詢一賦，幽憤沉痛，實言之欲淚矣。北地而後有能紹屈氏之統者，舍楚穉其誰與歸？天啓柔兆攝提格之歲杪秋。

明天啓六年忠雅堂刊本後語序

明　蔣之翹

予聞秦無經，漢無騷。騷之爲道，要必發情止義，興觀羣怨之用備，而又别爲變調者也。噫，何其難甚哉！儻持此論以求之，即宋、景諸人猶不能及，何況曰漢，又何曰漢以後耶！故朱子論七諫、九懷、九歎、九思爲無病呻吟，今觀茲後語所録，並呻吟而亦無之矣。特爲原作者意亦皆憫屈子之忠而悲其不遇者也，所以不可不輯，復廣而續之。檇李蔣之翹撰。

明崇禎十八年刻本楚辭集注評林題識

明　沈雲翔

楚辭行世者，向惟七十二家評本稱善，然尚有未盡，如宋蘇子由、國朝汪南溟、王遵巖、余同麓等十餘家，在所遺漏，兹復輯入，彙成八十四家。搜羅校訂，自謂騷壇無憾也。

明崇禎十八年刻本楚辭集注評林引

明 沈雲翔

盡人黯宗屈、宋，其義不可臚悉矣。乃懷採擷潤，空谷知興；而微蘊尚窅，端緒難通。則往哲貞韻，糜塞於哇吟勃窣之壇，悲夫！自劉、王編疏，章句猶舛；洪、晁詳備，經傳支别，反騷與美新同指，天對與愚溪等誣。此皆昔人有志探賾者，不免向背之擾，遺瀆景行，下此者豈望其弔湘乎！學士有思，陳風擬賦；哀人多戚，寓物致鳴。彼各自抽，黝渺三閭，安所執而叩之！若乃邪僻之家，以之翻譜，酬詞借徑，下上其音，蒿露莽野，徧屬田横門下之客。嘻，甚已夫！高踪迴處，掃室焚香，日月在抱，自絜江蘺渚若之間。不然，披枝求本，先理其幹，亦讀騷者之亟圖也。朱子集注謂使人得見千載之上，蓋明章闡括，登屈氏之堂，可不謂優歟？後語、辯證，危言則贅。余於丙子之冬，緘户紬篇，爲之遵其句節，誌夫窾釋，詳稽論列，慎剔效尤。諫懷歎思之作，既不使無病而呻；荀楊馬蔡之詞，亦安得屬郢而和！秩秩蘭茝，厥繇且絛，詎曰漉醑之助哉！爰授梨棗，哀彙品騭，後之讀者，得取衷焉。崇禎丁丑清和月哉生魄日慶城沈雲翔千仞識。

明崇禎刻本楚辭述注自序

明　來欽之

楚辭舊分八卷，爲紫陽朱子之所校定，又後語六卷，則朱子以晁氏所集録而刊補定著者也。其先漢王逸爲之章句，及宋洪興祖又爲之補注。而晁無咎取古今詞賦之近騷者以續之。此從事於楚辭先後之本統也。竊觀楚辭自離騷以至漁父二十五篇，皆屈原所作。厥後宋玉之九辯、招魂，景差之大招，賈誼之惜誓、弔屈原、服賦，莊忌之哀時命，淮南小山之招隱士，爲舊分八卷中之三卷，以續離騷。今止録其前之五卷，而於最後之續者，俱不一及，則是何故？是特以著屈原之所爲文而已矣。繼是所作，或本其志，或甚反其詞，中情繾綣，旨趣幽深，非不盡善盡美，使之各自成書，亦無不可。其必曰合而觀之，續而後成全書，且以白諸賢之意志，固先儒嗣美之一說也。載諸後語之揚雄反離騷、蔡琰胡笳十八拍，朱子皆兩存之。其蓋有予奪之微意乎？今斷自屈原所作，則謬甚。雖然，詳體乎屈原之言之志，則朱子之所爲予之奪之者，可類推也。而不然，幾何不復以離騷爲經，九歌等篇而亦爲離騷，甚而九辯等篇爲離騷之傳，以至轉相牽合也哉！柳子厚曰：「參之離騷以致其幽。」由是言之，則凡爲文者所不可忽也。然其詞旨難明，語音杳冥，非藉解釋，不能通曉。朱子之集注，其補裨於後人者多矣。欽之伏而誦之，間或哀多益寡，此固欽之述注之本意也。崇禎歲在戊寅蕭山來欽之聖源甫書。

明崇禎刻本楚辭述注後序

明　來逢春

屈原具可大用之才，而見沮於子蘭、上官之徒，此離騷等二十五篇之所由作也。朱晦翁生當宋之中葉，困於大奸，亦有大可用之才，而不得盛其發施，其事亦差與原類，故合諸賢之注而統集其成。迄今學士家咸奉朱子集注。吾宗聖源，博學宏才，其所疏注，自經及史，率皆千古盛業。可以大用而尚不遇於時，故讀屈原之詞，取晦翁之注而少加裒益，書始大定。而曰述注云者，其亦同屈原、晦翁兩人，有大悲慨也夫？有大悲慨也夫？崇禎戊寅月嘉平。

清光緒十八年傳經堂刊本序

清　賀瑞麟

趙忠定汝愚以韓侂冑用事遭貶暴薨，朱子蓋傷忠定宗臣忠不見容，不勝憂憤，有感於三閭之事，因注楚辭，並刊定後語，是在慶元己未，而朱子年已七十矣。當是時，朱子亦以僞學落職去國，侂冑之勢益張，國事愈不可問，因以義命自安，禍福死生久已置之度外。然士君子讀書弔古，見夫奸邪罔上、殘害忠良，未嘗不悲歎欷歔感慨，以至泣下，而況身當其際，貴戚見逐，卒以身死如忠定者乎？是不可哀郢而弔湘耶？且其擊忠定也，正以引用朱子之故，至欲一網打盡，而道學遂爲世病，將使天下後世輒以道學爲諱，世道人心何所底止？朱子特注楚辭明屈子之心，即以明忠定之心，且見讒人誤國至於此極，使千載下爲國者以爲殷鑒。嗚乎，其所感深矣！然朱子亦若不爲當時發者，此又離騷一書之微旨也。至屈子爲人與後世諸家所以爲辭之意，並以張子、吕氏之作終焉，以明道學之歸。朱子論之詳矣，不復贅。讀者熟玩而善味之，其亦將有感於朱子之所感也夫！光緒壬辰仲冬清麓洞主賀瑞麟謹識。

一九五三年人民文學出版社影印宋端平本跋

鄭振鐸

右宋朱熹（一一三〇—一二〇〇年）所定楚辭集注八卷，辯證二卷，後語六卷，爲熹孫朱鑑於宋理宗端平乙未（一二三五年）所刊本。這是今日我們所見楚辭的最古和最完整的一個刻本。黎庶昌嘗於日本獲見一元刊本的朱氏集注，已驚爲祕笈，亟爲之覆刻，收入古逸叢書中。今得此宋本，又遠勝於古逸本了。我曾把這兩個本子，初步對讀了一下，即發現元刊本有不少錯誤失真之處。如宋本朱熹序中「世不復傳」四字，元本作「世復不傳」，一字顛倒，語氣便大有出入。又宋本辯證卷上中「然其反騷，實乃屈子之罪人也」一句，元本佚去「然」字，作空格。「楚辭卷第一」下，宋本僅有「集注」二字，元本則增爲「朱子集注」四字。又宋本後語之末，附有鄒應龍、朱在、朱鑑的三篇跋文，元本均佚去，令人無從知道後語成書與印行的經過，以及朱在刊書的始末。可見書貴古本，不僅因其「古」而貴之，實在是爲了實事求是，要得到一個最準確、最無錯誤的本子，作爲研究的依據，以免因一字之差，而引起誤會，甚至不正確的論斷。朱熹爲宋學大家，畢生勘定了不少經典古籍，很有些特見，足以糾正漢儒的謬解。楚辭的最早的本子，爲漢劉向所寫定，凡十六卷。後漢王逸爲之章句，續增了他自著的九思一篇，定爲十七卷。宋洪興祖爲之補注。這是代表漢學家的一個注釋本子。宋晁補之又擇後世文辭與楚辭相類似者，編爲續楚辭二十卷，凡二十六人，計六十篇；又擇其餘文賦或大意祖述離騷，或一言似之者，爲變離騷二十卷，凡三十八人，通九十六首。朱熹根據了王逸和晁補之二家的書，加以增删，附入注釋，定爲此本。他的集注八卷，是依據王逸所定的本子，删去了七諫、九懷、九歎、九思四篇，而增入賈誼的弔屈原、服賦二篇，並將揚雄的反離騷一篇，附録於後。他的後語六卷，則是根據晁補之的續楚辭、變離騷二書而加以增删者，所取凡五十二篇。他的辯證二卷，則爲他自撰的不能附入注釋中的考證之語。這是一個比較的最完備的楚辭集子，包括屈原的全部作品，和受屈原影響的許多歷代（到宋爲止）的最好作品。今日晁補之的二書已不傳，王逸章句和洪興祖補注二書的宋刊本也已不可得而見，則朱熹的這個注本，可以説是很難得的一個古刻本了（四部叢刊所收楚辭補注乃是明翻宋本）。王逸的注釋，多牽强附會之處，未脱漢儒説經的習氣。朱熹的注釋是比他進了一步的。在辯證裏，他曾把王逸的錯誤與附會之處，詳加批判。在楚辭的許多注釋本裏，這也可算是比較好的一個本子。朱熹作辯證的時間，在宋寧宗慶元己未（一一九九年），是在他死的前一年。他的後語則是未完成的本子（只注釋了前十七篇，以後三十五篇無注）。他的集注則大約是完成於一一九五年左右。趙希弁云：「公之加意此書，則作牧於楚之後也。或曰：有感於趙忠定之變而然。」（涵芬樓影印宋本昭德先生郡齋讀書志卷第五下）按熹作牧於楚，是一一九三年的事。趙汝愚罷相，則在一一九五年。是他成書的日子，當在一一九五年至一一九六年之間。這個集注，先曾刊行。今存者有嘉定癸酉（一二一三年）江西刊本，辯證二卷，並附於後。但後語六卷，則於熹死後，始由其子朱在爲之印出（一二一七年）。現在，这個朱在本也已失傳了。再經過十六年，他的孫子朱鑑，才集合了這三部分，成爲現在這個樣子的一部書。他把這集注和後語裏的重複的三篇删去了（集注裏已收賈誼的弔屈原、服賦二篇，又附載揚雄的反離騷一篇，後語裏又收此三篇。朱鑑本則於集注部分裏删去反離騷一篇，於後語部分裏删去弔屈原、服賦二篇，避免複見），以見全書的整齊劃一。他這個刊本，可以説是朱熹這部書的今存的最早的、最完備的刊本，且也是最後的一個定本了。明蔣之奇堂重刊宋度宗咸淳三年（一二六七年）潭州湘陰令施南向文龍的一個刻本，而那個本子却是刻在朱鑑刻本出來以後的三十二年。這部僅存於世的朱鑑刻本，爲山東聊城海源閣舊藏，後爲東萊劉氏所得。去年，由劉少山先生捐獻給中央人民政府，現藏北京圖書館。今年是屈原逝世的二千二百三十年。我們藉此機會，把這部最古的、最完備的楚辭集注定本，影印出來，作爲對於屈原這位古代偉大的愛祖國、愛人民的詩人的一個紀念。同時我們想，這部書的出版，對於研究屈原的專家們也將會有些貢獻與幫助。一九五三年二月二十日鄭振鐸跋。

附録二　楚辭集注版本著録

直齋書録解題卷一五楚辭類

宋　陳振孫

楚辭集注八卷辨證二卷

侍講建安朱熹元晦撰。以王氏、洪氏注或迂滯而遠於事情，或迫切而害於義理，遂别爲之注。其訓詁文義之外，有當考訂者，則見於辨證，所以袪前注之蔽陋而明屈子微意於千載之下。忠魂義魄，頓有生氣。其於九歌、九章，尤爲明白痛快，至謂山海經、淮南子殆因天問而著書，説者反取二書以證天問，可謂高世絶識，毫髮無遺恨者矣。公爲此注在慶元退歸之時，序文所謂「放臣棄子、怨妻去婦」，蓋有感而託者也。其生平於六經皆有訓傳，而其殫見洽聞發露不盡者，萃見於此書。嗚呼偉矣！其篇第視舊本益賈誼二賦而去諫、歎、懷、思。屈子所著二十五篇爲離騷，而宋玉以下則曰續離騷，其言七諫以下「辭意平緩，意不深切，如無所疾痛而强爲呻吟者」，尤名言也。

楚辭後語六卷

朱熹撰。凡五十二篇。以晁氏續、變二書刊定，而去取則嚴而有意矣。

郡齋讀書志附志卷下楚辭類

宋　趙希弁

楚辭集注八卷後語六卷辨證一卷

右朱文公所定也。離騷凡七題二十五篇，皆屈原作，定爲五卷。續離騷八題十六篇，定爲三卷。校晁氏本增弔屈原、服賦二篇，而去七諫、九懷、九歎、九思四篇。公謂四篇雖爲騷體，然詞氣平緩，意不深切，如無所疾痛而强爲呻吟者，就其中諫、歎猶粗可觀，兩王則卑已甚矣，故雖幸附書尾而人莫之讀，今不復以累篇衺也。賈傅之詞於西京爲最高，且惜誓已著於篇，而二賦尤精，乃不見取，亦不可曉，故併録以附焉。後語定著五十二篇。公謂屈子者窮而呼天、疾痛而呼父母之詞也，故今所欲取而使繼之者，必其出於幽憂窮蹙、怨慕凄凉之意，乃爲得其餘韻。而宏衍鉅麗之觀、懽愉快適之語，宜不得而與焉。至論其等，則又必以無心而冥會者爲貴。其或有是，則雖遠且賤，猶將汲而進之。一有意於求似，則雖迫近如揚、柳，亦不得已而取之耳。騷自楚興，公之加意此書，則作牧於楚之後也。或曰有感於趙忠定之變而然。

文淵閣本四庫全書提要

楚辭集注八卷辨證二卷後語六卷，宋朱子撰。以後漢王逸章句及洪興祖補注二書詳於訓詁，未得意旨，乃隱括舊編定爲此本。以屈原所著二十五篇爲離騷，宋玉以下十六篇爲續離騷。隨文詮釋，每章各繫以興比賦字，如毛詩傳例。其訂正舊注之謬誤者，别爲辨證二卷附焉，自爲之序。又刊定晁補之續楚辭、變離騷二書，録荀卿至吕大臨凡五十二篇爲楚辭後語，亦自爲之序。楚辭舊本有東方朔七諫、王褒九懷、劉向九歎、王逸九思，晁本删九思一篇，是編并削七諫、九懷、九歎三篇，益以賈誼二賦。陳振孫書録解題謂以七諫以下，辭意平緩，意不深切，如無病而呻吟故也。晁氏續離騷凡二十卷，變楚辭亦二十卷，後語删爲六卷，去取特嚴，而揚雄反騷爲舊録所不取者，乃反收入。自序謂欲因反騷而著蘇氏、洪氏之貶辭，以明天下之大戒也。周密齊東野語記紹熙内禪事曰：「趙汝愚永州安置，至衡州而卒。朱熹爲之注離騷以寄意焉。」然則是書大旨，在以靈均寓放逐宗臣之感，以宋玉招魂抒故舊之悲耳，固不必於箋釋音叶之間，規規爭其得失矣。乾隆四十六年十月恭校上。

鐵琴銅劍樓藏書目卷十九集部一楚辭類

清　瞿　鏞

楚辭集注八卷辯證二卷（宋刊本）

宋朱子撰。後附揚子雲反離騷一篇并洪興祖論，自加論語於後。卷一、卷二鈔補全。其後語已佚。每葉十四行，雙行夾注，行十五字，注字同。案：書中字句與文選所録有互異處，然皆注明某字一作某，與韓文考異同例。間有勘定語，如離騷「循繩墨而不頗」，注「循，一作脩，非是」；湘夫人「登白薠兮騁望」，注「蘋音煩，一作蘋，非是」之類。辯證二卷，行式悉同。前有嘉定癸酉三月甲子□陽王涔序云：「刊於□□貢郡齋，俾學者□風、雅之變云。」則嘉定六年刊本也。舊爲太倉陸氏藏書。卷首有「陸時化印」、「聽松老人」二朱記。

楚辭集注八卷附辯證二卷後語六卷（元刊本）

朱子既作集注，復訂舊注之謬，爲辯證，又以晁補之所輯續楚辭二十卷、變離騷二十卷，删定五十二篇爲後語。二書皆自爲之序。每卷有「求是室藏本」朱記。卷四有「趙印子」朱記。

天禄琳琅書目卷三宋版集部一楚辭類　　清　于敏中

楚辭集注八卷（宋咸淳三年向文龍湘陰刻本）

楚辭一函四册，周屈平撰。附宋玉、景差、賈誼、莊忌、劉安諸篇，共八卷。宋朱子集注。目録後載朱子序，前有宋羅荷、向文龍二序、汨羅山水圖、屈平朱子二像。宋陳振孫書録解題謂：朱子「以王逸、洪興祖注或迂滯而遠於事情，或迫切而害於義理，遂别爲之注。其訓詁文義之外，有當考者，則見於辯證，所以祛前注之蔽陋，而發明屈子之微意於千載之下。其於九歌、九章，尤爲明白痛快」。公爲此注，在慶元退居之時，蓋有感而託。其篇第視舊本益賈誼二賦，而去諫、歎、懷、思。屈子所著二十五篇爲離騷，而宋玉以下則曰續離騷。考宋史，寧宗慶元二年，朱子草封事數萬言，陳奸邪蔽主、明丞相趙汝愚之寃，力辭職名。詔仍充祕閣修撰。時臺諫皆韓侂胄所引，有胡紘者，未達時謁朱子於建安，待以脱粟飯。紘不悦，語人曰：「此非人情。隻鷄尊酒，山中未爲乏也。」及是，乃鋭然以搏擊爲任，以疏草授御史沈繼祖奏之，誣論十罪。詔落職罷祠。振孫所謂「有感而託者」，蓋以此也。是書刻於咸淳丁卯，係宋度宗三年。所繪汨羅山水圖中有清烈公廟及墓。考宋史，祕書監何志同言，「諸州祠廟多有封爵未正之處，如屈原廟，在歸州者封清烈公，在潭州者封忠潔侯之類，宜加稽考，取一高爵爲定，悉改正之」云云。蓋宋祀典封爵，初封侯，再封公。當時既經改正，潭州之廟宜亦稱清烈公。又按：汨羅在湘陰縣北，宋爲潭州所屬。施南向文龍序稱，「學制湘陰，汨羅隸焉。欲索楚辭集注善本，與邑之賢士大夫共讀之，則未之有，乃輟俸刻梓於縣齋」。廬陵羅荷者，時爲文學掾，故亦爲序之。「其刻是書，蓋欲求爲善本，宜其雕槧精良也」。有清高宗弘曆題詩云：「信是身清志猶烈，允宜朱注向爲刊。害公有疾託蕭艾，正道無妨擬蕙蘭。論古恒明論今闇，責人則易責躬難。睪然惕若披芸處，敢作尋芳漱潤觀。乾隆乙未仲春御筆。」鈐「乾隆」雙璽。卷八末右明文徵明自識：「衡山文壁藏。」其子文彭亦有印記。後入檇李項氏、泰興季氏二家收藏。鈐有「衡山」、「文彭之印」、「季振宜藏書」諸印記。

天禄琳琅書目後編卷六宋版集部　　　清　彭元瑞

楚辭集注（一函七册）

宋朱熹注。書八卷。前有自序，謂王逸、洪興祖詳於訓詁，未得意旨，乃隱括舊編定爲此本。周密齊東野語云：「趙汝愚永州安置，至衡州而卒，朱熹爲之注離騷以寄意。」蓋以原、汝愚皆宗臣，故以隱况而自擬宋玉，意不在駁正王、洪也。是書明時有刻本，並後語、辯證俱全。此宋大字本，极清朗，雖印本祇四卷，而卷一、卷三、卷四影鈔亦甚工緻，以其希覯，足珍收之。每册前有大印，割補僅存一「亭」字可辨。

五十萬卷樓藏書目録初編卷一五集部

清　莫伯驥

楚辭八卷後語六卷。**明成化刊本，陸潤之舊藏**。

伯驥按：庶老齋叢談（按當作「庶齋老學叢談」）中云：「漢武帝秋風辭見於文選、樂府、文中子，晦庵附入楚辭後語，而史記、漢書皆不載。藝文志又無漢武歌，不知祖於何書。」又續停驂録卷二十一云：「朱子注楚辭，在今餘干之東山，其意蓋爲趙汝愚作也。復爲後語，以選古人之辭，世有議其去取之未當者。蓋楚詞之文，至東漢而病矣，况後世乎？文公之旨，則以無心而冥會，賢於不病而呻吟者爾。此爲第一義也。」又蕭穆敬孚類稿云：「余以爲千古之第一知騷者，莫如太史公。至本書注事詳確，莫如王、洪兩注本。學者但熟讀太史公屈原列傳，可深得屈原各篇精義之所在。再讀王、洪注本，可知屈子用古之通博。而朱注本實未能高出前人，但偶有獨得處，採取之可也。若尊朱者，因其一序，概將前人抹摋，則大謬云。」此皆前人論朱注之得當者也（節録）。

藝風藏書記卷六詩文第八上

民國　繆荃孫

楚辭集注八卷後語六卷辯證二卷

明翻元本。每半十行，每行二十字，小字同。黑口。向來大字一行，小字雙行，兩行應作四行，此本多作三行。後遇小字，又作三行以匀配，此式罕見。各本先楚辭，次辯證，再次後語。此本後語末葉刻「楚辭後語第六」，卷尾接楚辭辯證上卷一，去辯證首葉，又刻楚辭辯證，上空四格刻接楚辭後語六卷尾，此式亦罕見。辯證通體雙行小字，止題目大字。注中有注，則改陰文以别之。字畫古雅，疑翻元本。無前後序。楚辭八卷缺末葉，皆書賈棄之以充舊帙者。收藏有「長莖苦葉平生志」朱文長印。

蛾術軒篋存善本書録庚辛稿卷四

王欣夫

楚辭集注八卷後語六卷辯證二卷（五册）

明成化十一年廣安州吴伯通刻本。首成化十一年河南按察司按察使盱江何喬新序。每半葉八行，行十七字，白口。板心魚尾上有「楚辭集」三字。何序末葉，板心下方有「吴相國刊」四字。案此本藏書家著録，皆謂「何喬新刊本」今觀何序云：「書坊舊本，刓缺不可讀，嘗欲重刊以惠學者而未能也。及承乏泒臺，公暇與僉憲吴君原明論朱子著述，偶及此書，因道余所欲爲者。吴君欣然出家藏善本，正其訛，補其缺，命工鍥梓以傳。既而以書屬余曰：『書成矣，子其序之。』」則刻書者，明爲吴原明，不知何以多以序者當之？兹爲訂正云。原明名伯通，廣安州人。天順八年進士。周密齊東野語記紹熙内禪事：「趙汝愚永州安置，至衡州而卒。朱子爲之注離騷以寄意焉。」又，王應麟困學紀聞卷十八云：「趙汝談挽汝愚云：『空令考亭老，垂白注離騷。』」而何序謂：「朱子當宋中葉，阨於權奸，當時士大夫沮之排之，目爲僞學。乃爲此書作注，以發其悲憂感悼之情。」蓋猶屬敷衍之辭，未必得朱子之心。至書名集注，而板心衹題「楚辭集」三字，尤爲不解。觀後二種，題「楚辭後語」、「楚辭辯證」，皆舉全名，則此明脱「注」字，可謂鹵莽從事也。惟字大如錢，有雪松筆意。則去元代不遠，猶有遺風。卷五鈔補十葉，有「紅是軒印」，出明時人手。白皮紙初印，古香可愛。有「蔡」字方印，「横翠樓」朱文長方印，「平生一片心」白文方印，「蔡印亮茂」白文方印，「仲淵」白文方印，「紅是軒」朱文長方印，「接武父」白文方印，「三益齋主人」白文方印（以上皆明人）。「廬江何氏藏」白文長方印，「清溪楊氏鶴閒堂經籍圖書」朱文方印，「奎炫之印」白文方印，「令昭氏」白文方印，「楊尚樗」白文方印，「炳宬」朱文方印。

中國古籍總目集部目録楚辭類

陳　力

楚辭集注八卷辯證二卷後語六卷　宋朱熹集注

宋嘉定四年同安郡齋刻本　臺圖（存辯證二卷）

宋端平刻本　國圖

宋刻本　國圖（存集注八卷，卷一、三、四配清抄宋本）

元至元二年建安虞信亨宅刻本　山東

元至元二年建安傅子安宅刻本　國圖

元天曆三年陳忠甫宅刻本　臺圖　臺北故博

元刻本　國圖　北大　上海　南京

明成化十年何喬新序刻本　北大

明成化十一年吴原明刻本　國圖　上海　山東

明正德十四年沈圻刻本　國圖　北大　上海　南京（清丁丙跋）

明萬曆元年閩建書林陳氏積善堂刻三十五年陳氏奇泉印本（刻京本三閭大夫楚辭集注八卷辯證二卷注解後語六卷）　上海　安徽博　社科院文學所

明萬曆二十五年吉府刻本　國圖　天津　上海

明萬曆間朱崇沐刻本　國圖　南京　上海　山東　浙江

明書林魏氏仁實堂刻本　北大　南京（存集注一卷辯證二卷後語卷五至卷六）

明胡堯元刻本　國圖（缺辯證二卷，集注卷三至四配抄本）

明刻本　國圖　北大　天津　上海　南京　山東　浙江　遼寧

明刻遞修本　國圖

清康熙間内府抄本　故宫

四庫全書本（乾隆時寫）

洪氏唐石經館叢書本（清光緒印）

崇文書局彙刻書本（清光緒刻）

清光緒八年江蘇書局刻本　國圖　北大

古逸叢書本（清光緒刻）　國圖（傅增湘校並跋）

西京清麓叢書本（清光緒刻）

清宣統三年上海掃葉山房石印本　國圖

傳抄明本　南京

楚辭集注八卷辯證二卷反離騷一卷　宋朱熹集注　（反離騷）漢揚雄撰

宋嘉定六年章貢郡齋刻本　國圖（卷一至二配清影宋抄本，楊訥菴批校）

楚辭集注八卷附各家楚辭書目一卷

宋朱熹集注

明正德間刻本　國圖

明嘉靖十七年楊上林刻本　國圖　山東

明嘉靖三十八年葉邦榮刻本　國圖　上海

明刻本　國圖　上海

楚辭集注八卷辯證二卷後語六卷反離騷一卷　宋朱熹集注　（反離騷）漢揚雄撰

明嘉靖十四年袁褧刻本　國圖（清何煌校；存辯證二卷、反離騷一卷，傅增湘校）　北大　上海　南京（清丁丙跋）　山東　浙江　南開（存集注八卷、後語六卷，秦更年校並跋）

楚辭六卷附辯證　宋朱熹集注

明萬曆間刻本　國圖

楚辭集注八卷辯證二卷後語六卷　宋朱熹集注　明蔣之翹補輯評校

明天啓六年蔣之翹刻本　國圖　北大　上海　南京　山東　浙江　南開（清林洁、盧弼批校）

楚辭評林八卷總評一卷（楚辭集注）　宋朱熹集注　明沈雲翔輯評

明崇禎十年吴郡八詠樓刻本　國圖　北大　上海（清王慶麟批）

清康熙間聽雨齋刻朱墨套印本（楚辭集注）　國圖　天津　南京　山東
清乾隆五十三年刻朱墨套印本（楚辭集注）　北大　天津
清吳郡寶翰樓刻本　北師大

楚辭五卷　宋朱熹集注
明崇禎間蕭山黄氏刻本　國圖　北大
清康熙三十年刻本　南京

楚辭集注八卷　宋朱熹集注
明刻本　中科院

楚辭十卷　宋朱熹集注　明張鳳翼輯
明末刻本　國圖（鄭振鐸跋）　南京　山東　浙大（清莫京批校）　遼寧

楚辭後語六卷末一卷　宋朱熹集注
明刻本（無末一卷）　山東

清光緒間傳經堂刻本　上海

楚辭五卷後語一卷　宋朱熹集注

清王鏞抄本　哈爾濱師大

楚辭八卷首一卷　宋朱熹集注

清抄本　南京

屈大夫文八卷　戰國屈原撰　宋朱熹注

屈賈文合編本（光緒間刻）

昌黎先生集考異

曾抗美校點

校點説明

昌黎先生集考異十卷，爲朱熹所撰校勘訓詁專著。

韓愈「文起八代之衰，實集八代之成」（劉熙載藝概文概），自云「始專專於講習兮，非古訓爲無所用其心」（復志賦），又云「博士臣愈，職是訓詁」（元和聖德詩序）。李翱韓公行狀謂其「爲文未嘗效前人之言，而固與之並……後進之士其有志於古文者，莫不視公以爲法」。韓文將秦漢古文的基本特點與「氣盛言宜」的理論相結合，開創了「言之短長與聲之高下者皆宜」的一代文風，在中國文壇上具有劃時代的意義。韓愈殁後，其詩文湮没無聞者二百餘年。直至宋初，歐陽修於隨州大姓李氏家中壁間之弊筐中得到昌黎先生文集六卷，然已脱略顛倒無次第，經歐陽修多方尋求，補綴校定，雖仍卷帙不足，但也於韓集的整理有篳路藍縷之功。韓文自經歐陽修提倡後，大行於世，書坊紛紛刊刻牟利。而韓氏講究「詞必己出」、「惟陳言之務去」，故其詩文遣詞用語迥不猶人，不易爲淺學所理解，以致俗本謬誤甚多。南宋孝宗時，方崧卿編纂昌黎先生文集，參校了碑石本十七篇、唐令狐澄本、南唐保大本、秘閣本、祥符杭本、嘉祐蜀本、謝克家本、李邴本及趙德文録、李昉等文苑英華、姚鉉唐文粹諸書，鼇弁辨疑、考誤徵實，撰成韓集舉正十卷、外集舉正一卷，當時號爲精善。朱熹晚年，發現方氏校訂不合韓文原意者頗多。紹熙三年，他在跋方季申所校韓文中認爲：「今觀方季申此本，讎正精密，辨訂詳博，其用力勤矣。但舉正之篇所立四例，頗有自相矛盾者，又不著諸本同異，爲未盡善。」且「其去取，多以祥符杭本、嘉祐蜀本及李、謝所據館閣本爲定，而尤尊館閣本，雖有謬誤，往往曲從；他本雖善，亦棄不録」（昌黎先生集考異卷一），遂在舉正的基礎上，「悉考衆本之同異，而一以文勢、義理及他書之可驗證者決之」（同上）。在版本的收集方面，除了閣本、杭本、蜀本外，還參考採取了洪本、謝本、石本、歐本、荆公本、山谷本、樊本、曾本、潮本、趙本、晁本、張本、蔡本、吕本等十幾種本子。在引文考釋方面，除了廣泛述引各類詩集、文集之外，還引用了各種韻書、字書、史書、政書、諸子、小説、金石等大量文獻資料。在此前提下核考異同，「凡方本之合者存之，其不合者一一詳爲辨證」（四庫提要），終於在慶元三年（一一九七）撰成考異十卷。

考異的問世，使韓集得到當時最爲精善的校勘考訂，故爲世所重。此書搜羅甚全，除韓愈弟子李漢所編和舉正中所收詩文外，還將順宗實録、論語筆解等也逐一詳加訂正。他本所載遺文佚句爲方本所删者，亦附於集後，其有疑問歧説者則存其目，以俟後賢。對於李漢因韓氏注論語已「傳學者」、順宗實録「列於史書」而不收入集的做法，朱熹説：「李漢之説據當時而言之，似未爲失，然其爲害，已足使筆解亡逸，無復真本，實録竄易，不成全書，是則皆李漢之爲也。方氏不察而從其説，既已誤矣，况今去公之時又益以遠，比之當日事體又大不同，故其片文隻字，名爲公之作，而决可知其非僞者，皆當收拾，使無失墜，乃爲真能好公之文者，固不當以一時苟簡之論爲限斷，而直有所遺也。」（昌黎先生集考異卷九）意在網羅其全。其擇善而從、判斷異文正誤的原則爲「苟是矣，則雖民間近出小本不敢違；有所未安，則雖官本、古本、石本不敢信」（昌黎先生集考異卷一）。其精湛縝密如此，奠定了朱熹在韓學和校勘學史上的重要地位。

朱熹考異仿陸德明經典釋文和司馬貞史記索隱之例，不載韓文全篇，只摘取所校字句，書以大字，而以小字夾注衆本之同異和文字考訂於其下，别爲一書。書既成，韓集文字遂有據依，流傳日廣。

此書在慶元三年殺青後，即由朱熹弟子鄭文振初刻於潮州，由於其時黨錮風聲日緊，恐「引惹生事」，只得匿名刻印此書。朱熹在答劉晦伯書中談到：「所喻（方崧卿）南安韓文，久已得之，舛訛殊甚……昨爲考異一書，專爲此本發也。近日潮州取去，隱其名以鏤板。」（晦庵續集卷四）此一槧本因當時即流傳不廣，現已不復可睹。

此後，南宋寶慶三年（一二二七），王伯大爲便於觀覽，將朱熹考異之文打散重編，散附於韓愈全集正文各句之下。更廣採洪興祖韓愈年譜辨證，樊汝霖韓愈年譜注，孫汝聽、韓醇、祝充等人的注解，又自爲音釋，附於各篇之末。此書始刊於南劍州，即世傳諸多朱文公校昌黎先生集四十卷本的祖本。而現今通行的四十卷本，則是麻沙書坊嫌注釋附於篇末不便披尋，取而散刻於韓文各句之下而成，又非王伯大書的本來面目。且屢經翻刻，其間訛脱竄亂，不一而足，然其行世頗廣，書名又標以朱文公校昌黎先生集，遂使人誤以爲此即朱熹考異。此類槧本因諸多釋義之文複叠雜陳，不惟不便觀覽，反攪亂了朱氏的本旨，而考異原本則湮没不聞，少有翻版摹印者。

紹定二年（一二二九），朱熹門人張洽（字元德，一一六一——一二三七）任職池陽通判時，有感於考異原本沉寂，未有善本，故取當時所見本子，重新校訂刊行。其時距考異成書時間未遠，有諸多材料可資參考，且張洽本人著有春秋集注、續通鑑長編事略等，德行學問皆具根柢，經其精心整理，不僅恢復了原貌，還有所增益。書末且附跋文一篇，述其校訂、刊刻考異之緣起。清人章學誠朱子韓文考異原本書後云：「康熙中安溪李厚庵相國得宋槧本於石門藏書家，重付之梓，校讎字畫精密綦甚，計字十一萬七千九百有奇。諦審此書，乃知俗本增删失舊觀也。」經張洽釐定刊刻之考異，的確頗爲精善。

張洽校訂本宋槧傳世極爲稀少。最初著録的是清初著名藏書家季振宜的季滄葦書目:「韓文考異十卷。宋板。」季氏藏本幾經輾轉,現歸山西省祁縣圖書館珍藏,是張洽原刻幸存的海内孤本。此本題名昌黎先生集考異,版框高二二一九毫米,寬一六三毫米,半頁十行,每行大字二十,小字雙行同,白口,左右雙邊。卷首有毛晉、徐乾學、季振宜諸藏家鈐記。美中不足的是該藏本卷七末三頁半係據他本抄配補苴,并闕失張氏補注一條。一九八五年上海古籍出版社據以影印,此珍秘佳本遂公之於世。

清康熙四十七年(一七〇八),儒學名臣李光地從石門呂無黨家借得張洽校刊原本翻刻,但呂氏藏本無張氏原跋,李氏僅以「内有補注,作行書,填『洽』字」而推測是「文公門人張元德所刊定,尤非近本可比」。李光地翻刻本雖闕失張洽原跋,却完好地保留了張洽的三條補注。李氏殁後,書板散落,傳本日稀,今存者僅國家圖書館一處,彌足珍貴。李氏翻刻張洽校訂本使世人得知,在通行的王伯大系統的編纂本之外,還有一個更符合朱熹原書本來面目的十卷本。後來乾隆修四庫全書時,館臣就依李光地刊十卷本收録,定名爲原本韓集考異。同時兼收王伯大系統的四十卷本,題作别本韓文考異。及至清光緒十一年(一八八五),新陽趙元益又據李光地刊本重刻,於是流傳益廣。故今可知見之張洽校訂十卷本,有宋原刻本、清康熙李光地翻刻本、乾隆四庫全書本、光緒趙元益重刻本及上海古籍出版社據宋刊影印本。此皆同出一源者。

此外，另一種宋刻十卷本考異，現藏南京圖書館，題名晦庵朱侍講先生韓文考異，每半頁九行，行十七字，小字雙行十九字，細黑口，左右雙邊或四周雙邊，版心鎸「韓考異」，卷首鈐有「山陰祁氏藏書之章」、「澹生堂經籍記」、「曠翁手識」、「朱彝尊印」、「竹垞」、「惠棟之印」、「定宇」等章。卷一、卷二原刻已佚，配以舊鈔。南圖藏本源自清丁丙八千卷樓，當時與宋魏仲舉輯刊之新刊五百家註音辨昌黎先生文集同裝一匣，世人遂以爲魏氏同時所刊。該本後歸江南圖書館，民國初涵芬樓據以影印。但丁丙善本書室藏書志卷二十四中述此刊本「每半頁九行，行十八字，版心或題『韓文考異』、或『韓考』、或『文考』、或『考異』、或『韋考』」，則與南圖所藏版式有所不同，不知何故。涵芬樓影印南圖藏本書後有王棻和孫毓修二跋。王跋云：「其書當與五百家註同時所刊。惟每頁十八行，每行十七字，小注則十九字，與五百家註異，蓋本朱子原定行款也。」孫跋曰：「此宋刻五百家註音辨昌黎先生集，據曝書亭集及天禄琳琅志，則宋慶元六年建安魏仲舉刊本也……四庫本據富觀樓翻瑚本著録，止正集四十卷，此本并外集十卷，序、傳、碑、記一卷，類譜十卷，考異十卷，釐然具在，雖間有鈔補，然仍據宋本影寫，固完帙也。考異猶是朱子原本，未爲王伯大所亂，更是罕見秘籍……今歸江南圖書館，古色古香，實宋槧之至精者。」然朱彝尊曝書亭集卷五十二跋五百家昌黎集注一文及天禄琳琅書目卷三宋板集部的著録，均未提及十卷本考異。清章學誠韓文五百家注書後説：「韓文五百家注……無外集、遺文，蓋魏仲舉裒輯諸家，朱子考異未出，故外集、遺文猶未有定本也。」因此，稱該本與慶元六年魏仲舉所輯五百家注「同時刊行」的説法，似嫌證據不足。

經校勘發現，南圖藏十卷本考異刻本原來並無張洽補注，但抄配之卷一末却有張洽補注一條，殊爲不倫。另外，以祁縣圖書館藏本與南圖藏本校比，南圖刊本中文字舛誤衍奪之處頗多。顯不及張洽校訂之本。

另外，明初也有考異十卷刻本。羅振常、周子美的善本書所見録中著録：「韓文考異十卷，明初刊。黑口，半頁十三行，行二十三字。抱經堂藏本，前有周星詒題識。有『盧氏藏書』、『文弨讀過』、『數間草堂藏書』、『果親王府圖書記』數印。」其行款、版式與兩種宋槧皆不相同，但流傳甚少，今各大圖書館均未見著録。

朱子考異另有二十卷本，見於國家圖書館等處藏書目録，爲明弘治十五年（一五〇二）王氏善敬堂刻本。其版式爲半頁十三行，行大字二十六，小字雙行同，黑口，四周雙邊。經對校，與四十卷本在正集、外集、附録、遺文等内容上完全相同，只是編排分卷有異而已。值得提出的是，其中有一本有清韓應陛批點校跋，其校勘一依十卷本。如韓愈原文二十卷本不標明卷數，應陛則逐卷以黄筆增入。又如十卷本卷三雨中寄孟刑部幾道聯句「商聽」條，朱熹在「商，或作高」下批「非是」，二十卷本無之，應陛即據以增入。同卷遠游聯句「猥欸」條，朱熹云「今或寫作『潁』字，亦誤」，二十卷本作「今或爲作『潁』字，亦誤」，應陛出校：「『或爲』之『爲』作『寫』。」其精細如此。再如十卷本中載韓愈集卷二十四「碑志」條下有「此卷并是墓誌銘，唯鄭夫人是殯表，楊燕奇是碑」，二十卷本原無此十九字，應陛據補。眉批中還有應陛對一些校語的闡釋和評價，如卷一别知賦中「寧安顯而獨裕，顧阨窮而共愁」二句，各家對此曾删議論不一，應陛則從文理出發批云：「『安顯』二句梗塞前後文脉，删去則呼應尤靈。又，此賦彷離騷體，每四句爲一章。」又如卷五城南聯句解題中有黄庭堅語：「退之安能潤色東野，若東野潤色退之，却有此理。」應陛批道：「此言有理。蓋退之才大，而東野思深，才大者或不耐思，思深則尤能刻入耳。」卷中時見此類妙語。應陛還對卷首的十二條凡例作了攷證，認爲此條例非朱子所爲，而是王伯大南劍刻本所載。此一刊本，亦可供參攷。

此次校點，以上海古籍出版社一九八五年影印山西祁縣圖書館藏宋本爲底本，卷七末抄配頁，則易以李光地本。以南京圖書館藏宋本（簡稱南圖本）爲對校本，以國家圖書館藏清李光地翻刻本（簡稱李本）、蟫隱廬影印世綵堂本昌黎先生集（簡稱韓集宋本）、四部叢刊影印朱文公校昌黎先生文集（簡稱韓集元本）爲參校本。又，底本原缺朱熹自序，今據朱文公文集卷七十六補入。

鑒於朱熹考異「因方氏擧正之書取而評論」（張洽跋語），其引擧正之文觸處皆是，故有對朱熹引文作他校的必要。此次校勘即以臺灣影印文淵閣本四庫全書韓集擧正（簡稱擧正）作爲他校本。

此次校點，得到劉永翔先生的幫助，在此表示感謝。本書整理的疏漏之處在所難免，敬請讀者方家惠予指正。

曾抗美　一九九六年九月

二〇一九年九月修訂

目　録

韓集第三卷　古詩

昌黎先生集考異卷第二

韓集第四卷　古詩

韓集第五卷　古詩

韓集第六卷　古詩

昌黎先生集考異卷第三

韓集第九卷　律詩凡八十五首

韓詩第十卷　律詩凡八十首

昌黎先生集考異卷第四

韓集第十一卷　雜著

昌黎先生集考異卷第五

韓集第十五卷　書　啓

韓集第十六卷　書

韓集第十七卷　書

韓集第十八卷　書

君（五〇三）　答元侍御（五〇四）

昌黎先生集考異卷第六

韓集第十九卷　書　序

與鄭相公書（五〇五）　與袁相公（五〇五）　與鄂州柳中丞（五〇五）　又一首（五〇五）　答魏博田僕射（五〇五）　與華州李尚書（五〇六）　京尹不臺參答友人（五〇六）　送陸歙州詩序（五〇六）　送孟東野（五〇七）　送許郢州（五〇八）　送竇從事（五〇八）　上巳日燕太學聽彈琴詩（五〇九）　送齊皞下第（五〇九）　送陳密（五一〇）　送李愿歸盤谷（五一〇）　送牛堪（五一二）

韓集第二十卷　序

送董邵南（五一二）　贈崔復州（五一二）　贈張童子（五一二）　與浮屠文暢（五一三）　送楊支使（五一三）　送何堅（五一四）　送廖道士（五一四）　送王秀才（五一四）　送孟秀才（五一四）　送陳秀才彤（五一四）　送王秀才（五一五）　荆潭唱和（五一五）　送幽州李端公（五一五）

韓集第二十一卷　序

送區册（五一六）　送張道士（五一七）　送高閑上人（五一七）　送殷員外（五一八）　送楊少尹（五一八）　送權秀才（五一九）　送湖南李正字（五一九）　送石處士（五二〇）　送温處士赴河陽軍（五二〇）　送鄭尚書（五二〇）　送水陸運使韓侍御歸所治（五二一）　送鄭十校理（五二一）　韋

韓集第二十二卷　祭文

昌黎先生集考異卷第七

韓集第二十三卷　祭文

韓集第二十四卷　碑誌

昌黎先生集考異卷第八

楚國夫人（五七一）　國子司業竇公（五七一）　尚書左丞孔公（五七一）　江南西道觀察使贈左散騎常侍太原王公（五七三）　殿中少監馬君（五七四）

韓集第三十四卷　碑誌

南陽樊紹述（五七四）　中大夫陝府左司馬李公（五七五）　幽州節度判官贈給事中清河張君（五七五）　河南府法曹參軍盧府君夫人苗氏（五七六）　貝州司法參軍李君（五七七）　處士盧君（五七七）　太學博士李君（五七七）

韓集第三十五卷　碑誌

盧渾（五七八）　虢州司户韓府君（五七八）　四門博士周況妻韓氏（五七八）　韓滂（五七九）　女挐（五七九）　緱氏主簿唐充妻盧氏（五七九）　乳母（五七九）

韓集第三十六卷　雜文

瘞硯銘（五八〇）　毛穎傳（五八〇）　下邳侯革華（五八一）　送窮文（五八一）　鱷魚文（五八一）

昌黎先生集考異卷第九

韓集第三十七卷　表狀

金紫光禄大夫至贈太傅董公行狀（五八三）　與汝州盧郎中論薦侯喜狀（五八四）　論今年權停舉選狀（五八四）　御史臺上論天旱人饑狀（五八四）　請復國子監生徒狀（五八五）　馬府君行狀（五

韓集第三十八卷　表狀

韓集第三十九卷　表狀

韓集第四十卷　表狀

昌黎先生集考異卷第十

韓文考異序

朱熹

南安韓文出莆田方氏，近世號爲佳本，予讀之信然。然猶恨其不盡載諸本同異，而多折衷於三本也。

原三本之見信，杭、蜀以舊，閣以官，其信之也則宜。然如歐陽公之言，韓文印本初未必誤，多爲校讐者妄改，亦謂如羅池碑改「步」爲「涉」，田氏廟改「天明」爲「王明」之類耳。觀其自言，爲兒童時得蜀本韓文於隨州李氏。計其歲月當在天禧中年，且其書已故弊脱略，則其摹印之日，與祥符杭本蓋未知其孰先孰後，而嘉祐蜀本又其子孫明矣。然而猶曰「三十年間，聞人有善本者，必求而改正之」，則固本未嘗必以舊本爲是而悉從之也。至於祕閣官書，則亦民間所獻，掌故令史所抄，而一時館職所校耳。其所傳者，豈眞作者之手藁；而是正之者，豈盡劉向、楊雄之倫哉？讀者正當擇其文理意義之善者而從之，不當但以地望形勢爲重輕也。

抑韓子之爲文，雖以力去陳言爲務，而又必以文從字順、各識其職爲貴。讀者或未得此權度，則其文理意義正自有未易言者。是以予於此書，姑考諸本之同異而兼存之，以待覽者之自擇。區區妄意，雖或竊有所疑，而不敢偏有所廢也。慶元丁巳新安朱熹序。晦庵

先生朱文公文集卷七六

昌黎先生集考異卷第一

此集今世本多不同，惟近歲南安軍所刊方氏校定本，號爲精善。别有舉正十卷，論其所以去取之意，又它本之所無也。然其去取，多以祥符杭本、嘉祐蜀本及李謝所據館閣本爲定。而尤尊館閣本，雖有謬誤，往往曲從。它本雖善，亦棄不録。至於舉正，則又例多而詞寡，覽者或頗不能曉知。故今輒因其書，更爲校定。悉考衆本之同異，而一以文勢、義理及它書之可證驗者決之。苟是矣，則雖民間近出小本不敢違；有所未安，則雖官本、古本、石本不敢信。又各詳著其所以然者，以爲考異十卷，庶幾去取之未善者，覽者得以參伍而筆削焉。

集序

方云：序只云目爲昌黎先生集，諸本亦多無文字者，今從之。○後凡從方氏者不復論，所不同者乃著之。

門人李漢編方云：蜀本作朝議郎行尚書屯田員外郎史館修撰上柱國賜緋魚袋李漢編。今本或有并序二字，非是。生於或無於字。來歸來，或作求，非是。皆搜或無皆字。𦏁泫方云：泫音玄，郭璞江賦云「潰滉困泫」是也。或作沄，非是。鈞鳴鳴，方從杭、蜀本作發。○今按：二字兩通，但作鳴，則句嚮而字穩耳，故今定從諸本，而特著方本所從，以備參考。後皆放此。武事事，閣本作士，非是。不常常，方從杭本作賞，云：取漢書「功蓋天下者不賞」之語。○今按：不賞，乃蒯徹教韓信背叛之語，而唐太宗亦嘗自言武德末年實有功高不賞之懼，施之於此，既不相似，且非臣子所宜言者，李亦未必敢取以爲用也。當從諸本爲正。隴西或無此二字。失墜方云：左傳、國語多用失墜字。或作墜失，或無失字者，皆非。七百或作七百一十六，或作七百三十八。方氏考其數，皆不合，而姑從閣本、杭本，以爲唐本舊如此。既非文義所繫，今亦不能深考也。

第一卷　賦　古詩

宋莒公云：馮章靖親校舊本〔一〕，每卷首具列卷中篇目，馮悉以朱墨滅殺之，惟存其都凡，集外別有目録一卷。今按：李漢所作序云總七百首，并目録合四十一卷，則正與馮合。

感二鳥賦　十一年一，或作五。方云：以諸譜考之，作一爲是。東西行者閣、杭無行字。方云：考之禮記及公送温造序，當有。於道於，杭本作之，非是。百十十，或作千。方云：此專爲選舉而言也，貞元九年應宏詞者僅三十二人。作十爲是。偕進退退上，或再有偕字。名薦書方從閣本，名上有列字，名下有於字。○今按：嘉祐杭本與謝本並無此二字，語簡而意已足，方本非是。以羽以下，或有其字。光耀如此此下諸本有可以人而不如鳥乎一句。方從閣本、文粹刪去。○今按：諸本所有之句，乃全用大學傳中語，而意則異矣。二本無之，豈公晚覺其陋而自削之歟，抑後之傳者爲賢者諱而刪之也？方從二本，意則厚矣，然凡讀書者，但當據其本文實事，考評得失以自警戒，乃爲有益，正不必曲爲隱諱，以啓文過飾非之習也。今此一句，恐或公所自刊，故且從方本云。○吾何歸乎此句或在苟有食其從之下。苟有苟，或作敬，非是。羌永羌，或作差。○今按：作差固謬，然羌乃發語之詞，施之句內，似亦未安。以上文反顧流涕之語推之，則西路乃長安之路，而此字當爲浸漸愈益之意，不知的是何字，又恐或是逾字也。黄流或作流黄。之何嘉之，或作其。嘉，或作憙。非是。焉是焉，或作而。恒十年而恒，或作亘。而，或作以。方云：恒，居鄧切，與亘竟之亘同。班固叙傳：「恒以年歲。」選詩：「徙倚恒漏窮。」策名於策，方從閣、杭作榮，云：公上宰相書「非苟没於利、榮於名也」，與此義通。○今按：唐人策字，俗體從竹從宋，亦有只從艸者，與榮字絶相近，故閣本作榮，蓋傳寫之誤耳。方引榮於名，亦與此語意不相似。於，或作與，亦非是。昔殷之高宗或云此句上當有在字，或是念字，由上句末有愚字，相似而脱也。爲之先信天同先下，或有容字。信，或作容。皆非是。方云：漢酈食其傳「沛公吾所願從遊，莫爲我先」，韓語祖此。户説説，或作曉。惟得之而不能惟，方作雖。○今按：上文之意若曰：天之生我必有所用，何不力慕古人如傅説之徒，而獨怊悵於無位邪？惟或者苟得其位，而不能追配古人，但如二鳥之空被榮寵，乃是鬼神之所戲耳。故幸年歲之未晚，而庶幾無慕於斯類也。斯類，蓋并指二鳥與彼得之而不能者而言也。惟字正是斡轉處，作雖即無力矣。能，或作孤，亦非是。

復志賦　無解解，或作辭。孤嫠謝作嫠孤。將就食於江之南方從閣本，無將字，於下有大字。或又無之字。今詳文勢，皆非是。非古訓爲方從閣本，古作詁，爲作焉，非是。閲時閲，杭作闕，非是。身之之，或作而，又或作之者，皆非是。故吾吾下，或有志字，非是。亦既既，或作冀。可逕逕，或作徑。羌衆羌，或作差，非是。所馳所，或作四。附勢或作射利，或只附字作射字。騁鶩騁，或作馳。方云：楚詞「朝騁鶩乎江皋」。作馳非是。慨余慨，或作嗟。之交之，或作而。大龜大，或作火。而愉而，或作之。誰無施而有獲方從閣本，誰作惟，下又有德字，云：李本謂陳無已去德字，今本復訛惟爲誰，其誤甚矣。○今按：此句本用楚詞「孰無施而有報，孰不殖而有穫」之語，詞意既有自來，又與上下文勢相應，故嘉祐杭本與諸本多如此，乃是韓公本文相傳已久，非陳以意定也。閣本之繆如此，而方信之，反以善本爲誤，今不得而不辯也。又嘉祐杭本世多有之，而其不同處方皆不録，豈其偶未見耶？抑忽之而不觀也？既勞方無既字，非是。不脩脩，方作循，云：唐人書脩近循，楚詞亦有誤者。○今按：唐人書字之誤，方説是也。然此乃脩誤作循，非循誤作脩也。脩猶脩好、脩怨之脩，蓋因舊增新之意耳。之茫之，或作而。抱關之阨陋兮有肆志之揚揚揚揚，諸本多作陽陽。方云：後漢孔嵩傳云「晨門肆志於抱關」，史記晏嬰傳「志氣揚揚」，公當是用此語。詩：「君子陽陽。」則注謂無所用其心，非公所用字也。斯自訟斯，或作聊。訟，或作誦。

閔己賦　而則而，或作兮。獨閔閔其曷已閔閔，或作悶悶，諸本句下有兮字。下文隔句皆有兮字。○今按：洪慶善云：歐、宋皆無兮字，後皆復添。或云咸通本復志賦與此賦皆無兮字，未知孰是。飲食閣本無食字，非是。何不何下，或有苦字。已遠遠，或作還。方云：詩小雅、焦贛易林遠字皆叶平聲讀。作還者非。余壹不知壹，本多作豈。方云：閣、杭本作壹，舊監本、潮本尚作一，訛壹爲豈，自蜀本也。檀弓云「予壹不知夫喪之踊也」，韓語蓋原此。本宜本，或作所。一違違，閣本作衰，非是。人兮諸本多無兮字。

別知賦送楊儀之。紛擾擾其紛，或作伊。紛擾，或作伊紛。其，或作而。咸喜咸，方作或，非是。阨窮窮，或作塞。之難之，或作而。斯百一斯，或作在；百一，或作一旦。皆非是。方云：陸機嘆逝賦「得十一於千百」，韓蓋用此意。侶蟲侶，或作旅。而羅而，或作以。不鏡鏡，或作考。以異以，或作於。爛漫本或作爛熳，或作瀾漫，云大水也。遂駕遂，或作卒。而迴而，或作以。磝磝或作嶅嶅。其相其，或作而。下三語同。相摎摎，或作繆。雲浩浩雲，或作雪。浩浩，或作活活。來者之方無者字，或無之字，皆非是。而無而，或作以。而掩而，或作其。

元和聖德詩　拜言言下，或有曰字。晦明或作明晦。殿陛下或無陛字。而其而，或作况。爲解解，或作懈，或作辭，皆非是。方云：自左傳「請以曹爲解」，遷、固相承，用之非一。警動警，或作驚。方云：洪曰：驚，流俗妄改也。史記「尊寵樂毅，以警動燕、齊」，義當用此。○即阼阼，或作祚。方云：史記文紀有「皇帝即阼」一全語，實用阼字。○今按：阼，謂東階也，作祚非是。近武近，或作其。十旅十，或作千。方云：按此專紀楊惠琳之亂也。時嚴綬在河東，表請討之，詔與天德軍合擊，未嘗他出師也。十旅爲正。○今按：周禮五人爲伍，五伍爲兩，四兩爲卒，五卒爲旅，則一旅五百人，而十旅五千人也。方説得之，亦見以順討逆，師不在衆之意。血人人，或作入，非是。曰隨曰，方作日。今按：此乃述其誘啗士卒之詞，方本非是。汝鼓汝鼓上鼓字，或作伐，或作桴，或作擊。讀命讀，或作續，非是。不當或作當不，非是。臠脔脔，或作肉。帕首方云：荆公本音麥，潮本亦然。方言注：「絡頭，帕頭也，音貊。」今多讀作莫轄切。公送李益、鄭權序皆用此語。或作帓字，蓋二音通讀。○今按：集韻「帕，莫白切」，無莫轄音。「帓，莫葛切，帶也」。方説蓋誤。有恇其兇有餌其誘兇，方作㒰。○今按：此二句蓋言有畏其暴者，有貪其利者，故從之者衆耳，非本心樂從也。方本非是。徐壁壁，或作辟。規矩規，或作合。濫數方云：杭本、三館本、文粹作藍縷，唐本作襤褸，蜀本始作濫數，校本多從之，今姑存其舊。○今按：藍縷無理，濫數蓋用左傳「數俘」之語。蜀本得之，它本皆誤。請討請，或作乞。曰嘻嘻，方作嘉，非是。嘻，歎辭也。殷其或作殷殷，或作其殷。或拔拔，或作披。是日日，或作曰。砧斧方云：砧，當作枮，與椹同。戰國策范睢曰「臣之胸不足以當椹質，要不足以待斧鉞」是也。如寫寫，或作雨。方云：寫，音滑。蓼蕭詩用韻如此。作雨非是。爭刌爭，或作猶；刌，或作切。皆非是。儀禮有刌肺。其庚其，方作倉，非是，以上句偶之可見。幽恒青魏或作魏幽恒青。怛威赧德諸本作烜威赫德。赧，或作服。方以文録定烜作怛，以唐、閣、蜀本定赫作赧，云：公上尊號表有「怛威愧德」，意與此同。其耦耦，或作數。甿晦甿，或作田。薦于于，或作饗。新宮新，或作闕，非是。旂常旂，或作旗。宵昇昇，或作升。方云：楚詞升皆作昇，它準此。紫焰紫，或作柴。飫沃饘鄰沃饘，或作饘燎。〇今按：飫沃之義未詳，或云當作飫厭，亦未有所據也。饘鄰，字見禮記云。赤麟麟，或作鱗。逶陀逶，或作頺。歡呀歡，或作歎。噎歐歐，或作嘔。方云：嘔，俗字也。褰舉褰，或作騫。日正當午方云：校本作日始東吐，蓋疑郊祀回車，不應至午也。然諸本皆同，姑從之。通達今古今，或作先。或作通今達古。聽聰視明或作視聽聰明。耗于或作無耗。有富無窶方作富有無窶，或作富有貧窶，或作無有貧窶，皆非是。余悔余，方作有，非是。

琴操　將歸操孔子之趙聞殺鳴犢作諸本題義下皆有子注，方云：閣本只存題義，唐本注與題義皆不出，蜀本於注云上增又曰二字，與題義皆夾注寫。以此見雖題義亦後人以琴操續補也。歐、宋、荆公皆用閣本。〇今按：歐本云：此效蔡邕作十操，事跡皆出蔡邕琴操云。〇狄之水狄，蜀本作秋。〇今按：水經：河水至東阿、茌平等縣東北流。四瀆津注云：津西有四瀆祠，東對四瀆口，河水東分，濟水受河，蓋滎口水斷不通，始自是出，與清水合，沛瀆自河入濟，水徑周通，故有四瀆之名。昔趙殺鳴犢，孔子臨河歎而作歌曰：「狄之水兮風揚波，舟楫顛倒更相加，歸來歸來胡爲斯。」案：臨濟，故狄也。是濟所逕，得其通稱也。又云濟水逕臨濟縣南，詳此，則是濟水自滎澤之下潛流至此四瀆津口，而後復出。河又東分一支與之合流，以過臨濟而爲狄水，故孔子臨河不濟而歌詠，狄水即此東分之河復出之濟也。然此皆齊地，今在濟、鄆之間。史記以爲孔子自衛將西見趙簡子，則其道不當出此，此又不可曉者。今姑闕之，以俟深於地理者正焉。歸兮歸兮諸本兮作乎。○氛兮氛，或作氣。雲雨雲，或作爲。或雲上有爲字。不中梁柱不下，或有能字，非是。方云：太玄經「梁不中，柱不隆，大厦微」。中，平聲讀。○今按：此但言其木不堪作梁柱耳，與太玄中字意異，當只作去聲讀，文意乃協。知將知，或作如。有鬼鬼，或作思，非是。嗟余歸輔余歸，方作歸余，非是。大氐方意尚異，不問文義之如何，惟作倒語者，則必取之。如下文我豳於家、莫爾余追，皆此類也。○以孳孳，或作滋。○目窈窈方作窈揜揜，或作目揜揜。○今按：下文有耳字，正與目字相對。窈窈二字，比之揜揜，似亦差勝。不日日上，或有見字。○我家于豳方作我豳于家，非是。承序諸本序作緒。方云：商書「丕承基緒」，然國語亦有「奔走承序」，註謂承受事業次第也。○今按：序謂傳授次第，漢書多云「朕承天序」是也。緒，猶言統系。方引商書之言是也。二字義雖不同，然用之於此，似亦兩通。但國語「承序」，乃謂承受政役之次第，與漢書字同而意異。方作序，而引以爲説，則誤矣。有岨方云：岨與阻同。楚詞、漢書多用岨字。今以平聲讀之，非也。爾莫爾，或作人。爾莫，方作莫爾，非是。○兒寧兒，方作母，非是。○牧犢或作沐瀆。意氣或無氣字。彼雉雞馬大年云：别本彼作此，無雞字，而下語妃音娩，與雉叶。○且可繞樹相隨飛且，或作安，又無繞樹二字，皆非是。方云：李陵詩「長當爲此别，且復立斯須」，又古樂府「與子如黄鵠，將别復徘徊」，亦此意也。

南山詩或只作南山一首，無詩字。東西兩際海方云：史記春申君上秦昭王書：「王之地，一經兩海。」大康地記曰：「河北得水爲河，塞外得水爲海。」○今按：此與史記但皆極言其廣耳，不必曲引塞外之説也。挂一念或作一念挂，非是。嘗昇嘗，方作常。澒洞或作鴻洞。方云：淮南子「澒濛鴻洞」，王褒簫賦、揚雄羽獵賦所用皆同。唐人始兼用之，杜詩「鴻洞半炎方」、「澒洞不可掇」是也。天空空，或作宇。吐深或作深吐。刻轢轢，或作鑠。方云：史記酷吏傳「刻轢宗室」。冰雪雪，或作路。危峨危，或作嵬。恒高方云：恒，居鄧切，或作亘。坤位坤，或作地。○今按：藩都至乾竇四句，未詳其義。躁猱躁，或作蹂。徑杜徑，或作經。方云：徑，當如夜徑澤中之徑。杜，或作社，非是。坌蔽坌，或作忿。夸蛾蛾，或作娥。方云：考列子，當作蛾。遠賈賈，或作雇。陰罶罶，或作獸。達枿達，或作遠。方云：盧仝月蝕詩「頭戴井冠高達枿」。逾避逾，或作遹，非是。始副始，方作所，非是。自「前年遭譴責」以後讀之可見。衆皺方從蜀人韓仲韶本作㑳，云：石蘲也。二韻皆取喻，謂高而羣峯飛馳，如鼯鼬之奔；低而堆阜分布，如衆㑳之列。於義爲近。○今按：此蜀本之誤，沈元用本亦然，皆非是。蓋此但言登山之時，叢薄蔽翳，方與蟲獸羣行，而忽至山頂，則豁然見前山之低，雖有高陵深谷，但如皺物微有蹙摺之文耳。此最爲善形容者，非登高山、臨曠野，不知此語之爲工也。況此句衆皺爲下文諸或之綱領，而諸或乃衆皺之條目，其語意接連，文勢開闔，有不可以豪釐差者。若如方説，則不唯失其統紀，亂其行列，而鼯鼬動物，山體常静，絶無相似之理。石蕃之與堆阜，雖略相似，然自高頂下視，猶若成堆，則亦不爲甚小而未足見南山之極高矣。其與下文諸或疏密工拙，又有逈然不侔者。未論古人，但使今時舉子稍能布置者，已不爲此，又況韓子文氣筆力之盛，關鍵紀律之嚴乎？大氐今人於公之文，知其力去陳言之爲工，而不知其文從字順之爲貴，故其好怪失常，類多如此。今既定從諸本，而復備論其説，以曉觀者云。輻湊輻，方作輪。○今按：輪者，轂輻之通名，其湊於轂者，輻而已。當作輻。翩若翩，或作泛。紛飣紛，或作分。甑梪或作登豆。寢獸寢，或作窮，非是。又或作偃。或齊若友朋或隨若先後友朋，或作迎隨。隨，或作差。方云：方言曰：「先後，猶娣姒也。」釋名曰：「以來先後言也。」校本不詳此義，而以先後爲虚字，遂改友朋爲隨迎以偶之，又避重複而改隨字爲差字，其誤甚矣。○今按：史記「見神於先後宛若」，即謂娣姒也。舞袖舞，或作舉。熺焰焰，或作煙。巘巘方云：巘，山形如甑也。姚令威云：恐當作⿰車獻⿰車獻，魏都賦「四門⿰車獻⿰車獻」。鬫鬫或作闞闞。無傳無，或作誰，又作莫。莫酬莫，或作豈。歆嗅嗅，或作齅。依字當作齅。

謝自然　塹明塹，或作氣。且歎歎，或作觀，或作歡。民可民，或作人。方云：公文石本用民字，多只爲字不成，不盡避也。盡性盡，或作保。方云：嵇康養生論：「導養得理，以盡性命。」空文空，或作虛。紡績紡，或作蠶。成詩詩，或作詠。

秋懷　日月或作白日。雖多雖，方作每。○雕悴雕，或作憔，或作凋。方云：荀子：「勞苦彫萃。」自勸勸，或作歎。書史或作簡書。陳跡陳，或作塵。方云：莊子：「六經者，先王之陳跡。」誰尋誰，或作難。有在在，方作存。去所去，或作無。澄湫澄，或作通，或作有，或作古，或作石。露泫泫，或作滴，或作啼，或作泣。方云：謝靈運詩「花上露猶泫」，謝惠連詩「泫泫露盈條」，王僧達詩「秋還露泫柯」，古詩於露用泫字非一。○今按：檀弓「孔子泫然流涕」，則泫爲流涕之貌，於下句蟲弔對偶尤切。歸愚愚，或作儒。室幽幽方作幽室中。○今按：當作室幽幽，乃與下句相偶。低心低，或作吾，蓋草書之誤而失其半。退坐坐，或作臥。丈夫夫，或作人。○今按：宋本亦作人。說者謂丈人者，尊長之稱，古樂府所謂「丈人且安坐」是也。此爲答童子而自稱，故其言如此。更詳之。琤若琤，或作瑲。不計計，一作記。進慮進，或作連。已盈已，或作易。揚揚或作陽陽。

赴江陵塗中寄贈王二十補闕李十一拾遺李二十六員外翰林三學士或作寄三學士，題下注王二十補闕李十一拾遺李二十六員外。方云：蜀本無翰林字。三學士，王涯、李建、李程也。血泣或作泣血，或作血泫。自疑或云此當作疑自，謂疑由上疏也，故下文云「上疏豈其由」。當乙。征賦征，或作兵。何其其，或作爲。道邊死方云：閣本作道邊死，而從杭、蜀作道死者。○今按：古人謂尸爲死。左傳「生拘石乞而問白公之死」，漢書「何處求子死」。且古語又有「直如弦，死道邊」之說，韓公蓋兼用之。此乃閣本之善，而方反不從，殊不可曉也。佇立或作停馬。魚中鉤中，或作挂。方從蜀本作出，云：選文賦「若遊魚銜鉤而出重淵之深」，公語原此。○今按：韓公未必用選語，況其語乃魚出淵，非魚出鉤也。不若作挂爲近，然第五卷送劉師服詩有「魚中鉤」之語，則此出字，乃是中字之誤，而尚存其彷彿耳。今定作中。其喉喉，一作糇。下陳畿甸內陳，或作言。內，方作事。乃反反，或作返。炎州州，本多作洲，方云：古本只作州。病妹妹，或作姝。多忿多，或作知。有蠱蠱，或作蟲。方云：鮑明遠詩「吹蠱病行暉」，李善曰：「吹蠱，飛蠱也。」昨者者，或作日。共吺吺，或作兜。方云：吺，古文兜字也。造化化，方作物，非是。嘗同裯嘗，方作常。方云：裯與幬同，床帳也。或作儔，或作稠，皆非是。寃氛氛，或作氣。吾友吾，或作朋。

暮行河隄上

夜歌　所憂非我力或作可悲我才力。

重雲　天行失其度方作天行令失度，云：公詩語多用此一體。○今按：諸本皆作天行失其度，文意自通，公詩雖間有如方説者，然亦不專以此爲奇也。白日方作日夜，非是。爲減少方作尚爲減，非是。職所當職，或作識。方云：張衡同聲歌：「賤妾職所當。」

江漢　無艱艱，或作難。爛爛或作炎炎。方云：楚辭爛字亦叶平聲，九章曰：「曾枝剡棘，圓果摶兮。青黃雜揉，文章爛兮。」行忠行，或作存。

長安交遊者　相過過，或作遇。亦各有以娱或作亦有以歡娱。

岐山下諸本只作一首。方云：自「日暮邊火驚」以上爲第一篇。世有灌畦暇語一書，謂子齊初應舉，韓公賞之，爲作丹穴五色羽。子齊姓程，字昔範，嘗著中謩三卷，見因話録。則下詩似當爲別篇。第前詩題以岐山下，則此必遊鳳翔日作，然四語亦不成篇。此詩載之卷末，疑有脱誤。邊鴻鴻，方作火。○今按：上文言不聞鳳鳴，則此當作鴻。窅窕方本如此，而舉正改窕爲窈。按：窅，即窈字，既連用之，不應異體，或是窅字一作窈耳。公曰公，或作姬。

第二卷　古詩

北極　道里里，方作理，非是。陶詩云「不怨道里長」，正作里。所尚尚，或作向。同趨方云：孟子「三子者不同道，其趨一也」注：「趨，讀如趣。」兒女或作女兒，非是。

此日足可惜　不足足，或作可。去相去，方作須。○今按：須字無理，或是復字，傳寫誤爾。得行行，或作驤。及城城，或作墻。方云：此詩視古用韻，不入今韻者，多爲後學以意妄改。吴才老云：詩人用行字韻二十有五，無叶今讀者。此詩後用「東去趨彭城」、「諒知有所成」，皆庚韻也，何獨於此疑之？末云未，或作來。湖江江，或作湘，非是。方云：植園木，以喻籍之始從學也；觀湖江，以喻其成也。竊喜復或作慷慨仍。惝怳惝，或作㦼。方云：楚詞遠遊作惝怳，相如傳作敞怳。徒展轉在牀諸本作展轉在空床。○今按：或當從諸本。時留留，或作棄。我所或作其側。所，或作前，或作側。朝至洛方無朝字，洛下有陽字。○今按：朝至洛，蓋用洛誥語。又下文云「日西入軍門」，則此當作朝至洛明矣。還走還，或作旋。欲過過，或作濟。灘渾灘，方作沙。渾，或作澤。方云：郭璞曰：「江東人呼水中沙堆爲渾。」渾即灘也。○今按：下句便有沙字，恐只當作灘，二字複出，如上句言舟航之類。轅馬蹢躅鳴諸本或作馬乏復悲鳴，或作馬蹢躅鳴悲。平茫茫方作茫茫平，云用古韻。○今按：此詩固用古韻，然皆因其語勢之自然，未嘗作意捨此而用彼也。諸本只作陂澤平茫茫，韻諧語協，本無不可，若作陂澤茫茫平，却覺不響，不應以欲用古韻之故牽挽而強就之也。又按：別本平或作路，而或作何者，語意尤勝，讀者詳之。角角方云：音谷，見集韻。雄雉或作雉雊。艱難艱，或作險。無夭殤殤，或作横。方云：楚詞強死者爲國殤。三字全語，亦見列子。讀書讀，或作閲。窗户忽已凉諸本多作清風窗户凉，或作窗户風已凉，或作窗户清風凉。○今按：公以二月末到徐，不知此詩何時作。若夏即當作清風窗户凉，若秋即當作窗户風已凉。我友友，方作有。焉所焉，或作安。風狂方作狂風。○今按：方亦強用古韻之過，不如只作風狂，語勢尤健。

幽懷不能能，或作可。人心人，方作神，非是。亦知和爲音諸本作知時爲和音，非是。然今本疑亦有誤，或恐爲是其字。

君子法天運　可前可，或作每。

落葉或作葉落，篇首同，非是。

歸彭城　死飢飢，方作饑。東郡水郡，或作洛。方云：非也。舊紀：貞元十五年鄭、滑大水。彤墀彤，或作丹。葳蕤葳，或作萎。方云：「紛葳蕤以馺遝」，見陸機文賦。○今按：葳蕤已見楚詞。見相欺相，方作我。見相，或作相見。○今按：此三字，三本疑皆有誤。

醉後　岔爭或作紛爭，方作爭岔。靜雜雜，或作惟。方云：「雜以嘲戲」，選典論全語。淋漓漓，或作浪。

醉贈張秘書方云：今本下或注徹字。徹，元和四年進士。此詩元和初作，徹猶未第。公五、六年間皆在東都，此詩蓋在長安日作，非徹也。上客客，方作士，非是。軒鶴鶴，方及諸本皆作昂。○今按：此言張籍學古淡，而不騖於綺靡，如以乘軒之鶴而反避雞群也。又：作軒鶴，乃與天葩之句相偶。泠洌泠，或作冷。酒氣氣，或作煙。氛氳氛，或作氤。方云：氛氳，盛貌。字見選雪賦。詞媿媿，或作動。雕琢琢，或作瑑。

同冠峽　和鳴本或作陽和。方云：和鳴、輕蟜，皆指百鳥而言也。久迸久，或作交。

送惠師　謝朋親或作同隱淪。頭髮頭，或作短。按：下對蹤塵，當作頭髮。飛步飛，或作孤。夜半或作半夜，或作中夜。叫嘯嘯，或作笑。方云：選海賦及鮑、謝詩多用叫嘯字。天紳天，或作大。方云：宋之問詩「雨巖天作帶，雲壑樹披衣」，孟東野詩亦嘗用天紳字。鵬鶱鶱，或作騫。方云：鶱，從鳥，虛言切，飛舉也。從馬者，起虔切，虧也。今字多誤用，故詳之。青雲客青，或作春。方云：李白詩多用青雲客字。不去去，或作往，或作得。羣官請徒頻或作其志信不羣。翻謂謂，或作爲。奔波波，或作走。我却或作却我。欲伸欲，或作願。爲浪浪，或作淚。

送靈師之制制，或作禁。紛紛或作紛紜。梟盧梟，或作呼，或作橅。戰詩或作爭戰，或作文戰，或作詩戰。方云：戰詩、戰文，唐人語也。白樂天「戰文重掉鞅」，劉夢得「戰文矛戟深」。誰與方作與誰，非是。百餞餞，或作醆，或作琖，後放此。逾鮮逾，或作愈。高唱清或作清唱高。讓歸讓，或作攘，非是。姚令威云：讓，責怒也。方云：此只謂歸舟急於驚雹耳。讓，如厥大誰與讓之讓。千尋尋，或作潯。○今按：潯與尋同。二十諸本二作三。開忠二州牧方云：魏道輔謂二牧，韋處厚、白居易也。二公出守在元和末，此詩乃作於貞元二十年間，考其時，非也。湖游湖，或作湘。方云：此言在林邑日，非湘地也。○今按：湖游與溪宴爲對乃切。頗攜被頗，或作或。被，或作之。繒錢繒，或作緡。南曹方云：謂王員外仲舒也。墓志云「所爲文章無世俗氣」。彖繫繫，方作象。○今按：杜詩「前哲垂象繫。」還如本或作頗似。

縣齋有懷　皐稷或作稷卨。何能能，或作曾。多權多，或作重。荒凉荒，或作炎。方云：此言董晉、張建封相繼殂謝也。求官去東洛去，或作來。或作去官來東洛。方云：此謂貞元十五、十六年冬，如京調官也。雖陪雖，方作偶，一作仰；陪，或作偶。皆非是。青冥冥，或作雲。循猶循，或作脩，非是。新繼新，方作帝，非是。

合江亭諸本作題合江亭寄刺史鄒君。方從閣、杭、蜀本，篇内三處注文亦用蜀本。紅亭紅，或作江，方作洪。○今按：歐本作紅。鮑云：當作紅，其作洪者，聲存而字訛也。地費費，或作匱。宏可宏，或作横。萬个个，或作箇。方云：史記貨殖傳「竹竿萬个」，古書皆用个字。漢功臣表始出箇字。誠無誠，方作成，非是。豈奈奈，或作那。塵階塵，方作東，非是。泥塵或作塵泥。

陪杜侍御遊湘西兩寺獨宿有題一首因獻楊常侍諸本無兩字及一首因三字。楊常侍，憑也，時觀察湖南。上琬上，或作生。秋之之，或作初。朋息朋，或作困。空涼空，或作風。磨颭磨，或作摩。方云：古磨、摩通。乏羽乏，或作摧。困瑕困，或作因，非是。行剡行，或作初。已歎歐本云：歎，當作慊。歎，俗字。方云：按：古書如歡、欣之類，或從心，或從欠，多通。曙燈青睒睒燈，方作光。睒睒，或作錟錟。○今按：曉光不青，作燈是也。

岳陽樓别竇司直竇庠時以武昌幕權岳州。南匯匯，或作維。騰踔踔，或作躍。方云：選吴都賦：「騰趠飛超。」轟輵輵，諸本作轄，或作揭，方定作輵，云：丘葛切，車聲也。揚雄羽獵賦所謂「皇車幽輵」是也。杭、蜀本作渴。盧仝月蝕詩亦有「推蕩轟渴」，不知唐人何以訛輵爲渴也。今本多作磕。「砰磅轟磕」，上林賦語。磕與輵，音義一也。組帳組，或作祖。〇今按：鮑昭詩：「組帳揚春風。」感悽感，或作咸。朝過過，或作迴。極北北，方作地。息纖息，或作自。方云：按海賦「輕塵不飛，纖羅不動」，息字爲勝。驚波波，或作没。留停或作停留。出官由由，或作日。以前卷「上疏豈其由」之語推之，作由者是。但恐此與彼語意不同，則只作日亦通。移府移，或作趨。剋己剋，或作刻。

送文暢師　吾真真，或作身。從求求，或作來。剞劂或云剞作剖，字見傅毅琴賦，當考。窒豁方云：何遜詩：「窒豁下嵒呀。」窒音哮，氣上烝也。校本一用西京賦作庨豁，恐非。〇今按：一本作庨豁，注云「開達貌」。西京賦李善無注，而篇、韻以爲「宮殿貌」。祝氏音義作「窒豁，開達貌」。潘岳登虎牢賦：「幽谷豁以窒寥。」今亦未詳孰是，且從方氏作窒。救暍暍，或作渴。方云：公詩用今韻者未嘗逾韻，此詩三十二韻，不應獨旁取此一韻。〇今按：方說不知何以見此詩用今韻，當考。異物或作物異，非是。製怛製，或作制。怛，或作恒。方云：怛，驚也。共誰共，或作與。親識或作識知。親，或作相。重惠安可揭重惠，或作惠重。方云：毌丘儉詩：「憂責重山岳，誰能爲我擔。」與此義同。完䝤完，或作寬。

答張徹　門停停，諸本作庭，閣本作停，而方從諸本。按：停，猶居也。上對亂字，宜用停字乃的。後又有洞庭字，或未必重押也。陟巘陟，或作登。尋徑徑，或作巠，非是。獵日旦，方作晏。撞筵諸本筵從艸。方云：當從竹，維絲筦也，見東方朔答客難〔二〕。官類官，或作宮。骨死死，或作怨。幽乳乳，或作孔。光先或作精光。

薦士薦東野於鄭餘慶也。雅麗或作麗雅。理訓理，或作埋。○今按：二字皆未安，恐必有誤。閫奧奧，或作隩。方云：舊本作奧，今本以重韻誤刊也。班固傳：「究先聖之壼奧。」橫空或作縱橫。捷疾捷，或作健。逾響逾，或作愈。而清清，或作精。不如不，或作無。微詩微，或作數。

喜侯喜至 無倦無，或作不。還歎說已見上。歃眠眠，或作枕。月黵月，或作日。雜作雜，方作新。按：上句已云聽新詩，不應此句便重出新字，當作「雜作承間騁」，蓋謂間出它文也。交驚舌𤘘交，或作文；𤘘，或作牙。皆誤。𤘘，俗互字也。阻城方作城阻，非是。薱天天，或作黔，非是。盤飧飧，或作餐。

古風蜀本作二首。 無曰曰，或作日。可以以，或作勞，非是。去我方作我去，非是。奚適奚，或作爰，非是。

鴑驥洪云：唐本有贈歐陽詹字，或作鴑驥吟示歐陽詹。詹集有答韓十八鴑驥吟。 苦易苦，或作良。良易良，或作誠。問誰能爲御諸本作借問誰能御，方從杭、蜀本及歐陽詹集如此。挾其挾，方本作夾。此從詹集。○今按：左傳：「潁考叔挾輈以走。」當作挾。茫惚茫，或作怳，或作荒。方云：詹集作慌，古慌與茫通。餓死餓，或作飢。寄詩詩，或作言。商聲商，或作高。

馬厭穀 裋褐諸本多作裋，一作短。方云：前漢貨殖傳實用裋字，董彥遠、洪慶善皆嘗辯古無短褐字。按：袒褐字，兩漢如賈誼、貢禹、貨殖傳，班彪、劉平、張衡傳，凡六見，無有作短字者。班彪王命論「短褐之襲」，漢書作袒。文選則用丁管切，是唐儒方兩用之，故少陵詩以長纓、短褐爲對，而史記孟嘗君傳與戰國策、墨子語蓋皆傳寫之訛。公好古最深，當以袒爲正。〇今按戰國策「鄰有短褐」，一作袒。史記「士不得短褐」，司馬貞曰：「短，亦音豎。」班彪王命論「短褐之襲」，韋昭曰：「短，當作袒。袒，襦也。」字皆正作短，注中乃云袒字豎音。又淮南子亦云「巫馬期絻衣短褐」，而高誘無説，則亦未必皆傳寫之誤也。又柳子厚亦嘗用之，則安知韓公之必不然乎？今兩存之，以俟知者。

出門　其辭其，或作遺。天命命，或作誠。

嗟哉董生行　不能千里或無此里字。元時元下，或有年字。召南召，或作邵。更索方無更字，非是。而樵　而漁而，方並作於，非是。咨咨方從閣、杭、蜀本作差差，云：此詩以三嗟哉易韻，以差叶居，視古用韻也。〇今按：咨字自與居叶，方於毛穎傳資字論之矣，何獨於此而疑之邪？差差韻雖可叶，然殊無理而可笑，方之主此，又其酷信三本之誤也。或恐本是嗟字，叶音子余反，而誤作差字耳。然亦不如且作咨字之見成穩當也。惟有方無有字，非是。無與儔或作誰將與儔，或作將無與儔，或作誰與儔。〇今按：上句誰將與儔，疑而問之之詞也；此云無與儔，答而決之之詞也。

烽火

汴州亂　爭誇誇，或作誘。累棟或作累累。不肯肯，或作敢。

利劍　寡徒寡，或作無。徒，或作儔。

齺齺　欺白日欺，方作蔽。○今按：作蔽固古語，然作欺尤有味也。有屬　能詰屬，或作謂，或作以。詰，方作語。○今按：謂、以、語，不若作屬、詰爲深切。諫諍方作爭臣。○今按：爭臣下更着官字，語複，非是。

第三卷　古詩

河之水　海陬陬，或作隅。方云：古音隅，五侯切，亦與流通。○于淵淵，方作泉。○今按：以淵爲泉，避諱也，依例當作淵。其還其，或作而。

山石　雨足足，或作定，非是。所見或作見所，非是。松櫪櫪，或作櫟。方云：選南都賦「楓柙櫨櫪」，李善曰：「櫪與櫟同。」吹衣吹，或作生。自可樂或作可自得。自可，方作自得，或作可自，皆非是。

天星　歸何時或作何時歸。

汴泗交流　築場築，或作斸。方云：詩「九月築場圃」，謂築堅以爲場也。新秋秋，或作雨。

忽忽　生之爲樂方作爲生之樂，非是。

鳴鴈　鳴鴈鳴，或作鴻。所依依，或作處，非是。毛羽或作羽毛。朝雲朝，方作朔。○今按：既云江南，則不應言朔雲矣。兼作朝雲，語亦差響。

龍移　電激激，或作擊。方云：「雷奔電激」，班固西都賦語。雄雌或作雌雄。

雉帶箭　出復方作伏欲。按：雉出復没，而射者彎弓不肯輕發，正是形容持滿命中之巧豪釐不差處，改作伏欲，神采索然矣。

條山蒼歐本注云：中條山在黄河之曲，今蒲中也。波浪方作浪波。山岡山，或作高。

贈鄭兵曹　亦遑亦，或作獨。

桃源圖　眇芒或作渺茫。近遠或作遠近。

東方半明　東方半明大星没半，或作未。方從閣本，云：洪慶善曰：「舊本作半明，今蜀本題語亦作半明，既云大星没，則不應未明也，傳本多習於詩人成語，而不考其意義故也。」睒睒或作睒睒。方云：字當從目。

贈唐衢

貞女峽連州桂陽縣　鴻毛鴻，或作於，或作如。

贈侯喜　叔迟迟，或作起。方云：起之古文也。到黄到，或作至。與鬐鬐，或作鰭。○今按：鬐，馬鬣也。當作鰭。然莊子作鬐，則亦可通用也。始得始，或作已，非是。豈肯肯，或作有，非是。

古意　青壁無路難夤緣方從唐本作五月壁路難攀緣，云：鮑溶集有陪公登華山詩，蓋五月也。夤，或作攀。○今按：公此詩本以古意名篇，非登山紀事之詩也。且泰華之險，千古屹立，所謂削成五千仞者，豈獨五月然後難攀緣哉？若以句法言之，則五月壁路之與青壁無路，意象工拙又大不侔，亦不待識者而知其得失矣。方氏泥於古本，牽於旁證，而不尋其文理，乃去此而取彼，其亦誤矣。原其所以，蓋緣五月本是青字，唐本誤分爲二，而讀者不曉，因復削去無字，遂成此謬，今以諸本爲正。

八月十五夜　沙平方作平沙，非是。濕蟄濕，方作温，非是。除死方云：荆公與謝本作除徙。下文已有「遷者追回流者還」，則除死爲當。朝清或作清朝。方云：唐本作朝清，蓋言追還之人，皆得滌瑕垢而朝清班，惟已爲使家所抑，故只量移江陵也。秖得秖，或作只，他詩皆然。我歌今與君殊科杭本如此。言張之歌詞酸苦，而已直歸之於命，蓋反騷之意，而其詞氣抑揚頓挫，正一篇轉换用力處也。方從諸本，我下去歌字，而君下著豈字，全失詩意。使一篇首尾不相運掉，無復精神，又不著杭本之異，豈考之亦未詳耶！

謁衡嶽廟或無廟字。秩皆皆，或作比，非是。清風清，方作晴。○今按：清風興，羣陰伏，無清風則雨意未已也。晴字非是。豈非非，方作即，非是。能感方作感能。○今按：若從方讀，則此句爲吃羌語矣。松柏柏，或作桂。廟令令，或作内。杯珓珓，方從唐本作校，云：廣韻作珓，謂古者以玉爲之也。朝野僉載作角，角與校音義皆相近。魏野有詠竹校子詩，只作校字，荆楚歲時記又作教。○今按：當從廣韻及衆本。朣朧方云：選秋興賦：「月朣朧而含光。」從日者非。○今按：字書二字從日，當更考之。

岣嶁山　薙倒披倒，或作葉。方從蜀本云：衡陽舊刻亦然。魏都賦云：「華蓮重葩而倒披。」○今按：岣嶁者，衡山南麓別峯之名。薙倒披者，古有倒薙書，見歐公集古録目、唐玄度十體書，方得之矣。然今衡山實無此碑，此詩所記，蓋當時傳聞之誤，故其卒章自爲疑詞，以見微意。劉禹錫寄呂衡州温亦云：「嘗聞祝融峯，上有神禹銘。古石琅玕姿，祕文螭虎形。」蓋亦得於傳聞也。猿猱猱，或作啼。

永貞行　他師或作他時。睗睒或作睒閃。方云：睒睗，獸狂視貌。字見吴都賦。三公三，或作一，非是。嗚唤或作争鳴。吾嘗嘗，或作常，非是。

洞庭湖阻風　雞斷斷，方從杭、蜀本作絶。○今按：此句既有絶字，則下一句不應便複出。方爲杭、蜀所誤，此比多矣。今但刊正，不能悉論，而論其最著者一二，以曉觀者。

李花或作李有花。　風揉揉，或作柔，非是。翻空方作相翻，非是。迷魂亂眼或作迷亂入眼；入，又作人。皆非是。　豈省曾辭或作豈曾辭酒，非是。獨就獨，或作共，非是。委黄委，或作隨。

杏花　無全閣本作全無，非是。杳杳或作杳藹。惆悵惆，或作怊。後放此。

感春　奈何許諸本奈作春。方從杭、蜀本云：古樂府：「奈何許，石闕生口中，銜碑不得語。」○春氣氣，或作風。慘洌慘，或作凜。方以西京賦「冰霜慘烈」定作慘。爲誰閣、杭、蜀本作誰爲。方從諸本云：按：公後詩有「遇酒即酩酊，公知我爲誰」，即此義也。○今按：方氏此論最公，使他處皆如此，則無可議矣。○已惰惰，方作破，非是。孤負孤，或作辜。已矣知何奈諸本皆同，無可疑者。荆公本奈作那，李本知作如，亦無大異。獨方從閣本作已知無可奈，乃不成文理，故今定從諸本。○我恨方從杭本作奈我。閣本無奈字，亦無恨字。蜀作我奈。○今按：杭、蜀本蓋因前篇之末有奈字而誤也，閣本亦少一字，皆非是。今從監本。只足閣本如此爲當。方乃不從，而以足爲是，又不可曉也。勤買買，或作置。

寒食日出遊 生死方作死生。蒲生生，或作芽。故欲故，或作固。當火令洪云：此時春末夏初，故云火令。方云：非也。此謂寒食禁火耳。火令，字見周禮。魏武帝亦有寒食禁火令，但東坡嘗爲李公擇書此詩，作燈火令，又不知其所據何本也。○今按：方說是也。此言夜行有月，故不憂當寒食禁火之令耳。坡讀亦誤〔三〕。

憶昨行和張十一 或作和張十一憶昨行。上公上，洪作杜，云：杜佑自淮南入朝也。方作社，云：此爲荆帥裴均罷社而享客也。○今按：方說是也，但以上爲社則未然。左傳云：「五行之官，封爲上公，祀爲貴神。其土正曰后土。」「在家則祀中霤，在野則爲社。」故杜注「用幣于社」云「以請於上公」，則上公即社神也。況此句內又自以元侯爲對耶。舊痁方作痁舊。○今按：此句內上有宿酲字，則此當爲舊痁明矣。方誤。湘水湘，或作湖。頫隤三館本隤作槌。方云：博雅：「槌，揎也。」亦有義。○今按：方義暗僻不可曉，此但言當謫官時，馳驛發遣而山路險惡，故羸馬拒地不進，被驅而屢至傾隤耳。隤，或取虺隤字，然其義但爲不能升高之病，又似未必然也。未揃揃，或作剪。謝校從剪。方云：説文：「揃，滅也。」史記西南夷贊有揃剽字。縱署縱，或作從。○今按張署墓志，邕管奏署爲判官也。者與者，或作者。穿栽栽，或作裁。

【張洽補注】

陪杜侍御遊湘西兩寺

長沙千里平洽當至長沙，登嶽麓寺，見相識云：千，當作十，蓋後人誤增丿也。州城方十里，坦然而平，湘西嶽麓寺乃獨在高處，下視城中，故云「長沙十里平，勝地猶在險」，寺中道鄉亭觀之，信然。此朱先生及方氏所未及。謾誌於此，以備考訂。

校勘記

〔一〕馮章靖親校舊本「本」字原無，據韓集宋本補。

〔二〕見東方朔答客難　「答」字原無，據舉正補。
〔三〕坡讀亦誤　「坡」原作「披」，據南圖本、李本、兩韓集改。

昌黎先生集考異卷第二

第四卷　古詩

劉生詩或無詩字。　軒輊輊，或作軼。　曁揚曁，或作墮。　炎州州，或作洲。　青鯨鯨，或作鮮。○今按：青義未詳，疑是長字之誤。　怪魅魅，或作媚。　堆蛟堆，或作推，非是。　山獑獑，或作獠，非是。方云：獑，蘇遭切。神異經：「西方深山有人，長尺餘，袒身捕蝦蠏以食，名曰山獑。」國語注作猱。公聯句亦有「中矢類妖獑」。　猩游游，或作愁。方云：此詩二州字、二游字，視古用韻，後人誤改也。　一餉餉，或作饟，非是。

鄭羣贈簟羣嘗以侍御史佐裴均江陵。　笛竹笛，或作簟。　盡眼盡，或作滿。　無時衰閣本無時作時無。方云：選潘岳詩：「庶幾有時衰，莊缶猶可擊。」閣本恐非。○今按：閣本無理之甚，不待潘詩而後知其非也。方本則是而説衍矣。

豐陵行順宗時。　一百一，或作三。方云：以長安志考之，非是。　鼓咽咽，方作沸。○今按：作咽乃響，又見悲切之意。玄宮閶閶，或作虛。方云：選注：「天子、后妃所葬墓曰玄宮。」玄宮閶，謂玄宮前之寓閶也，作虛非是。供養養，或作送。

遊青龍寺贈崔大補闕諸本大作羣。閃壁壁，或作璧。眼倒倒，或作暈。忽驚忽，方作匆，非是。韶稚韶，或作齠。方云：韶有美義，不必易字。齬嘯嘯，或作笑，非是。惻耳惻，或作側，非是。鈍駸駸，或作駭，非是。

贈崔立之　闕外外，或作內，非是。專場專，或作擅。

送區弘南歸區，或作歐。歸，或作征。方云：區，烏侯切。唐韻：區冶子之後。漢王莽傳有中郎區博。蟲沙抱朴子云：「周穆王南征，三軍之衆，一朝盡化，君子爲猿爲鶴，小人爲蟲爲沙。」造化權輿作周昭王南征。皆未詳本何據也。洶洶洞庭莽翠微或作江洶洞庭宿莽微。鑱天鑱，或作巉。方云：九疑言鑱天，洪濤言春天，皆奇語也。人士士，或作事，非是。區子方作子區。落以斧引以纆徽引以，或作斤引。洪本纆作墨。方從唐、閣、杭本。張文潛云：古人作七言詩，其句脈多上四字而下以三字成之，退之乃變句脈，以上三下四，如「落以斧引以纆徽」、「雖欲悔舌不可捫」是也。〇今按：此言纆徽，謂木工所用之繩墨也，然周易作徽纆，乃爲黑索，所以拘罪人者，恐公所用別有據也。道不或作不道，非是。開書拆衣或作開緘發封。淚痕方作痕淚，非是。去矣矣，或作吴。方從閣、杭、蜀本如此，是也。其句法見上張文潛説。扇翣扇，或作羽，非是。蓋宮扇以雉尾爲之。翣，文采貌。此言雉伏於野，而其羽可用爲朝廷之儀，與上下兩句爲一類也。鋪德鋪，或作輔，非是。

三星行之辰方從閣本，之下有三字，云：謂斗牛與箕也。○今按：辰，時也。詩云：「我辰安在。」方説非是。已聞已讙諸本已並作以。方從唐、閣本，云：讙，如「諸將盡讙」之讙。此詩叶餘於除，叶讙於聞，今本易讙爲攘，以求叶揚韻，非也。

剥啄行困于語言諸本此下有我嗟子誠一語，閣本同。方從唐、杭、蜀本删，云：閣本衍，蓋下語誤入。其墉墉，或作容，非是。其口益蕃或作其益實蕃，或作其口實蕃。與爲與，方作以，云：韓文與多作以，它文見者非一。詩「之子歸，不我以」注：「以，猶與也。」○今按：陸宣公奏議亦然，如云「未審云云以否」之類是也。然當作與爲正。來不有年諸本作來可待焉。方從閣、杭、蜀本，云：公祭十二兄文「其不有年，以補我愆」，同此義也。

青青水中蒲三首諸本作一首，方從閣本。○今按：樂府亦作三首。

孟東野失子〔一〕何偏何，或作以。方云：莊子：「奪彼與此，一何偏也。」蕃且蕃，或作繁。由因因，或作緣。方云：此詩如因與鰥，今本皆以韻不叶而誤刊也。○今按：作緣亦通，未必誤改也。母腹腹，或作肚。孤鰥鰥，或作懸。始翻翻，或作蕃。

陸渾山火一首和皇甫湜用其韻諸本作次韻和皇甫湜陸渾山火。方從閣、杭、蜀本。賁渾賁，或作陸。方從杭、蜀本，云：賁音陸，字本公羊傳。玄冬玄，或作大。不復復，或作暇。鷹雉或作鴈鷹。煨熜熜，於刀切。埋物灰中令熟也。方作爊，非是。齊玫玫，或作收，非是。○洪曰：謂火齊、玫瑰也。闢華闢，或作闡。沸篪沸，或作咈，非是。纛旛旛，或作番。脞臀方云：祝季賓謂脞當作髀。按：脞從肉、從骨，一也。劉備「髀中肉消」，亦通用。掀轅或作轅掀。虹靷虹，或作紅，非是。盝池波風肉陵屯陵，或作淩。洪曰：陵屯，字見莊子，當從陵。樊澤之曰：盝若池，波若風，肉若陵屯。方云：盝如池而波風，肉如陵之屯聚也。○今按：列子「生於陵屯」，注謂「高處」，莊子音義云「阜也」，洪說得之。樊說盝池、肉陵屯，方說波風，皆得之。而樊說波如風，方說肉陵之屯聚，則誤矣。合二說而言之曰「如盝池之波風，肉之陵屯」，乃爲善耳。谽呀谽，或作谿。方云：大貌，字見上林賦。少陵詩亦有「餘光散谽呀」。○今按：漢書注：「谽呀，澗谷形容也。」舌腭腭，或作齶。涕痕涕，或作淚。女丁婦壬杭本女作夫。方云：董彥遠曰，當作女丁夫壬，引東山少連曰：玄冥之子曰壬夫，娶祝融氏之女〔二〕，曰丁芊，俱學水仙，是爲温泉之神。洪曰，丁，火也。壬，水也。火，女也。壬，男也。丁女而爲婦於壬，故曰女丁婦壬。一作夫丁婦壬，亦通。夫丁者，壬也，言壬爲丁夫也。婦壬者，丁也，言丁爲壬婦也。○今按：丁爲陽中之陰，壬爲陰中之陽，故言女之丁者爲婦於壬，以見水火之相配。今術家亦言丁與壬合。洪氏二說皆是。囚之之，或作出。

縣齋讀書 松桂桂，或作竹。方云：舊本多作松桂。共賦共，方作與，非是。佇答諸本答作益，非是。

新竹　儲霜儲，或作除。疑爭或作全遮。露粉露，或作霧。

晚菊　奈悲方作悲奈。

落齒或作齒落。　餘存存，或作在。意與與，或作欲。落一或作一落。

哭楊兵部部，或作曹。　人皆皆，或作生。併出併，或作數。論文與晤語或作新墳與宿草。可如可，或作兩，或作復。

苦寒　弛維綱或作施綱維，非是。攬宇攬，或作擾。頻窺頻，或作煩。已添已，或作以。芒碭碭，或作踢，非是。　恩嫌恩，或作思。女覆諸本皆作安寢。方從唐本及蔡、謝校本作女覆，云：韓文古本汝皆作女，杭本尚作女，今訛自閣本也。汝，指上文禽雀而言。苫，蓋也。言我最靈而不能汝覆蓋也，義爲是。　難安難，或作誰，非是。天王王，或作子，或作公。

和虞部盧四酬翰林錢七赤藤杖歌諸本無四、七字，方從閣、蜀本，仍側注二名。　避使避，或作迎，或作邀。方云：當如避舍、避道之避。○今按：上言掃宫，則當爲避舍之避。照手欲把諸本同。方獨從蜀本作照把欲手，云：檀弓有手弓，列子有手劍，史記有手旗，義同此。諸本多誤。○今按：方説手義固爲有據，然諸本云照手欲把，則是未把之時，光已照手，故欲把而疑之也。今云照把，則是已把之矣，又欲手之而復疑之，何耶？況公之詩，衝口而出，自然奇偉，豈必崎嶇偪仄，假此一字而后爲工乎？大氐方意專主奇澀，故其所取多類此。闌密闌，或作圍。方云：南宫指盧，禁闌指錢也。白樂天詩「遽列諫垣升禁闈」。洪引「繚繞宮牆圍禁林」以釋此，誤矣。閣本密作客，亦非是。

崔十六少府攝伊陽以詩及書見投因酬三十韻 酬下，或無三十韻字，有之字。

得連 得，或作住。 蔬飧 諸本飧多作餐。方從蜀本，云：此詩用蔬飧、朝餐，字多相亂，他詩亦然。說文飧，謂晡時食；餐，吞也。飧，或作飡；餐，或作飡。故字多相亂。漢高后紀「賜餐錢」，王莽傳「設飧粥」，顏師古曰「古餐、飡一字也」，又曰「飧，古飡字」，而皆以千安切讀之則非。詩「不素飧兮」，鄭玄讀如魚飧之飧，音孫，當以此爲正。○今按：飧，或當作餐，說見平淮西碑。 兩角 或作角尚，或作角兩。 冬衣 衣，或作裘。 善幻 善，方作是。○今按：漢書西域傳有善眩之語，顏注云：「眩，讀與幻同。眩，相詐惑也。」即今吞刀吐火、植瓜種樹、屠人截馬之術，韓公蓋用此語。方從閣本，誤矣。 習藝 習，或作集，非是。 者篹 篹，或作纂，非是。方云：篹，見揚子「鴻飛冥冥，弋人何篹焉」。古本及後漢書皆然。蓋篹取之義也。然今本揚子亦作慕，非也。 鋤剗 剗，一作鏟，謂削平之也。選海賦：「鏟臨崖之阜。」公此詩用今韻，剗屬上聲，疑當以鏟爲正。 妻瘦 妻，或作女。 欺謾 謾，或作慢。方云：字見貢禹傳。漢書面謾，亦皆音慢。 清盼 盼，或作眄。方云：李太白詩「君子枉清盼」，詩「美目盼兮」，以目美言也。「左顧右眄」，以眄視言也。 盻，本作盼。眄，通作盻。今四字多不分。當以蜀本爲正。○今按：盼，匹莧切，目黑白分也。眄，莫見切，從省作盻。眄睞，顧視也。盻，五禮切，見孟子，恨視也。此詩當作眄，然作盼亦通，猶言青眼也。

送侯參謀侯繼，時從王諤辟。　己能方云：用中庸「人一能之己百之」之語。别本作已者非。詎幾詎，或作遽，或作距。方云：字林曰：「詎，未知詞也。」潘岳悼亡詩：「爾祭詎幾時。」抵樵抵，或作詆；樵，或作譙。皆非是。此但言偶逢之耳。洲沙或作沙洲。晨昇晨，或作朝。已異異，方作畢，非是。兵未進未，或作始。方云：時討王承宗，而吐突承璀督師，逗留不進。作始者非。得所附或作行得所，非是。職其職，或作識，非是。不掃掃，或作拂。對空對，或作酹，非是。

東都遇春　真狂真，方作直。糚靚靚，或作艶。艶，青黑色。方云：靚莊，字見子虛賦。郭璞曰：「粉白黛黑也。」飲嗽嗽，或作啜。心腸腸，或作腹。告屢或作屢告。縱孤縱，方作從，或作泛。此處此，或作比。取幽取，或作最。已併已，或作以。落落或作落魄，非是。禹績績，或作蹟。

感春　高花或作花高。方云：以末章「辛夷花房忽全開」言之，則此爲高處之花先開矣。何遜詩有「巖樹落高花」。○放車車，或作軍，非是。○峭峻或作峭峭。○須頻或作頻頻，非是。

酬裴十六功曹巡府西驛塗中見寄或無塗字。方云：裴十六，度也。舊云裴諗，非。聿至活至，方作來。活，或作治，非是。褰高褰，或作浥，非是。勞苦方作苦勞，云：苦勞，語見呂強傳。○今按：語勢當作勞苦，大抵公詩多自胸襟流出，未必故用古人語也。

燕河南府秀才　上言公或作上其言。是月月，或作日，非是。扶櫱櫱，或作孼。芳茶諸本茶多作茶。方從潮、館本，云：爾雅曰：「檟，苦茶，音徒。」郭璞注：「木小似梔子，早取者爲茶，晚取者爲茗。」唐韻：「茶，宅加反，俗作茶。」大抵茶與茶古音相近，如今言搽與塗亦通用也。○今按：茶與茶今人語不相近，而方云相近者，莆田語音然也。雖出俚俗，亦由音本相近，故與古暗合耳。今建人謂口爲苦、走爲祖，亦此類。方言多如此云。

送李翺　追送或作迎送。方云：詩有客「薄言追之」，鄭云：「追，送也。」

送石處士題下或注得起字。　雲入或作雷開。

送湖南李正字歸或作送李正字歸湖南，或作李判官。

第五卷　古詩

辛卯年雪　鬖髿毿髿，或作毿毿。

醉留東野　龍鍾方云：依字當作蹱踵，盧仝詩：「盧子蹱踵也，賢愚總莫驚。」離別或作別離，方從唐本。

李花諸本作一首。方云：此二詩也，自「當春天地爭奢華」以下分焉，意義甚明，編者誤合之。　萌牙牙，或作芽。方云：漢傳如「朱草萌牙」、「事有萌牙」，無用芽字者。　玉枝枝，或作杖。　斥去或作片雲，或作雲去，或作斥逐。方云：張衡思玄賦：「斥西施而不御。」韓語原此。或本皆誤也。○紛挐挐，或作拏。方云：董彦遠云：「挐，從如。今人從奴〔三〕。唐韻以挐爲或體，非也。考相如子虚賦、王逸九思皆只作挐。」○今按：説文：「拏，從奴，牽引也。」「挐，從如，持也。」古書作挐，蓋通用。誰將將，方作堆。

招揚之罘方云：之罘，元和十一年進士。閣作之杲，字訛也。千丈千，或作百。日以或作不難。以，或作已。振迅迅，或作頓。方云：振迅，字見七月詩傳、鮑昭鶴賦。失得方作失待，或作實待，或作實失。○今按：三本皆無理，唯嘉祐杭本作失得，似頗有理，而舉正不收。蓋其意曰：失得之計，觀於柏馬可見云爾。

寄盧仝　至令令，或作今，非是。僕從從，或作夫。三傳三，方作五，或作左。○今按：鄒、夾春秋，世已無傳，而當世見行三傳，作五、左皆非也。獨抱抱，方作把，非是。虚空或作青雲。緑騆方云：緑騆，今本二字皆從馬。按：穆天子傳、荀、列、史、漢皆作緑耳。郭璞注穆傳：「猶魏時鮮卑獻黄耳馬。」是以耳色言也。此詩豈以重韻妄刊耶？基阯阯，或作址。方云：字見漢疏廣傳。窺闞闞，或作瞰。伍伯方作五百。按：伍伯，見古今注，什伍之長也。作五百非。

酬司門盧四兄　目思或作思自，或作思目，非是。扃雲扃，或作局。低抑抑，或作徊。完月完，或作見，或作皎。○今按：月蝕詩有「完完上天東」之句，言月圓也，此亦同意。以下句就缺推之可見。

攕攕或作纖纖。方云：攕，蜀音所咸切。詩「摻摻女手」，説文與石經皆作攕攕。

誰氏子呂氏子炅，見李素墓誌。　鳳笙笙，方作皇，非是。　教誨誨，方作悔。○今按：作悔非是。大氏方意以奇爲主，此類可見。　送似似，一作以，非是。

河南令舍池臺　七八或作六七。　景趣景，或作指。　狼藉方云：藉，從艸，説文曰：「草不編，狼藉。」今本從竹，漢陸賈傳「名聲籍甚」，孟康曰：「狼籍甚盛。」蓋古字如籍田，皆只作耤，而從艸、從竹則沿義以生。此當以藉爲正。

送無本即賈島也。　不頷方云：李本頷作顉。説文：「顉，低頭也。」列子：「巧夫顉其頤。」○今按：説文「顉，五感切」，引衛獻公「顉之而已」爲證，則與頷字自不同也。然左傳今本只作頷，未詳其説，或疑下有顑頷字。此不當重押，則作顉爲是。然顑頷字見楚詞。顑，虎感、古湛二切。頷，户感、魚撿二切。食不飽，面黄貌，則亦與不頷義不同也。　蜂蟬諸本或作風蟬，或作蟬翼。方從唐本。○今按：此與下句不對，未詳其説。　披菡披，用荆公本定。或作坯，或作低，方從閣本作坏，皆非是。唯披、坏聲相近耳。　荒蓁蓁，方作榛。

石鼓歌　萬里萬，或作百。　勒成成，或作盛。方云：「封岱勒成」，東都賦語。　揀選揀，或作簡。　撰刻撰，或作譔。　撝呵呵，或作訶。　何處處，方作士。　與科諸本皆同，方從蜀、粹作蝌。○今按：蝌乃科之俗體，後人以重韻而誤改耳。方知韓公不避重韻，乃疑於此，何耶？　缺畫畫，或作劃。　碧樹或作幽碧。龍騰或作騰龍。委蛇蛇，或作佗。掎摭摭，或作拾。駱駞駱，或作馲，依字當作橐。大官官，或作夫。柄任任，或作用。

雙鳥詩　來飛飛方作飛飛來。集巖集，或作巢。恒低恒，或作且，非是。鳥鳴鳴，或作聒。聒亂雷聲收諸本同。但蜀本聲作光，閣本作雷聲三伏收，皆誤。而方獨從唐本作聒雷聲伏收，則不成文理矣。造化化，方作作。百蟲與百鳥諸本同。方從閣、杭、蜀本作七鳥，云：柳、謝、荆公皆作七鳥，謂月令七十二候之蟲鳥也。蘇者開譚録亦見。柳仲塗有此詩解一篇傳於世，謂指釋老也。然以歐公感二子詩及東坡李太白畫像贊考之〔四〕，蓋專爲李杜而作。○今按：百蟲，即上文之蟲鼠。百鳥，即上文所言皆飄浮者耳。與七十二候初不相關也。且使果爲七十二候之鳥，而但云七鳥，則詞既有所不備，又鳥既爲七而蟲獨爲百，於例亦有所不通。今細考之，豈以草書百字有似於七而致誤耶？初不必過爲鑿説也。又釋老、李杜之説，恐亦未然。舊嘗竊意此但公爲己、孟郊作耳。「落城市」者，己也；「集巖幽」者，孟也。初亦不能無疑，而近見葛氏韻語陽秋，已有此説矣。讀者詳之。

贈劉師服服，或作命。莽鹵杭本作鹵莽。方云：鹵莽，本莊子，然唐人多倒用之。柳子厚「沉昏莽鹵」，又「食貧甘莽鹵」，白樂天「養生仍莽鹵」、「始覺琵琶絃莽鹵」，所用同也。比豈比，或作皆，或作此。方從蜀本，云：太公兩齒，事見古本荀子。虞翻、吴志只載其上書謂「臣年耳順，髪白齒落」，豈在當時猶有可考也耶？

題炭谷湫祠堂歐本云：在京兆之南，終南之下，祈雨之所也。南山、秋懷詩皆見之。妍英妍，或作研星瑣瑣，或作鎖。

聽穎師彈琴穎師若是道士，則穎字是姓，當從水；是僧，則穎字是名，當從禾。昵昵或作妮妮，或作呢呢。一旁旁，或作傍，或作牀。穎乎乎，或作師。方云：李賀亦有聽穎師琴歌。

送陸暢舉舉方云：唐人以舉止端麗爲舉舉。鸞鳴或作鳴鸞。不即或作即不。方云：暢，董晉子溪之壻也。公嘗佐董晉幕。○今按：暢字達夫，嘗著蜀道易詩。

送劉師服坐食如孤狆食，或作貪。荆公本如作茹。狆，或作豚。方從閣本，云：此乃司馬遷所謂「猛虎在檻穽之中，搖尾而求食也」。○今按：方説是也，然則坐當作求矣。但本皆作坐，故未敢改耳。

侮笑方作笑侮。硉兀或作硉矹。闞短或作短闞。

嘲魯連子細而而，方作兒。若輟輟，或作啜。○今按：此詩洪説已詳，然公之意，必有爲而作也。

贈張籍著讀諸本著作嗜。方云：著，如「高士著幽禪」、「少年著遊宴」之著。蹇嵯蹇，或作爙。

調張籍光焰諸本焰作艷。方云：西京賦：「光焰爥天庭。」垠崖垠，方作根。流落流，或作留。方云：孔毅父嘗曰，漢霍去病傳「諸將留落不偶」，今世俗皆作流落。如江總詩「流落今如此」，少陵詩「流落意無窮」，皆只作流落字。蓋留謂遲留，流謂飄流，自不可拘以一義也。豪芒豪，方作毫，云：李本作豪。按：孟子、莊子「秋豪之末」，班固答賓戲「鋭思豪芒之内」，字皆作豪，然楚詞「秋毫微而見容」，王逸曰「鋭毛爲毫」，是毫字通。○今按：毫，俗字，當作豪爲正。我願生兩翅方作願生兩翅翎。女襄襄，或作相，非是。

盧雲夫寄示送盤谷子詩兩章兩，或作二。吹破破，或作波，非是。眇芒或作渺茫。推書推，或作堆。還耕還，方作歸。

寄皇甫湜睦州睦，或作乃垂四四，或作泗。方從唐本及范、謝校本，云：董令升編嚴陵集，亦定作四。垂四，蓋以涕與淚分言之，猶石鼓歌所謂「對此涕泗雙滂沱」也。

病中贈張十八逢逢諸本作逄逄。方云：蜀本音部江切，字當作逄。○今按：潮本作逄，蓋逄從夆，逢從夆，音義各異。然古書如逢蒙、逢丑父、關龍逢，字皆只作逢，而音蒲江反。疑逢有蒲紅一音，而音蒲江者，由蒲紅而孳也。當考。君亮亮，或作諒。扶几几，或作机。摐摐此字從手，或作樅樅，從木。方云：從手者，博雅云「撞也」，子虚賦：「摐金鼓〔五〕。」從木者，自木名也。將歸方作歸將，云：「遠于將之」，毛傳：「將，行也。」故古人以送、將、歸爲三事焉。○今按：楚詞言秋之可悲，如在遠行之處，而登山臨水以送欲歸之人，愈覺羇旅之牢落，故其意象慘戚而無聊耳。將字與詩文同義異，安得强爲一説，而謂送、將、歸爲三事乎？必爲三事而可顛倒言之，則楚詞之與此詩，皆不復成文理矣。迴軍軍，或作君，非是。崆峴峴，或作峗。方云：峴字見南都賦。蜀本苦江、五江二切。今本作峗，字書未見。

雜詩　蠹書或作書蠹。愚惷惷，或作戇，或作蠢。禹九禹，方作寓。其巔巔，方從唐、杭本作墳。○今按：方所從本，蓋後人以重韻而誤改之。說見石鼓歌。騏驎或作麒麟。方云：古書如戰國策多用騏驎字，其義一也。

寄崔二十六　屈奇屈，或作掘，或作崛，或作倔。方云：淮南子「聖人無屈奇之服」，高誘曰：「屈，短；奇，長也。言服之不中。」漢廣川王、揚雄傳，選西征賦皆只用屈奇字。○今按：漢書注：「屈，奇異也，其勿反。」紛披紛，或作分。瑕疵疵，或作玼。方云：避重韻而誤改也。通途途，或作逵，或作達。約不或作不約。財貲貲，或作資。方云：亦避重韻之誤。此詩用二疵字、二斯字，不獨此也。攪攪或作擾擾。風幡幡，或作旛。劈水劈，或作擘。睒睗二字或從日，說見永貞行。撐披披，或作枝。方云：亦以重韻而誤改也。抱華不能摛蜀本作把筆不能摛。而不能或作能不。方從杭本如此，云：班固答賓戲：「摛藻如春華。」蓋公寄崔詩正當冬月，故感窮景而不能摛發其春華耳。上文諸毛乃謂筆也，既隱其詞，則此不應又直言之，故作抱筆者亦非也。○今按：方本及說皆是。但其詞有未足者，故今略爲補之。論諸毛功，必是爲毛穎傳而發，但蜀本之誤，不待以此爲辨而自明耳。巧能巧，或作功。方從唐、蜀本，云：列子：「矜巧能，修名譽。」○今按：巧能，喻其誠，言崔遺我書，并新篇綵帛，巧於能達其意，猶言工於某事云爾。非以巧能爲二字相連，如列子之意也。方說誤矣。舉頭頭，或作頸。慼容容，或作居，或作眉。方云：居當爲容字之訛也，眉特以意定耳。感作蹙亦通，孟子：「其容有蹙。」隔襟襟方云：離褷，毛羽初生貌，字本海賦。然離字字書無從衣者，惟王維詩有「獨立何褷褷」，嵇康琴賦作離纚，古樂府作離蓰，陸羽茶經作籭蓰，義皆通。今此作褷襹，豈古連緜字或可倒用，不然，褷字自入韻，豈傳者誤耶？姚令威曰：唐本作視物劇隔褷，不知謝本何以不出。○今按：所見謝本，實校作劇隔褷，下注澄字，然義亦未通。恐當作視劇隔褷襹，物字乃劇字之訛而又重出，遂去襹字以就五言耳。然亦無據，不如且從方説，徐更參考。敦敦或作孜孜。方從閣、杭本作敦，音都回切。眠糞眠，方作服，或作伏。歡華歡，或作權。之利利，或作實。○今按：此句難曉，竊意計猶校也。言觀其所得之虛名，而校之以實利，不足相補也。況又又，或作自。春澌方云：流冰爲澌，從水非。不仗不，或作奚。興君身或作興居狀，或作狀興居，皆非是。荆公本作狀君身，近之。方從唐本作興君身，乃得其正。蓋興猶比也，君指崔立之而言。莫虧莫，或作其。妍醜醜，或作臭。雜燧觿雜，方作親，或作新，皆非是。但洪本云：澄作雜，燧觿見內則。言當常御此觽，雜於所佩燧觿之間也。此乃得之。合分支通鑑：元魏熙平元年立法，在軍有功者，行臺給券，當中竪裂，一支給勳人，一支送門下，以防僞巧。今人亦謂析産符契爲分支帳，即此義也。公以雙觽之一贈崔，故末句如此。

月蝕詩效玉川子作方云：李本無詩字，洪曰：或謂館中本效作删，汪彦章本同。十四四，或作五。森森方作臨臨，殊無義理。按：盧詩乃作森森，蓋自森轉而爲林，自林轉而爲臨也。今改作森。屓奰諸本作贔屓，或作屓贔。方云：盧詩雖作贔屓，然公多不用盧本語。贔屓，用力貌。屓奰，壯大貌。

詩傳：「不醉而怒謂之奰。」其義尤長。○今按：諸本不同，未知孰是，姑兩存之。完完諸本作貌貌，或作皃皃。方從杭、范、荆公本作完。○今按：完字説見酬盧雲夫望秋詩。洪本亦云：古書完多誤作皃，此又轉寫爲貌耳。撤沙諸本同。方作撥，云：側手擊也。盧詩作撤，今本從之，非也。○今按：側手擊沙，於義不通。公於盧語固有損益，然改此字却無文理，當只作撤。如長虹或作長如虹。獨行獨下，或有自字。把沙把，或作爬，音義同。黄帝諸本黄作皇。方從杭本，云：帝王世紀謂黄帝用力牧、常先等分掌四方，各如己視，故號「黄帝四目」。一曰李賢後漢注：漢人書黄多作皇，皇字亦通。洪以皇帝爲堯，則非也。無嚵嚵，或作饞。黑烏未詳。或云謂日中三足烏也。磕帀或作匼匝。磕，或作匌，或作匼。女刑或無女字。臣全全，或作今。方云：汪本云全字當句斷，亦與盧詩合。上天或作天上。餘座此下或有從應二字，荆公刪去。觰沙觰，或作觰。方云：觰，陟加切，角上張也，字亦作觰。作觰訛。呀呀或作齖齖。方云：齖，齒不正也，音牙，與開口義不合。此當音呼加切，唐韻：「唅呀，張口貌也。」○今詳：或改此字，亦避重韻而誤也。夸蛾蛾，或作娥。方從列子校。抶女抶，方作扶，非是。全耀全，或作金，非是。纖瑕瑕，或作霞，非是。弊蛙弊，或作斃。○今按：弊蛙，猶卓茂言敝人也，不然，則當改從斃字。蓋此時蛙雖未斃，而其罪已當死矣。其皤皤，或作蹯。皤，腹下白處也。蹯，足蹠也。當作皤。宫室室，方作堂。臣知方作知臣。○今按：下文言「雖無明言，潛喻厥旨」，則此句乃謂天感悟臣心，使臣默知天意耳。諸本多作使知臣意，非是。其下所云「有氣有形」以下即天意也。明言明，或作口。大傷大，或作夭。方從蜀本，云：盧詩，新史以爲譏元和逆黨，然稽之歲月不合，蓋元和初宦官已横恣，故譏之，非爲逆黨也。○今按：盧、韓二詩必有所爲而作，但未有以見其所指爲何人何事耳。新史固謬，方説恐亦未必然也。

孟生詩諸本孟下有先字。方云：此詩以篇首二字爲題，今本誤也。嘗讀嘗，或作常。窅默諸本窅作冥。方云：李習之與張建封書引公此語，亦用窅字。窮簷簷，或作閻。方云：考荀子、史記子貢傳，閻字爲正。聆苦聆，或作耻，或作怜。起幽起，或作赴。望東望，或作思。滄溟溟，或作海。

射訓狐飛名名，或作呼。大喚喚，或作唤。方云：曹子建鷂雀賦：「不肯首服，烈頸大喚。」栱桷桷，方作角。尤劇尤，或作猶。一夫夫，館本作矢。方云：或謂矢何以能斬頸也，鮑明遠詩：「黄間潛彀盧矢直，刎繡頸，碎錦翼。」詩人之語，顧隨所用耳。○今按：方説雖有理，然以詩考之，似只是公親往射，而梟驚墮梁，故佐之者得以刀斬其頸耳，不必改字强説也。

將歸贈孟東野房蜀客蜀客名次卿。無自疑疑，或作癡，亦通。方作女無癡，則誤矣。

答孟郊規模模，或作謨，或作謀。煎熇熇，杭本熇作焰，俗字也。

從仕間世世，或作事。

短燈檠歌本或作燈檠。方云：姚令威曰：古詩：「燈檠昏魚目。」讀檠爲去聲。集韻：「檠，渠映切，有足，所以几物。」又檠音平聲，榜也，非燈檠字。韓詩「墻角君看短檠棄」，亦誤也。按：「燈檠昏魚目」，乃唐彥謙詩，李商隱詩亦有「九枝燈檠夜珠圓」，是唐人固以去聲讀也。然白樂天詩有「鐵檠移燈背」，自注曰：「檠，去聲讀。」則知唐人本二聲通用。古檠只用檠字，晉、宋諸人集尚可考。提攜攜，方作挈。

高張或作焰高。珠翠珠，或作朱。

送劉師服　淅然淅，或作晰，亦作晢。方作晢，云：明也，音之世切。高唐賦：「晰兮若姣姬揚袂障日而望所思。」晰與晢同，故今本訛爲淅也。○今按：淅爲淅瀝凄凉之義，晢爲明義。此詩上云「陰氣始」，下云「雲景秋」，則與晢義不相應，而宜爲淅瀝之意矣。蓋由淅而誤爲晰，又因晰而轉爲晢也。不待待，方作持。畏顑頷或作久憔悴。

第六卷　古詩

符讀書城南　同一或作一同，非是。提孩提，或作啼，非是。巧相巧，或作兩。少長方云：少，讀如多少之少，漢賈誼、匈奴、東平王傳三見。公此詩、與劉統軍、李虛中誌亦三用。鞭背或作背上，非是。因爾爾，或作耳。則有則，或作即。不見公與相起身自犂鉏閣本作不見公與汝幸免自犂鉏。○今按：閣本之謬有如此者，它可盡信耶？古今或作今古。雨霽霽，方作闋。

示爽　名科或作科名。汝來汝，或作此。故依故，或作固。但如但，或作得。

人日城南登高 子姝姝，或作姪。 圯阯阯，或作址。 幽尋或作尋幽。

病鴟 揜兩揜，或作淹，又作渰。 送追隨或作涘追飛。 遂淩紫鳳群肯顧鴻鵠卑遂，或作擬。紫，或作鸑。鴻鵠，方作鵠鴈。〇今按：紫、鴻是假對。 丐汝將死命丐，或作救，又作與。方云：「丐兄弟死命」，寇恂傳語。 亮無亮，或作諒。 徑去徑，或作勁。 良規良，或作汝，非是。

華山女 資誘資，或作恣。 狎恰方云：狎恰，唐人語，白樂天櫻桃詩：「洽恰舉頭千萬顆。」一作恰似，非。 青熒諸本青作晶。方云：字本西都賦。 青鳥青，方作三，云：三鳥，王母使，見山海經、楚詞九歎、江文通雜詩。〇今按：陶詩云三青鳥，則青字亦未爲無據也。 或怪公排斥佛、老不遺餘力，而於華山女獨假借如此，非也。此正譏其衒姿首、假仙靈以惑衆，又譏時君不察，使失行婦人得入宮禁耳。觀其卒章豪家少年、雲窗霧閣、翠幔金屏、青鳥丁寧等語，褻慢甚矣，豈真以神仙處之哉！

讀皇甫湜公安園池詩 湜也困公安不自閑窮年枉智思掎摭糞壤汙穢豈有臧古本只如此。一本不自閑下有其閑字，糞壤下有間字。方云：蜀本間字下有糞壤多字，豈字下有必字，有字下有否字。又一本無必字、否字，而臧字下有不臧字。謝本窮年作至閑，而注云：「近本增足八字，不知所校之字語淺俗，非韓文。」胡元任云，我有一池已下當爲別篇。恐或然也。〇今按：此詩多不可曉，當闕。或云世有石本，與今本同，知舊本脱誤明矣，謂有所增八字也。然諸公校本皆不言，不知果然否也。

路旁堠 堆堆或作拆拆；方從唐本作堠堠。皆非是。 遠水遠，方作大。

食曲河驛　悽然悽，或作凄。　羣烏烏，或作鳥。　乖角角，或作榷。　明義明，或作朋。○按：杜詩：「於公負明義。」作朋非是。　何用用，一作由。

過南陽　以慼慼，或作蹙。

瀧吏　昌樂瀧昌樂，諸本作樂昌。　方從杭、蜀本，云：歐公嘗以劉仲章言考歸舊本。　蔣穎叔云：李君謂樂昌五里有昌山有樂石，瀧在縣上五里。○今按：歐云縣名樂昌，瀧名昌樂也。　險惡不可狀唐本作樂昌險惡狀，非是。　譬官居京邑或作譬如官居北。　安問安，或作妄，非是。　數十諸本作十數，謝本作數十。　方從閣本作斗數，云：杭斗作斟，義同。　史記書盛山斗入海。斗，絶也。○今以地里考之，謝本爲是，此句與斗入海文意絶不同，方説誤矣。　有海海，或作水。　官無嫌此州固罪人所徙閣本作官嫌此州惡固人之所徙。　官當明時來事不待説委李本作官當來時事不待説而委。　瓨大瓨，音岡，見方言。　或作瓬，音倣。　周禮有瓬人，義不相近。　虱其諸本虱作風，方從唐、杭、荆公、洪、謝本，云：商君二十六篇，大抵以仁、義、禮、樂爲虱官，曰：「六虱成俗，兵必大敗。」洪引阮籍語，亦非也。　飾其躬飾，方作飭。　躬，或作姦。　巧姦敗羣倫杭、蜀本如此。　姦，或作躬。　羣，或作其。　方從閣本作倫羣，云：謂敗其倫、敗其羣也。　羣倫爲無義。○今按：倫羣不詞，而「冠乎羣倫」，乃揚子雲語，又正與其躬爲對，不可謂之無義。　雖惡雖，方作惟。　今據洪、謝本皆作雖，下注澄字，其義差長。　蓋再疊上句雖遠，又接下文而言也。　或作惟思，雖亦可通，然與下文不相應。　持自持，或作特。

贈別元十八協律或無別字。樊澤之謂：元十八集虛，見樂天集。桂林伯，裴行立也。久去去，或作絶。呰省閣、蜀本省作毀。方云：史記膠西王傳「遂爲無呰省」，蘇林謂：「爲無呰録，無所省録也。」○今按：蘇注不可曉，而顔注又以爲不省呰財，亦非是。禮記「不呰重器」，「毋呰金玉成器」，注皆云「思也」。詳此，蓋以呰爲思慮、計度之意云。憲憲方云：詩「顯顯令德」，禮作憲憲，校本多讀憲爲顯。詩又云「無然憲憲」，傳曰：「猶欣欣也。」已滿已，或作以。治惟或作時治。○子行行，方作往。何言何，或作無。○旬日或作兼旬。○又況或作況又。踰交踰，或作如。○足已已，或作以。方云：「足已而不學」，史記周亞夫賛語。南海方作海南。

初南食　惠文惠，或作車。山海經云：「鱟形如車。」文見玉篇。骨眼相負行李本云：骨，疑當作背。嶺表録異：「鱟，眼在背上，雌負雄而行。」蠔相方云：字書無蠔字。董彦遠云：五代潘崇徹敗王逵兵於蠔石。亦地名，不應不見字書，蓋闕誤。相營營，方作縈。調以以，或作之。幸無無，方作不。記之記，或作寄。

宿曾江口　問知知，或作之。○亡故亡，或作止。

答柳柳州食蝦蟇　水特水，或作未。方作水，云：言於水族之中特異其形貌也。○今按：此字此説皆不成文理，闕之可也。所校校，或作較，或作効。脊皴方作背脊。意不意，方作竟。○今按：文義作意爲是。下文又有竟不字，不應複出。海濱濱，方作渚。叵堪叵，或作頗。敗橈橈，或作撓。方云：字從木。左傳：「畏君之震，師徒橈敗。」杜云：「橈，曲也。」失平生好樂方從唐本如此。諸本或作平生性不樂，閣本作不好。○今按：此句未詳，當闕。

別趙子 於北北，或作此，非是。以紛以，或作各。一已已，方作以，又云：山谷、謝本以皆作已。今從黄、謝。理區區，或作驅。所務務，或作好，或作勝。

除官赴闕至江州寄鄂岳李大夫謂李程也。帆江帆，諸本作泛。方從蜀本，云：帆，去聲。少陵詩：「浦帆晨初發。」君鬢鬢，或作鬚。衰暮衰，或作歲。愚惷惷，或作戇。方云：愚惷，見禮記。漢書多用愚戇字。○今按：説文：「惷，丑江切。」「戇，陟絳切。」

南山有高樹贈李宗閔 衰衰方云：考張衡南都賦，當作蓑蓑。接其接，或作棲。衆鳥羣衆，方作羣。○今按：下有羣字，不當複出。所規規，或作窺。方云：規，圖也。東坡五禽言：「去年麥不熟，挾彈規我肉。」本公語也。足猜猜，或作疑。婆娑方云：閣本作婆婆。○今按：閣本之謬乃有如此之甚者，方雖不從，而亦不敢明言其謬也。舊聞傅安道説，親戚間嘗有校此書者，他本元作娑娑，先校者滅去其上一娑字，而別定作婆。此人不詳已本已作婆娑，而遽亦滅去娑字，別定爲婆，則遂無復娑字，而直爲「婆婆弄毛衣」矣。當時疑其戲語，今見方氏所據閣本乃如此，而云出於李左丞家，則知傅公之言爲不妄矣。不得得，或作能。

猛虎行諸本有贈李宗閔字。方從唐、閣、蔡、李本，云：蜀本總題誤以上題贈李宗閔四字綴猛虎行之上，後人因之，其實後詩不爲宗閔作也。猛虎行，樂府舊題，非前詩類也。新史又謂裴度薦李德裕，宗閔怨之，爲作此詩。薦事在大和三年，公没久矣，不可據。黄熊熊，或作能，奴來切，非是。下同。熊豹豹，方作羆。兩旁兩，方作四，注云：山谷本四作兩。○今按：門只有兩旁，作兩爲是。山谷蓋以唐本定也。烏鵲從噪之出逐猴入居諸本皆如此。方從舊監本、潮本倒此兩句，又從杭、蜀本以猴爲狖，云：狖，當音姬，傳本不考古音，多以「烏鵲從噪之」一語易置於其上，質之舊本，非也。狖，音壘，似猴而大。○今按：詩意蓋謂狐鳴、鵲噪於外，虎出逐之，猴乃入居其穴，而虎不知所歸耳。狐鳴、鵲噪能使虎出，而不能使之失其歸，猴既入穴，則又不待鵲噪而後虎失所歸也。方以舊本古韻之故，必欲倒此二句，而不顧其文理之不順，不若諸本之爲當也。又狖字本作蜼字，雖見於禮經，然非常有之物，亦不若作猴之爲明白而易知也。方意務爲艱澀，大抵如此，今皆不取。虎坐坐，或作兕，非是。况如如，或作知，非是。

校勘記

〔一〕孟東野失子　「孟」，原作「送」，據兩韓集改。
〔二〕娶祝融氏之女　「娶」，原作「安」，據韓集元本改。
〔三〕今人從奴　「奴」，原作「拏」，據舉正、兩韓集改。

〔四〕然以歐公感二子詩及東坡李太白畫像贊考之　「以」字原脱，據舉正及韓集元本補。

〔五〕子虛賦摐金鼓　「摐」，原作「樅」，據南圖本、李本、兩韓集改。

昌黎先生集考異卷第三

第七卷　古詩

雪後寄崔二十六　嵬嵬諸本作崔嵬。榛菅榛，或作蓁。硉兀兀，或作矹。挂壁挂，方作擐，云：擐，貫也，言貫於壁而不用也〔一〕。或作擐臂。

送僧澄觀　淮泗淮，方作雄，云：雄，言特出也。○今按：上句已有誇雄字，下句又云尤恢奇，則此作雄非是。恢奇恢，或作魁。方云：恢奇，字見史記公孫弘傳。此詩今本以恢爲魁，又惡上語意同，遂易雄爲淮，非也。○今按：作恢亦不免與上句相犯〔二〕，況淮之不可爲雄，自避上句誇雄字，初不專爲此邪。身罪罪，方作獻。今從謝校本。滿屋屋，或作目。方云：滿屋，字見世說。人言人，或作又。啄門啄，或作打。疑啄疑，或作如。頰權權，或作顴。方從杭、蜀本，云：選洛神賦、張敏俳文、高歡「長頭高權」，古字只作權。刊本不深考也。直難直，或作實。

山南鄭相公樊員外酬答爲詩云云。依賦十四韻以獻鄭餘慶、樊宗師也。　梁維維，或作惟。勦剛勦，音巢，輕捷也。方云：荆公、山谷本作勁。滎公方云：餘慶封滎陽郡公，作榮者非。烹斡斡，或作鮮，非是。坌坲坲，或作拂。方云：坲埻，塵起貌，字見楚詞九歎。劘拂方云：劘，音摩，子虛賦「上摩蘭蕙，下拂羽蓋」，文選作靡，賈山傳贊「自下劘上」，序傳只作摩，古摩、靡、劘字皆通用。揚子：「劘虎牙。」莊子：「喜則交頸相靡。」漢衡山王贊：「臣下漸靡使然。」今集韻摩下不出靡字，非也。拂，諸本作刜。華黑或作筆墨，非是。方云：華陽黑水惟梁州，謂山南所領也。刮老刮，或作乱。方云：字見劇秦文。疢掊疢，或作疾。方云：疢，勞也。如新去耵聹新，或作初。方云：耵聹，耳垢也，從目非。颸𩗓颸，或作颼，或作䬝。䬝，字書未見，或與颼同。綴此此，或作作。

奉和武相公鎮蜀時詠使宅韋太尉所養孔雀諸本無奉字。武元衡、韋皐也。

感春三首　翻翻或作翩翩，或作翩翻。○汝顔汝，或作去。○懸樹樹，或作對。顯劇劇，或作極。嚮跨跨，或作誇，非是。生者者，一作存。

早赴街西行香贈盧李盧汀、李逢吉。　御溝或作溝水。寂寥寥，或作寞。

晚寄張十八助教周郎博士或無郎字。張籍、周況也。　日薄薄，或作落。方云：薄，迫也。國語：「今會日薄矣，恐事之不集。」○今詳語勢，但如白樂天所謂「旌旗無光日色薄」耳，方説非是。歲將淹方云：淹，當作殗，殘也。淹延之義不可通用。今人書殁作没，殂作徂，多互用。李白詩「東溪卜築歲將淹」，又「遠行歲已淹」，字皆訛。○今按：古字通用者多，不知方何以知此獨不可通用也。

題張十八所居　泥溝　溝濁諸本上句作濁溝，下句作泥濁。　蛙讙讙，或作喧。

奉酬盧給事雲夫曲江荷花行　秋波方作波秋。　紅雲雲，或作蕖。　方云：紅雲、明鏡皆喻也。公三堂詩「水上覓紅雲」，與此同義。　驪目驪，方從杭、蜀本作離，云：光映骨而睡離目，言讀盧詩之快也。○今按：諸本蓋用莊子「取驪龍之珠者必遭其睡」之語，以目言之，則又不止其頷下之珠矣。方説不成文理，況上文初無欲睡之意邪！　三百百，或作十。　水平水下，方有不字，非是。　散仙方云：此下或有無字，分兩句讀，至答字句絶。　又本或無鸞鳳二字。　皆非是。

奉和錢七兄曹長盆池所植錢徽。　今生方作生今，非是。　誰言誰，或作詎。

記夢　角與根方云：按國語「辰角見而雨畢，天根見而水涸」注：「辰角，大星，蒼龍之角；天根，亢氐之間。　所謂角與根也。」陬維今按：上句言角、根，即辰、卯二位，二十八宿所起也。此句言陬維，通謂寅、申、巳、亥之四隅也。挈此四隅，則周乎十二辰、二十八宿之位矣。淮南子天文訓云「西南爲背陽之維，東南爲常羊之維，西北爲蹏通之維」，「東北爲報德之維」。又地形訓云「河水出崑崙東北陬」，「赤水出其東南陬」，「洋水出其西北陬」。亦邊隅之名也。百二十刻方云：董彦遠云，世間只百刻，百二十刻，以星紀言也。○今按：星紀之説，未詳其旨。但漢哀帝嘗用夏賀良説，漏刻以百二十爲度矣。坡陀方云：與送惠師詩陂陀字同，見楚詞招魂。然唐人多通用坡陀字。又郭璞子虚賦注音婆馳，故蜀本作婆陀。咀噍噍，或作嚼。方云：字見大人賦，與嚼音義通。我能屈曲諸本能多作寧。方從閣、杭、蜀本。○今按：此言我若能屈曲從人，則自居世間徇流俗矣，安能從女居山間，而又不免於屈曲乎？猶柳下惠所云「枉道而事人，何必去父母之邦」云爾。方本爲是。神山山，或作仙，非是。

南内朝賀歸 蔽秋蔽，或作庇。内衙或作衙内，非是。曉凄曉，或作晚。自提自，或作相。間蒿間，或作問，非是。

朝歸

雜詩樊本作四首。方云：以義考之，「鵲鳴聲楂楂」以下當爲別篇。宇間間，或作聞，非是。持身持，或作將。能忍方作忍長，非是。歲晚或作晚歲。○代之之，或作茨。○覓羣覓，或作求。喑蟬喑，或作瘖。方云：本草陶隱居曰：啞蟬，不能鳴者，雌蟬也。

讀東方朔雜事 嚴嚴方云：古巖、嚴通。詩「維石巖巖」，陸云「本亦作嚴」是也。此云「下維萬仙家」，似當以巖巖爲義。噫欠噫，烏界切。欠，或作吹。方云：聚氣爲噫，張口爲欠。說文：「欠，張口氣牾也。」宋孟顗以亢聲大欠被劾。舊本一作噫歆。噫歆，謦神聲也，見鄭氏禮注，音於其切者，非。輘輘輘，或作較。方云：輘字見王褒蕭賦。又晉李顒雷賦：「鼓訇輘之逸韻。」流漂八維流漂，或作飄流。維，或作紘。欲不布露言外口實諠譁或作欲不布露之言外口實譁。言，或作宫。齎嗟齎，或作咨。嗟，或作咨。凌蒼凌，或作入。○今按：此詩亦必有爲而作。

譴瘧鬼 歐泄歐，或作嘔。泄，或作洩。方云：嚴助傳：「夏時歐泄，霍乱之病相屬。」字正作歐泄。

未沫沫，或作昧，或作法。方云：沫，已也。離騷經：「芬至今猶未沫。」又選劉孝標書：「音徽未沫。」

示兒　爲華爲，方作無，非是。登牢登，方作祭，云：中堂以供時祀，而前榮以饌親賓也。○今按：公作袁氏先廟碑，有「親登邊鉶」之語，與登牢蔬語意正同，不必須作祭字乃爲時祀也。所於所，或作依；於，或作依。皆非是。婁絡婁，或作縷。方云：婁，音縷。莊子「有卷婁者」注：「卷婁，猶拘攣也。」澗谷澗，或作磵。方云：當作磵。郭璞江賦「幽磵積阻」，李善曰：「磵，與澗同。」朝裾裾，或作車。無非方作非無，非是。峩冠峩，或作巍。莫與與，或作若，曾本作先。嗟我或作我如。○今按：作我如，即與下文「安能如此」及卒章「無迷厥初」者相應，但作嗟我則語勢差健，而義亦自通。蓋我不偹飾者，非謙詞，乃謂向使我不偹飾，則不能致此爵位居室交遊之盛耳。然則我如者，乃嗟我之注脚，故今雖只從方本，而我如二字亦讀者所當知也。但此篇所誇，乃感二鳥、符讀書之成效極致，而上宰相書所謂行道憂世者，則已不復言矣。其本心何如哉！

庭楸　庭楸楸，或作樹。方云：以題語考之，當作楸。西偏偏，或作邊。東邊邊，或作偏。央間間，或作焉。方云：此詩二連字、三間字，諸本刊鈎聯作鈎纏，中央間作中央焉，以求避重韻，誤矣。頑鈍鈍，或作滯。可顧顧，方作領；或作得。皆非是。

翫月喜張十八員外以王六祕書至以，或作與。方云：以、與義通，已見前。王六，王建也。○今按：以字，或取能左右之之義。

和李相公攝事南郊覽物興懷呈一二知舊　倦塵倦，或作卷。顛瞑方云：瞑，從目，古眠字。徐鍇曰，今俗别作眠，非也。莊子曰：「顛冥於富貴之地。」司馬彪曰：冥，音眠。去公去，方作云，非是。吐捉捉，或作握。方云：字本史記。今人用吐握，本韓詩外傳也。

奉和裴僕射相公假山假，方作爲。裴，謂裴度。　枉語枉，或作往。勾我勾，或作與。霍期期，或作奇。方云：選謝靈運詩：「遊當羅浮行，息必廬霍期。」明朝朝，或作時。

與張十八同效阮步兵一日復一夕夕，或作日。方云：阮嗣宗詠懷詩近百篇，其一六韻一首云：「一日復一夕，一朝復一朝。顔色改平常，精神自損消。」其一七韻一首云：「一日復一朝，一昏復一晨。容色改平常，精魂自飄淪。」公詩效其體，而又繹之曰「一日復一日，一朝復一朝」，然其題實自効「一日復一夕」始也。後人以詩語與題不相應，併易作一日字，實非也。　得蹄蹄，或作跡。前人人，或作日。

送諸葛覺往隨州讀書李繁時爲隨州刺史。

南溪始泛三首　山下或作溪上。幽事隨去多或作幽尋事隨去。梢梢或作稍稍。方云：廣雅：「區區，梢梢，小也。」懔無懔，或作諒。詳下對愴字，明是懔也。高蹇蹇，或作謇。○清駛駛，或作駃。洪云作駃誤。姑兩存之。籠中籠，方作籬。○輿致輿，或作與。安可可，方作事，非是。拕舟拕，方作拖。○今按：漢書「拕舟而入水」，注云：「曳也，音它。」峻瀨方作瀨峻。柳帶　松冠或作帶柳冠松。方從閣本作帶柳松冠，云：此吉日辰良體也。○今按：「亭亭帶柳沙」無義，且此兩句用對偶亦何害。方信閣本，故曲爲之説如此。或本亦無義，皆非是。

第八卷

聯句

方云：諸聯句多元和初作。

城南聯句方云：蜀本作一百五十韻，今本因之。然此詩實多三韻，不可以爲據。　瑣碎瑣，或作鑠，非是。紛拄紛，或作絲，或作紅。摧扤方云：扤，動也，字不當從木。古樂府：「不見山顛樹，摧扤下爲薪。」囚飛　盜啅方云：潮本作蟲飛雀啅，此詩一體六語，皆賦物而不言其名，舊本並同上。駭牛躅駭，方作駴，云：駴，音俟。説文：「馬行仡仡也。」詩「儦儦俟俟」，韓詩作「駓駓騃騃」，故西京賦云：「羣獸駓騃。」此當從俟音，則於躅且鳴義爲合也。○今按：方説駭、躅二字，於牛義無取。疑當從蜀本作駭，而躅當作觸，乃於牛有意，又有上字相偶。然無所據，姑附於此。　菱翻翻，或作繁。　窰煙窰，或作瑤。　痒肌痒，或作瘁。方説見鬪雞篇。　檐瓦檐，或作簷。　澀旋皮卷臠苦開腹彭亨孫伯野謂此語與上三語意屬。一曰：澀旋，乃旋果實之澀者；苦開，乃破瓜瓠之苦者也。方言謂環而鐫之爲旋。卷臠，見莊子。彭亨，方作膨脝。又云：古字只作彭亨，毛公詩傳「炰烋，猶彭亨」是也。　鞁妖藤索絣鞁妖，或作妖鞁。絣，或作帡，或作拼，方作併，云：今併字不入庚韻，故學者疑之。○今按：鞁，廣韻云：「蘇合切，小兒履也。」今猶以爲淺面疏屨之名。但用之於此句似無意義，疑當作扱，楚洽切，收也，取也，獲也。妖，謂狐狸之屬，能爲妖媚者也。絣，當從糸，獄中以繩索急縛罪人之名也，言捕取妖狐而以藤索縛之也。四三或作三四。伊威或作蛜蝛。方云：詩釋文曰：「或旁加虫，後人增也。」袿熏霏霏在綦跡微微呈袿，或作桂；綦，或作棊。皆非是。方云：袿，音圭，婦人上服也。古樂府：「衣上香猶在，握裏書未滅。」班倢伃賦：「俯視兮丹墀，思君兮履綦。」綦，履下飾也。呈，或作星；在，或作炷。皆非是。寶唾拾未盡玉啼墮猶鎗唾，一作碢。啼，方作題，云：蜀都賦：「玉題相輝。」題，椽上飾也，故曰墮猶鎗。鎗，墮聲，本一作琤。或云：碢，柱礩也。與玉題意相類。洪云：此以咳唾喻珠璣，以啼泣喻玉筯也。唾，又作硾。啼，又作揥。○今按：上下文意皆婦女事，洪説爲是。若作題，即上句當作碢，然非文意。又礩乃柱礎，亦非可拾之物也。李杜下對雷車，未詳其説。玄造玄，或作元。湍瀾瀾，或作漳。歡雜歡，方作勸。雜，或作新。方從閣本，云：此淳于髠所謂「前有墮珥，後有遺簪」是也。○今按：方意勸爲勸酒之意，然此皆形容詩語之工，不當作勸，而作歡字，則對價字爲尤切。江調江，或作紅。方云：選劉休玄詩「悲發江南調」，謝靈運詩「采菱調易急，江南歌不緩」，李善皆引古江南詞「江南可採蓮」以釋之。東野本集亦喜用江調字。菱蕤綴藍瑛方云：菱蕤，青花圓實，亦名玉竹。藍瑛，藍田之玉也。淅玉方云：字從折，之舌切。魏文帝嘲王朗曰：「不能效君昔在會稽折粇米。」古淅作折，其從析者，星歷切。孟子所謂「接淅而行」是也。本多作淅。蹙駛或作缺蹙，或作蹙缺。空瞠瞠，或作蹚。○今按：莊子：「瞠若乎其後。」瞠，丑庚切，直視也。言坐久而無所見也。　蘱巧蘱，或作叢。方云：唐人多書叢作蘱，楚詞及舊本韓、柳集皆然，今本尚間見一二，姑存之。　誰復或作復誰。　聯漢聯，或作連。　盡從盡，或作書。此句未詳。　規瀛規，或作窺。方云：規，度也。東方朔傳：「規以爲苑。」瀟碧　湖嵌湖，本作胡。方云：湖嵌，石也。瀟碧，竹也。　蔔苜苜，或作首。　大漠漠，或作漢，非是。　楓櫧櫧，或作儲。　膏理理，或作埋。方云：此以嘉植言也。周禮「其植物宜膏物」，鄭注云：「謂楊柳之屬，理致白如膏。」　巧紐紐，或作細。　善攢善，或作羞。　葩蘖蘖，方作孽，非是。　登閎方云：字見揚雄校獵賦。蜀本登作⿱穴登，竹盲切。⿱穴登宏，屋響也。　牣鱗牣，方作仞，云：相如賦：「充仞其中。」仞，滿也，古字作仞，作物非也。○今按：詩及孟子皆作牣，方說非是。　鵠鷇諸本鷇作彀。方云：鷇，卵也。納涼聯句「盤肴饋禽鷇」，今本亦誤。　媌娙媌，或作媖。　貊戎　鸚鴒鸚，或作鸜。方云：戎、貊、鸚鵡、鸜鴒，四物也，或本非是。　裂腦擒摚振諸本腦作⿰月旋，擒作相，摚作盪，又作湯。方從蜀本，云：⿰月旋，腦字之或體。振，挨也。盪振，踢挨之義，監本作摚振。摚，距也，義亦通。而擒作相則非。○今按：⿰月旋，別本作脇，疑傳寫之誤。盪，當作摚。　梟鵅鵅，或作鴿。方云：鵅，音格，今鵂鶹也。○今按：鵅音柯額切，爾雅：「鵅，鵋鶀。」今鵂鶹也。其音各者，烏鸔，水鳥也。　敲⿰風黃⿰風黃，或作⿰風皇。說已見上。　祥鵬方云：鵻鵬，鳳也。諸本多訛作鵬。　掘雲雲，或作靈。　蜿垣垣，或作⿰虫亘。方云：謂蜿蜒於墻屋之間，作⿰虫亘非。　韶曙曙，或作署。　賢朋朋，方作明。　碎纈或作醉結。方從閣本，云：曾本亦作碎。唐小說：裴晉公午橋有文杏百株，立碎錦坊。少陵詩：「內藥繁於纈。」杜牧之詩：「花塢團宮纈。」或云當作醉纈，李長吉詩：「醉纈拋紅網。」

蹙繩蹙，或作蹴。覷娥覷，或作覰。擷璣擷，或作拮〔三〕。天年天，或作夭。驅明明，或作昵。方云：樊本作驅柅。柅，止輪木也。時景元校作驅朋。〇今按：驅馳遲明而出太學也，蓋作此時，公方爲博士。風乙或作乙乙，非是。晴蜻或作蜻晴，非是。礰礰方云：字書無礰字。按：鹽鐵論：「器多堅礰。」又皇甫謐釋勸篇：「龍潛九淵，礰然執高。」何令升晉書音義：「礰，口萌切。」不知字書何以逸之也。

會合　未死死，或作謝。析言析，或作折。犖嵒嵒，或作嵓。方云：音學，山多大石也。忽爾爾，或作示，非是。歸歟歟，或作還。清栱栱，或作拱。宵魄魄，方作魂。〇今按：宵魄謂月，方本非。闟溽諸本此四句下無愈字，方從唐、蜀本校增。洪云：退之家在洛陽，嘗謫陽山，今爲博士，則唐本爲是。聽悚方云：別本悚一作竦，嵇康琴賦：「竦衆聽而駭神。」荒茸荒，或作芒。方云：此漢敘傳所謂「夷險芟荒」是也，芒字非。洶溶洶，或作汹，音凶。君胡胡，或作乎，非是。

鬭雞　顛盛方云：顛，讀爲闐，見禮記。爲鐓鐓，或作鍛。漢書：「鉤戟長鍛。」〇今按：鍛，廣韻「所拜切」，於四聲不協。然鐓乃刃下之平底者，與距不相似，亦未詳其說也。噤瘮瘮，或作瘁，或作瘴，或作瘮。方從杭本，云：瘮，所錦切，寒病也。義訓：「寒謂之瘮㾓。」皮日休詩：「枕下聞澎湃，肌上生瘮㾓。」韓渥詩：「噤瘮餘寒酒半醒。」姤腸腸，方作腹。生敵敵，或作欺。毒手　神槌槌，或作椎，或作鎚。方云：謝本云，貞元本毒手作尊拳。尊拳，劉伶語也。邵公濟云：善本神槌作袖槌，於史記本文爲合。然晉祖納曰：假有神錐，必有神槌。神槌、尊拳，豈皆借用字邪？○今按：毒手是李陽本事中語，而神槌字則朱亥事中無之，故邵欲改神作袖以從本事，然又屬對不親切，故方又欲從謝本，借劉伶之尊拳以附李陽，借祖納之神槌以附朱亥，則兩句皆爲兼用兩事而不偏枯耳。然亦未敢遽改也。今以其説未明，復爲詳説如此，以俟考焉。事爪事，或作爭。方從唐本，云：館本作傳，李校同，樊本作剚，皆側吏切。漢蒯通傳：「事刃公之腹中。」考工記：「菑蚤不齵，則輪雖敝不匡。」鄭讀蚤爲爪，謂輻入牙中者。菑，聲如胾。泰山、平原人謂樹立物爲菑。公蓋全用此二字也。管子：「傳戟十萬。」又：「春有以剚耜。」事、剚、菑、傳，古音義同。閣、杭、蜀本皆作爭，其訛久矣。一噴一醒然樊云：雖用水噴，神氣如醒〔四〕。再接再礪乃或作再礪乃鍛乃。礪，又或作勵，皆非是。樊曰：接，猶接戰也。「爭觀雲填道，助呌波翻海」，則公詩之豪；「一噴一醒然，再接再礪乃」，則東野工處。翼搨搨，或作榻。方云：字當從手。選陳琳檄「垂頭搨翼，莫所憑恃」，五臣注：搨，斂也，土獵切。此當以摧搨爲義，音他蠟切。有可有，或作亦，或作言，皆非是〔五〕。

納涼蚴虬虬，或作蚪。洗矣洗，或作浩。方云：古洗與洒通。史記「觀范睢之見者，羣臣莫不洒然變色易容。」徐廣：「洗，先典切。」洗矣，猶洗然也。嘉願嘉，或作佳，或作喜。方云：公後詩有「嘉願還中州」，佳、喜，皆字訛也。星星或作醒醒。方云：劉夢得詩：「自羞不是高陽侶，一夜星星騎馬回。」唐人星、醒通用。劇賫劇，方作極。長篓篓，或作箠。青熒青，或作清。大壁壁，或作壁。古畫畫，或作書。珝寒門方云：杭本作溯，蜀本作珝，或作玒。溯，今馮字，徒涉也。史記武紀「所謂寒門者，谷口也」，顔曰：「今治谷，去甘泉八十里，盛夏凜然。」此納凉詩也，溯字自當。又按甘泉賦「登椽欒而玒天門」，玒，音貢，至也。諸校本多用此定。柳文玒亦作珝。又淮南子「北方北極之山曰寒門」，故離騷「逴絶垠乎寒門」。若以珝言，則寒門當用此義，然前義爲優。○今按：方後説是。蓋谷口既非絶境，未爲極寒之地，又不言有水，則徒涉字亦無理，當改作玒。禽㲉㲉，或作殼，説已見上。加讋加，或作皆。

朽机机，一作瓦。

秋雨 離合離，或作雜。白練練，或作龍。祥禾禾，方作木，非是。伏潤伏，或作服。迫迮迮，或作窄。方云：義訓：迫迮，急也。字見鴇羽詩箋。楥菊楥，或作園。循帶循，或作脩。方云：李陵傳「數數自循其刀環」，又「自循其髮」，顔注：「謂摩順也。」梁范靜妻詩：「循帶易緩愁難却；心之憂矣亘銷鑠。」憂魚魚，或作虞，非是。可畏方作不思，非是。疏決疏決，謂禹決江疏河。疏，方作踈，蓋俗體也。卜晴晴，或作情。氛醨氛，或作氣。離簁方云：離，今本從竹，非。古樂府：「竹竿何嫋嫋，魚尾何離簁。」

征蜀 日王日，或作曰。方云：唐本、閣本皆作日，此語左傳、漢史屢見，入詩則自庾信始，「日余濫推轂，民願始天從」是也。鐵刃刃，或作刀，方作力。湏坱湏，或作傾。血漂漂，或作飄。⿰黑瓜⿰舌瓜⿰黑瓜，方作⿰黑殳，云：苦果切，擊也。又云：字書無⿰黑瓜字。○今按：諸公所校本，⿰黑瓜皆音蒲八切，⿰舌瓜，格八切，與鬇鬡皆疊韻。精察精，或作幽。驚貀方云：蜀本音女滑切，字當從豸，猴屬；今本多從犭，從簡也。狂勷方云：狂，當作狅，音匡，本亦一作劻。劻勷，遽也，故距躟爲行遽，髼鬤爲髮亂，皆以匡音爲正。○今按：本或作狂獽，楚詞作㑌儴。捷竄捷，或作健。水漉漉，或作麗。方云：小網也。○今按：上句鈎字，當讀如鈎致之鈎。塡隍隍，或作湟。○今按：隍、湟通用。易「城復于隍」，一作湟。傶傜傶，音烏歸切，又作傶。方云：蜀本作傶，烏皆切，當作崴，傶字不見字書。埤蒼：「葳褱，不平也。」吴都賦「隱賑崴褱」，五臣曰：排積也。於塡隍之義亦合。排郁排，或作非。冤趴方云：蜀本五刮切，趴與跀同。樊本只作跀，今趴字不入刮音，非。朝乘方云：乘，猶乘塞、乘障之乘，守也。或作來，非是。刁暗方云：刁，刁斗也。晝炊夜擊，諸本多誤。又此二語諸本多綴於厚麩秳之下，古本乃綴於息澎汃之下，今從古本。蓋此詩自「旆亡多空杠」以下，每人皆五韻，亦可考也。○今按：刁斗之刁與刀劍之刀，古書蓋一字，但以音別之耳。麩秳秳，或作秮，一作秼。方云：秳，户括切。説文曰：「舂粟不漬也。」今本多作秮。秮與稭一物，不當再出。室宴宴，或作晏。同宿危棧棧，方作梔，本又作軛。○今按：上言朝行，即梔字無理，當作棧。曠朗朗，或作亮。方云：張協七命：「野曠朗而無塵。」潘岳寡婦賦：「愬空宇兮曠朗。」叫相喑喑，或作音。本或作相叫吟。吟，去聲讀，趙德麟本同。莎栅河南谷名。

雨中寄孟刑部幾道孟簡。　淹轍淹，或作無。　遠殊遠，或作還。　商聽商，或作高，非是。　悶懷悶，或作閟，非是。　爬疥爬，或作爮。方云：今字書爮，匏也，無爬音。然文選「把搔無已」，把，蒲庖切。則知唐字今不出者多。　今君君，或作春。　明誡誡，或作戒。方云：説文：「誡，敕也。」「戒，警也。」漢谷永傳：「猶嚴父之明誡。」後漢西域傳：「釁國滅土，經有明誡。」此語當用誡字，至下文伸誡，則當用戒字。○今按：謝本下文實作申戒。　拾纖拾，或作捨，非是。　益多或作從益。　遐路遐，或作霞。　申戒申，方作伸。戒，説見上。　勘讀勘，方作甚。

遠遊　取之取，或作前。　棲浪棲，或作捷。　村飲飲，或作館。方云：東野幽居詩有「嘉木偶良酌，芳陰庇清彈」，館字非也。　憶舊方作意憶，非是。　新得新，方作忻，非是。　大漚漚，或作浮。　魍魅魅，或作魎。　懷糈方云：語見離騷，祭神米也。蜀本作精，非是。　豈肯肯，方作有。　弗可弗，或作不。　貉謡貉，或作貊。　猥欸欸，或作誶。方從杭、蜀本，云：蜀音烏來切，楚詞九章：「欸秋冬之緒風。」又揚子：「始皇方獵六國而翦牙欸。」王逸曰：「欸，嘆也。」方言曰：「欸，然也。」南楚凡言然曰欸。」元次山有欸乃曲，亦音靄。○今按：方説是也。欸，説文亞改切，又烏來切，譍也。史記項羽紀作唉，亦音烏來反，説文同。黃魯直讀欸乃爲襖靄，誤矣。今或寫作歎字，亦誤。乃却當音襖也。　咿嚘方云：字書無嚘字，公寄三學士用咿嚘字，征蜀聯句用咿呦字，考之字書，咿嚘爲正。　蜚輶蜚，或作飛。　仁氣仁，或作和。方云：仁氣，見禮記。　無旹旹，或作肯。方云：旹，古時字，作肯誤也。　君去方作君歸，或作君興。

晚秋郾城夜會聯句方云：杭、蜀本題只此。洪曰：今本有上王中丞盧院長者非。正封上中丞方從古本如此。諸本無上中丞三字。愈奉院長方從古本如此。諸本無奉院長三字。末暮末，或作未。方云：顔延年詩：「幼壯困孤介，末暮謝幽貞。」劍戟或作鉅鋌。間使間，或作問。方云：間使，漢書蒯通、張騫傳屢見。電矛矛，或作刀。千槍槍，或作鎗。方云：蒼頡篇曰「刈木兩頭鋭者」是也，槍字爲正。萬笮笮，或作筰。方云：笮，當從竹，音昨。説文曰「筊也」，西南夷以竹索爲橋，尋以渡水是也。少陵詩有「連笮動嫋娜」，字亦作笮。火鑠方云：校本一云鑠當作爍。憎鳥憎，或作訾。失依失，或作去。月黑黑，或作暗。策勳封龍頟歸騎獲麟脚獲，方作獵，云：龍頟，平原縣名。劉氏音頟，崔浩音洛。此詩用魏闕、秦關、龍頟、麟脚，皆借對也。騎，一作獸。麟脚，見子虛賦：「射麋脚麟。」韋昭曰：「持引其脚也。」家語謂魯西狩，子鉏商獲麟，折其前足，載以歸。豈用此邪？○今按：歸獸，用書序語，對策勳爲切，但當解作狩義耳。兜牟牟，或作鍪。方云：古通用。安存或作存安。下究究，或作救。方云：鶡冠子：「上情不下究。」淮南子：「號令不能下究。」漢燕王旦傳：「主恩不得下究。」作究爲是。愜教愜，方作怯。顯嚴顯，或作深。方云：顯嚴，見呂氏春秋。宫娃宫，或作官，非是。勺藥方云：勺藥，五味之和也。子虛賦及文選四見，皆音酌畧。姚令威曰：後語有「仍祈却老藥」，此當異讀。謂登謂，或作諭。莞蒻莞，或作菅。隕穫隕，或作殞。方云：見儒行篇。熏灼熏，或作薰。方云：詩「憂心如熏」，毛傳：「熏，灼也。」漢谷永傳、潘岳西征賦皆用，無作薰者。簫勺諸本簫作蕭。方云：漢房中歌「簫勺羣慝」，晉灼曰：「簫，舜樂；勺，周樂。言以樂征伐也。」顔師古曰：教化行，則逆亂之徒交歡也。馬法長懸格馬法，謂司馬法，字見揚雄美新。懸，或作廢。收新收，或作牧。京索方云：漢書索皆音山客切，惟文選功臣贊有桑各一音。劣螢劣，或作劣。存糟存，方作等。

第九卷　律詩凡八十五首

題楚昭王廟　丘墳墳，或作園。

宿龍宫灘　一半是思鄉或作秪是説家鄉。

叉魚招張功曹或無下四字。　刃下刃，或作手。憐錦憐，或作疑。舷平舷，方作船。事已事，或作志。拂棹拂，或作廻。

李員外寄紙筆方云：李伯康也。伯康以貞元十九年爲郴州刺史。權德輿集有墓誌。○今按：後卷祭文「獲紙筆之雙貿」，即謂此事，「投叉魚之短韻」，亦指前篇也。

次同冠峽同，或作弄，或作巫。　天晴晴，或作清。

答張十一功曹唐本有張署寄公詩。閑開閑，或作初。

郴州祈雨

湘中酬張十一

郴口又贈二首　雪颭雪，或作雲。沿涯涯，或作崖。

題木居士二首

晚泊江口　那聞聞，或作能。

湘中　魚踊踊，或作躍。滿盤盤，或作船。叩舷舷，或作船。

別盈上人方云：柳子厚集有誠盈，住衡山中院。

喜雪獻裴尚書或無下四字。如篵篵，或作篩。半入半，或作亂。未覺覺，或作見。爲祥爲，或作驗。布澤布，或作帀。方云：以上句爲祥言之，布澤爲當。酒換換，或作援。晚澌晚，或作曉。病馬馬，或作鳥。

春雪　看雪看，或作觀。坐獨或作獨坐。密節密，或作半。夜色色，或作月。

聞梨花發贈劉師命　桃蹊蹊，或作溪。

春雪間早梅間，或作映。從將或作將從。茲辰辰，或作晨。輕微微，或作嚴。

早春雪中聞鶯諸本或在入關詠馬之後。

梨花下贈劉師命方云：蘇魏公云當録於古詩中。

和歸工部送僧約工部，歸登也。方云：約，荆州人，詳見劉夢得集。更得得，或作向。

入關詠馬　妄一妄，或作忘。

木芙蓉　寒露露，方作路，非是。水間間，或作邊，非是。採江官渡晚搴木古祠空方從杭、蜀、館本，官渡作秋節，祠作辭。又云：閣本作「秋江官渡晚，寒木古祠空」。洪本校從「採江官渡晚，搴木古祠空」。按：古詩有「涉江採芙蓉」，正謂荷花。又九歌「搴芙蓉兮木末」，則謂搴之非其地也。此以二花對喻，謂將採之江，則秋節已晚；將搴之木，則古辭所喻爲無益。蓋詩人强彼弱此意也。○今按：方説非是。蓋此詩言荷花與木芙蓉生不同處，而色皆美，名又同，故以採江、搴木二事相對言其生處。而九歌者祭神之辭，故曰古祠也。如此，則此詩從頭至此六句意皆聯屬，然嘉祐杭本已如此，非洪意定也。願得或作須勸。

題張十一旅舍三詠　絳英絳，或作細。渴死渴，或作暍。倒復復，或作後。若欲若，或作君。

峽石西泉

梁國惠康公主挽歌梁，或作涼。方云：考之史，當作梁。○今按：本或有詞字，羊士諤集有梁國惠康公主挽歌詞二首，注云：「時詔令百官進詩。」　竟淪竟，或作競，非是。

和崔舍人詠月崔輩也。閣本無此篇。　象泠泠，或作零。

詠雪　只見只，或作秖。　慢有慢，或作漫。　發本或作奔發。　裝睥裝，或作粧。　裹苺裹，或作覆。　壓野壓，或作潤。　蕩瀁瀁，或作漾。　挫抑抑，或作折。　方云：公時以柳澗事下遷，疑寄意於時宰也。○今按：此詩無歲月，方説恐未必然。　誤雞誤，或作悟。　岸類或作堰似。　蛇攪攪，或作擾。　離金離，或作雜。　硉矹矹，或作机。　陪鰓方云：陪鰓，怒張貌，字見潘岳射雉賦。　樊、李校作毰毸。

酬王二十舍人方云：王涯爲舍人，見王適墓誌，本傳略之。今作仲舒，非。○今按：王二十涯，亦見諱行録。　平庭或作庭平。　詩從從，或作仙。

送侯喜　長官方作官長，非是。

學諸進士作精衛銜石填海

奉酬振武胡十二丈大夫諸本無奉字。　戎旆暫停辭社樹諸本作弩矢前驅煩縣令。　方從閣本，云：趙璘因話録曰：胡証建節赴振武，過河中，時趙宗儒爲帥，証持刺稱百姓，入謁獻詩曰：「詩書入京國，旌節過鄉關。」若用今語，亦非胡公敬桑梓之意。　閣本多出於公晚歲所定。○今按：方意甚善，但其言閣本爲晚年所定者爲無據耳。

奉和庫部盧四兄盧汀也。　建羽建，或作樹。　難身或作身難。

寒食直歸遇雨　半朝朝，或作晴。

送李六協律歸荆南

題百葉桃花　窺窗窺，方作歸，或作臨，今從嘉祐杭本。

春雪

戲題牡丹　正經正，方作近。

盆池五首　方口方，一作枋。方云：唐屬衛州，桓温敗枋頭，乃其地也。公此詩與送李愿詩只作方口。○今按：公盤谷詩因及方口、燕川，則二處皆盤谷旁近之小地名耳。盤谷在孟州濟原縣，孟州東過懷州乃至衛州，而濟原又在孟州西北四十里，則遊盤谷者安得至衛州之枋頭乎？方説非是。○有雨或作雨灑。○惟有惟，方作爲。○聖得聖，或作聽。○明月明，或作乘。

芍藥　情驚情，或作忽。

奉和虢州劉給事使君三堂新題二十一詠或無奉新題三字。方云：劉伯芻以元和八年出刺虢州，白樂天有制詞。

流水　只言只，或作秖。

竹溪　流慢慢，或作漫。岸篠篠，或作竹。

北湖　準擬準，或作准，俗字。

稻畦　罫布罫，或作卦。布，或作圃。方云：罫，博局上方目也，字見選博弈論。○今按：博局，當云棊局，桓譚新論：「守邊隅，趍作罫，以自生於小地。」

花源源，或作原。　慎莫莫，或作勿。

方橋　此作方云：白樂天、皮日休詩皆自注曰：音佐。○今按：廣韻：「作，造也，將祚切。」而荀子「肉腐出蟲，魚枯生蠹，貪利忘身，禍災乃作」，及廉范五袴之謠，皆已爲此音矣。然讀如佐者，又將祚切之訛，而世俗所用從人從故，而切爲將祚者，又字之俗體也。

遊城南十六首方云：十六詩非一日作，編者類而次之。

楸樹　可煩可，或作何。　傍人傍，或作遊。

風折花枝　只遥只，或作可。　故揀揀，或作折。　折贈折，或作將。

贈同遊諸本無此篇，方云：杭、蜀本皆闕，唯唐本有之，且屬在此〔六〕。

晚雨　廉纖晚雨方從蜀本作晚雨廉纖，於律不諧，當從諸本。

把酒　對南對，或作謝。

楸樹　貌取貌，或作邈。方云：此猶少陵「貌得山僧及童子」之貌。○今按：貌，音邈。

遣興遣，或作遠。

第十卷　律詩凡八十首　諸本作七十九首。方從蜀本。

送李尚書赴襄陽李遜　屬郡郡，或作部。

和席八席夔。　謀猷謀，或作謨。方云：李涪刊誤曰：舊作嘉謨，今作嘉謀，由沈浮二音通也。　懷酒懷，或作怯。　倚玉玉，或作市。

和武相公早春聞鶯

大安池闕。

遊太平公主山莊諸本無此題，方從唐本，大安池下增闕字，而别出此題，云：晁本、李、謝本所校並同。　押城押，或作壓。　多少少，或作處。

晚春　將歸方作歸將，非是。　慢緑慢，或作漫。

大行皇太后挽歌方云：此憲宗母莊憲皇后也。樊本云：諸本脱太字，非是。　虚中虚，或作空。

報曉或作曉暮。風助助，方作動，非是。

廣宣上人頻見過　三百百，或作十。久慙慙，方作爲。

閑遊　故穿故，或作亂。方云：少陵詩「潛龍故起雲」，「江上燕子故來頻」，皆用此字。再到到，或作至。經旬經，或作兼。林烏烏，或作鶯。

酬馬侍郎寄酒馬摠。

和侯協律詠筍侯喜。覺煩煩，或作繁。方云：公律詩不重用韻。張王方云：莊子所謂「王長其間」是也，並去聲讀。公與劉夢得蒲萄詩皆用張王字。避逐逐，方作世。萌牙牙，或作芽。盤飧飧，或作餐。方云：「盤飧寘璧」，左氏語。料揀料，或作聊。方云：料，音聊，量也。張湛列子序：「且將料簡世所希有者。〔七〕」慰我我，或作意。日暾日，或作欲。方云：楚詞九嘆：「日暾暾其西舍。」亦可以日入言也。

過鴻溝

送張侍郎方云：張賈時自兵侍爲華州。閣本作侍御，非。

贈刑部馬侍郎馬總時副晉公東征。中臺或作臺中，非是。

奉和裴相公女几山下作或無奉字。雲霞雜方雲作紅，雜作集。○今按對偶及文勢，當從諸本。

鄆城晚飲奉贈副使馬侍郎及馮李二員外或無奉字。又作馮宿李宗閔。

酬別留後侍郎或無酬字。

同李二十八夜次襄城李正封也。

同李二十八員外從裴相公野宿西界

過襄城

宿神龜下或有驛字。

次硤石諸本硤作峽。方云：今陝縣也，地理志可考。

和李司勳過連昌宮或作李二十八司勳，無過字。

次潼關先寄張十二閣老使君張賈。日出出，或作照。四扇扇，或作面。親破親，或作新。

次潼關上都統相公館本無此篇，關下或有頭字。一本在雨中寄張籍侯喜詩後。

桃林夜賀晉公

送李員外院長分司東都

晉公破賊回重拜台司以詩示幕中賓客愈奉和或作晉公自蔡州入覲途中重拜云云愈因和

之。　材職職，或作識。

獨釣釣，或作酌。　食駛駛，或作快，或作駃。　坐厭方作厭坐，云：厭與偷爲一義，「坐親刑柄」、「來弄釣車」爲一説〔八〕，公詩多此體。○今按：坐厭與偷來爲對，亦自親切。又況坐厭乃常用之語，韋蘇州云：「坐厭淮南守。」此類極多。方從誤本，更爲曲説，不知語意之拙澀也。　風能　露亦方云：廣信晁氏舊藏印本作風稜露液。一云山谷所定。

枯樹

元日酬蔡州馬十二尚書　三峯峯，或作冬。方從唐本，云：華岳有三峯，唐人守華者，皆謂之三峯守。蓋公西歸經從之路，馬詩必有所序述，今不可得而詳也。○今按：此詩并題皆不言經由華州所作，方説既無所據，又「三峯不敢眠」亦無文理，今當闕之，以俟知者。

詠燈花同侯十一　或作同侯十一詠燈花。侯十一，喜也。　黄裏諸本黄作囊。方云：何遜詩：「金粟裹搔頭。」蜀人史彦升曰：黄裏排金粟，謂額間花鈿也。又沈約宋書：漢制，乘輿翠蓋黄裏，所謂黄屋也。諸本多引漢紀注，實此義。○今按：漢制黄屋與此詩文意不同，疑史説誤。

祖席舊注云：以王涯徙袁州刺史而作。方云：按舊紀，涯刺袁州，元和三年四月也。公時在東都，故曰「祖席洛橋邊」。此詩前後注文舊本無之，蜀本亦然。又或二題前字、秋字上皆有得字。　淮陽方云：陽，本作南，洪本作陽，云：用汲黯事，以後詩有淮南字，隨筆以誤也。○而我而，或作今。

送鄭尚書赴南海　武王武，或作越。方云：漢傳：尉佗自稱南越武王。

答道士寄樹雞

左遷至藍關示姪孫湘　欲爲欲，或作本。肯將或作豈將，方作豈於。衰朽朽，方作暮。惜殘惜，方作計。雪擁擁，方作搟。○今按：方本此詩於、暮、計、搟四字，皆不如諸本之勝。

武關西逢配流吐蕃　戎人戎，或作胡。地近或作近地。

次鄧州界

題臨瀧寺　吾能或作人先，或作先聞。水拍水，或作浪。

晚次宣溪辱韶州張端公使君惠書叙别酬以絶句二章或無辱、端公、絶句字。　韶州韶，或作潮，非是。元自元，或作先。○那足那，或作安。百首百，或作白。

題秀禪師房　水松松，或作船。竹牀牀，或作林。支頭頭，或作頤。釣沙釣，或作晚。

將至韶州先寄張端公使君借圖經或無端公字。　每逢每，或作亦。

過始興江口感懷

韶州留别張端公使君　爭落日　款行人諸本爭作催，款作感。方從唐本，云：蜀本亦作爭。李云：二宋評此詩，小宋疑感字誤，大宋初不以爲然，後得善本始信。

量移袁州張韶州端公以詩相賀因酬之或無端公與因字，或作量移袁州酬張韶州先寄詩賀，或作量移袁州張韶州先詩見賀因酬之。方云：題語凡四易，各有義也。

次石頭驛寄江西王十中丞閣老仲舒。　試廻方作廻馬。○今按：下句有馬字，方本非是。　人由由，或作猶。　風江或作江風。

遊西林寺題蕭二兄郎中舊堂諸本遊作題，題作故，無兄字及注。方云：蕭二，存也。存少與韓會、梁肅友善，惡裴延齡之爲人，棄官歸廬山。廬山今猶有蕭存、魏弘、李渤同遊大林題名。　無兒可保家今按：因話録作無人可主家。　偶到匡山曽住處幾行衰淚落煙霞方云：因話録作今日匡山過舊隱空將衰淚對煙霞。

自袁州還京行次安陸先寄隨州周員外諸本如此，但以隨爲循。方從唐本，云自貶所蒙恩袁州除官還京，凡多六字。方云：如淳漢紀注曰：「凡言除者，除故官就新官也。」公誌鄭儋墓曰「詔授司馬節度，除其官爲工部尚書」，與此同。周員外，周君巢也，時爲隨州刺史。以經由道里考之，作循非是。○今按：諸本得之。唐本既顛倒重複，而方說又不可曉。疑袁州字當在貶字上，或注在所字下。循州之辨，則方得之。或本袁州下有除官二字，亦通。隨，又作復，當考。

題廣昌館　偶逢逢，或作尋。　官路路，或作道。

寄隨州周員外隨，或作循，或作復，説已見上。　陸孟丘楊蜀本楊作陽。方云：公與陸長源、孟叔度、丘穎、楊凝及周君巢同爲董晉幕客故也。

酒中留上襄陽李相公謂逢吉也。諸本作醉中留别襄州李相公。未銷銷，或作終，或作殘。窗送窗，或作雞。半醉醉，或作墜。

去歲自刑部侍郎以罪貶潮州刺史乘驛赴任其後家亦譴逐小女道死殯之層峰驛旁山下蒙恩還朝過其墓留題驛梁諸本只作題驛梁，下有注字，與此題少異。方從唐本。

賀張十八秘書得裴司空馬或作酬張秘書因寄馬贈詩〔九〕。騎去或作去騎。方云：蓋裴詩有「他日著鞭能顧我」之語，故公云爾。

杏園送張徹侍御歸使或作侍郎，無歸使字。方從唐本，云：徹時以幽州判官趨朝，半道有詔還之，仍遷侍御史，從張弘靖之請也。杏園在長安城南。其實徹已抵京，但未朝見耳。舊傳云「續有張徹自遠使歸」是也。

雨中寄張博士籍侯主簿喜半路方作夜半。○今按：朝還無因至夜半，作半路亦不可曉。疑以雨放朝，而有司失於關報，行至半路乃得報而歸也。方本非是。

奉和兵部張侍郎酬鄆州馬尚書祇召途中見寄開緘之日馬帥已再領鄆州之作張謂張賈。諸本無奉和及鄆州之作字，别有奉和二字。祇，或作被。

早春與張十八博士籍遊楊尚書林亭寄第三閣老兼呈白馮二閣老諸本無十八字。

方從唐本，云：白居易、馮宿也。第三閣老，楊於陵之子嗣復也。白和詩只作楊舍人林池。○今按：洪本第三作三弟，云：澄本如此。然王沂公言行録記楊大年呼沂公爲第四廳舍人。疑前世遺俗，自有此等稱呼，洪本或未必然。而此所遊，乃嗣復家林亭，故特以詩寄之，而并呈白、馮也。但未知三人者其次第又如何耳。　禁溝溝，或作流。　更不流更，或作見。

奉使常山早次太原呈副使吴郎中或無早字。方云：公使鎮州，吴丹以駕部郎中副行。

夕次壽陽驛題吴郎中詩後或作壽陽驛題絶句。方云：蜀本亦注夕次字。

鎮州初歸　擺弄擺，或作搖。弄，或作撼。　只欲只，或作秖。

同水部張員外曲江春遊寄白二十二舍人或作同張水部籍游曲江寄云云。　青天天，或作春。

和水部張員外宣政衙賜百官櫻桃詩或作和張水部勑賜櫻桃詩。　初到到，或作重，或作出。　色映映，或作照。

早春呈水部張十八員外閣本無此二首。　花柳花，或作烟。

送桂州嚴大夫嚴謨也。題下或有赴任二字。　森八桂森八，閣本作八月。桂，或作樹。方云：山海經：桂林八樹，在賁禺東。天台山賦：「八桂森挺以凌霜。」　兹地在地，閣作樹。在，或作近。　不假假，或作暇。

奉酬天平馬十二僕射暇日言懷見寄之作或無暇日言懷之作六字。

奉使鎮州行次承天行營奉酬裴司空方有相公字。

鎮州路上謹酬裴司空相公重見寄謹，或作奉。

奉和僕射裴相公感恩言志或無奉字。　其誰其，或作爲。

和僕射相公朝迴見寄或作迴朝。　或有裴字。

奉和李相公題蕭家林亭逢吉。

奉和杜相公太清宫紀事陳誠上李相公十六韻或作杜相公太清宫十六韻紀事陳誠上李相因和〔一〇〕。　杜，謂元穎也。　殿階階，或作筵。　青詞　褻味味，或作服，非是。○本朝景靈宫天興殿祝以青詞，薦以酒果，用唐制也。　葳蕤葳，或作萎。　方從蜀本。　亦麗亦，或作匪。　方云：唱酬，謂李、杜；稱嗟，公自謂也。

校勘記

〔一〕言貫於壁而不用也　「貫」，南圖本、兩韓集皆作「擐」。

〔二〕作恢亦不免　「恢」，原作「魁」，據南圖本、兩韓集改。
〔三〕擷或作拮　「拮」，兩韓集作「袺」。此句上，韓集元本有「監本：『拮，將取也。』潮本作『拮』」十字。
〔四〕神氣如醒　「如」，南圖本、兩韓集作「始」。五百家注本作「如」。
〔五〕皆非是　「皆」，原作「者」，據兩韓集改。
〔六〕且屬在此　「且」，原作「其」，據兩韓集改。
〔七〕且將料簡世所希有者　「世」，原作「出」，據南圖本、兩韓集改。按舉正及列子張湛序正作「世」。
〔八〕來弄釣車爲一説　「説」，舉正作「義」。
〔九〕或作酬張秘書因寄馬贈詩　「寄」，南圖本、兩韓集作「騎」。
〔一〇〕杜相公太清宫十六韻紀事陳誠上李相因和　舉正無「陳誠」二字，「上」作「呈」，「相」下有「公」字，「因」作「奉」。

昌黎先生集考異卷第四

第十一卷　雜著

原道　君子小人子下，或有有字。非天小也天下，或有之字。小，方作罪，云：尸子曰：「井中視星，所視不過數星。」○今按：韓公未必用尸子語，正使用之，作罪亦非文意。其所謂德或無此四字，非是。公言也　私言也言下，或皆有者字，或惟下句有之。黄老或無黄字。晉魏梁隋諸本作晉宋齊梁魏隋，文苑作晉梁魏隋，蜀本作魏晉宋梁齊。方從閣、杭本，云：南舉晉、梁，北舉魏、隋也。于墨諸本此下有不入于墨則入于老二語。必出句上，方有則字。主之主，方作王。○今按：作主乃與下文三韻皆協，作王非是。者附　者汙者，或皆作則；附，或作隆。皆非是。嘗云諸本嘗下有師之字。以相或無以字。通其通，方作同。壹鬱壹，或作湮，或作堙。方云：按史記賈誼傳「獨堙鬱其誰語」，漢書作壹鬱。壹，當作壼，集韻音咽，壼鬱，不得泄也，平、入聲通用。湮與壼亦音義同也。作壹則非。○今按字書：壹壼，吉凶在壺中不得泄也。即今之氤氲字。壹、湮古蓋通用，故漢書但作壹耳。斗斛權衡方無權衡字，非是。剖斗剖，或作掊。致之之，或作其，非是。臣不行君之令而致之民諸本不下有能字，無而致之民四字，而句下有則失其所以爲臣一語。麻絲或作絲麻，篇内並同。名殊名下，或有雖字。事殊事下，或有雖字。其言其，或作之。飢之之，或作而。外天下國家方作國家天下，句下或有者字。皆非是。進於句上或有夷而字。其文文，或作書，或作教。果蔬或作蔬果。而其爲教或無而字。方無其字。曰斯道也何道也曰斯吾所謂道也何上，方無也字。○今按：「曰斯道也，何道也」，是問詞，而「曰斯吾所謂道也」以下，乃答語也。斯道也，何道也，或作斯何道也；斯吾所謂道也，或作斯道也，吾所謂之道也；又或無所謂字。皆非是。何而可而，方作其。○今按：此句復是問詞，其下乃答語。

原性方作性原。○今按原道、原人、原鬼之例，作原性爲是。又此五原，篇目既同，當是一時之作，與兵部李侍郎書所謂「舊文一卷，扶樹教道，有所明白」者，疑即此諸篇也。然則皆是江陵以前所作，程子獨以原性爲少作，恐其考之或未詳也。而其所以爲性者五　而其所以爲情者七二語諸本或皆無而字，方本皆無者字。皆非是。曰何也或無曰字。曰仁曰禮曰信曰義曰智方從閣、杭、蜀本，云：禮、信去仁爲近，諸本多作曰仁曰義曰禮曰智曰信。○今按：方本以五行相生之序而言，諸本以四方相對、一位居中而言，理皆可通。但竊意諸本語陳而韓公亦頗尚異，恐方本或得之。行於於，方作之。之於五也一不少有焉則少反焉諸本無一字。方從閣、杭、潮本，也一作一也，而并屬下句，云：一謂仁也，言不少存乎仁，則少畔乎仁。蜀本倒一也二字，杭、蜀反皆作及，非也。○今按：也一二字當從蜀本，而以也字屬上句，一字屬下句。方及諸本皆非也。方以一爲仁，亦非是。此但言中人之性於五者之中，其一者或偏多，或偏少，其四者亦雜而不純耳〔一〕。反字則方得之。處其其，或作於，非是。亡與句上方有無字，非是。夫始善而進惡與始惡而進善與始也混而今也善惡與，諸本多作歟，善惡下又有歟字。○今按：二與字，皆當讀如字而爲句首，猶言及也。作歟而爲句絶者皆非。左傳：「夫弗及而憂，與可憂而樂，與憂而弗害，皆取憂之道也。」語勢亦相似。大戚或無大字。母不或無母字。爲聖下或有人字。其終或無其字。可教教，方作學。性者性下或有情字。而言也者或無也字。○今按：此篇之言過荀、揚遠甚，其言五性尤善。但三品之説太拘，又不知性之本善，而其所以或善或惡者，由其稟氣之不同，爲未盡耳。

原毀方作毀原，説已見上。　之人或無人字，下同。早夜早，或作蚤。求其所以爲周公者責於己方從閣本，無求其所以字，只作責於己爲周公者。○今按：閣本不成文理，而方從之，誤矣。去其不如周公者就其如周公者方從閣本，作求其所以爲周公者而爲之。身者身，或作己。能善是是足爲藝人矣善，方作有，非是。不責責，或作取。曰能善是是亦足矣本或無此八字，非是。不亦句上或有是字。君子則不然方無則不然字。其身或作於己。夫是之方無之字。或作夫如是。有原或無有字。不應者或無者字，非是。此世或無世字，非是。難已已，或作矣。有作作，或作仕，或作化。理歟歟，或作也。

原人人，或作仁。獸人人上，或有曰字。指山山上，或有南字，非是。曰山乎或無此三字。故天方無故字。同仁仁，或作人，非是。

原鬼　鬼無聲與形此上或有鬼無氣三字，非是。有怪有，或作見。曰是有二有鬼有物二下，或有説字，或有説字而無下四字。於民民，或作時。形於形，或作託。之爲之或無之字。反乎無聲乎，或作其，非是。不能有形與聲不能無形與聲或無上六字，或無下六字。爲禍　爲福本或先言爲福。作原鬼方從閣、蜀、粹，無作字。○今按：古書篇題多在後者，如荀子諸賦正此類也。但此篇前已有題，不應複出，故且從諸本，存作字。

行難　聞天聞下，或有於字。愈嘗往間客席嘗，或作常。間，或作問。客，或作賔。席下或有坐定二字。可人也可，或作何。方從閣、杭、苑作可，云：可人，見禮記，鄭注曰：「此人可也。」○今按：方據禮記是也，然詳下文，韓公之語似以陸公雖嘗任誄此人，復自疑於有罪，則頗有薄其門地之意，而以薦引之力自多者。恐須作何字語勢乃協。更詳之。誄也也，或作之。皆曰曰上，或有應字。足任而誄方作誄而任。而，或作與。與七十下或有焉字。人邪人下，或有也字。聖人不世出賢人不時出人，方皆作之。或并有二字。世出，或作世生。歲之歲，或作年。乳於或無於字。坐焉或無坐字。其皆賢乎方無此四字。舉其多而缺其少乎缺，或作沒。少，或作細，或作一。乎上，方有者字。○今按：此言人之才或不全備，姑舉其可取之多，而略其可棄之少也。其全其，方作於。○今按：作其語意爲近，但陸公此句正不敢必求全才之意，而下文韓公又以太詳而不早責之。殊不可曉，當更考之。位邪位下，或有也字。舉焉或作索之。雖詳此下或有且徽字，非是。子之言孟軻不如文録作退語其人曰乃今吾見孟軻。

對禹問　無其人此下方有而不傳三字。慮其患而不傳而不傳，或作而不得如己，非是。禹之慮也慮下，或有民字。人莫或無人字。其亂亂，或作禍。不可待待，或作得。傳諸子諸，或作之。守法方從閣作法守，非是。

雜説四首或作三首。其一作題崔山君傳。　龍嘘龍下，或有之字。氣茫氣下，或有而字。龍之所能使爲靈也靈，方從閣本作雲，非是。弗得弗，或作不。信不方無信字，非是。○醫者醫下，或有人字。之理亂方無之字。理亂，或作亂否。紀綱者紀綱，或作綱紀。所以閣無以字。俟作作，或作偕。二世世，方作帝。四海或作天下。謂之天扶與之諸本或無天字。扶，或作持。○今按：此句未詳，疑有誤字。善計方無善字。○之爲之，或作云，而無爲字，非是。聖者者，或作人。或并有二字。烏者烏，閣作馬。方云：尸子：「禹長頸烏喙。」閣本訛也。貌則上或有其字。貌，或作面。禽獸方無獸字。人邪邪，或作也。方云：列子曰：包犧氏、女媧氏、神農氏、夏后氏，蛇身人面，牛尾虎鼻，皆有非人之狀，而有大聖人之德；夏桀、殷紂、魯桓、楚穆，狀貌七竅皆同，而有禽獸之心。公意亦如此耳。事

之可否|方從閣、杭，無可否字，非是。○千里馬常有或無千里字。隸人或無人字。食馬句上或有今字。而食食下，疑脱一石字。馬也|方無也字。且欲與常馬等或無且字。且，或作而。○今按：且字恐當在等字下。天下無馬嗚呼其眞無馬邪諸本二無字下皆有良字。閣、|杭本皆脱其眞無馬邪五字。不知馬也知，或作識，而無也字。

讀荀荀下或有子字。雄者雄下，或有也字。其説其下，或有所能字。黄老或無黄字。止耳耳，或作矣。時若時下，或有有字。不粹不下，或有醇字。抑猶抑下，或有其字。黜去之或無黜字。或無去字〔二〕。醇乎醇者也|方從閣，無乎醇字，或作醇如也。皆非是。與揚揚，|方作雄，非是。

讀鶡冠子　十有九篇九，|方作六，云：今鶡冠子自博選至武靈王問凡十九篇，此只云十六篇，未詳。○今按：|方蓋不見或本已作九也。雜黄或無雜字，非是。五至至，或作室。遇時遇下或有其字。功德句上或有其字。一壺壺，或作瓠，音義同。滅者滅，|方作減。注十諸本注下有者字。

讀儀禮　又其其，|方作且。用之之，或作云。之存|方無之字。雜家家，或作説。尚有|方無有字。學者|方無學字。

讀墨子　上同　上賢上，或作尚。|方從閣本，云：考墨子本書及漢藝文志，當作上。

第十二卷　雜著

獲麟解方云：李本云，元和七年，麟見東川，疑公因此而作。然李翺嘗書此文以贈陸傪，傪死於貞元十八年，則此文非元和間作也。○今按：此文有激而託意之詞，非必爲元和獲麟而作也。書於書，或作載。馬牛或作牛馬。鹿然然，或作之狀，或無之字。皆非是。知其爲犬豕豺狼麋鹿下或有也字。以形下或有也字。亦宜下或有哉字。

師說　固先乎吾吾從而師之閣本無下一句，非是。夫庸知庸，方從閣、杭作豈，或并有二字，而無夫字。皆非是。存也方無也字。嗟乎上或有咨字，非是。猶且且，或作已，非是。下聖下，或作去，非是。句讀者者下，或有也字。方云：讀音豆，周禮天官注徐邈讀。馬融笛賦作句投，徒鬬切。何休公羊序「失其句讀」，不音。山谷和黄冕仲詩只從如字。官盛盛，或作大。按：官盛，語見中庸。不齒或作鄙之。其可或無其字。孔子師郯子萇弘師襄老聃句絕。方無孔子師郯子五字，而讀下六字連下句郯子之徒爲句。郯子之徒方云：校本一云郯子下當有數子二字，其上當存孔子師三字爲是。○今按：孔子見郯子，在適周見萇弘、老聃之前，而聖人無常師，本杜氏注問官名語，故此上句既叙孔子所師四人，而再舉郯子之徒，則三子在其中矣。方氏知當存孔子師字，而不知當并存上郯子二字，乃以下郟子二字屬上句讀之，而疑郟子之下更有數子二字，誤矣。孔子三人子下，或有曰字。方從杭本，云：論語本無則字，曰字似不當有。是故或無是字。學於上或有請字。余余嘉方無下余字。

進學解

招諸招，或作召。畢張畢，或作必。畯良畯，或作俊。方云：古文尚書俊皆作畯，公他文石本多用畯字，新舊史同上。爬羅爬，或作把。方云：音義同。之不明之不，或作不能。有年年，方作時，云：考舊史，公時以職方下遷，蓋非久於博士。○今按：此文恐非職方左遷時作，說見下條。絕吟吟，或作唫。記事記，或作紀。焚膏焚，或作燒。兀兀方作矻矻。之業之下，或有於字。補苴方云：「衣弊不補，履決不苴」，呂氏春秋語。幽眇方云：「抗辭幽說，閎意眇旨」，見揚子雲解難。茫茫或作芒芒。障百障，或作停。方云：禮記「鯀鄣洪水」，音章。有勞或無有字。醲郁醲，或作釀。無涯無，或作亡，或作之。非是。於文文，方作德，或作儒，或作得。非是。具宜具，或作其，或作且。於爲人或無爲字。躓後躓，多作疐。方云：「載疐其尾」，說文作躓，義通。遂竄遂，或作逐。三年博士年，方作爲。方云：謂貞元末爲四門博士，元和初爲國子博士，今復下遷。諸本多作三年。樊謂公元和元年六月爲博士，四年六月遷都官。史謂三歲爲眞，蓋三年也。○今按洪譜，則樊說爲是，當作三年。唐本詩注、行狀皆有三年字，何煩曲說乎！然洪亦附三爲之說，則又誤矣〔三〕。取敗取，方作其。年豐豐，或作登。各得其宜施以成室者匠氏之工也或無宜字，室下有屋字，工作功。方云：淮南子曰：「賢主之用人也，猶巧工之制木也。大者以爲舟航梁棟，小者以爲楫楔，脩者以爲櫩榱，短者以爲朱儒枅櫨。無小大脩短，皆得其所宜；規矩方圓，各有所施。天下之物莫凶於雞毒、烏頭也，然而良醫橐而藏之，有所用也。是故林莽之材猶不棄者，而况於人乎？」公言蓋祖此。而宜施二字當爲一節。卓犖或作犖犖。荀卿守正大論是弘方從舊史如此。又云：文苑上文皆同，惟是弘作以興，蓋國初以諱避也。閣本亦只作大論。以正爲王、以論爲倫，自杭本也；而新史又易守爲宗，其訛益甚矣。其遇遇，或作進。不顯顯，或作洎。舊史無此上四而字。俸錢俸，或作奉。從徒從，或作而，非是。促促諸本多作役役。方云：促，音齪。公張署墓誌「抑首促促就食」，與此同。史記申屠嘉贊「娖娖廉謹」，娖與促音義通，集韻齪下，二字皆出。陳編編，或作篇。玆非其幸歟或無其字，或作此非其利哉。已量或作量己，非是。以昌陽上或有不字。○今按：本草：「昌蒲，一名昌陽。」作不以者非是。

本政　既其弊也其，方作有。或無其字。○今按：猶言「既而弊矣」。既字又似及字。遂一遂，或作逐。何居方無何字。或無居字。○今按：何居，準檀弓音姬，大率此篇僻澀，必其少作。今或有所未通，闕之可也。我其我，或作吾。孽情孽，或作泰。悱然非矣或無然非二字。後雖方無後字。可暨暨，或作洎。詭怪怪，或作類。

守戒　柴楥方云：楥，籬也，欄也，字當從木。屈強屈，或作倔。野人鄙夫或無人鄙二字。爲有爲下，或有之而二字，或只有之字。○今詳文勢，疑爲字衍。莫大於不足爲句下或有而不爲三字。○今詳文勢，疑足字衍，下句不足爲者放此。材力不足者足下或有爲字，非是。而與方無而字。引頸頸，或作領。於豹於，或作與，非是。

圬者王承福傳圬，或作杇。方云：圬，音烏，左傳「圬人以時塓館宮室」，杜注：「圬人，塗者。」題語正本此說，不當用杇字。○今按：論語作杇。　農夫方無夫字。　理我所以生者也方從閣、杭本如此，諸本生字或作出令。○今按：所以出令，與原道意同，似當從之，然詳考上文有三生字，故此言君者理我之所以生者，正承上文而言也。若作出令，則與上下文意皆不協矣。今當以方本爲正。　化者也方從閣、杭無也字，非是。　一日捨鏝或作捨鏝一日。　有智方無有字。　吾特特，或作故。　入貴入下，或有於字。　問之或無之字。　曰死或無曰字。　焉怠焉下，或有而字。　知其不可而强爲之者邪杭本可下有能字，蜀本能上有强字，方從閣本，作知己之不可能，又無强字。○今按：此數本語意皆與上文「不擇其才之稱否」者相複，又與本句「多行可愧」者不相承。惟杭、蜀本近是，但能字亦未安，而强字當在而字下耳。今參取二本，定爲知其不可而强爲之，則其上下文之義皆暢矣。　饗之方無之字。　者也者，閣作類，非是。　有之之，閣作小，非是。　力者句下或有也字。　楊之句上或有然字，非是。　畜其畜，或作蓄。　亡道亡，或作忘。　自鑒鑒，方作覽。　或作覺。　○今疑自鑒或當作日覽。

五箴　是無方無是字。　三十三，或作四。　方從閣、杭、蜀本，云：洪、樊辨證詳矣。　於前於，或作于。下語同。

游箴　余少余今余，方從閣、杭、蜀本作于，云：左傳「于民生之不易」，「于勝之不可保」，杜注：「于，曰也。」○今按：方説不爲無據，然與所證之文初不相似，況下文有嗚呼余乎，則此于字皆是余字明矣。

知乎或無乎字。

言箴　烏可烏，或作焉。　默焉焉，或作然。　以汝爲叛　以汝爲傾以汝，方並作汝以。○今按：近世校本務爲新奇，多作倒語，文乖字逆，幾類歐陽公所譏石公操作字之怪，殊失韓公立言本意。今悉正之，不敢從也。

行箴行，或作悔。　可追諸本皆同，而方從閣、杭，以追爲止。○今按：草書追字近似止字，二本偶以轉寫致誤，而方乃以好怪取之，不復計其文義之通塞，可一笑也。

好惡箴　無善而好善，方從杭、蜀作悖。○今按：二本蓋由下句而誤，方亦不顧文義而取之也。

知名箴　霈焉焉，或作然。　及其或作其及。　禍亦方作辱則。

後漢三賢贊　爲鄉人或無爲字。　人，或作里。　以赦爲賊良民之甚甚，或作患。方云：王符述赦篇曰：「今日賊良民之甚者，莫大於數赦。」公全具此語。○仲長或無仲字。　謂高句上或有自字。　俶儻俶，或作倜。方云：俶與傳合。　舉尚舉下，或有高第字。○今按：本傳無高第字。　文章方云：考本傳，當作才章，公三贊未嘗私立一語。　一終一下，方有而字。

諱辯　李賀李上，方有進士二字，非是。　勸賀舉進士賀舉進士有名與賀爭名者毀之此公自言，嘗勸李賀舉進士，而賀從己説舉進士，有名稱，故與之爭名者毀之也。今方氏乃從諸本刪去名字，而以有字屬下句，遂使複出四字爲剩語，而爭名二字無所承，故諸本亦有覺其誤者，而并刪四字以從省，雖若小勝方本，然要爲失韓公本指，而不究毀者之情也。方本又無之字，亦非是。方又云：康駢劇談録謂公此文因元稹而發，董彦遠謂賀死元和中，使稹爲禮部，亦不相及，爭名蓋當時同試者。察也或無也字。若不方無若字。之類是也或無此下注字。父名晉肅子不得舉進士若父名仁子不得爲人乎諸本嫌名律乎下皆有此二十字。方本無之，非是。作詩不諱注字若曰三處，並同方本。一作周公，一作孔子，一作曾子。不諱嫌名注若衛桓公，本或無若字。騏期　杜度期字、度字下，或並有者字。方云：董彦遠曰：騏期，以姓苑考之，爲朞。又李涪謂杜操字伯度，魏人以武帝諱，謂杜度，公誤用也。然張仲景方自有杜度，公所用或出此。不聞又諱治天下之治爲某字也或無又諱二字。方云：顔氏家訓曰：「桓公名白，傳有五皓之稱；厲王名長，琴有脩短之目。不聞謂布帛爲布皓，呼腎腸爲腎脩。」公言蓋有自也。○今按：公言或與顔氏偶同，未必用其語也。言語或作立言。賀舉或無舉字。可邪爲不或無邪字。方無邪爲二字。譏矣　止矣矣，或並作也。方並作邪。宦者者，或作官。下同。

訟風伯訟，或作讒，非是。之早或無之字。寖寖方作侵侵。將墜將下，或有欲字。其獨獨，或作將。氣不氣，或作雲。雲不雲，或作氣。伯兮方無兮字。又何又上，或有其字。我今或作今我。雖死雖，方作之，非是。汝傷汝，或作爾。

伯夷頌　舉世非之力行而不惑者則千百年乃一人而已耳方從杭、粹及范文正公寫本，無力行二字，千下有五字，云：自周初至唐貞元末幾二千年，公言千五百年，舉其成也。〇今按：此篇自一家一國以至舉世非之而不惑者，汎説有此三等人，而伯夷之窮天地、亘萬世而不顧，又别是上一等人，不可以此三者論也。前三等人皆非有所指名，故舉世非之而不顧者，亦難以年數之實論其有無，而且以千百年言之，蓋其大約如此耳。今方氏以伯夷當之，已失全篇之大指，至於計其年數，則又捨其幾二千年全數之多，而反促就千五百年奇數之少，其誤益甚矣。方説不通文理大率類此，不可以不辨。去之方無之字。從天從，或作率。與天與，或作從。明也明下，或有者字。所謂或無所字。一凡人諸本兩句皆作凡一人，唯范本兩句作一凡人，乃與下文非聖人者相發明。諸本非是。夫聖人乃萬世之標準也準，方作准。〇今按：準字從水，隼聲，俗作准，方本誤也。又按：此篇之意，所謂聖人，正指武王、周公而言也。既曰聖人，則是固爲萬世之標準矣。而伯夷者，乃獨非之而自是如此，是乃所以爲窮天地、亘萬世而不顧者也，與世之以一凡人之毁譽而遽爲喜愠者有間矣。近世讀者多誤以伯夷爲萬世標準，故因附見其説云。

第十三卷　雜著

子産不毁鄉校頌　安其教安，或作知。方云：此以教叶僑與囂，車舝詩用韻如此。昭哉昭哉，或作然。下君君，或作者。交暢旁達方從三本，作旁暢交達，非是。達，或作通。不理下或有者字。

釋言此元和二年春作。宰相，鄭絪；翰林學士，李吉甫；中書舍人，裴垍也。○洪曰：國語云：「驪姬使奄、楚，以環釋言。」注云：「以言自解釋也。」退之作釋言取此。六月十日方無十日字。公公賜方無下公字。今爲我寫子詩書爲一通以來我下，或有盡字，而無爲一通以字，或無爲我字，而有盡字。一，方作二。若干篇若干，方作著于。○今按：著于篇雖古語，然施之於此似不相入，且公亦未必特用此語以爲奇也。以獻下或有之字。爲讒或無爲字。愼之方無之字。以退以，或作已。於敵以下以，或作已。方云：國語「自敵以下則有讎」，注：「敵體也。」今人多用敵己字，非。宰乎宰下，或有相字。言乎或無乎字。宿資蓄貨或作宿貨蓄資。相國或作宰相。子其愼歟或無歟字。之治治，或作理。孰不孰下，或有能字，非是。惑聽聽，或作聽，非是。亂世方作世亂。聽視或作視聽。進而或作而進。何懼而愼方無而愼字。危哉方無哉字。於宰相者　宰相不知　彼敖宰相宰相，或皆作相國。乃今知免矣乃今，或作今乃，又無矣字。既而方無而字。

愛直　烏可烏，或作焉。乎色乎，或作于。公舉公下，或有之字。有其方作其有。在此或無此字。○今按：此下疑當有而字。吾爲吾下，或有能字。又未又，或作且。惜之惜，或作愛。

張中丞傳後叙　張巡方無張字。開門或疑上當有然字。賊語以國亡主滅語，方校作悟。滅下，或有悟之字。○今按：悟字無理，且從諸本作語。若果合作悟字，即是誤字之訛。但以字上若有語字、或誤字、或語之字、或誤之字，即滅字下皆不當復有誤之字。若以字上無此四種字，即滅字下皆當有誤之字。其徒俱死上方有而字。或又疑而字當在死字下。之邪方無之字。詬遠詬，或作語，非是。之卒不或無之字。之不亡或無之字，非是。助之攻攻，或作功，非是。府間府，或作州。雲之乞方無之字。霽雲慷慨或無霽雲字，非是。半箭箭，或作笴。吾歸歸，或作師，非是。降霽雲或無霽字。欲將或疑衍一字。及巡巡，或作其。嵩常常，方作嘗。嵩時或無再出嵩字。嘗得或無嘗字。久讀久，或作又。起草起，方作有。人户或無户字。或起或，或作猶。呼巡巡，或作之。嵩將句上或有而字，非是。爲所爲下，或有其字，非是。

河中府連理木頌咸寧王渾瑊也。殆氣殆，或作始，非是。有五或無五字，非是。閔仁仁，或作人，非是。異體體，方作事。二字或作上下，非是。殊本連理之柯同榮異壟之禾方云：三館本、潮本之柯皆作枝柯，仍與下文同榮爲一句。今本木作禾，由枝字訛也。○今按：殊本連理之柯，即今所頌之木也；同榮異壟之禾，即書所謂異畝同穎之嘉禾也。蓋追爲前日之預言，而汎舉其類耳。司馬相如所謂「雙觡共抵之獸」，其句法亦類此。如方所定，則理乖語贅，句分而韻不協，失之遠矣。徯之方無之字。○今按：之字疑當作其。今欲欲，或作將。王余抑也或作余抑王也，或依上文作王抑余也。方從三本定此。○今按：抑余、余抑，蓋互文以叶韻耳。作余抑王固無理，作王抑余亦重複無他奇。當從方本爲是。洵厥洵，方作詢，非是。斯人斯，或作其。人，或作民。

汴州東西水門記　隴西或無此二字，非是。方云：董晉本仲舒之裔，自廣川徙隴西，故云。○距河距，或作拒。不合不，或作弗。方從石本。晝湛湛，或作沈。舟不潛通不字，方從石本作用。○今按上下文意，蓋言置鎖雖足以禁舟之潛通，然未免虧疏宣洩之患，故須作水門耳。諸本作舟不潛通者是也。今上文既言置鎖，而下文乃云舟用潛通，則是鎖爲虛設，而其下句亦不應著然字矣。若以爲誤，則石本乃當時所刻，不應有誤，然亦安知非其書者之誤、刻者之誤？況或非所親見，則又安知非傳者之誤邪？其説之未盡者，又見於溪堂、盤谷等篇〔四〕。覽者詳之。遂拯拯，或作持。監軍是咨司馬是謀諸本及石本皆有此二句，在人力有餘之下。方從閣本删去，云：閣本蓋公晚日所定，當從之。○今詳此二語，疑後人惡監軍二字而删之耳。方氏直謂閣本爲公晚年所定，不知何據而云然。以今觀之，其舛誤爲最多，疑爲初出未校之本，前已辨之詳矣。大氏館閣藏書，不過取之民間，而諸儒略以官課校之耳，豈能一一精善過於私本。世俗但見其爲官本，便尊信之，而不復問其文理之如何，已爲可笑，今此乃復造爲改定之説以鉗衆口，則又可笑之甚也。以閈閈，或作扞。之文文，方從石、閣、蜀本作醇。○今按：此記方氏多從石本，石本固當據信，但上條用字大誤，而此醇字亦未安耳。

燕喜亭記燕，或作宴。此記方亦多從石本。佛人佛下，或有之字。慧游慧下，或有者字。燔榴燔，或作焚。立屋以避風雨寒暑避，或作禦。雨下，或有禦字。或作立屋以遊風雨既除寒暑既去，或作以禦風雨以除寒暑。方從石本，云：左傳：「吾儕小人，皆有闔廬以避燥濕寒暑。」其丘上或有名字。

有竢之竢下，或有德字。名之名，或作言。者頌方從石、閣、杭、蜀本如此。或作頌者。○今按：頌疑衍字。州民之老聞而方從石、閣、杭本如此。或無老字。而，或作者〔五〕。州民之老，或作州之老民，非是。名天名下，或有於字。其側方從石本，無其字。莫直直，或作多，非是。方云：直音值，當也，作宜者非。史記：「樗里子墓正直其北。」匈奴傳：「諸將居東方直上谷。」或讀如字。地藏方從石本，無地字。其人方從石本，無其字。部郎部下，或有侍字，或無郎字。皆非是。藍田田下，或有山字。淅湍方云：今鄧州有淅川縣，以淅水得名。○今按：淅音錫。其縣本楚之析邑，漢書所謂析酈者也。湍亦水名，在鄧州穰縣。蝯狖蝯，或作猿。瑰詭瑰，或作瓌。見也方從石本，無也字。也，或作之。而羽方從石本，無而字。

徐泗豪三州節度掌書記廳石記豪，諸本作濠。石，或作壁。洪云：地理志濠初作豪，元和三年改爲濠。據退之作記時尚爲豪，作濠誤矣。方云：通典以爲州名字本作濠，蓋因濠水得名，定作濠。○今按：顔魯公干禄字樣及唐韻亦皆作豪，而元和郡國志云濠字中間誤去水，元和三年字又加水，皆與地理志合。但通典偶脱中間去水一節耳。此濠字，當從洪氏作豪。整齊整，或作總。之士士，或作事。鎮守守，或作定。祈祝祈，或作所。閎辨閎，或作宏。然後後，方作后。者三者下或有凡字。人隴人下，或有曰字。人苟苟下，或有有字。相章章，方作扶，或作華。川泳泳，或作伏。飛也方無也字。記之或無之字。俾來或無俾字。

畫記　兵立者或無立字。騎執大騎下，或有而字。徒而驅方無而字，驅作騎。○按：徒則非騎矣，方誤也。方涉者方無方字。坐而方本坐上有方涉二字。具食者十具，或作且。十上，或有二字。牽者二人二，或作三。一人杖而負者方無者字。○今按：一人字疑在負者之下。婦人以孺人，方作女，而無以字。之事之下，或有主字。爲人爲，或作焉，屬上句，非是。又有上者下者方從杭本作亦有馬之下者焉。蜀本同，但又作亦。閣本作亦有馬焉。○今按：此句三本皆無理，唯別本作又有上者下者而無焉字，乃與上下文意相屬，今從之。行者牽者牽，方作奔。或併無四字。○今按：牽，謂牽而行也。後有走者，則奔者爲重複，當存牽而去奔。陸者或無此二字。○按：此承涉者，則陸爲方出水也，不當無。立者人立者或無人立者三字，非是。喜相喜下，或有而字。爲馬爲，或作焉，屬上文，非是。十一頭十下，或有有字。橐駝橐，或作駱，下同。方云：漢書子虛賦注：「橐駝者，言其可負橐囊而駝物，故以名。」服用之器方從閣、杭本，用下有投壺二字，而無器字，非是。有獨或無有字。工人或無人字，下語同。蘩集蘩，或作叢。若有感然有下，或有所字。或無此四字。之手摸也摸上，或有所字。或作手之所摹也。往來往下，或有日字。其始方無始字，今以下文夙好之語推之，當有。

藍田縣丞廳壁記　鴈鶩鴈，或作凫。曰當曰下，或有丞字。涉筆涉，或作濡。諺數慢必曰丞諺，或作劾，或作該。方從文苑，云：謂諺語之所舉計者，以丞爲慢之最，且至以相訾謷也。數，所矩切。泓涵涵，或作澄。大以或作以大。再進再屈□人杭本無再進二字，文苑無下再字，而屈下一字皆作千字。方云：斯立，貞元四年進士，六年中博學宏詞，再進而屈千人也。○今按：杭、苑皆脫字，方從苑爲誤，但唐人試宏詞者甚少，如貞元九年僅三十二人而已，作千人恐非是。或疑千當作其，如云屈其坐人也，然無所據。姑放穆天子傳，闕其處以俟知者。喟曰喟下，或有然字，下同。丞負丞下，方有喜字，云：喜音許吏切。黄霸傳：「少學律令，喜爲吏。」而爲之方無而字，之作文，而讀連下句，曰：爲文丞，言猶文具也。○今按：文丞不成文理，方説之僻類如此。或疑丞亦爲衍文。千梃方云：梃，從木，説文：「梃，一枚也。」日哦日下，或有吟字。

新修滕王閣記

則聞則，或作嘗。臨觀或作登臨。絶特特，方從閣本作時，非是。序賦記等注或云：王勃遊閣序、王緒賦、王公今中丞修閣記〔六〕，或並無。言事或無事字。揭陽揭，或作潮。袁於方無袁字。受約束於下執事及其無事且還儻得一至其處竊寄目償所願焉諸本皆同。方獨從文苑，無及其無事且還儻得一至其處十二字，而償作賞，下又增適字。○今按：叙事當如諸本，乃有曲折。而其先公後私，不以遊覽雜乎受命之重，尤得事大府之體，與聘禮既受饔餼，然後請觀，乃從下門而入，意亦相似。如方所定，則皆失之。而竊寄目賞，語意生澀，適所願，亦不若償字之穩也。罷行文苑行上有而字，亦非是。春生生，方從文苑作施。○今按：下字對偶，文苑亦非。數日日，或作月。焉矣或無矣字。適理理，或作治。公所方無公字。公烏得無情哉烏，或作胡。方從杭、苑作乎。○今按：作乎語意輕脫，不類公它文，亦非寮屬所得施於其長者。蓋本作烏，自烏而胡，又自胡而訛耳。大氏此篇文苑多誤。破缺破，方作故。○今按：瓦甎堅物，破缺乃不可用，而故則無甚害也。且修屋而盡易其故，則是新作，而非修之謂矣。作故非是。不鮮鮮，或作圭，説見祭湘君夫人文。而以而下，或有賞焉字。子其或無其字。某日某，或作五。

科斗書後記　同姓方從閣、蜀本如此。二字或作配。○今按：禮云「五世袒免，殺同姓也」，公於擇木已無服矣，故以同姓言之。善八善，或作蓋，或作蓋能。非是。服之服，或作復。官書方云：新唐志作字書，考之杜林傳及陳蕃傳注，非也。其據依方無其字。據依，或作依據。方云：左氏：「無所據依。」薦道方無道字。識字識下，或有古字。留愈方無愈字。

【張洽補注】

原性楊倞注荀子，全載性原一篇，先生考，偶未及，今記其異。　性原○而其所以爲性五○而其所以爲情七曰何也○上焉者善而已矣○曰仁曰禮曰信曰義曰智○主於一而行於四中焉者之於五一也不少有焉則少反焉○動而處其中○亡與甚○夫始善而進惡與始惡而進善與始也混而今也善惡皆○大慼○母不憂○卒爲聖○其終不可移乎○上者可學○今之言者雜老佛○雜老佛而言之也者〔七〕。

校勘記

〔一〕亦雜而不純耳　「不」，原作「一」，據南圖本、兩韓集改。

〔二〕或無去字　「去」，南圖本作「之」。此句兩韓集作「去下或無之字」，與舉正合，疑是。

〔三〕今按至誤矣　南圖本作：「今按二字之說皆通，但以『暫爲』、『三年』兩字相對，觀之則見其爲要官不久而爲冗職多時，年字似差勝耳。」

〔四〕又見於溪堂盤谷等篇　「篇」，南圖本作「序」。

〔五〕而或作者　「或」，原作「而」，據兩韓集改。

〔六〕王公今中丞修閣記　兩韓集作「今中丞王公爲從事日作修閣記」。

〔七〕原性至也者　南圖本、兩韓集皆無。

昌黎先生集考異卷第五

第十四卷　雜著　書

鄆州溪堂詩方多從石本。馬公下或有總字。以其人之安公也安下，或有於字。或作以彼之人安於公也。竱心一力或作竭心力。竱，或作竭。一，或作戮。方云：竱，旨兖切，專也。國語：「竱本肇末。」沂密方云：沂帥，王遂也。幽鎮魏方云：謂張弘靖被囚，田弘正、史憲誠皆爲下所殺。於政於，或作于。自置方云：謂崔羣爲王智興所逐也。置，或作署。或置上有署字。四鄰望之閣、杭、蜀及諸本中居之下皆有此四字，方從石本删去。○今按文勢及當時事實，皆當有此句。若其無之，則下文所謂恃以無恐者，爲誰恃之邪？大凡爲人作文，而身或在遠，無由親視摹刻，既有脱誤，又以毁之重勞，遂不能改。若此者蓋親見之，亦非獨古爲然也。方氏最信閣、杭、蜀本，雖有謬誤，往往曲從。今此三本幸皆不誤，而反爲石本脱句所奪，甚可笑也。曹濮於鄆方云：鄆字絶句。或作於曹濮州，非是。保持持，或作恃。以憾以，或作而。或并無此二字。曰易下或有也字。以公或無公字。封扶風縣或無封字。

縣，或作郡。而接或無而字。○不條不，或作有。收正收，或作牧。邦蝨蝨，或作蚌，音義同。箴之箴，或作針。師征方從石本作帥。○今按：平淮西碑云：「屢興師征。」作師爲是。石本或誤，未可知也。公暨暨，或作洎。強令駭水方云：此詩十一章，以令叶強，以駭叶水，皆古音也。令有平聲一讀，公獨孤郁墓志亦見。淮南子：「勿驚勿駭，萬物將自理；勿撓勿攖，萬物將自清。」駭，古音自與理叶也。周官注：「疾雷擊鼓曰駭。」西京賦所謂「駭雷鼓」是也。○今按：古音之說甚善，吴才老補音、補韻二書，其說甚詳。駭、水協韻，如管子：「宫如牛鳴盎中，徵如負豕覺而駭。」亦一證也。沙隨程可久曰：吴說雖多其例，不過四聲互用、切響通用二條而已。此說得之。如通其說，則古書雖不盡見，今可以例推也。

貓相乳蜀本有説字。其一死焉或作其一母死，或作其母一死。走而方無而字。大者也方無也字。仁義方從閣、杭，無仁字，非是。伐罪伐，或作罰，非是。非此或作亦其，非是。失於德失於子失下或並有之字。既已或無此二字。説云下或有爾字，非是。

進士策問吉凶方從蜀本，作凶吉。○今按：經傳凡言吉凶者，多先吉而後凶，惟協韻諧聲則或倒用。而近世好奇之士不問可否，一例倒用，則失之矣。此類當徐讀而從其聲之諧者，不能悉論也。運者下或有也字。辨之之，方作此。讓者或無者字。之書或無之字，非是。遠然焉所方無然字。焉，或作烏。○今按：當有然字，而焉字屬下句，但其下疑當有一有字。作烏亦通，其下疑或有一睹字。興與霸或無興與字。秦穆之穆，或作魯，非是。其時天下或無其時字。則既或無則字。而知或無知字，非是。之者者，或作也。尚在將何以救之乎方從閣、杭、苑，尚在作在尚，無將字。○今按：若從方本，則「尚何以救之乎」乃是恐不及救之意，與此上下文不相入，其説非是。豈非便於人而得於己乎方無而字，己作身。○今據上文及詳語勢，方説非是。而不責其或無而字，其作於。舊説舊或作記，非是。句下或有焉字。之言下或有曰字。不之知或無之字。與歸此下或有又曰居是邦也六字。而友者爲誰而，或作所。爲，或作其。子之所不方無之所二字。有無或無有字。吴蜀魏下及晉氏魏字或在晉下，謂元魏爾。蓋不然也，三國之魏豈應略而不言乎？有倍有，或作加。委之以方作以委之，非是。易之説易上，或有周字。説下，或有者字。二苟二，或作一，非是。龍戰于野此下或有其血玄黄四字。所宜或無所字，非是。○者穀帛穀帛豐者下，或有在字。豐上，或有既字〔一〕。而帛愈賤愈，方作益。又而字疑當在賤字下。但此正與張中丞傳後叙「城壞而其徒皆死」云云者相類，恐公自有此一種句法也。下人人，或作民。此試進士，當避諱，作民者非。封山諸本封作隨，非是。抑其其下或有所字，非是。已遠或作遠矣。方無已字。德者或無者字。氏已氏，或作代。方無已字。雖孔方無雖字。無師無下，或有所字。而道或無而字。於人　於子於，或皆作于。烏足烏，或作焉。爭臣論爭，或作諫。方云：三本及歐公與范司諫書、温公通鑑皆作爭。以爲諫或無以字，非是。人皆或無人字，非是。色喜或無色字，非是。在野在下，或有草字。移易方作易移。之時　之德方本並無之字。以蹇或無以字。事之事下或有上字，非是。尤不終尤下，或有之字。終，或作絶，或作如，皆非是。陽子在位陽子下，或有實一匹夫四字，或作實一介之夫，下再出陽子二字，或作實匹夫，陽子亦再見。及於方無於字。之秩方無之字。得其言言乎哉或無複出言字。○按：此語正謂陽子，若自謂得其言，則何不言乎哉。或本非是。秩祿或作祿秩。招其方云：舊本招下皆出音翹二字。「武子好盡言以招人過」，見國語。漢書五行志蘇林讀招爲翹。招，舉也，宋元獻曰：考它書未獲爲翹之意，作音者當有所據。○今按：呂氏春秋「孔子之勁能招國門之關」，注：「招，舉也。」又過秦論「招八州而朝同列」，蘇林亦音翹。滋所滋，或作兹，非是。子本以布方無本以字。是啓或作其咎，非是。有求有下或有心字。必以必，方作不。門不門下，或有而字。以補其不足者也方本以下有自字，者下無也字，云：自者，指言天之所授也，義爲長。○今按：韓公之意，乃言天生聖賢，非但使之自有餘也，乃欲以補衆人之不足耳，故下文云云。方説非是。目也或無也字。則將役於賢則，或作且。賢，或作身，非是。欲加或無欲字。而好盡言於亂國方本作而言盡言盡言於亂國。○今按：方本殊無文理。乎哉或無哉字。

改葬服議　輕者也或無者也字。故其或無其字。其緬或無其字。乃葬下或有者字〔二〕。未葬服未下或有除字，非是。以是方無是字。葬故諸本無故字。方從舊監本，云：考之左氏，當有。而不方無而字。而除下或有之字。更重或無重字，非是。似三似，或作以，非是。自啓至于既葬啓下，或有殯字。或無既字。○今按：禮有「自啓至于反哭」之語，方本是也。曰如子或無曰如二字，非是。

省試學生代齋郎議諸本此下有貞元十年應博學宏詞九字。之子或無之字。以所進業所進，或作進所，方作進以。進，或作道。然則或無然字。之小或無之字。蓋亦亦，或作以。其無其字疑衍。非近上或有此字。知此此，或作其。之教教，或作數。不什什，或作然。方云：此商君傳所謂「利不百不變法，工不十不易器」是也。不如如下，方有於字。則失失，或作去，非是。文苑此篇前後有議曰謹議四字。

禘祫議方校作祫禘。○今按：篇内皆作禘祫，方誤也。祖宗宗下，方有廟字。○今按：此等公家文字，或施於君上，或布之吏民，只用當時體式直述事意，乃易曉而通行，非如詩篇等於戲劇，銘記期於久遠，可以時出奇怪而無所拘也。故韓公之文雖曰高古，然於此等處亦未嘗敢故爲新巧，以失莊敬平易之體。但其間反覆曲折，説盡事理，便是真文章，它人自不能及耳。方本非是。後皆倣此。凡在擬議在，或作有。擬，方作疑。志切切，方作在。○今按：官不及議而自言，則作切爲是。獻懿廟主廟，或作之。祭焉祭，方作登。詳上下文，作登非是。宜毀之瘞之諸本毀下或無之字，或毀之下再有宜字。○今按：上之字疑當作而。依遲諸本遲作違。方從閣、杭、蜀、苑，云：新史與文粹作依違，以意改也。甘泉賦：「倈祇郊禋，神所依兮；徘徊招摇，靈屖遲兮。」屖音栖，遲與遲同，皆徐行也。顔曰：言神久留安處，不即去也。雖太雖下，方有爲字。其於方作於其。父之之，或作子；或并有子之字。皆非是。

去壇爲墠去墠爲鬼漸而之遠方無去壇去墠四字。之遠作遠之。○今詳四字，祭法本文。之猶適也，言漸而適遠也。方本皆誤。合食則禘無其所廢祭則於義不通其所，方作所主。義，或作經，或作禮。○今按：此言若作別廟，則不當禘於太廟，又不當禘於別廟，故云禘無其所。若以無可禘祫之所而遂直廢其祭，則於義又有不可通者，故其説如此。方本誤也。蓋以以，方作曰。傳於或無於字。之神或作神之，非是。常祭甚衆合祭甚寡衆，或作頻。方云：新書陳京傳亦作衆。○今按：韓公本意，獻祖爲始祖，其主當居初室，百世不遷。懿祖之主則當遷於太廟之西夾室，而太祖以下以次列於諸室。四時之享，則唯懿祖不與，而獻祖、太祖以下各祭於其室。室自爲尊，不相降厭，所謂所伸之祭常多者也。禘祫，則唯獻祖居東向之位，而懿祖、太祖以下皆序昭穆，南北相向於前，所謂祖以孫尊，孫以祖屈，而所屈之祭常少者也。韓公禮學精深，蓋諸儒所不及，故其所議，獨深得夫孝子慈孫報本反始、不忘其所由生之本意，真可爲萬世之通法，不但可施於一時也。程子以爲不可漫觀者，其謂此類也歟？但其文字簡嚴，讀者或未遽曉，故竊推之以盡其意云。非所所字疑衍。議有議下，方有爲字。

省試顔子不貳過論　之目目，方作夫。不由由，或作曰。所謂所上，方有故字，非是。自明誠者或無自字。亦不或無亦字。飲一或無飲字。不然夫行或無不然字。或併無夫字。

與李秘書論小功不税書秘書，官稱也。或無書字，而以秘爲人名，及論作問，税下無書字者，皆非是。以情責情諸本上有是字。方云：鄭注無此語，只云以己恩怪之。不追上或有而字。功服功下，或有之字。常服或無常字。古之人人，方作時。各相方無相字，非是。然各字亦疑誤。豈牽豈下，或有有字。慼慼下慼字或作容。類有喪類下，或有於字。喪，或作服。稅者方無者字。尤深深，或作甚。

太學生何蕃傳方本作書，云：此文總於書類，當從舊本。○今按：此當作傳而入書類，未詳其說，但其詞則實傳也，況有諸本可從乎？廿餘年諸本作二十餘年。方從杭本作廿年餘，又云：蜀本作二十而餘，字亦綴於年之下。按：說文：「廿，音入，二十并也。」「卅，先合切，三十之省便古文也。」考之國語，有云「行玉廿穀」者，正作此字，泰山秦碑亦云「皇帝臨立，廿有六年」，則又以四字爲句，而以廿爲一字，尤明白矣。故公文多用廿、卅字，唯孔左丞碑尚以四言，故可考。如南海碑、薛助教碑石本亦皆然，但世人多不之見耳。○今廿從方本，餘年從諸本。之升或作升之。聞於或無於字。名文名下，或有爲字。比肩立莫爲禮部立下，或有歎字。或有歎字而無莫爲禮部四字。具全具，或作俱。請諭或無諭字。方作論。歐陽詹生詹生，或作生詹，方本陽下注詹字。下同。○今按：歐陽詹生〔三〕，如史稱轅固生、樂瑕公之類甚多，不當作注。葬死方從杭、蜀本，無葬字，非是。水氣水下，或有之字。無亦或無亦字。

答張籍書　人人上人字或作衆。○今按：人人，乃衆人之義。此篇下文及後與孟東野書、別本歐陽詹哀詞皆有之，然不見於它書，疑當時俗語也。意吾子或再出吾子字，非是。意僕方無意字。之見之下或有所字。焉耳焉，或作者。得矣得上，或有所字，或無矣字。之末至未至，方作不能。或至下更有至之不能四字。人人或無下人字，説見上。裸裎裎，方作體。言不或無言字。

重答 推而而，或作之。德者或無者字。然後或無此二字。下乃公卿輔相乃，或作及。〇今按：此言其下者猶是公卿輔相，蓋微詞以見上自天子亦宗事二氏之意。書於吾何有書於，方作於書，仍無吾字。〇今按：書於吾何有，言無補也。方本誤。窮也亦甚方本窮作躬〔四〕，甚作窮，皆非是。甚，又或作至。及乎及，或作至。雄亦未久也方無也字。書者句上或有爲字。後世或無世字。其何其，或作又。商論或無商字。方云：考張籍本書，實有。好勝者然好下，或有己字。或無然字。非好己之道勝也或無此一語。所傳之道也方無所傳也三字；而道下有傳者二字，屬之下句，皆非是。無以以，方作所，非是。張而不弛文武不能也能字，本皆作爲。方云：考之記，實曰「張而不弛，文武弗能也；弛而不張，文武不爲也」。則此爲字當作能字乃是。但李本云論衡嘗引此以闢董仲舒不窺園事，正作爲字，疑公自用論衡，非用戴禮也。〇今按：作爲無理，必有脱誤。不然，不應舍前漢有理之禮記而信後漢無理之論衡也。況公明言記曰，而無論衡之云，且又安知論衡之不誤哉？今據公本語，依禮記定作能字。惡害於道哉惡，或作豈。於下，或有爲字。一本作烏害其爲道哉。

第十五卷　書　啓

與孟東野書東野，或作郊。　吾心吾，或作余。|方從閣、|蜀本作吾。除江湖予樂也一語，餘並同。其於人人或無下人字，說見前卷答張籍書。或作它人，非是。|方無此四字。與之處之，|方作人。言無　唱無無上，或並有之而字。行而|方無而字。與同與，|方作以，說已見前。從之從下，|方有今字；之下，|方有人字。云：|謝以貞元本定。○今按：上語與世相濁，即是從今之人，更著二字，則贅而不詞矣。舊書之不足據有如此者，故特詳著其語云。其使|方無其字。於歸於，或作與，|方作以。○今按：送楊少尹序亦有此語。春且盡時氣向熱|方本盡時作時盡，向作日。○今按：|方本無文理，蓋其意信本而不信理，好奇而不喜常，故其所取，每得乖戾暗澀之語。雖此等無利害極分明處亦不能免，是可歎已！

答竇秀才竇下，或有存亮字。　智愈智，或作身。　辭雅雅，或作清。　書盈書，|方作畫。　循次上或有若字。　萬一或無此二字。　之舟舟，或作川。　事左左，或作尤，非是。　其光二字|方作世。　不曜曜，或作耀。　請懇請，或作情。　文章不足足，或作可。

上李尚書李下，或有實字。　載拜載，或作再，古字通用。　尚書或無此二字。　如家或無此二字。　謹獻謹，或作請。

賀徐州張僕射白兔狀或注建封字。狀，亦作書。 皦白皦，或作全，或作皎。 安阜屯方云：屯名安阜，如唐孟元楊董作西華屯是也〔五〕。○今按：下云得之軍田，則此屯字乃屯田之屯也。 屯之屯，或作田。 弗逸弗，或作不。 愈雖不敏或無此一語。 戎國名戎，方從閣、杭本作我，名下注絶句二字。○今按：實我國名，不成文理。 漢書衛青傳「討蒲泥，破符離」，晉灼曰：「二王號也。」所謂戎國，疑或取此。 附麗麗，或作離。 道也方無也字。 安阜之嘉名阜，或作附；嘉，方作喜，又無名字；安阜，或作革附。皆非是。 伏惟閤下方無閤下字。 其有逆亂之臣未血斧鑕之屬畏威崩析歸我乎哉諸本多如此，嘉祐杭本亦然。 方本之屬作其屬，屬下句。 析作拆，云：漢終軍傳：「野獸并角，明同本也；衆支内附，示無外也。 殆將有解編髮、削左袵而蒙化者。」又王褒講德論：「今南郡獲白虎，偃武興文之應也。獲之者張武，張而猛也。」公言蓋祖此。 ○今按：嘉祐諸本之、析二字文理分明，方氏但據蜀本而不復著諸本之同異，其所定又皆誤。 蓋其屬歸我，事小不足言，不若逆亂之臣歸我之爲大而可願也。 崩拆亦不成文，若用論語「分崩離析」之語，則當從木，若用史記「折而入於魏」之語，則當從手，二義皆通。 然既有崩字，則似本用論語中字也。 不惠或無此二字。 蒙念方從文苑，以念爲合，全無文理。 默默邪方從杭、蜀、苑，作默賀也，亦不成文理。

上兵部李侍郎蜀本注巽字。 或作異，非是。 本好好，或作喜。 山嶽方從三本、文苑，作泰山，與上下句不類，非是。 智益智，或作身。 難爲聽而難爲屬上句。 爲，或作其，則屬下句。 內仁而外義行高而德鉅尚賢而與能哀窮而悼屈方本仁下、賢下無而字。○今詳此上下四句，本或皆有而字者爲正。或皆無之，或上二句無而下二句有者亦通。而方本必於其第一、第三句去之，使其參差齟齬而不可讀，以爲古則不淳，以爲今則不響，不識其何意也。宜必宜，或作計。

答尉遲生下或注汾字。愈白或無此二字。古之道或無此復出三字。取之方無之字。

答楊子方云：此書答楊敬之，淩之子也。所謂遠其兄甚者，謂誨之。誨之，憑之子。柳子厚所爲説車者也。果於於，或作以。堯舜舜，方作帝。李七或無七字。兄甚下或有矣字。所以下或復有以字，非是。其間方無其字。

寄襄陽于相公或注頔字。天保保，或作寶。移族從并與京兆書方從閣、杭本如此，云：頔，世雄朔、易，時移羣從，占數爲京兆人，以書修敬於京兆尹李實。劉夢得集有代李尹答書可考。諸本或以從并爲徙并，非也。○今按劉集，代實答頔第二書也，其曰移族從者，頔與京兆書外，別有移羣從書。移，非移居之移，乃移文之移。蓋始去其舊鄉，故移書以曉其宗族羣從也。自庚或無自字。人則方作則人。或無則字。悼慄悼，或作悖，或作惶，或作憚。方云：説文：「悼，懼也。陳、楚謂懼曰悼。」陸士衡表：「五情震悼。」區極區，或作樞。憚赫或作變化。方云：閣、蜀、録、粹皆作燀赫，字小訛也。燀，丹末切，與怛同。莊子：「聲侔鬼神，燀赫千里。」子之言曰或無之言字。雲曰雲下，或有言字。而隨方無而字。然且然下或有則字，非是。

爲分司郎官上鄭尚書相公啓

猥賜猥，或作俯，方無。○今按：言猥若俯者，事上之禮，無者非是。戰悚悚，或作慄。有厥誠須方無厥誠字。煩黷黷，或作瀆，字通用。方作默，則訛矣。又連下句讀之，其誤益甚。出入方從杭、蜀本，無入字。○今按：出入，漢人語多有之，公作襄陽盧丞志，亦云「出入十年」，方誤矣。計較較，或作校。於己方從閣本，無於字，非是。俯加憐察閣無俯字，録無俯察二字。俯，或作特。○今按：得失之意，已論於篇首矣。

爲河南令上留守鄭相公啓

伏念方從三本，無伏字。宜止則止方止字並作爾。○按：對上句行字，義當作止。方本無理不詞，今改從衆。受容受察閣、杭本無受容字，亦非是。外於方從三本，無於字，非是。凌駕方云：字見選沈休文論。當嫉下或有矣字。杖之方從三本，無之字，非是。未過未下或有至字。或作不至過。長者方從三本，無者字，非是。疑於方無於字。小人受私恩良久受私，或作私受。○今按：私受非是，然此七字爲句，語亦太煩，又下語便有私恨字，不應重複如此。疑此私字是衍文也。得一事爲名可自罷去方從閣本，名字在罷字下，而名字下更有一罷字。杭本無名字，可自作自可，亦無下罷字。○今按：此句諸本皆不可讀，但別本作得一事爲名可自罷去，比閣本只移一名字，去一罷字，比杭本但增一名字，倒一自字，而文義通暢，略無凝滯，今從之。○又按：此二書誤字尤多，而閣、杭、蜀本又爲特甚，不知何故如此。大氐公於朝廷或抵上官，論時事及職事，則皆如公狀之體，不用古文奇語，此二篇亦其類也。竊意讀者厭其無奇而輒改之，故其多誤至此云。

第十六卷　書

上宰相　獻書下或有于字。方云：時宰相趙憬、賈耽、盧邁也。之矣矣，或作也。然盛也或無也字。曰百朋或無百朋二字。賜之賜，或作錫。之，或作以。載載也或作載者載也，或作載者舟也，或作載舟也。之心或無之字。然則孰能長育天下之人材將非吾君與吾相乎或無孰能以下十七字。方云：歐本云，存此則與後相應。然亦無孰、長、人三字，則非是。其職職，或作所。而起或無而字。與正與，或作興。之宫宫，或作宅。方云：一畝之宫，本儒行語。公苗蕃誌無宫以歸，今本亦誤。○今按：二字無大利害。公用儒行語，亦或有之，然謂其專用宫字而不得更用宅字，則固矣。之謂之下，或有所字。十年年上，或有一字。古之君子之字或在君子下。或子下别有之字。得志志上，或有其字。○今疑志字衍。而君或無而字。富貴或無貴字。没於没，或作役。方云：國語「重耳不没於利」，注：「没，貪也。」一其致或作其致一。讓其其上，或有於字。廉於於下，或有其字。之化方無之字。則勸則，方作其。○疑當併有則其字。謂也也，方作矣。旁求此下方有儒雅字。雅，亦或作士。家不家下，方有之字。從順從，方作俗。○今按：後卷與馮宿書云：「委曲從順，向風承意。」則諸本作從順者，固韓公常用之語也。方本語意拙澀，非是。方聞聞下，或有今字。稍進進下，或有者字。惟恐聞惟，或作之。或無惟恐二字。書進進，或作上。而宰或無而字。而爵而，或作天，下又有子字。書於方無於字。所歸所下，方有依字。不敢或無敢字。冀辱賜觀焉或無冀字。或作伏垂賜觀焉。

復上　向上方無向字。逃遁方無逃字。仁之仁，或作人，而之下有救字。仁，或作人，而下無之字。○今按：此若作人之救，則正與下句全字爲對，而下文再疊其語，亦以二字相對。但覺其語差凡，故今且從方本。愚不愚上或有其字，而愚下有也字。也，又或作甚。或有其字而無也、甚二字。見之矣矣，方作歟。不救不下，或有之字。謂愈下或有曰字。材能不足材，方作才。能不，或作不能，而無足字。賢相或無賢字。固在上位者之爲耳非天之所爲也者下，方無之字，句下無也字；或無之、耳、非、也四字；之爲耳，或作爲之且。皆非是。使及或無此二字，非是。無間間，或作聞，或作問。憐焉憐下，或有察字。

復上　輔相下或有也字。其急或無其字。三捉捉，或作握。姦邪讒佞欺負方本姦下有人字，無欺字，非是。之在或無之字。託周公疑此周公字當是國字。不得不上，方有以字。讒佞欺負方無佞欺字。至比至，或作如。餘日或作日餘。閤下其亦察之或無此六字。之魯　之齊之下，或並有於字。則去之宋方無則字。惟不惟下，或有恐字。威尊或作尊威。無已已，方作文，非是。

答侯繼　開足開，或作聞。皆以方無以字。○今按：以、已通，晉宋人書帖多用以字。雖欲欲，或作復。之意方無此二字。行自行，或作亦。○今按：行，疑當作復。方當當，或作將。伏隩隩，或作

奥。時世或無世字。方藥|方無此二字。子者子下，或有事字。者下，或有也字。吾今或無今字。謂我|方無我字。之退　不爲進　之進　不爲退或無兩之字。不爲，|方並作爲不。月十日三字或只作旬。我謝焉|方無我字。此下或有愈再拜字。

答崔立之　以至|方無至字。者也|方無也字。之於或無之字。得矣得下，或有之字。何子之|方無之字。自明或作明白。賦詩或作詩賦。司者或無者字。退自退下，或有因字。所就|方無所字。相如或無此二字。進取者或無進、者字。五子五，或作數。生於生，或作出。具裘具，或作完。窮孤或作孤窮。工人或作良工。見知|方無見字。兩刖或作刖兩。不爲病不上，或有而字。病，|方作痛，或作疾。再刓刓，或作刖，下同。後進進，或作振。尤非|方作非尤，非是。足下無爲爲或無足下字，或無下爲字，或併無二爲字。邊境境，或作地，或無境字。究其或無其字。之終之下，或有所字。之刑刑，或作形。信於信，或作伸。之狂或無之字。

答李翊　六月二十六日或無此六字。而恭而，或作之，非是。其外外，或作餘，非是。宫者下或有也字。焉足焉，或作烏。言者或無者字。取於人或無於字，下三語同〔六〕。言者則無者下，或有邪字，非是。其至至，或作志。餘年|方作年餘。兩漢兩，或作秦。於人下或有也字。以爲喜上或有心字，下語同。然後後，或作后。之源源，或作府。下無絶其源，亦作無虚其府。器邪或無邪字，有則時用焉四字，或併有邪字。施諸施，或作垂。無足樂也也，或作乎。古者古下，或有人字。

重答翊答下，或有李字。人於入，方從杭本作人，非是。行於方從三本，無於字，非是。余之余，或作愈。其思上或有求字。及邪邪，或作也。屬有或無有字。不果方無果字。

代張籍與李浙東或作浙東觀察李中丞。或注巽字。寓書寓，或作獻。察使或無使字。得專方無得字。友也上或有朋字。言之方無之字。不聞或作未嘗。已後已，或作以。退自退下，或有而字。其人人，或作身，非是。奮曰曰，或作目，非是。所能或無所字。十萬十，方作百。能別是非能下，或有計字。是非，方作非是。出心中方無下二字。知見或無見字。致之致，或作置。善於於，或作爲。進其其，或作籍。敲金擊石方云：校本一云：敲，當作敲。唐人多使敲字，如盧仝詩「敲金摐玉」。擊，或作拊，或無之。○今按：方説敲字甚怪，所引盧仝詩當亦是誤本耳。盲者業專於藝必□諸本專字在必字下，今從文苑。但文苑必作也，而下缺一字，疑是精字。更詳之。籍儻或無籍字。比並乎或無比、乎二字。今按：並字疑衍。幾其或無其字。之賜下或有也字。裁之或無之字。

答李秀才李下，或有師錫字。方注圖南字。庸衆人或有複出庸字。或作庸庸之衆。元賓既没其文益可貴重杭本無既没以下八字，非是。所與與，方作以。○今按：方以以、與可通用，故從杭本作以，然孰若從諸本之爲正邪！文辭文，方從閣、杭本作命，云：元賓所命意於詞也。○今按：此文詞指李生所作耳，非謂元賓之詞也。正使實謂元賓之辭，作命辭亦無理。甚矣矣，或作乎。與吾與，或作歟，非是。

答陳生下或有商字。或注師錫字。有見其或無有字。○今按：有字或當在其字下。蠢焉焉，或作然。順乎閣、杭本無順字，非是。己果不能人曰能之勿信也方從閣、杭本，無果至也十字，文録併上己字亦無。○今按：此閣、杭本之謬，全無文理，而方信之，誤矣。後乎上或有而字。行也上或有文字。旨甘或作甘旨。道也道下或有者字，非是。愈猶猶，或作獨。見焉見下，或有知字。方云：見，胡甸切。公時爲博士也。

與李翺與，或作答。辱足下書或無足下字。下將方無將字。下謂謂上，或有誠字。京城城，或作誠。僕之有之下，或有所字。驅而驅，方作執。○今按：作驅即屬下句，作執即屬上句。詳下文亦有復驅之使就其故地之文，而持、守、執三字，語太繁複，故當以驅爲正。加長加上，或有已字，非是。不以上或有得字。知我或無我字。所資方無所字。所從從，或作縱。今天或無今字。安能方無安字。願爲爲，或作如。飽而嬉或作渴而飲。方從杭本，嬉作悲，云：悲者，悲其不得所從故也。皆非是。所愛所，或作其。者少少上，或有尤字，非是。不知下方有於字。猶多猶，或作尤，非是。豈樂或無豈字。孔子上或有昔者字。有聖或無有字。之依方無之字。此候方從杭本作候此。○今按：此與與孟東野書「春且時盡」相似，説已見於彼矣。

第十七卷　書

上張僕射　愈之或無之字。忘其忘，或作望，非是。喪失喪，或作哀；或校作衷。皆非是。必將或無將字。而夜或無而字。取者或無者字。下矣矣，或作也。所教　所受教諸本皆如此。閣本教作命。方從杭、蜀、苑，所教作受命，所受教作所以受命，云：考孟子，上語當作受命。○今按：依孟子，則上語不當有受字，下語不當有以字，而二命字本皆作教。童而習者皆能知之，不知方氏何據而云「考孟子，上語當作受命」也。而愛其君者　而忘其君者文苑而愛作而能愛，而忘作而不愛，二語並無者字。此言進方作言此言。或作言此事。終酉終，方作中。聞執事之或無執事之三字。好士也好，或作待。杭、蜀、文苑只此句有也字，餘並無，今從之。依歸也閣本唯此句有也字，餘並無，今從之。賢能方無賢字。以禮如此此下，或有苟如此三字。所屈方無所字。知己知己或無複出二字。哀其哀下，方有察字。○按：下方合有察字，此不當有。

答胡生或作胡直均。方注：直均，均或作鈞。考登科記，直鈞，貞元十九年進士也。斯須或作頃渴，或作傾渴，皆非是。當之當，或作答。有益有下，或有所字。利其求方無其字。○今按：後卷答陳商書云：「文雖工，不利於求。」則此其字亦當作於。語於語，方作謂。尤佳佳，或作嘉，方作加。

與于襄陽與，或作上。　士之上或有夫字。　先達達，或作進。　未嘗敢上或有而字。　抱不世抱，方從閣、杭、蜀本作苞，云：文選包多作苞，陳寔碑所謂「苞靈曜之純」是也。蜀世下仍有出字，文苑有出人字。○今按：韓公未必固用選語，且從諸本作抱。　而獨方無而字。　而未或無而字。　將志將，或作其。　有言下或有曰字，非是。　之享享，或作宴。　而事或無而字。　禮焉焉，或作哉，非是。　以語方云：以、與義通。

與崔羣　百千輩方無此三字。○今按：諸本及詳文勢，皆當有此三字，但不知指何人而言耳。　無事或無此二字。　外患不入患，或作達；方無不入二字。皆非是。　下者或無者字。　所與或無此二字。　悔之不可之下，或有亦字。　不可或作可乎。　諸淺諸，或作此，或無諸字。　仰服服，或作伏。　言行言，方作百，非是。　瑕尤方無尤字，非是。　自明或作明白，非是。　以爲方無以字。　所好惡好惡，或作法，非是，然本字亦未安。　伏其伏，或作服。　之耳或無耳字。　之食之下，或有於字。　於吾或作吾於，非是。　無所或無所字。　則旋旋，或作旅，非是。　意竟或無意字，非是。　崔君崔君無怠無怠或作崔君無怠崔君無怠。　潁之之，方作水。　亦白其一亦，或作已。或無一字。　鬚亦鬚，方作鬢。　小兒女滿前或無小字，或無女字。滿下或有眼字。　能不方作不能，非是。

與陳給事陳京也。　候於或無於字。　益尊或無益字。　日隔或無日字。　以不專方從杭本，不下有辱字，非是。　忌者或作忌始生，非是。　愈之愈下，方有也字，非是。　若加其新也上或有其字，下或有矣字，下句亦然，皆非是。或又疑加當作嘉，乃與下文閔字爲對。屬乎屬，或作厲。方從文苑，云：屬，猶附屬、連屬之屬，決非厲字也。其愚愚，或作言。其情其，方作於。以示示，或作不盡。爲復爲下，方有文字。已下下下，或有賦字，非是。揩字或無字字。其意意，或作言。

答馮宿

安得方無得字。絶久諸本下有矣字。方從閣、杭本，云：漢武紀「夷狄無義，所從來久」，語自此也。○今按：矣字有無無利害，姑從方本。但未有以見其必用漢紀中語而決無此字耳。僕居僕，或作並。方無僕字，或無居字。思之或無之字。有以獲獲，或作服。○今按：二句皆云獲罪於人，恐有誤字。作服亦無理，疑上句人字或是天字。更詳之。雖造造，或作居。已來已，或作以。而易方無而字。向風向，或作望。且不且下，或有懼字。可如或無可字。車拜車下，或有而字。吾過或無吾字。忘也下或有愈再拜字，與衛中行書同。或作頓首。

與衛中行

一二方無二字。爾也不敢當不敢當或無下六字。能謀方無能字。謀下，或有與字，屬下句。福爲幸爲下，方有不字，非是。吉小吉下，或有而字。賢不賢，方作仁。之善或無之字。而居而，方作於，非是。

上張僕射

事諫諫，或作陳。故哉閣、杭、蜀本如此，而方但從諸本，哉作也。今以下兩句推之，作哉近是。蓋此非至故哉十五字當作一句讀之，乃得其意。或者又云，哉字恐是邪字聲訛爲也。今作邪字，讀之文理尤順。感心心上，或有人字。危墮墮，或作墜，下同。之事或無之字。骨筋或作筋骨。

決矣諸本皆如此，方從杭本，無矣字。○今按：上句有矣字，此句亦須有矣字，語勢方殺。杭本只是偶然脱漏，不謂後人信之過甚，而使韓公爲是歇後不了之語也。今當以諸本爲正。胸臆臆，或作腹。雖豈雖，或作惟。一端方無一字。

與馮宿論文或無論文字。初筮筮，方作仕。何得何下，或有有字。或有有字而無得字。則人必以則，或作即。方無以字。人亦上或有即字。大怪之方無之字。俗下文字文字，方作者。則人方無則字。直何直，或作真。今世方無今字。然以以，或作而。之言或無此二字。爲雄或無爲字。此未未，方作不。其師或無其字。疑耳耳，或作矣。年長或無年字。幾乎幾下，方有至字。於時也此下或有未知果能不叛去乎八字。又或疑此句上有然字，意無所承，恐所增多八字當在然字之上，未知是否。久不久下，或有而字，非是。

與祠部陸員外或有薦士字。足跡或無跡字。陞乎陞，或作昇。下之事事，或作士。方云：謂有待而爲，則事字爲當。知誠誠，或作識。疑矣方無矣字。言已已，或作矣，或作也。于野方無此二字。其耕之暇方作非耕之時。或作其暇之時。西京京，或作漢，或作漢西京。邪佞詐妄方作邪妄詐僞。或作邪妄詐佞。其日已久矣方無矣字。或作爲日久矣。有材材，方作行。○今按：賢即是有行，方語爲贅。而能方無而字。語之語，或作論。有成方無有字。張弦弦，或作弘，與登科記同。與解與，或作以。亦幸或無亦字。或無幸字。舉人如此方無如此字。蔑蔑或作蔑然。謀行上或有與字。

第十八卷　書

與鳳翔邢尚書或作京西節度使邢尚書。方亦如此，而無下三字。邢，謂邢君牙也。　豈負明上或有是字。洸洸乎或無此三字。或願操或無或願二字。河湟湟，或作隍。蓋亦有説或作亦蓋有其説，非是。日遠或無日字。賢者至亦以千金與之亦，方作又。杭本無此九字，非是。日遠日，或作亦。得士得，或作待。此而已已下，或有矣字，下句同。固已方無固字。果能能，或作行。功德下或有矣字。布衣之士也上或有固字。或無也字。常以常，或作嘗。及至方無至字。而不能去方無而字。能下，或有速字。去，或作進。或作不敢遽進。之際際，或作下。進者進下，或有謁字。誠以左右無先爲容誠，或在容字下；容下，或有也字；方無以左至容七字。皆非是。先此先下，或有陳字，非是。書序書下，方有陳字，非是。之意之下，或復有之字。其無以或無其字。或無以字。○洪氏年譜云：公以貞元八年壬申二十五歲中第。十一年乙亥，二十八歲，上宰相書，求官不得而歸。出潼關，作二鳥賦。又據程致道説，既出潼關，因遊鳳翔，上邢君牙書。○今按：程説大誤，蓋賦序言五月過潼關，而此書言六月至鳳翔，潼關在長安之東，鳳翔在長安之西，相距六百餘里，豈有五月方東出潼關，而六月遽能復西至鳳翔之理。此書決非此年所作，必是八年以後、十年以前嘗至鳳翔，而有此書及岐山下等詩也。

爲人求薦〔七〕　遇之遇，方作過。　假有方無有字。　足云下或有耳字，或有爾字。　若某等比若下，或有干字，而無比字。或無等字。　其知某如何哉昔人有鬻馬不售於市者知伯樂之善相也從而求之伯樂一顧價增三倍某與其事頗相類是故終始言之耳諸本皆如此，方獨從閣、杭本，以其知某如何哉爲其如某何哉，而無昔人以下四十三字。○今按：此書本爲人求薦，而杭本曰「執事其如某何哉」，則似決以其人力不能薦己矣，故諸本或作執事其知某何如哉，語意似協，而亦未有懇切必求之意，又無結末收拾之語，故又繼以鬻馬之説，文意方似粗足，然亦重複無奇。文意首尾不甚通暢，恐尚有脱誤處。更詳之。

應科目時與人或作與韋舍人。　匹儔匹，方作比。　于天天下，或有地字。　十八九矣或無十字，而矣作年。方從謝本，云：唐舉子禮部及第，例須守選。選未滿，或就制舉，或書判拔萃，方獲出仕。此書謂「其不及水，蓋尋常尺寸之間」，是專指宏詞試也。言世之嗤笑者十而八九，乃上宰相書所謂「得其所者爭笑之」是也。諸本多作八九年〔八〕，其義非也。　轉之清波轉，方作輸。　或作轉致之波濤。　而且嗚號嗚，或作呼。　嗚下，或有且字。　或作而嗚且號。

答劉正夫正，或作𡵂。方云：此書謂「賢尊給事」者，劉伯芻也。伯芻三子，寬夫、端夫、巖夫，無名正夫者，故蜀本刊作𡵂，豈正夫即巖夫邪？今且從舊。　凡舉方無凡字。　輩名名上，或有之字。　是爾如是而已諸本無爾如是字，已下有矣字。謝校矣作爾。或作耳。沈浮或作浮沈。後進或無進字。

要若或無要字。不自方無自字。顧常或作必當。常，或作當。何如或作如何。

答殷侍御方云：殷侑也。或注衙字，非是。月亡月，或作日。人句前或作前人，非是。休假假，或作暇。綣綣或作拳拳。奚辭辭，或作詞。

答陳商方云：唐志有商集十七卷。知識知，或作智。且喻且，方作具。於齊者方無者字。律呂諸本皆如此，方獨從閣、杭本，以二字爲宫字，云：國語：「琴瑟尚宫，鐘尚羽，重者從細，輕者從大。」○今按：方氏所引國語，是也，然凡作樂者，八音並奏，而其一音之中，大者爲宫，細者爲羽，莫不皆有五聲之序，又以六律、六呂節之，然後聲之大細得其次第而不差，書所謂「聲依永，律和聲，而八音克諧」是也。其曰「琴瑟尚宫」者，非謂琴瑟只有宫聲也，但以絲聲太細，恐其揜於衆樂而不可聽，故大其器，使其聲重大而與衆樂相稱耳。其中固自有五聲，而聲必中律呂也。方意似以琴瑟專爲宫聲而不用它律呂者，故特取此誤本耳。今從諸本。鼓瑟雖工諸本如此，瑟字句絶。方獨以鼓爲瑟而爲句絶，其下瑟字乃屬下句；曾本上亦作瑟而下作之，皆非是。求齊也求齊，或作竽；或無也字。皆非是。此世下或有也字。道於此方無此字。雖工雖，或作誠。或雖上有誠字。言之方無之字。

與孟尚書　愈白行官自南迴過吉州得吾兄二十四日手書數番忻悚兼至未審入秋來眠食何似伏惟萬福來示云或無吉州二字，下云被吾兄二十四日手示，披讀數番。方從閣、杭本，無行官至來示三十八字，但云蒙惠書。○今按：閣、杭乃節本，諸本乃其本文，今從之。信奉釋氏此傳之者方從閣、杭、蜀本，無信、此傳之四字。無可與語者無下，方有所字，無與、者字。要自胸中無滯礙以爲難得諸本皆如此，方從閣、杭、蜀本，刪胸中無滯礙五字。自，又或作且。○今按：此書稱許大顛之語，多爲後人妄意隱避，刪節太過，故多脱落，失其正意。如上兩條猶無大利害，若此語中刪去五字，則「要自以爲難得」一句不復成文理矣。蓋韓公之學見於原道者，雖有以識夫大用之流行〔九〕，而於本然之全體，則疑其有所未睹，且於日用之間，亦未見其有以存養省察而體之於身也。是以雖其所以自任者不爲不重，而其平生用力深處，終不離乎文字言語之工。至其好樂之私，則又未能卓然有以自拔於流俗。所與遊者，不過一時之文士，其於僧道，則亦僅得毛于暢、觀、靈、惠之流耳。是其身心内外所立所資，不越乎此，亦何所據以爲息邪距詖之本，而充其所以自任之心乎？是以一旦放逐，憔悴亡聊之中，無復平日飲博過從之樂，方且鬱鬱不能自遣，而卒然見夫瘴海之濵，異端之學乃有能以義理自勝、不爲事物侵亂之人。與之語，雖不盡解，亦豈不足以蕩滌情累，而暫空其滯礙之懷乎？然則凡此稱譽之言，自不必諱，而於公所謂不求其福、不畏其禍、不學其道者，初亦不相妨也。雖然，使公於此能因彼稊稗之有秋，而悟我黍稷之未熟。一旦翻然反求諸身，以盡聖賢之藴，則所謂以理自勝，不爲外物侵亂者，將無復羨於彼，而吾之所以自任者，益恢乎其有餘地矣。豈不偉哉！自各或無自字。禍祟祟，或作福。昭布森列布森，方作森布。○今按：公進平淮西碑狀亦有森列字，可考。亦且惑矣或作非大惑歟。子云子下，或有有字。聖賢之道不明或複出此六字。雲云云，或作曰。以至至，方作族，非是。其經或作經書。或下有書字。尚皆方無尚字。或作皆尚。崇仁崇，方作貴，上又有知字。○今按：上文有知字，下文有貴字。方本皆非是。向無向，方作苟。漢氏方無氏字。甚矣甚，方作耳。而粗而，或作且。

答呂醫山人

僕者方無者字。爲書各自名家方無書各自名四字，非是。不貫貫，或作實。孰乎乎，或作邪。趨是趨下，或有其字。主意方從閣本，意下有在字，云：意在，謂意之所嚮也。左氏「晉君少安，不在諸侯」，「趙穿有寵，而弱不在軍事」，漢書「王莽意不在哀」，義祖此也。○今按：但如諸本，語意已足，不假在字爲奇也。政使能奇，亦復幾何，而已不勝其贅矣。此近世所謂古文者之弊，而謂韓公爲之哉！恐閣本初亦失誤，而方乃曲爲之説，以誤後人，故不可以不辨。或者又疑在亦草書者字之誤，更詳之。衣破方無衣字。繫麻繫上，方有脚字。意者下或有也字。阿曲方無曲字。或作効俗，或阿上仍有効字，或作効阿俗。

答渝州李使君或注方古二字。

書或有狀字。連辱方作辱連紙。欽想方本上有重字。於人於下，或有古字。知感知上疑脱一字。有言可信信，或作伸。或無望字。方云：信，音伸。○今按：衆本皆未安，疑本用易「有言不信」之語，若作言有可信而讀如字，則其義通矣。更詳之。默默方無複出默字。去心或作忘去其心。期之無已或無此四字。捐罷捐，或作止。○今按：此二字疑衍。○又按：此書題一作狀，故其詞亦用俗體，不甚作文。

答元侍御　棄去棄，或作亡。史氏氏，方作事，非是。抗直抗，或作伉。附書附字疑衍，蓋濟自合立傳，不應言附書也。標白白，方作目。

校勘記

〔一〕豐上或有既字　「上」，原作「下」，據南圖本、兩韓集改。
〔二〕下或有者字　「者」，南圖本作「也」。此句兩韓集作「下或有者字，或有也字」。
〔三〕歐陽詹生　「生」，原作「主」，據南圖本、李本、兩韓集改。
〔四〕方本窮作躬　「本」，原作「作」，據南圖本改。
〔五〕如唐孟元楊董作西華屯是也　「楊」，舊唐書卷一五一、新唐書卷一七〇作「陽」，南圖本作「揚」。
〔六〕下三語同　「下」字原缺，據兩韓集補。
〔七〕爲人求薦　「薦」下，南圖本有「書」字。
〔八〕諸本多作八九年　「諸」字原缺，據舉正補。
〔九〕雖有以識夫大用之流行　「大」，南圖本作「日」。

昌黎先生集考異卷第六

第十九卷　書　序

與鄭相公書鄭餘慶時鎮興元。　孟之孟下，或有氏字。　諮報諮，或作咨。

與袁相公袁滋先鎮襄陽，後鎮荆南。　不知此書的在何時也。　可與與，或作以。　篋櫝篋，或作匱。

少闕方無闕字。

與鄂州柳中丞公綽時觀察鄂岳。　巢窟或作窟巢。　語難方云：此用莊子語。杭、蜀本作難語，非。　日令日，方作月。　會集或無二字。　而在方無而字。　良食食，或作用，非是。　之徒之心或無之徒二字。　方無下之字。

又一首　圖議圖，或作國，非是。　真能真，或作直，非是。　單進或無單字。　眷惠下或有賜字。　旬歲歲，或作月。　召募召，或作占。

答魏博田僕射　愈蒙免蒙恩改職事諸本無蒙免二字。方從閣本。○今按：蒙免者，蒙田之庇而得遣免也，連上文爲句。蒙恩者，蒙上之恩而改職事也，連下文爲句。求因間或無求字。間，或作閑。○今按：此謂求楊書記因田之間爲述己意也。

與華州李尚書吕本作絳。方云：以史考之，絳以元和十年二月出刺華州。又公與絳同年，故曰久故。蜀本注實字，非是。比來比，或作夜。伏蒙方無伏字。比者者，或作倫。兒女子或無子字。方云：史記「非兒女子所知」，「爲兒女子所詐」，當有子字。不宜或無宜字。

京尹不臺參答友人或作與友人論京尹不臺參書。察使或無使字。亦是何典故亦今尚與中丞分道而行何況京尹方云：吕丞相本改定此十九字綴於事須臺參之下，仍於却不如下添中丞二字。洪慶善云：今本顛倒不可讀，當從唐本。不知洪所謂唐本者何本也。閣、杭、蜀本只同今文，姑以闕疑可也。一曰不用臺參已下當再出臺參二字，義亦自通。○今按：二說皆未安，後說雖差勝，然文意似亦未足，當闕之以俟知者。自修報狀不得或作不及自修報，或作不及修報狀。照察照，方作昭。○今按：唐人書帖用照察字亦多。

送陸歙州詩序或無詩字。或作送陸員外出刺歙州詩并序。方云：陸修也。洪云：一本自此下爲第二十卷。能咸咸，或作或，而屬下句。方從閣本作咸，而屬上句。○今按：莊子有「周徧咸」之語，方本得之。先一諸本上有謂字。方從閣本，云：杭本訛咸作或，然尚無謂字，蜀本始作或爲，今本易爲作謂，訛轉甚也。○我衣之華兮我佩之光陸君之去兮誰與翱翔諸本如此，方從閣、杭本，光、翔下皆有兮字，去下無兮字。○今按：古詩賦有句句用韻及語助者，賡歌是也。有隔句用韻及兮，而兮在上句之末，韻在下句之末者，騷經是也。有隔句用韻，而上句不韻不兮，下句押韻有兮者，橘頌之類是也。今此詩，方本若用賡歌之例，則華、光有兮而不韻，其去字一句又并無也。若用騷經之例，則光、翔當用韻，而不當有兮。華雖可以有兮，而去復不可以無兮也。若用橘頌之例，則下三句爲合，而首句不當有兮也。韓公深於騷者，不應如此，蓋方所從之本失之也。今定從諸本，以騷經及賈誼弔屈首章爲例。若欲以橘頌爲例，則止去方本首句一兮字，尤爲簡便，但無此本，不敢以意創耳。

送孟東野

鳥鳴鳥下，方從閣本有獸字，非是。推敓敓，古奪字，本或作奪。又其精也方從閣、杭、蜀本，去又字，而取下句尤字足成一句，不成文理。說見下條。尤擇按：上文已再言「擇其善鳴者而假之鳴矣」，則此又言人聲之精者爲言，而文詞又其精者，故尤擇其善鳴者而假之鳴，又字、尤字正是關鍵血脉首尾相應處。方以三本之誤，遂去又字，而以尤字屬上句，不唯此句不成文理，又使此篇語無次第，其誤尤甚，今悉正之。其在在下，或有於字。假以假下，或有之字。弗能弗，方作不，而無能字。之辭鳴辭，或作說，下或有於楚二字。方云：莊子，蒙人，蒙，梁地也。且辭楚威王之聘，未嘗仕於楚也。其下方無其字。然亦未嘗絶也諸本皆有此句，方從閣本刪去。○今按：有此一句文意乃足，閣本脫也。善者善下或有鳴字。以浮浮，方從諸本作淳，唯蜀本及文苑作浮。○今按：此數句皆言魏晉以下文章之病，不應用淳字以美之，諸本皆誤。數以急弛以肆諸本皆如此，方從謝本刪去二以字。○今按：自其聲至此四句當爲一例，其第二、第四句，古本偶皆脱一字，而方必從之，遂使句之短長參差不齊而不可讀，正與上李巽書相似。其意以爲必如是然後爲古，而不知所謂古者不在是也。亂雜而無章將天醜其德莫之顧邪何爲乎不鳴其善鳴者也諸本如此，方從閣本，以亂爲詞，又從閣、杭本，删去將天以下十九字。○今按：方本極無理。蓋因亂而誤爲辭，又因辭而轉作詞耳。今當改詞爲亂，又補十九字，文意乃足。魏晉方作晉魏。於古或無古字，非是。氏矣方從閣本，無此二字，非是。鳴信善方無信字；或作善鳴，皆非是。左傳云：「克己復禮，仁也，信善哉。」公雖未必用此語，然亦偶合也。則懸乎天方從閣、杭、蜀、苑，則下有有字，非是。若果有有字，即天下當有者字。更詳之。釋然者釋，或作懌。然者，方作者然，云：顧命「王不懌」，或作不釋，釋，猶開釋也。○按：嘉祐本作不釋然者，其語本出莊子，方與或本皆誤也。以解方無以字，非是。

送許郢州或作送許史君刺郢州序，仍注仲輿二字。或作志雍。樊云：志雍，安陸許氏，貞元九年進士，終監察御史。于公或有頔字。大要下或有也字。名問問，或作聞。喜不諸本無喜字。方從閣，杭、蜀、苑，得之。不世世下，或有出字。出下，或有羣字。賦愈賦，方作怒，以上下文考之，非是。其賦方無其字，以上句考之，非是。以獨急或無以字。其前之言方無之字，非是。○今疑其字當作某。能信信，方作從，以上文考之，非是。

送竇從事甌閩甌，方作越，以下文重出越字考之，非是。或無甌字，亦非。百越越，或作粤。海敵敵，一作歊，氣上烝也。方從閣、苑作敲，云：敲，横擿也，謂鉅海敲蕩其南也。○今按：敲，微扣也，字書訓以横擿，而漢書注又訓擿爲發動，蓋不以杖末奮擊，但以杖身微扣而發動之，所謂横擿也。海之爲物最鉅，其所震蕩，豈微扣之謂邪？閣本蓋誤，而方必爲曲説以附之，殊不可曉。作歊亦非是，但當作敵，乃當抵、對捍之意，與上句隔字正相對也。風氣氣，方從閣、蜀本作俗。○今按：上文「島居卉服」，已見其民俗之陋；因又言此，以見其風氣之惡。自是兩事。故下文云「民俗既遷，風氣亦隨也」，閣、蜀皆誤。古昔古，方作在，非是。厲疫疫，或作疾。瀕海方云：瀕，濵也。篆文無濵字。漢志「瀕南山」，又「瀕河十郡」，只用瀕字。加於方作如其。○今以上文考之，此當言其氣俗既變、生物益蕃之意，若云固如其初，則却是未曾變矣。方本非是。人之之諸本無複出之字，方從閣、杭、蜀、苑，得之。若東若，或作如。帝臨下或有御字。知我我，或作已。行之遠文苑如此。諸本之或作於。或作我於行遠。方無行之二字。皆非是。貽周上或有其宗二字。

上巳日燕太學聽彈琴詩

尤也尤，方從閣本作光。官屬方無屬字。武公下或有少儀二字。與與或作愉愉。方從杭、蜀本，云：詩「我黍與與」，淮南子「善用兵者，陵其與與」，與皆音餘。○今按：論語有此全句。儒一或作一儒。以昇以，或作而。有得有下或有所字。

送齊皥下第

皥，或作皡。方云：考唐宰相世系表，當作皥。其上之人下或有也字。或無之人二字，有也字。故上之人或無故字。或無之字。詳而明而方從閣、杭、蜀、苑，無詳明二字。而謂或無而字。敢舉方無敢字。衆之衆下，或有人字，下同。若然然，或作是。烏虖方云：烏虖，猶嗚呼也。古文於乎、烏虖、嗚呼皆一義。或作於是乎，非是。爲有方無爲字。爲人嚮道諸本皆同，但嚮或作鄉耳。方從閣、苑，以人爲仁，殊無文理。蓋所謂人者，指應舉者而言。爲之作嚮道者，謂指引其道路所嚮，如公之於侯喜、侯雲長之徒是已。其作鄉者，亦音向，與兵書所謂「以鄉人爲導」者音義皆不同也。其親其下，或有所字。之兄方無之字。于南方從杭、苑，于下有鎮字，云：閣本無。○今按：齊映以貞元七年由桂管改江西，是時洪州只爲江西觀察使，至咸通中乃有鎮南之號耳。杭、苑皆誤。其枉其，或作豈。方從閣、杭、蜀本，得之。既至矣方作既不得志矣。○今按：上文曰「我之未至也」，下文曰「我未也」，則此作至爲是。我未未下，或有至字。

送陳密　歸覲覲，或作拜。獲選獲下，或有其字。將以方無以字。其容其下，或有儀字，非是。誦其　習其或並無其字。

送李愿歸盤谷方云：此序正元十七年作，公年纔三十四耳。盤旋諸本下皆有旋字，洪氏石本、杭本同。或作桓。方從樊氏石本、閣、蜀、苑刪去。○今按：兩石本不同，說見下條。友人諸本及洪氏石本皆作友，方云：樊氏石本作有。○今按：校此書者，以印本之不同而取正於石本，今石本乃又不同如此，則又未知其孰是也。然以理推之，則作有者爲無理，故今特詳著之，以見所謂石本者之不足信也。施于諸本于作於，方從石本。喜有賞怒有刑文苑賞作賜。樊氏石本無此二語。天子諸本天子作主上。方從石本。之所諸本皆有所字，方從石本刪去，下文「於時者之所爲也」同此。望遠諸本如此。方從石本、閣、苑作遠望。之安蜀本及洪氏石本之作所。方從苑、粹、樊氏石本作之。〇今按：此二石本不同，又足以見所謂石本者之難信矣。然以理推之，作之爲是，諸舊本亦多同者。有譽　有樂諸本並有有字，方從石本無。穢汙方從諸本作汙穢，今用石本改。不羞樊本不作弗。刑辟樊石本辟作法。〇可以稼諸本作惟子之稼，方從石、閣如此。可沿石、閣、杭本沿作湘。方從蜀本，云：洪氏以爲作湘者〔一〕，石本磨滅，或以閣本意之也。然此文自「如往而復」以上，皆二語一韻，以稼叶土，此類固多，以容叶深，以詩七月、易恒卦小象考之亦合。古韻獨湘不可與泉叶。按：公論語筆解以浴于沂作沿于沂，政與此沿同義。今只以沿爲正。〇今按：方以古韻爲據，舍所信之石、杭、閣本，而去湘從沿，其說當矣。然必以筆解爲說，又似太拘。今世所傳筆解，蓋未必韓公本真也。又按：洪云：石本在濟源張端家，皆缺裂不全，惟「可濯可湘」一句甚明。又與方引洪氏磨滅之說不同，不知何故，姑記之以竢知者。然其大歸只爲從湘字耳，政使實然，亦不足取。其說詳於下條云。無殃殃，方從洪校石本作央，又云：樊本只作殃，然閣、杭、蜀本皆作央，王逸注離騷云：央，盡也、已也。方又云：此文如叢作藂、俊作畯、時作旹，皆石本字也。〇今按：作殃於義爲得。又按：此篇諸校本多從石本，而樊、洪兩石已自不同，未知孰是。其有同者，亦或無理，未可盡信。按：歐公集古跋尾云：盤谷序石本正元中所刻，以集本校之，或小不同，疑刻石誤。然以其當時之物，姑存之以爲佳玩，其小失不足校也。詳公此言，最爲通論。近世論者專以石本爲正，如水門記、溪堂詩予已論之，南海廟、劉統軍碑之類亦然，其謬可考而知也。呵禁禁，或作禦。飲則則，或作且。又，汪季路書及先生書其後見卷末。

送牛堪此篇或在後卷之首。方從閣、杭、蜀本置此。其門或無其字。其將或無將字。

第二十卷　序

送董邵南或有遊河北三字。古所云邪古，方從閣本作吾。云，或作聞，而無邪字。○今按：篇首云「古稱多感慨悲歌之士」，諸本作古所云，語乃相應。作吾所聞猶爲近之，而語勢已微舛矣。若曰吾所云，則都無來歷，不成文字，必是謬誤無疑也。然此篇言燕趙之士，仁義出於其性，乃故反其詞，以深譏其不臣而習亂之意。故其卒章又爲道上威德，以警動而招徠之，其旨微矣。讀者詳之。

贈崔復州　丈夫上或有大字。苟有方無此二字。或無有字。州句。縣州，或作前；或有複出縣字。皆非是。崔君之仁上或有愈以爲三字。

贈張童子子下，或有兵曹二字。大說或無大字。之老二字或作者。二百之列百下，或有人字。洛師師，或作陽。及鄭及，方作反，云：此序疑作於鄭，序云「愈與童子俱陸公之門人」，是童子以貞元八年升于禮部，又二年拜衛兵曹，蓋十年也。公十年曾往河陽省墳墓，見祭老成文，序當作於此時。童子豈或鄭人邪？○今按：反字，諸本多作及字，蓋自洛東出便可至鄭，今以北過河陽，故九月始及鄭。

童子未必爲鄭人也。聞人聞，或作文。五都方云：五都，當謂雍、陜、虢、蒲、洛。羣吏方從閣、苑如此，云：蜀本訛作郡吏，今本併訛吏爲縣，其失遠矣。與長與，或作於。之禮焉方無之字。贈與處與上，或有出字，非是。方云：禮：子路去魯，謂顔子曰：「何以贈我？」顔子請曰：「何以處我？」義不當有出字也。

與浮屠文暢　儒名方作名儒，非是。問之名則非之，或作其。校其行而是而，或作則。浮屠師方無此三字。喜文喜下或有爲字。咏謌謌，方作歌。之請請，或作序。得所得或無下得字。告之方無之字。事爲或作禮樂。其心心下，或有必字。之行之下，或有所以字。江河方作河江。瀆告之方無瀆之二字。粒食粒，或作穀。道莫大乎大，方作過。大乎，或作過於。教莫正正，方作大。孰爲爲下，或有之字。不脱脱，或作免。知而不爲方無而字。爲下，或有之字。悦乎悦，或作惑。弱也弱，或作溺。告人人，或作之。柳請請，或作詩，非是。

送楊支使或作送楊八弟支使歸府。嘗聞嘗，或作常。二人下或有焉字。行於方無於字。於下，或有其字。盡與盡，方作得。或别有得字在盡字下。而鎮或無而字。鎮，或作領。謁湖南之賓客於幕下於是知前之信之也不失矣及儀之之來也聞其言而見其行則向之所謂羣與博者吾何先後焉儀之智足以造謀本或無於是知以下十七字。一本并無聞其言而見其行七字。方從閣、杭、録，幕下即云及支使之來也聞其言而見其行是知前之信之也不失矣支使智足以造謀。○今按：此數本互有得失，而方尤疏略。獨今所定詳密有序，且及羣、博，乃與上文相應。以勤勤，或作勸。

送何堅本或有歸道州字。何於於，或作與。生博生下，或有與字。其不其下，或有志字。陽公賢也或無賢字，方云：此謂陽城。湖南楊公又或無湖南、又字，楊作陽。皆非是。方云：此謂楊憑也。比州服楊公楊，或作陽，非是。潁川川下，或有守字。是鳥或作是鳳鳥也。若史史，或作使。也已或無已字。

送廖道士 之山或無之字。高而或無高字。獨衡衡下，方有山字。山益峻水清而益駛或無峻水清而益五字，非是。駛，或作駃，音快。測其測，如周禮「測土深」之測。方作側，下別有南字。皆非是。州清州下，方有之字。所窮盛而方無盛字。而鬱或無而字。石英鍾乳橘柚之包方無英及橘柚之包五字。當也當下，或有奇字，非是。之學學，或作教。迷溺迷下，或有惑没字。

送王秀才或作進士王含。乃知上或有然後字。或爲或，方作不。感發方無發字。氏子或無子字。尚何何下，或有事字。以爲爲字疑衍。在廷在下，或有朝字。又嘉方無又字。其世其，方作於。於其其，或作是。

送孟秀才或注瑄字。識之矣識，音志。矣，方作也。吾益吾，或作余。彊而而，方作有，非是。

送陳秀才彤 非以或無以字。見之之下，或有於字。則何信之有諸本何下有不字，方本亦然。

○舊讀此序，嘗怪「則何不信之有」以下文意斷絕，不相承應，每竊疑之。後見謝氏手校真本，卷首用「建炎奉使」之印，末有題字云：用陳無己所傳歐公定本讎正。乃删去此一不字。初亦未曉其意，徐而讀之，方覺此字之爲礙，去之而後一篇之血脉始復通貫，因得釋去舊疑。嘗謂此於韓集最爲有功，但諸本既皆不及；方據謝本爲多，而亦獨遺此字，豈亦未嘗見其真本邪？嘗以告之，又不見信，故今特删不字，而復詳著其說云。如志如下，或有其字。方從閣本。

送王秀才或作王塤。以爲方無爲字。而能而下，方有其字。益分方從閣本，分作引。○今按：以分爲引，蓋草書之誤，然幸有它本可證，方乃不取，而獨信其誤，何哉？故周故下，方有莊字。卿之或無之字。名字字，或作耳。馯臂子弓方云：史記作子弘，漢書作子弓。又云：商瞿授子庸，子庸授子弓。傳授之序，與此不同。有書書上，或有師字，非是。故吾吾，或作余。遲疾或作疾遲。莫幸幸，或作得。

荆潭唱和此謂裴均、楊憑。唐藝文志有裴均荆潭唱和集一卷。諸本作裴垍，非也。卒業業，或作集。方云：卒業，字見漢楚元王傳。之音或作者之語，非是。至若方作若至。氣滿志得滿，方作得，得作滿。僕射裴公方無上三字。之南方無之字。鬼神方作神鬼。苟在編者在，或作有，非是。

送幽州李端公李益，時佐幽州劉濟幕。今相國，李藩也。元年下或有春字。洪玉父云：是年春公猶在江陵，安得有偕朝道語？里至里，或作累，或作狸。帓首帓，或作帕。握刀左右雜佩方從杭本，刀下有在字，而讀連下文左字爲句。謝本又校作在右。〇今按：若如方意，則當云左握刀、右雜佩矣，不應云握刀在左，亦不應唯右有佩也。在爲衍字無疑，杭本誤也。禮疏云：帶劍之法在左，右手抽之爲便。則刀不當在右，謝本亦非矣。「左右雜佩」當自爲一句，内則所謂「左右佩用」者也。弓韔服韔，或作在。方從閣、杭、蜀、苑作張，引說文云：弓施弦爲張。又云：服，弓衣也。〇今按：韔、服，皆弓室也，然詩云「言韔其弓」，又曰「交韔二弓」，則韔字又可通作虚字用矣。此云弓韔服，謂納弓於服耳。況弓施弦與否，於服無利害，作張非是。矢插房方云：左傳：「抽矢納房」。房，箭舍也。迎道左方從閣、杭本，道作寘，非是。卒不得辭此上或有及館又如是一句，方從閣、杭、苑、粹無之。〇今按：此據次第，當有此句。但下文云「上堂即客階，坐必東嚮」，若至館如此，即是常禮不足言，唯在府如此，乃見其尊事天子使者，不敢以主禮自居之意。當從方本爲是。即客階此下方複出即客二字，云：文粹亦有即字，則知古本誠然也。〇今按：複出二字，古本雖有，然不知是何文理，不足爲正也。復平句。平必下平字，方作乎。〇今按：若作乎字而屬上句，則下文不應便重出，如開元時乎。下句但云必自幽州始而上無平字，即又不成文理。今定作平，仍屬下句。東都東都之大夫士方無複出東都字。大夫士，或作士大夫。

第二十一卷

序

送區册方云：洪謂區册即區弘，考其始末，非也。江流江上，或有水有字。廉利廉，或作其。荒茅篁竹諸本篁作叢，蜀本作荒榛茅竹。方云：漢書嚴助傳「谿谷之間，篁竹之中」，顔曰：「竹田曰篁。」言語不通語，方作說，不下有相字。之士士，或作事。歲矣方無矣字。儀觀觀，或作冠。空虛虛，或作谷，非是。如斯方無斯字。又或作其。皆非是。欣然喜然下，或有以字。於其間於，或作乎。間，或作聞。陶然以樂方無以字。○今按：欣然喜、陶然樂，當爲一例，故諸本皆有以字，而方本皆無。然竊詳其文勢之緩急，恐上句應無而下句應有也，故定從此本云。乎貧方無乎字。歲之初吉吉，或作告。方云：毛氏詩傳云：「初吉，朔日也。」此蓋通言歲首也。歸拜拜，或作覲。

送張道士　高之隱高，方作南，下同。隱，方作有道。○今按：有道語似太重，當且作隱。東方下或有諸侯字。白差白，或作自，非是。尺棰棰，方作箠。及斯斯，方從閣、杭作期，非是。清伊伊，或作漪。○今按：伊水在嵩北。若前兩處作嵩南，即此處不可作伊；若彼作嵩高，則此乃可作伊耳。漪字雖可通用，然本不從水，只是語助辭。如書「斷斷猗」，大學作兮；莊子「猶爲人猗」亦是此類。故說文水部無之。但因伐檀漣漪、淪漪，故俗遂加水用之，而韓公亦有含風漪之句，則此作漪亦未可知。今上文既作嵩高，則此且作伊亦無害。若有它證，見得上文果當作南，則此却當改爲漪矣。

送高閑上人　徙業徙，或作從，非是。往時時，或作者。善草善，方作喜，非是。喜怒文苑作喜焉草書怒焉草書，非是。不平監本作平生，非是。書焉或無焉字。猶鬼或無猶字，非是。情炎情，方作精。而後或無後字。解外膠諸本作膠，方從杭、歐、謝本作繆，云：繆，莫侯切，猶綢繆也。莊子「内韄者不可繆而捉」，義蓋同此。○今按：膠者，黏著之物，而其力之潰敗不黏爲解。今以下文頽墮、潰敗之語反之，當定作膠。所起　所嗜方從杭本，所下皆有於字，非是。潰敗敗，方作散。善幻善，方從閣作喜。○今按：善幻，說已見第四卷酬崔少府詩。閑如閑下，或有師字。方云：此文全篇用意皆本於莊子所稱「宋元君畫圖，有一史後至，解衣槃礴臝」，郭注云：「内足者神閒而意定。」又云：王彦法謂：退之此數語乃深得祖師向上休歇一路，其見處勝裴休遠甚。○今按：韓公本意，但謂人必有不平之心，鬱積之久而後發之，則其氣勇決而伎必精。今高閑既無是心，則其爲伎，宜其潰敗委靡而不能奇；但恐其善幻多伎，則不可知耳。此自韓公所見，非如畫史、祖師之說也。

送殷員外　萬國方從閣、杭，無萬字。○今按：如此則與下文不相應，非是。於朝杭本無於字，非是。經法法，或作術。承命杭本無命字，非是。殷大夫或作殷侯。持被持，或作襆。入直三省方云：洪慶善謂唐無三省，持被入直當爲句絶。三，息暫反；省，息井切〔一〕。朱新仲云：唐以侍中、兩令爲三省長官，張籍寄白舍人詩：「三省比年名望重。」說者以唐無三省，非也。若不言三省，不知入直何所。以上下文考之，朱說爲長。刺刺方云：洪慶善云，刺，音盧達切，樊云，刺，七迹切。若如洪讀，則當以戾爲義，顧婢子語，何戾邪？潘岳閣道謠「和嶠刺促不得休」，語意皆同，此當以七迹切爲正。知人下或有矣字。

送楊少尹　疏廣疏，或作疎。方云：漢書作疏。○今按：疏，正字；疎，俗體也。供張張，或作帳。

方云：謂供具張設也，音竹亮切。公送石弘序「張上東門」，只用張字，況二疏本傳自可考。漢書如「高祖留沛張飲」，黥布傳「張御食飲」，皆謂張設也。一旦或無此二字。相及及，方從閣、杭本作方。及上或別有方字。皆非是。其意豈異也或作豈其異意邪，非是。送者幾人或無幾人字。幾疋疋，或作駟。以否以、與通用之例，前已屢見，此爲最明白者。疏蹤跡否方從閣本，無下三字，非是。或但無否字，亦非。惜之方從閣、杭本，無之字。白以或無白字，或作署。同不同或無下同字。於歸或無於字，非是。其鄉鄉，或作家。其在二語方從閣、杭本，皆無在字。

送權秀才　瓌怪怪，或作奇。西公西下，或有董字。吴縣縣，或作郡。方云：非也，董晉祭文石本可考〔三〕，下同。權生之貌上或有觀字。諧和和，方從閣、杭、蜀、苑作聲，云：晉范啓謂孫綽天台山賦曰：「恐此金石非中宫商。」故文章以諧聲爲尚。公進平淮西表曰：「叢雜乖戾，律呂失次。」亦謂此也。○今按：諧和，即謂其聲之和耳，若作諧聲，却犯本字，而語意亦不活。方説非是。閱之閱，或作聞。

送湖南李正字或作送李礎判官正字歸湖南。方云：礎之父，仁鈞也。尊府府，或作父。日南日，或作山。方云：仁鈞以讒流愛州。官郎官下，或有員外字。王長王下，或有府字。亦留此方無亦此二字，留作收，皆非是。此謂東都，蓋李亦分司也。周君君下，或有巢字。外則方無則字。相與方無相字。成德成，或作盛。李生上或有若字。退末方無退字。寒飢或作飢寒。畢至至，方從文苑作在。○今按：在乃至字之誤，書史多互用者。如此，方本則當作至。而「治道不至多言」、「不至學古兵法」之類，以它書所引考之，却當作在也。以養下或有爲字。得已已，或作止。序云或作序之，或作之序。

送石處士或有赴河陽參謀字。謀，或作謨。或有詩字。食朝或無食字。事辭辭，或作免。不應上或有則字。下流而東注方無而字。或並無此五字。熟路熟，或作夷。黿卜卜，或作兆。於家於，方作爲。耕收蜀本收作牧。歸輸歸，方從閣、杭本作師。○今按：當從諸本作歸，而讀作饋，謂漕運也。所出所，方從閣、杭本作主。朋友方從閣、杭本作其朋。宵則或無則字。行事事，或作李。張上張下，或有筵於二字，或只有別字。真能真，閣作其，非是。決去就爲先生別又酌而祝曰凡去就方從閣、杭本，無爲先生別以下十二字。○今按：此閣、杭本由有二去就字而脱其中字，遂使下句全無文理，方從之，誤矣。外敬或無敬字，非是。諂言諂，或作諍，非是。是聽方無是字。圖利方從閣、杭本，圖作固。不敬不下，或有祇字。退愈退，或作遣。蜀本云：送詩元本具於此，今附第四卷末。

送温處士赴河陽軍　多天多下，或有於字。能空能下，或有遂字。苟無良無下，或有留其二字。雖謂方從閣、杭本，無謂字。恃才恃，或作懷。不市市，或作賈。諮而處諮，或作咨。處，或作取。朝廷方無朝字。求內外無治方從閣、杭、蜀本，無內外二字。或作內外求無理。皆非是。自引或無自字。奪之方從閣、杭本，無之字。既至方從杭、蜀本，無至字。其爲其，或作具。序之之，或作焉。

送鄭尚書鄭權。爲大府大府始方從閣、杭本，無下大府字。迎郊郊上，或有于字。先入或無先字。至一再一下，或更有至字。諮而諮，或作咨。飆風飆，或作飄。黨仇或作仇黨。將吏或無將字。爬梳或作把疏。之州州，或作洲。蠻胡胡，或作夷。嘗以嘗，或作常。貴而能貧方云：此左氏語。權本傳云用度豪侈，復與此異，何邪？○今按：通鑑：權家多姬妾，禄薄不能贍，因李訓干王守澄求節鎮，得廣州。此語蓋譏之也。以祝或無以字，或祝下有使字。

送水陸運使韓侍御歸所治方云：考食貨志，憲宗用李絳議，以韓重華爲振武京西營田和糴水陸運使。振武乃單于大都護府故地，後改名振武。重華後名約，預甘露之禍。洪謂唐志無，所考非也。○今按：漢書王尊傳有治所字，此所治字當乙。轉運方無轉字。爲之方無之字。私其贏餘其下，方有有字。其，或作有。○今按：此皆非是。或果有有字，則當在其字上。之際際，或作險。朱銀或作朱金。方云：銀緋，唐五品服。庶幾或無幾字。務一而兩得務一，或作一務。兩得，或作得兩。坐耗或作坐見耗虛，或作坐耗虛。方以閣、杭本定。

送鄭十校理　曰校方無曰字。名能名下，或有士字，又或有而字。家之家下，方有選字，非是。於居或無於字。前後方無後字。如耳方無耳字，或作爾。在門門下，或有下字。司吏司下，或有郎字。○詩下或有曰字。注洛上，或有得字。分正正，或作政。春衫衫，方作和。親交或作交親。

韋侍講盛山十二詩講，或作御。或作盛山唱和詩序。躍躍方從閣、杭本，無下躍字，以下句偶之，非是。不利不下，或有得字。侯謂侯下，或有之字。之文方無之字，非是。以探探，杭作深，非是。之意方無之字，非是。方且或無方字。歌詠或作詠歌。眗腮方云：說文：「眗腮，蟲名。漢中有朐䏰縣，地下多此蟲，因以爲名。朐，從肉，句聲。考其義當作潤蠢。」唐韻音蠢閏，劉禹錫音屈忍，漢書朐音劬，通典曰：開州，漢之朐䏰地也。十人方云：樊謂考下文只六人。一曰和者十人，而時集闕下者六人耳。及此年諸本作及此年，閣本作明年。方從杭本，作時年，云：謂此時之年也。韋以元和十一年刺盛山，韓以長慶二年作序，閣本作明年，由時字訛也。○今按：作明年則非實，作時年則不詞，當從諸本作及此年，則無可疑矣。禁中諸本此下有名處厚字，其下諸公亦各書其名。元司馬云名稹，許使君云名康佐，白使君云居易，李使君云景儉，嚴中丞云武，温司馬云造。方以閣、杭本删十四字，云：蜀本側書稹、康佐、居易、景儉、造五名，獨嚴不書其名。今考嚴謂嚴謨，時爲祕書監，樂天集有制詞可考。諸本改作嚴武，蜀本又作少監，皆非也。李景儉自楚州召還，温造自朗州召還，今皆不著其郡，亦闕文也。山十山下，方有之字。

石鼎聯句詩閣本無此篇。方云：洪慶善曰，張文潛本校與諸本特異，蓋原於蔡文忠也，然增損太多，不知得於何本，今姑以杭、蜀本爲正。○今按：張本多可取，當附見以備參考。衡下來下，或作山。知師服在京師服，張本作劉。夜與或無夜字。長頸而高結喉中又作楚語方云：蔡、張本皆作長頸而結喉，無高與中字。唐子西曰：結，古髻字也，高結當句斷。漢陸賈傳「尉佗魋結」，顔曰：「讀爲椎髻，云一撮之髻，其形如椎。」高結語原此。○今按：古語自有「城中好高結」，不必引椎結也。但道士之首加冠，不作椎結，讀結爲髻，而以喉屬下句者雖有據而非是。蓋長頸，故見其結喉之高，而此高結喉中又作楚語也，不然。則當從蔡、張本删高、中二字。子云能詩云，方作之，又無能詩二字，非是。年九十餘矣張本上有其字，無矣字。解捕方無解字。解，張作能。拘囚張作罔兩。不知不上，方有然字。其實能否方無其字。或無否字。此說張無說字。即援此從張本。方即作既。於喜喜踊張本喜並作侯。其下此從張本。方無下字。袖手袖，方從杭、蜀本作抽。倚北牆坐倚，或作旁。或無坐字。不解解，或作能，後同。子爲我書此從張本。方子上有弟字，書下有吾句字。不似張本不似作似非。○疑當乙作似不。二子張本子作人。喜思方無思字。欲出或無欲字。欲書欲，張作而。劉把筆吾詩云云或無詩字。張本作劉進士把筆則又高吟云云。其不用意而功益奇此從張本，方下四字作益切奇出，非是。或疑其當作若。侵劉侯方無侯字。喜益忌之劉與侯皆已賦十餘韻彌明應之如響皆穎脱含譏諷夜盡三更二子思竭不能續因起謝夜盡三更，諸本在不能續之下，下更有二子二字。此從張本，方從杭、蜀本、文粹，但有喜字，屬上句，而無益忌至譏諷二十四字及思竭不能續五字；又盡作益，二子二字下便連因起謝。張本又以盡爲蓋，而一本併無盡、益、蓋三字。○今按：方本簡嚴，諸本重複。然簡嚴者似於事理有所未盡，而重複者乃得見其曲折之詳。但今恐有漏落，故且從諸本及張本，而方本固在其中。但方本云「語侵劉、喜」，劉既書姓，喜不當獨書名，恐劉下本有侯字，而下文别有喜字之誤也。諸本喜益忌之之下，復云劉與侯皆已賦十餘韻，語亦太冗。張本夜盡三更四字屬於含譏諷之下固善，然似不若移於喜益忌之之下也。此皆未敢自以爲然，讀者詳之。非世人也或無世字，或作非世人能出也。某伏張本某下有等字。伏，或作服。奮曰奮下，或有髯字，或有目，或有然字。○今按：恐或有髯字。把筆來吾與汝就之此從張本。或無來字。方無下五字。即又唱出張無即字。出，或作書，非是。訖使讀此從張本。訖使，方作止即。讀畢張本讀作之，屬上句。不已方無不字。此皆此，或作子。就子方無子字。作耳作下，或有之字。耳，方作矣。所能能，或作聞。語亦張本語下有子字。皆起張無皆字。敢問解何書方無此五字。請聞此而已道士寂然若無聞也張本但存寂然二字，無十一字。敢喘張本喘上有少字。困遂坐睡方無下三字。已上張本上作出。驚顧此從張本。方無驚字。童奴張本童作僮。奴曰奴上，張有僮字。到門覔張無到門字，覔下有之字。○石鼎聯句詩或無此題。足自安方從杭、蜀、文粹作安自足，既無文理，對偶又差，方本誤改多類此。雙耳雙，或作隻。髻撐諸本此下無彌明字。○今按：此似二子譏道士之詞，恐實非彌明語。徒示示，方作爾。不過升合盛過，方作合。合，或作斗。盛，或作成。傍似傍，方作仍。以兹或作忽罹。足呈諸本此下無喜字。所撜方云：撜，除庚切。博雅曰：「揬也。」淮南子「子路撜溺而受牛」，謝注：「撜，舉也。平、上聲通。」洪本一作振。又年譜云：或謂軒轅寓公姓，彌明寓公名，蓋以文滑稽耳。是不然。劉、侯雖皆公門人，然不應譏誚如是之甚。且言彌明形貌、聲音之陋，亦豈公自謂邪？而列仙傳又有彌明傳，要必有是人矣。○今按：此詩句法全類韓公，而或者所謂寓公姓名者，蓋軒轅反切近韓字，彌字之義又與愈字相類，即張籍所譏「與人爲無實駮雜之說」者也，故竊意或者之言近是，洪氏所疑容貌、聲音之陋，乃故爲幻語以資笑謔，又以亂其事實，使讀者不之覺耳。若列仙傳，則又好事者因此序而附著之，尤不足以爲據也。

第二十二卷　祭文

田横墓　十一年九月愈如東京　諸本或作十九年，月下有十一日字。如東京，或作東如京。洪氏曰：東京，洛陽也。公以貞元十一年出長安，至河陽，而後如東都也。十九年秋，則公爲御史，是冬即貶陽山，安得以九月出横墓下，唐都長安，亦不得云東如京也。方從閣、杭、蜀本作東如京，云：田横墓在偃師尸鄉，洛陽東三十里。今公自河陽道横墓下以入洛，故云東如京也。○今按：洪氏作如東京及考歲月皆是。方氏亦以京爲洛陽，但據三本，必欲作東如京爲誤耳。今且未須别考它書，只以其所引田横墓在洛陽東者論之，則自墓下而走洛陽，乃是西向，安得言東如京乎？況唐都長安，謂洛陽爲東京則可，直謂之京則不可，其理又甚明。若據元和郡國志，則河陽西南至河南府八十里，其大勢亦不得云東如京也。此又三本謬誤之一證，故復表而出之。　得士　士下，或有心字。○死者不復生者，或作而。生，方作來。皆非是。　寶之　之，或作者。　天命　天，或作大。　其遑　方從閣、杭，無其字，非是。　非一　非，方從閣、杭作皆，非是。

歐陽生哀辭　治其治上，或有往字，非是。　衮以文辭進有名於時又作大官臨莅其民鄉縣小民有能誦書作文辭者衮親與之爲客主之禮此從吕汲公本。方從閣、杭、苑、粹，辭進下即屬鄉縣，至者衮下又有故宰相三字，下乃屬有名，至其民，又屬親與云云，顛倒錯亂，全無文理。而方云三本如此，不當輕改，其蔽如此。今定從吕本。方主下有人字，鄉縣作縣鄉，則尚有可取云。　宴饗宴，或作讌。與之與，讀爲預，或作預。或疑與如字，而之下有俱字。　皆化化，方據新傳作仕，非是。　也久下或有矣字。　余始余下，或有年十九字。　聞詹聞，方作則。或云當并出則聞二字，亦有理。　會監或無監字。監，或作詹。　以來以，或作而。　將以有得於是有，或作在。或無於是字。或無於是字，而有複出將以有得四字。　朋友方作友朋。　之傳傳，或作說，或作誌。　故作上或有余字，非是。　悲哀方作哀悲。○今按：上文已連有兩哀字，不應如此重複，或當删去此哀字。　詹志詹，或作其。　○親視或作視疾。　孔時孔，或作既。　無益益，或作救。　哉兮或無此兮字。

題哀辭後或作題歐陽生哀辭後。方以古本删。　生友生下，或有之字。　今書或無書字。　劉君伉君君下，方無伉字。下君字一作伉。或無下君字，而複出伉字。　志益方無志字。　知歐陽生下或有之志字。　雖然此下或有苟愛吾文必求其義八字，八字下又或有則進知於歐陽生矣必時覩十一字。　乎古道乎，或作於。方從三本無道字。以上下文考之，無道字即不成文理矣。　於人此下或有然則吾之所爲文皆有實也十一字。

獨孤申叔哀辭 而怒怒，或作怨，或作思。句下或有邪字。居何居，或作爲。彼蒼或無蒼字。寓其寓下，或有於字。自知之或無自字。方無之字。或無自而有之字。其容方云：以容叶光，用古韻也。或作如處其旁，非是。烏虖或作嗚呼。

祭穆員外文爲崔侍御作。晁本篇首題云維年月日故人博陵崔愬謹以清酌之奠祭于亡友穆六端公之靈。方云：豈穆員邪？舊傳員卒檢校員外郎，杜亞留守東都，辟爲從事，皆與此文合。新傳員終侍御史，故晁本稱端公也。北奔奔，或作歸。如故如，方作無。眷然眷，或作睠。畯明畯，或作俊。不知其可其，或作而。一本知其作可而。嘯歌嘯，或作咏。復我方作我復。○今按：下文云「無非德聲」，則此二句專指穆也，當作復我。以語以，或作與。曲生何樂直死何悲曲，或作直；直，或作曲；二何或皆作可。皆非是。主人主，方作王，非是。内閔閔，或作憫。方作關，非是。君處君，或作居，非是。其昔其，疑當作如。失聲失，方作哭。

祭郴州李使君文苑此篇首題云維元和元年歲次景戌二月乙未朔二十四日戊午將仕郎云云使君員外三兄之靈，方云：考之唐曆皆合。何日何，或作曷。癸未未，或作酉。○今按：癸未者，貞元十九年貶陽山令時也。於暫於，或作而。言莫交而情無由莫，或作若，或作若而下無情字。窮遐遐，或作荒。或作遐荒。無徒徒，方作圖。管啾啾，或作湫。方云：選閑居賦：「管啾啾而並吹。」窮愁窮，方作寃。授縞授，方作援。承凶承，或作成。明旌明，方從諸本作銘，此從閣本，字見檀弓，鄭注云：「神明之旌。」橈志橈，或作僥；或作撓，從手。皆非。百車車，方作年。○今按：後漢書馮衍出妻書云：「詞語百車。」韓蓋用此，作年非是。

薛助教　朝散墓志石本散作議。侯繼下或有等字。薛君之靈晁本作河東薛君七兄之靈。來門來，或作東。

虞部張員外文苑作元和十年，晁本作維元和十年月日中書舍人王涯考功郎中知制誥韓愈禮部侍郎崔羣京兆尹許季同考功員外郎庚承宣河中節度判官殿中侍御史邢册等。方云：六人皆張季友之同年也。今者或作於今。託嗣或作嗣託。

河南張員外　守太子右庶子或無此六字。並跱跱，或作峙。方云：選潘岳關中詩「列營棊跱」，注：「跱，立也，亦作峙。」雪虐風饕雪虐，方從杭本作嘯虎，云：以顯於馬下言之，由虎聲懼也。風饕，謂虎貪風而嘯不已。虎，近於虐，訛自此也。饕，或作號。○今按：杭本全然不成文理，以上語歲弊寒兇言之，八字相偶，當爲雪虐明甚。觝頂頂，或作項，非是。颿船颿，或作帆，或作飄。南上上，或作之。遽變遽，或作復，方作徧。來寅寅，方作夤。○今按：寅爲辰名，夤乃夤緣之義，當改作寅，説見下條。猛獸果信蜀本獸作首。方云：李本校作孟首，不知得之何本也。葛魯卿云：驟不駿，虎取之則亨矣，不待禱而有憑也。○今按：洪、謝本皆作孟首，謂正月孟春之首也。張言「來寅其徵」，以虎爲寅神，故言來歲寅月當有徵驗，孟首果得歸也。然且作猛獸，亦通。嶺中中，或作竢。不存令章罰籌蝟毛不存，或作存不。罰，或作罪。方云：唐人會飲，以籌記罰。劉夢得詩「罰籌長樹纛」是也。○今按：令章謂酒令，違令則以籌記其罰也。雲壁雲，方作天。太湖太，或作大。鹿角鹿角，洞庭湖中地名，元微之有鹿角詩。湖旁至今有鹿角巡檢司也。豕狗豞，或作豹，非是。方云：豞，豕聲。生鬪死休或作生死休咎，非是。訐奪或作奮訐，方作許奪。○今按：奪，謂争執不與，猶今言定奪公事也。墓誌云「守法争議，棘棘不阿〔四〕」，即此事也。方本無義，或本亦非。南昌今按墓誌，張自刑部出刺虔州，然則昌當作康。望君或作定居，非是。納石壤中紀德事功中，方作下。紀，方作己。事，或作著。○今按：上文已有下韻，則此不當再有下字，己字亦無文理。下當作中，己當作紀，無疑也。事功作著功，於理亦順，但下文便有外著後世，則重出著字，又似可疑。姑從舊本作事，蓋紀其德、紀其事、紀其功也。又恐或是序字，以似而誤，然無所據，不敢輒改也。

李員外太夫人　某等某下或有乙字。

薛中丞方云：此祭薛存誠也，唐史有傳。　年月日文苑作元和九年。

裴太常　維年月日愈等文苑作元和九年，晁本下具給事中李逢吉給事中孟簡吏部侍郎張惟素吏部侍郎張賈比部郎中史館修撰韓愈等五人。檐石諸本多作甔石。方云：舊本多作檐，公秋懷詩用甔字。按：後漢明帝紀「生無檐石之儲」，檐字本此。郭璞方言注「甔石之儲」，實用甔字。前漢蒯通、揚雄傳皆只作儋，貨殖傳「醬千儋」，顔曰：「儋，人儋之也。一儋兩甖，丁濫切。」

潮州祭神晁本第一首題作祭湖神文，第二首題作又祭止雨文，第三題祭城隍文，第四題祭界石神文，第五不立題。暇倏暇，或作時。○今按：若作時，則倏當作羞。熟以穫或無以穫二字，非是。神之不方無之字。月日或作日月，非是。口得口上，或有而字。得，或作有。爾明神神下，或再出爾字，屬下句。若饗饗，或作響。咨嗟咨，方作疵。饗之之，方作兹。界石神之靈或作界石之神。克麻麻，或作庇。鑒之之，方作兹。

汪季路書〔五〕

逵頃在成都，見樊澤之所藏盤谷序碑本，云得之邵公濟。作横卷，刻字畫甚新，略無殘闕處。家中所藏本，乃刻之方石，殘闕殊甚，其下方十餘字不復存，字體絶不相類，自是兩本。家中本有後語，集古録、金石録本亦皆有之，記得樊本無之。洪慶善所見，似亦與家中本同，惟「樂且無央」不同。以上文意觀之，恐舊自作「無殃」也。大氏家所藏本與方本所記多同，但「蘘茂」、「盤旋」、「友人」、「於時」、「可以稼」五處，家本所闕，而「天子」二字，家本似續改刻耳。又嘗以所見樊本及家本校今方本，所不同者五處：如「不可幸而致」，不，樊作弗，家本闕。「大丈夫不遇」，夫下，樊本有之字，家本闕。「僥倖」，樊本、家本僥並作徼。「不祥」，樊本、家本不皆作弗。「飲則食」。樊本同，家本闕。田氏先廟碑「海外」二字，方氏蓋從石本而不著其說，「橐兜」，則石本省人作「槖」，方作「橐」者，誤也。

右季路所見二石本，與方氏所記無大同異。但央二本皆作殃〔六〕，恐作殃者爲是。蓋作殃則與樂爲兩事，中間可用且字。作央則與樂爲一事，中間不容著且字也。僥倖，據經傳當用徼字。它亦不必改也。今録此書，以見石本未必可據，況方氏所見又出傳録，而非其真邪？田碑橐字，雖無石本，亦亡可疑。方本之誤，則其考之有未詳耳。

校勘記

〔一〕洪氏以爲作湘者　按舉正作「洪又曰一作沿蓋」，味其意，則「湘」當作「沿」。

〔二〕息井切　「井」，原作「片」，據舉正、南圖本、兩韓集改。

〔三〕石本可考　「石」，舉正作「古」，疑是。

〔四〕輮輮不阿　「阿」，原作「呵」，據南圖本、兩韓集改。

〔五〕汪季路書　此書及朱熹跋語，南圖本置於第十卷末，韓集元本則置於卷首。

〔六〕但央二本皆作殃　「殃」，原作「央」，據南圖本改。

昌黎先生集考異卷第七

第二十三卷　祭文

袁州神|晁本首篇題曰祭城隍文，次題祭仰山神祈雨文，次題又祭仰山神文。　袁州或無袁字，下同。無以或無無字。　得罪罪下，|方有死字。○今按：死字不當用，又上句已有，不應重出，蓋因上句而誤也。　躬身或無躬字。|方云：國語「靡王躬身」，公用此也。

柳子厚　維年月日文苑作維某年歲次庚子五月壬寅朔五日景午云云。　柳子柳下，或有君字。　爲材爲，|方作謂，非是。　表表或作表奏，非是。　旁觀|方作觀旁，非是。　羣飛飛，或作非。　也則|方作有今。　寧敢寧，或作予。　嗚呼哀哉或無此四字。

湘君夫人　維元和十五年歲次庚子十月某日朝散大夫守國子祭酒護軍賜紫金魚袋韓愈謹使前袁州軍事判官或只作維年月日國子祭酒韓愈謹令云云〔一〕。|方從石本。　潮州州，或作陽。|方從石本。　凡卅年卅，或作三。|方從石本，云：此蓋言卅年前常有夢寐，非以貶日言之也。○今按：上

文但言前歲之禱，則實發夢寐者，但謂不敢忘前歲之吉卜耳。此卅字未詳其義，恐亦石本之誤也，方說非是。怵惕怵，或作悚。昧暗不圭或作暗昧不佳，或作昧暗不蠲。方從石本，云：圭與蠲同音，集韻：「蠲，潔也，明也。」通作圭。詩「吉蠲爲饎」，韓詩作吉圭。周禮蜡氏「令州里除不蠲」，注：「讀如吉圭爲饎之圭」。陸音曰：「舊讀爲圭。」呂氏春秋「飲食必蠲潔」，高誘亦讀作圭。此類非一。今作佳，由圭字訛也。靈明或作明靈。方從石本。十萬諸本此下有祈于邦伯四字。方從石本。謹修或無謹字。始將既修樹舊碑仍刻其文於新石因銘其陰舊碑石既多破落文不可盡識移之於新或失其真遂不復刻此四十二字石本附祭文後，諸本皆有之，方云：此蓋後人以碑本附入，閣、杭皆無之。○今按：此必公所自記，故石本有之，當附於此。方但以閣、杭本闕，遂直刊去，亦可惜也。今從諸本，而次一字書之。

竇司業命副副，或作制。踰七望八年孰非翁或作逾七八年孰非望公。方從閣、杭、苑，云：竇卒年七十四。既愛既勸愛既，或作受誘，非是。事如夢中諸本皆如此，方從閣、杭、苑及南唐本作事半如夢，云：古夢音平、去聲通，石崇詩「周公不足夢」，與「可以守至冲」叶。○今按：「事半如夢」，語意碎澀，不如諸本之渾全而快健。前人誤改，當以重押中字之故，不知公詩多不避也。惠許許，方作詩。○今按：惠許，謂上文愛勸而又稱許也。

侯主簿方云：此謂侯喜也，蜀本注繼字，非。困不捨遺困，或作罔；捨，或作拾。皆非是。方葬方，或作云。

竹林神　百祀方無祀字。天之人天下，或有下字。方從閣、杭本。○今按：此人字當爲民字，以避諱而用人字也，下句同。旱虐以罰方從閣、杭、蜀本，虐在罰下，非是。神于于，或作之。

曲江龍　時降時，方作將，非是。

馬僕射　螟蠹蠹，或作螣。我餘有幾餘有，或作有餘。○今按：此用左氏「身其餘幾」之語，或本非是。衡鈞或作鈞衡。賀門門，或作問。○今按：此用慶者在門之語，或本非是。

弔武侍御所畫佛方無弔字。御史或作侍御。鞶帨鞶，或作縏。方云：縏，小囊；鞶，大帶也。○今按：儀禮士昏禮「庶母及門内施鞶，」注：「鞶，囊也，所以盛帨巾。」然則縏、鞶字通。益邪邪，方從閣、杭作也，非是。之方或無之字。其篋方無其字。且殆而悔方無且字。且字或在悔下。然乎方無乎字。○哲哲或作晳晳。見兮見下，或有不有字，或無兮字。新魂上或有斯字。

故陝府李司馬李漢之父郱。孤身孤，或作苦。復續續，方作績。惟政惟，或作爲。公姑姑，或作始，非是。歆之歆，方作昭。

十二兄公從兄岌也。故號或無故字。趨奔奔，或作生，非是。尚饗上或有嗚呼字。

鄭夫人　維年月日晁本作貞元九年歲次癸酉九月朔日。愈謹於方無謹於二字。疾疹疹，方作沴。

遠遷遠，或作南。百口偕行口，方作日，云：從閣、杭、蜀本。○今按：「百日偕行」無理，當從口爲是。然或以祭老成文有「就食江南，零丁孤苦」之語，疑不得有百口，不知此亦通良賤而言闔門之衆耳，未必實計百人也。頓頑頓，或作鈍。方云：漢書陳平傳「士之頑頓耆利無耻者」，顔讀頓曰鈍。于元于，或作於。

十二郎　年月日方無日字。文苑作貞元十九年五月二十六日。十二郎子之靈文苑郎下有子字。○今按：郎子是當時語，雖不必存，亦不可不知也，今謾補之。吾往或無吾字。董丞相相下，或有幕字。吾佐吾下，或有又字。汝者汝下或有使字。圖久或有兩圖字，一屬上句，非是。孰謂謂，或作爲。而殁而下，或有先字。茫茫方云：蜀人史彦升云：退之祭文視荒荒，今俗本作茫茫，非是。陳后山詩「平陳鄭毛視荒荒」，本此也。○今按：古書如荒忽、茫忽之類，皆一字也，音義多相近，當存之。久存存，方作在。可去去，或作知。其夢邪或無此三字。傳之下或有者字。業其業，或作榮。難明明，方作得，非是。壽者壽，方作年。蒼者或無者字。志氣方作氣志。十歲十，或作一。方云：老成二子，曰湘曰滂，滂以季子出繼，則湘固宜十歲也。比得比，或作此，非是。南之或無之字。憂也或無也字。斯乎斯下，或有極字。無月日或作日月。如耿蘭之報不知當言月日或無如字。言，或作時。○今按：陸德明經典釋文序論當時語音之訛，有曰而如靡異，則此如字即而字之轉耳。不知當言月日者，蓋言耿蘭之報所以無月日者，由其不知赴告之體當具月日以報也。東野與東上，或有蓋字。其然乎其不然乎方無其不然乎一語。汝喪喪，或作葬。改葬終葬方無終葬二字。所願願下，或有焉字。不馮　不臨二語不下，或並有得字。行負行，或作何。以待餘年年，方作盡。○今按：或當作待盡餘年。嗚呼哀哉或無此句。

周氏姪女周況之妻。　二十娘子方無子字。

滂可言可，或作何。

李氏二十九娘子　和靜靜，或作舒。

張給事徹。　侍御或無侍字。　鄉貢貢，或作舉。　屠割割，或作剥。　露刀刀，或作刃。　於葬於，或作掩。　輿魂輿，或作與。

女挐女挐，或從奴。方云：古本祭文與壙銘皆作女挐，董彦遠曰：挐字傳寫之誤〔二〕，蓋古文如紛挐等，字無從奴者，公最好古，名其女不應用俗字也。○今按：挐、拏通，説已見第五卷李花詩。　疾極極，或作亟。　汝上或作上汝。　天雪天，或作大。　傷汝汝，或作女。方云：古本汝多作女，通用。　宛宛或作冤宛。方云：詩「宛在水中央」，鄭注：「宛，坐見貌。」芳甘芳，或作柔。

第二十四卷　碑誌

此卷並是墓誌銘，唯鄭夫人是殯表，楊燕奇是碑。

李元賓　字元方云：謝從古本，刪字字，今文粹亦然，然石本有之。○此文方從石本，今並從之。　人也或無也字。之東此下或有食太學之禄五字。書一書下，或有又字。死于于，或作於。斂之或無之字。友人上或有其字。葬之葬上，或有賁馬字，葬下無之字。慶義或作某鄉。嵩原或作某原。友人人下，或有昌黎字。辭曰辭上，或有其字。○謂其或作爲之。謂之或作爲其。才高才，或作文。行出出，或作過。已虖元賓竟何爲哉竟何爲哉諸本無此再出已虖元賓四字。方從石本，今亦從之。但方又云：上竟字，石本作意，而邵公濟嘗歎其句法之妙，謂歐公而下，好韓氏學者皆未之見。遂從其説定上字作志意之意，下字作究竟之竟，則予不識其何説也。竊意若非當時誤刻，即是後來字半磨滅，而讀者不審，遂傳此謬。好事者又從而夸大之，使世之愚而好怪者遂爲所惑，甚可笑也。

崔評事

安平或作平安。方云：今深州有安平縣。玄同同，方作童，非是。相州或無相字。卓詭方無此二字，或作處世。皆非是。七年方云：以卒日考之，七當作六。弘多弘，或作尤。之從或作從事，或併出之字。皆非是。茭茅茅，或作茆。方云：茆，鳧葵也，此兼水陸言之，作茅自當。爲陸或無爲字。五百或作二千。其功或無其字。往哭焉比小斂大斂三哭焉方無大斂字。○今按：上文并大斂計之，乃得三哭，方本非是。與其與，或作以。葬于或無于字。者有者下，或有其終字。○馬馳馬下，或有而字。其悲其下，或有可字。

施先生

太原郭方無太原字。繼于繼下，或有往字。帖帖或作怡怡，下文有然字，非是。由四門助教爲太學助教由助教爲博士太學此從諸本。方從杭本，無爲太學助教由助教八字，云：蓋言由四門助教至爲博士於太學故也，若從今文，則下太學字贅矣。○今按：此既言其在太學者十九年，則所歷官不應但一再遷而已，當從諸本爲是。但下太學二字疑衍，不然，則或在博士上，或在下文當去下。然無所據，不敢輒改，姑存之以俟知者。乞留下或有或乞遷三字。凡十九年不離太學方云：杭本無此八字。○今按：上文已云「在太學者十九年」，則此八字誠爲重複，然欲去之，則或留或遷，語勢未盡，又不知公意果如何。今亦論而闕之，不敢定其去留也。豪州豪，方作濠，説已見前。按：此誌在元和之前，去水爲是。鄮縣鄮，或作鄞。○曰續續，或作績。紛羅紛，方作分。得歸得，或作有。肫肫方云：中庸曰：「肫肫其仁。」鄭注：「肫，讀如誨爾諄諄之諄，懇誠貌。」爲宗爲，或作其。

考功員外郎盧君墓銘銘，或作表。伏一伏，或作服。少未方無少字。夔皐或作皐夔，後同。仕多仕，或作士。晨衣方無晨字。其知君方無其字。若干或作五十四。配君配上，或有作字。得母道甚或作甚得母道。二十或作若干。十六六，或作四。居文文，或作又。父事父下，或有之字。得詳得下，或有其字。大夫士大夫，或作之。不擇擇，或作釋。君祖子輿至洛交令本或但言君祖某某官父某某官夫人之祖某某官父某某官。夫人下，或無之字。人妻或無人字。緱氏縣梁國之原或作某縣某原。其年月日或無此四字，非是。十日十下，或有四字。

鄭夫人之先方無之字。○今按：此篇之文，平易明白，宜有之字。而富富，或作貴。

清邊郡王楊燕奇碑晁本作清邊郡王楊公神道碑。諱燕奇或無奇字。盧衙盧下，或有軍字。

宜不宜，或作義。建中二年年，或作歲。封百封下，或有五字。右廂右，或作左。自三或無自字。五百或無五字。餘年年，或作歲。通王通王，德宗之子諶，以貞元中領宣武及河東節。其年十月庚寅葬月或作二月，或作三月，或作八月，或作十月。方云：燕奇卒於五月，作二、三月者誤矣。但八月、十月皆有庚寅，不知孰是。大氏此碑多誤，不曉所以。僕射田公，田神功也。神功以上元二年平劉展，此作寶應二年。舊傳神功大曆八年冬覲闕廷〔三〕，信宿而終，此作九年，皆差也。有男一人女二人女上，或有有字。或作男二女一，亦無有字。○大夫或作丈夫。蔡河在側在，或作之。

河南少尹裴君 公諱復復，或作稷。方云：唐世系表、集古録皆作復。以有方無有字。諫諍二字或作言，或無諍字。累遷遷，或作選，非是。充郎充，或作彦。方云：世系表作望郎。願使方無使字。又詔詔，或作謂。翰林下或有學士字。而有而，或作以。○離家方云：此銘以家叶離，方言罹謂之羅，羅謂之罹，蓋古音通也。○今按：詩兔爰及楚詞多此類。曰子子，或作祖。之色色，或作邑。

國子助教河東薛君 石本有河東字，方本無，然此後方多從石本，今亦從之。字大順或作字某。祖曰元暉果州流溪縣丞贈左散騎常侍方云：此十六字，閣、杭、蜀本皆闕，惟監本與石本同。○今按：方氏所校，專據三本，而謂今本皆不足取。今此數字乃三本所無而今有者，若非偶有石本，則必以爲後人校增而不之信矣。故知今本與閣、杭、蜀、苑、粹不同者，未必皆無所自也，觀者詳之。兄據據，或作授。及擢第或無此三字。不爲上或有君字。會射會下，或有命字。盡射或無盡字。指一矢指，或作挾。閣本無此三字。○今按下文三發三中考之，閣本之謬明矣。皆起或無皆字。射三或無射字。卌七石本如此，下二十一日亦然。方著其説而不及改，今正之。君再娶初娶琅邪王氏後娶京兆韋氏或無初娶以下十二字。凡産或無産字。輒即或無即字。皆有名本或無此三字，然三字之義未詳，而方氏亦不著石本之有無，姑闕以俟知者。己巳後我或作爲己後。○今按：此云己巳者，必其子之小字也。廿一日見上。弟試太子通事舍人或作某官。京兆府司録或作殿中侍御史。以君之喪歸以五月十五日葬于京兆府萬年縣少陵原合祔王夫人塋或作以君之喪葬京兆某縣。○宦不遂不下，或有能字，非是。歸譏譏，或作議，石本不見。

監察御史元君妻京兆韋氏夫人諸本無京兆以上九字。字茂茂，方作成。○今以名義推之，當作茂。守北都或無北都字。保卒或無卒字。僕射僕射或無下僕射字。爲季上或有少字，非是。選壻上或有其字。校書上或有授字，非是。固前固，或作因，非是。賢父方無賢字，非是。得其上或有及字，非是。及教及，或作受，非是。所言言，或作動。○有赫外祖有，或作於；祖，或作舅。非是。好辭好，或作埋。

第二十五卷　碑誌

此卷並是墓誌銘，唯張法曹是碣銘。

登封縣尉盧殷　月日月下，或有五字。在紙或無此二字。以資以下，或有自字。抵故抵，或作投。鄭公或無公字。嵩下嵩下，或有山字。女一女下，或有子字。

興元少尹房君　官族官，或作宦。曾祖方無祖字，非是。諱巒巒，或作欒。士人方作人士。堂殯方云：公改葬服議：「殯於堂謂之殯。」中丞或作大夫。將行行，或作往。○有年年，或作名。

河南少尹李公　尹李尹下，或有隴西字，或作陸渾。三月某甲子方云：或作八月丁亥朔十六日壬寅，考之史亦合。伊闕或作陸渾。方云：考唐志，鳴皋實在陸渾。公行公，方作功，非是。月日月下，或有某字。公行公，方作功。○今按：若從方本，則此句無首，而下句子又禮葬亦無所承，其誤明甚。禮葬或無葬字。諾而銘諸方無而銘諸三字，或無諾而二字。皆非是。字某或作字貞。育于其育，方作畜。或無其字。其倫或無其字。選主主，或作注，非是。奏貶貶，或作敗。外郎或無郎字。選令萬年或作遷萬年令。主奪主下，方有簿字，云：簿，如簿録之簿。非是。度支或作屯田。介恃恃，或作特，非是。擅喜或無擅字。省以以，或作與，非是。便不便或無下便字。事已已，方作以。郎李郎下，或有中字。遷蘇遷下，或有刺字。權將之或無權之二字。無敢與敵方無敢、敵字。或無敢字。皆非是。端立端，或作號，非是。敗縛或無縛字。公脱械還走州賊急卒不暇走死民抱扶迎盡出急卒，一作竟平。○今按：州字句絶。賊即錡將之戍州作亂者，以公至之速，不及走死，爲州民執以迎公耳。然民字以下必有脱誤。衣冠方無衣字。贓減贓，或作臧，古通用。然不知此句當如何讀。若臧字屬上句，即下文減賦别爲一事；若屬下句，即是以所没入之臧代民賦錢也。但屬上句者語意差澀耳。五千千，或作十。弘泰弘，或作純。張氏此下或有封西平郡太君六字。舅參參，或作泰。公之公，方作君。劉氏夫人此下或有封彭城縣君五字。其次曰道樞或無此五字。其次曰道本或無其次曰三字。道易上或有其次曰字。○其上上下，方有立字。立，或作丘，或作山。

集賢院校理石君校理下，或有京兆昭應尉五字。九代九，或作七。方云：下文七世爲曾祖，則此當作九。拓拔或作跖跋。黄州方云：李翺嘗有薦洪狀，謂明經出身，曾任冀州糾，此黄字蓋誤。四海海，或作方。周禎禎，或作楨。方云：考周頌，從示。○今按：大雅文王詩從木，當兩存。君從君下，或有爲字。走廬走下，或有君字。陽得陽下，或有所字。子以以，或作與。

唐故江西觀察使韋公方云：諸題唐故或有或無，或有銘字，或無銘字，皆從舊本。石本多用大唐字。字某或作字文明。太師愛之方無此四字。峽州峽，或作硤。方云：考地理志，當作峽。登科登下，方有明五經三字。或無登字。陽行陽下，或有軍字。未行或無此二字。少誠上或有適字。於資資，或作貲。上以爲賢方無以爲賢三字。置屯或無置字。行軍或無行字。詔以或無詔字。徵還徵上或有請字。食邑或無邑字。上以爲忠方無此四字。疑或公自以前有上以爲賢，語涉重複，故刪其一，不知當存何字也。畀之財畀，或作禆。財，或作材。長衢方無長字。渫汙汙，或作汗。馬以不連死馬，或作焉。不，或作爲。死，或作廏。方云：新史作「以廢倉爲新廏，馬息不死」。平堤此下或有既退二字。其大如是其細可略也方從閣、杭、李、謝本作其大不可略如是。或作其大略如是。皆非是。不法法下，或有者字。剩財剩，或作賸。客處如布衣時方無下四字。或在不易下。卑一或無一字。支江支，或作枝。御史方無史字。女若干人或無此四字。年縣方無縣字。我公宜得直而不華者銘傳於後固不朽矣方從閣、杭、蜀本，無直而不華者五字及傳於後固四字，其無理明甚。但云晁氏本有此字，殊不知嘉祐杭本已如此，大氐方未嘗見嘉祐本也。或如方本而得銘下複出二字，亦非是。○慊慊或作謙謙。

王屋縣尉畢君　入國入，或作人，屬上句。吏部方云：新、舊史有畢構傳，終於戶部尚書，世系表亦作戶部，然舊史畢誠傳乃稱吏部。生抗方云：杭本抗作炕，世系表作杭，傳作炕，而世系、官職亦不同。覆其宗或作其宗覆焉。四歲四，或作七。明經第方云：此句當有脱字。○今按：明上或經下當有中字或登字之類。節死或作死節。請相上或有以幣字。署諸上或有遂字。○按：諸字疑衍。入錢或作出入。諸署諸，或作請。墓事墓，或作葬。氏女女下，或有子字。方云：女子字，疑皆因下文誤入。

試大理評事胡君　明允允，或作元。勤固固，或作國。戴厥戴，或作載。肖厚完厚完，或作後昆。或作省厚寬。○今按：厚完二字見晉語。秩大秩，方作秋。方云：胡弟証元和九年以御史大夫帥振武，十三年召還。此下又云「友韓愈司馬徒」，豈十二年從征淮西時邪？然則秋當爲秩明矣。摭君摭，方作石。

襄陽盧丞本或有唐故字。盧行盧下，或有君字。世世或作五世。沂録沂下，或有州字。萬年二字或作三。鐵府府下，或有職字。十年十下，或有五字。河南南下，或有縣字，縣字或在河陰下。究之之，或作州。啓葬葬下，或有於字。臨汝汝下，或有縣字。汝原汝上，或有臨字。以圖長存方作圖久長存。〇今按：此與後篇張圓志文體特爲横逸，與諸篇不同，亦其文之變也。但此篇中稱吾者，皆述盧語，而最後一吾字乃韓自吾，似少分别耳。沂諱沂下，或有州字。

唐河中府法曹張君　妻劉或有氏字。夫子天下或無夫子字，非是。夫逢逢，或作遇。沈泯泯，方作名。汴見汴下，或有兒字。將賜或無將字。胤子胤下，或有若字。古人方無人字。弔辭弔下，或有即字。〇今按：既辭而遂叙其事，蓋一辭而許，所謂禮辭者也。二月日日，或作庚午。方云：考唐曆，二月無庚午。葬河葬下，或有于字。世有或無有字。

太原府參軍苗君　無宫宫，或作家。爲依方無爲字。

第二十六卷　碑誌

此卷孔君、杜君是墓誌銘，路公、鄭公是神道碑，烏氏、田氏二廟是碑。

唐朝散大夫贈司勳員外郎孔君　抑首伏氣伏，或作吐。方云：叔孫通傳所謂「伏抑首」者也，作吐非。〇今按：漢傳言「伏抑首」，言伏地而抑首也，此言伏氣，猶言屏氣耳，與漢傳語異。死曰死下，或有且字。常聳常，或作當，非是。悔色色，或作意，亦通。作也，非是。以有或作有以。右者方無者字。皆曰孔君孔君云方從閣本，皆上有唯字。或無複出孔君字。或複出云字。猶卧猶，或作獨。河南河陰之廣武原南下，或有府字。陰下，或有縣字。廣武原，方作某地，云唐河南府無河陰縣〔四〕。○今按元和郡國志，河南府有河陰縣。士第士下，或有及字。義軍軍下，或有帥字。自其軍或無自其字。分寸分，或作方，非是。君不君，或作居。祖某某官贈某官父某某官贈某官諸本作祖如圭皇海州司户贈工部員外郎父岑父皇著作郎贈駕部員外郎。方從蜀本，云：今本所紀父、祖官職多誤，蓋後人續增。公諸志皆載三世，此只言父、祖已非。考世系表及孔戣志，此以如珪作如圭、郎中作員外郎、著作佐郎爲郎，又非也。駕部乃戡贈官，此以爲其父所贈，又非也。○今按：此姑從方本，無大利害。但方詆諸本止載二世爲不入例，而其所據之本，此志亦只載二世。云駕部乃戡所贈官，而戡實贈司勳，皆非是。世表、戣志與此志文亦未知其孰爲得失，恐皆未足以判其是非也。○壞傷方從杭本，無傷字。○今按：此傷字諸本皆有，文理、音韻皆無可疑。方氏特以杭本脱漏，遂不之信。寧使此銘爲歇後語，而不肯以諸本補之，甚可怪也。

故中散大夫河南尹杜君或作中大夫。其父洹水之陽方無之陽字。遂嗣襄陽公或複出嗣襄陽公字。少大理或作大理少卿。大理生廙大理，或作少卿。以兵甲三千人防淮晁本如此。方及諸本甲三千人四字皆在金魚之下，而魚下復有兵字，殊無理。甲字亦疑衍，或當在兵字上。姑闕以俟知者。吏部郎中或無中字。爲順方無爲字。○及作及，或作乃。

左散騎常侍致仕平陽路公平陽，或作陽平。方從石本，云：考唐世系表，當從平陽。○今按：此篇多從方氏所據石本。代序代，或作世。諱衮衮，或作充。方從石本，云：閣、杭本、世表作兖。令發令下，或有問字。受賜賜，或作錫。治行治，或作始。僕射司空或無司空字。選刺選，或作遷。割餘餘，或作隸。上田田，或作苗。人不歲苦人，或作民。苦，或作苦。襄陽郡王王，或作公，非是。蜀闢蜀，或作劉，或下有劉字。石者方無者字。贏利贏，或作餘。其歲或無其字。年六上或有享字。既其既下，或有而字。○脩施諸本皆然，方棄不録而直作循字，說見首卷。褒功功，方作嘉。既頎頎，或作碩。後承承，或作丞。在經在，或作有。博士是銘博士，或作傳世。○按：公是時正爲博士，或本非是。

烏氏廟　從有從下，或有者字。其以其以，或作以其。三室同宇方云：史記「渭陽五帝廟同宇」，韋昭曰：「謂上同下異也。」宇，一作牢，非。○今按：後漢以來，公私廟制皆爲同堂異室，方說是也。在齊有餘齊下，或有者字。餘下，或有有字。贈尚贈下，或有工部字。承玼玼，或作洽。方云：新史承玼有傳，字德潤。重胤傳亦云承玼子也，温公考異嘗加辨正。宋、樊本皆作承玼，蓋許孟容嘗爲承玼碑，石本猶傳於世，新傳蓋本此也。屬破屬，或作屢。○今按：屬亦連屬之意。從戰捺禄走可突干諸本多作突于，或作汗干。方從許碑，定從干，云：可突干，契丹之勇將也。新傳：奚、契丹入寇，承玼破於捺禄山。又戰白城，承玼按隊出其右，斬首萬計，可突干奔北。渤海擾海上至馬都山或無擾海字。

方以李本增，云：新傳亦可考。許碑云：「武藝出海濱，至馬都山，屠陷城邑，公以本營士馬防遏要害。」武藝，即渤海王也。累石累，或作壘。兄承恩許碑：承恩，承玭之從父兄也。石嶺或作左領。方云：杭、蜀、粹與許碑、新傳皆作石嶺。年若干許碑：年九十六。○左領左，或作右。制有壇墟壇，或作疆。制有，或作有其。數備禮登方無數字，登下有壇字。○今按：數備禮登，數字乃名位不同、禮亦異數之數。言制數既備，禮亦增崇也。袁氏廟碑所謂「數以立廟」，亦是此意。若如方本，即上句已言授節，不應至此始言登壇，況登壇又與立廟不相關乎？右祖左孫蜀本、文苑作左祖右孫。○今按：廟制以西爲上，方本爲是。其有無孫其有，或作孰其。克對克，方作光。

河東節度觀察使滎陽鄭公 凉之之，或作州。季卿謂其必能季，或作李。謂下，或有曰字。方謂作曰，其必作必其。自課課，或作謀。○今按：蜀志出師表自謀字，文選亦作自課，恐公用此語。公能幼長哀感心求不置方無哀字。能下，或有使字。方云：言自少而長，求之不置也。○今按：心字當屬下句。嫌間間，或作問，非是。卒用有就或無卒字。有就，或作其説，非是。將説死方云：考嚴緩傳，將説，李説也。即詔授司馬節或無即詔字。或無節字。及昇大帥昇，方作升。帥，或作師。姱嫭姱，或作誇。校講或作講校。氓征氓，或作賦，或作民。不能或無能字。軍之士或作之軍士。或無之字。氓吏氓，方作民。公與與，或作爲。若樂方從閣、蜀本，若作苦。○今按：二本之無文理有如此者，而方皆從之，可怪也。自號白雲翁方云：令狐楚嘗爲太原從事，唐志有表奏十卷，自號白雲孺子，蓋以媚僭也。名人魁士鮮不與善好樂後進與善屬上句，好樂屬下句。方從蜀本，以善爲其，而連好樂爲句。又云：「名人魁士」，呂氏春秋語。○今按：蜀本無理又如此，而方從之，然不言閣、杭本，則二本固與它本同矣。方最信此三本，今既自有不同，方乃舍二本之明白而從一本之訛謬，則其取舍又自不可曉者，非獨古本誤之也。○常患常，或作嘗，下同。患貧患下，或有勢字。

魏博節度觀察使沂國公先廟或有田氏字。事嗣或作嗣事。嗣下，或有于字。○此篇今亦從方氏所據石本。服父上或有能字。康靖靖，或作静。隸太或無隸字。兼魏州州，或作博。或無兼字。○海外此據石本。外，或作内。受制受，或作臣。狎于狎，或作洽。腰頸頸，或作領。天明天，或作王。○方云：左傳「范氏、中行氏反易天明」，注：「言不事君也。」又云「二三子順天明」，公語出此。提壃提，或作堤。于宗或作宗廟。以降以降，或作降以。橐兜橐，方作槖，蜀本作槖，石本同，但省人耳。○今按：槖謂弓服，槖乃囊之無底者，非兵仗也，當從石本。承輔承，或作丞。覲饗饗，或作嚮。爾祖爾思或作爾祖之思。方作祖考之思。汪季路書并論此碑，已見第六卷末。

第二十七卷　碑誌　此卷皆是碑文，唯房公是碣銘。

劉統軍　許軍或無軍字。方從石本。○今此篇並從方所據石本爲正，可疑者别見。机于京机，或作柩，或作几，或作主，京下有師字。可誣可下，或有以字。太常太上，或有有字。縱哭或無哭字。○三世晉人趙德父云：石本三世作再世，上文祖令太原作考令太原，然其篇首既言「陽曲之別，由公祖遷」，則爲晉人非再世矣。碑當時所立，不應差其世次，莫可曉也。○今按：劉志在後卷，所述世次尤詳，與再世之云皆不合，亦石本不足信之一驗也。邊帥帥，或作師。楊琳方云：考代宗紀，大曆三年，瀘州刺史楊子琳反。昌裔説子琳事，通鑑亦可考。新書作楊惠琳，誤矣。單船方云：爾雅「士特舟」注：「單船。」其尾毒或作旗纛尾。軋敵軋，或作戰，或作朝。陳方方，或作力。所賴方云：或云此下當脱一句，非也。○今按：此篇文體整齊，無奇句爲韻者，或説是也。不然，則衍「與之上下」一句，未知果孰是也。石本之不足信，此又顯然，前亦屢辨之矣。嬉遨遨，或作遊。峻之諸本峻作浚。○今按：此一字亦可疑，未詳其説。其償償，或作賞。以都以，或作已。○今按：上句有未字，此當作已。然此集二字通用者亦多，姑從舊。漬民漬，或作潰。熘害熘，或作菑。○今按：「熘害滅除」，字本秦刻。歊艴歊，或作歆。方云：艴，大赤也，字見楚辭大招。

衢州徐偃王廟　夏殷殷，或作商。方從石本，今從之，此篇内同，疑者别見。諸國國，或作侯。文德文，方作又。今以上文秦用武勝者推之，此宜作文。宴于方云：石本無宴字。○今按：無宴字不成文，以它本補。賓祭祭，方從杭本作寮，云：今廟中有傳刻，慶曆中石本亦作寮。○今按：賓寮無理明甚，況慶曆石本非當時物，尤不足據，而左傳有賓祭字，當從諸本作祭爲是。失國方云：國上，或有其字。亦云石本，不知是否。〇今按：此字有無不可知，然亦可見方未嘗見真石本也。自秦秦，或作奉。史書史，或作文。公族公，或作宗。犕樸犕，或作桶。秃鈇鈇，或作缺。〇今按：缺，正字；鈇，俗體。然唐人多用之，姑從其舊。日慢方云：洪以石本定日作由。〇今按：由義未詳，姑從諸本作日。羣支或作支郡，或作羣吏，皆非是。宗鄉鄉，或作御。耿耿祉哉或作祉哉祉哉。方從閣本，無祉字，而不言石本之有無。又云：耿，當讀從炯。今從諸本。遜緜遜，或作邈。詈長詈，或作言。孰與與，方從洪氏石本作嘗。今從諸本。雖古古，或作死。暴喪暴，方作常，而不言石本。今從諸本。刻示示，或作石。方云石本如此而不敢從。今亦不敢從也。

袁氏先廟　明歲歲，或作年。方云：考之史，袁滋以元和十一年朝京師。旂節旂，或作旌。具著著，或作者。以來以，或作已。其語語，或作詩。周樹舜後陳樹，或作封。後下，方有爲字。見可譜或作可見于譜。陳郡或無郡字。終漢終，方作紛，非是。新縣新下，或有安字。諱顥顥，或作頻。大耋耋，或作耄。曾大父大父皇考比三世或無再出大父字，有公字；大父，或作大夫；比，或作妣。皆非是。又此所序袁滋世系如此甚明，而唐書新傳以滋爲袁範之後，誤矣。顯刻刻，或作烈。詩曰詩下，方有文字。蹇連方作連連博士　司徒方云：博士，轅固；司徒，袁安也。按左傳陳有轅濤塗，又有袁僑；漢有轅固、轅豐，又有袁安。蓋兩姓也。杜預謂袁僑，濤塗四世孫，不知何以至漢復出兩姓。〇今按：歐公集古録漢三老袁良碑亦云濤塗立姓爲袁。蓋轅、袁古字通用，袁盎又通作爰，亦非別爲一姓也。出把把，或作杞，或作持。羣州羣，或作郡。數以數，或作教，説見烏氏廟碑。其筵筵，或作業。籧銂銂，或作鈃。爾成爾，方作示，非是。牲繫或作繫牲。

清河郡公房公

目擩擩，或作濡，或作揣。方云：擩，亦染也。○今按：擩，而遇切，字見儀禮。然作濡亦通。迎觀或無觀字。飾理理，或作治。還進還，或作遷。又以又，或作胄，非是。佐胄或作爲佐。辨慠辨，或作辦。慠，吉歷切，疾也。之地或無之字。朋友朋，方作爲，非是。○非公公，方作君。

唐故銀青光禄大夫檢校左散騎常侍兼右金吾衛大將軍贈工部尚書太原郡公

或無尚書以上二十八字。高王王上，或有祖字。特拜特，或作時。士大夫或無大字。興官耆事興，或作與。耆，或作嗜。方云：耆，音指，致也。詩：「耆定爾功。」國語：「耆其股肱，以從司馬。」○今按：耆，或疑即嗜字，更詳之。仍初仍，或作如。初，方從館、杭本作祔。○今按：仍，即如也。祔字無理明甚，可以見閣、杭本之謬矣。專爲專下，或有於字。落女或作樂安。李脩脩，或作偹。方云：考舊史，當作脩。常銘常，或作章。○莘摯莘，或作華，非是。繼繼上繼字，方作相，非是。吾甥吾，或作其，非是。攸存攸，方作猶。○今按文理，當作攸，又上句已有猶新字，不應重出也。

第二十八卷　碑誌

此卷唯曹成王是碑，餘並是墓誌銘。

曹成王　得間走蜀從或無得字，或無蜀從二字。衛將衛下，或有大字。痛刮痛下，或有自字。持身持，方作將。斬斬或作漸漸，非是。民交交，或作皆。○今按：唐人語多用交字。如陸宣公奏議云「交駭物聽」、「交下不存濟者」之類，意猶曰即今云爾。擴門擴，或作撗。活數十萬活下，或有者字。或無十字。奏報或無報字。少府府下，或有監字。兼州別駕兼，方作處，云：考舊傳合。○今按：成王本以溫州長史行刺史事，今兩奏功而得處州別駕，又不行州事，則於地望事權皆爲左降矣。以事理推之，不應如此，疑方本誤而諸本作兼者爲是，蓋以舊官仍兼本州別駕以寵之爾。下文又云「部告無事」，則謂溫州前此旱飢，而今始無事也。又云「遷真于衡」，則是自行刺史事而爲真刺史也，其間不應復有處州一節明矣。舊史亦承集誤，不足爲據。遷真真，或作鎮。○說見上。張施施，或作弛。助之助，或作勊。王于或無于字。前謾或無前字。在理理，或作治。觀察使虐使將國良往戍界方云：閣、杭、蜀本察使下有殘字，無國字。觀察使，辛京杲也。將國良，王國良也。馬大年所得柴氏善本無殘字，良下有往字，以虐字屬下句，云良不願往而辛強使之也。然按舊史云前使貪殘，新史亦云前帥貪虐，國良以富獲譴，則馬說爲非是。國良只稱良，猶南齊雲只稱雲、李光顏只稱顏也。下文亦可併考。○今按文勢，則馬説爲是，虐使亦古語，新史所載，疑亦以碑語料其如此耳，今從馬説。但國良初見，當全書二名，其後乃可單出，如齋雲、光顔亦先全書，後乃單出也。戍衆戍，或作成。羞畏羞，或作爲。狐鼠鼠，或作疑。新史作首鼠。錯愕愕，或作迕。方云：集韻「愕，逆各切，相遇驚也。或作遻，隷作遌」。後漢寒朗傳：「二人錯愕不能對。」新、舊史亦謂「愕眙不敢動」，則此用愕字爲正。責還責，或作遣。散騎常侍方無常侍字。李希烈反或無此四字。江州江，方作洪。州，或作南。方云：考新、舊史皆作洪。○今按：洪州即江西帥治所，若只大選洪州，乃是未曾出門一步，無足書者。選兵江州，蓋爲北向進討之勢，故其下文遂攻蘄州，道里亦便。史承集誤，不足據，當從諸本作江爲是；不然，則以州爲南，猶勝作洪州也。摶力勾卒嬴越之法摶，新書作團，方作摶。嬴，或作羸。方云：樊澤之、馬大年皆曰作羸非是〔五〕。嬴謂秦也，越謂勾踐伐吴之兵法也〔六〕。○今按：摶，徒官反，團也。楚詞云「圜果摶兮」，古字通用，而新書從今字也。然秦紀、越語、世家皆無摶力勾卒之文，不知諸家之説何所據。唯蘇氏古史見之，則恐或是反用此碑語也。摶，或疑是蓴字，亦未有據。但摶力無理，其誤無疑耳。或疑杜牧之有「以力摶力」之語，然杜後出，韓公不當用其語也。曹誅五畀畀，或作卑。方云：曹五字見馬融廣成頌「曹伍相保」是也。馬大年云：曹誅五畀，敗則誅及其曹，有獲則分畀其伍。新書「皐自將五百人，教以秦兵團力法，聯其賞罰，弛張如一」，即約此碑語而爲文也。撇蘄水撇，普滅反，擊也。方誤作撤。行跐汉川還大膊蘄水界中拔安三縣拔其州方云：汉川，唐屬沔州，今漢陽地。跐，蹋也。莊子：「跐黄泉而登大皇。」或無中字。拔，或作誅，或作株，馬本作誅。〇今按：左傳云：「又拔其邑。」安三縣，安州三縣也。其州，安州也。此碑用字奇古，有不可强通者，當闕之以竢知者。拮其州拮，或作梏。方云：廣成頌「散毛族，梏羽羣」，李賢曰：梏，古酷切。字從手，卽古攪字。十抽一推後山談叢云：唐令，民二十成丁，以下爲推。宋次道云：推者稚也，避高宗諱而闕耳。吕縉叔云，推者椎也，獨髻爲椎，蓋傳寫誤耳。唐人初不諱嫌名也。陳以吕説爲是。按史記、漢書陸賈傳有魋結字，注讀爲椎髻，故唐令以推爲未冠之稱，此云十抽一椎者，十椎而取其一以爲兵，卽杜詩所謂無丁而選中男者也。然唐志但云十六爲中而無椎字，會要亦然。未詳其説。屬鄉屬，方作厲。〇今按：厲鄉當屬亳州，去安州尚遠，當作屬。民老民下，或有之字。薄東薄，或作亳，非是。亡將亡，或作土，非是。一吏軌民一吏，方從杭、蜀本作吏一，云：一，當如壹民而重威之壹。吏一軌民，用吉日辰良體也。〇今按：方説一字是也。但因沈存中説「吉日辰良」一句，遂更不問是非，每有訛舛，悉以遷就如此，以一吏爲吏一，則無理之尤耳。使令疑衍一字。所宿或無所字，非是。任馬彝將愼將鍔將潛或作任馬彝伊愼王鍔將。方云：潛，李伯潛也。時馬彝掌幕府，故不言將。今從之。偕盡其力能偕上，或有王字。一作偕能盡其功。其力，方作力其，非是。〇今按：能字合在盡字上。進士司門郎進士上，或有中字，下或有第遷字。寄惠寄，或作其。受命受，或作授。四州州，或作邑。詩之詩，或作請；方無之字。皆非是。〇或亡或微微，或作徵。或、或並作既。曹始就事或無此句。方云：曹始封於正觀二十一年，時太宗十三子，三早卒、二貶死，泰與愔亦皆遷降也。曹之祖王曹，方作明。宋景文云：豈有爲人作銘而名其祖者？當作曹。畏塞絶遷方云：明坐太子賢事降零陵王，徙黔州，都督謝祐逼殺之。○今按：銘文四字未詳其義。疑畏如畏厭溺之畏，塞如其行塞之塞，言見殺於閉塞之中，而封絶於遷謫之時也，方説近是。而别圖云明徙黔州都督，則不知明但徙黔州而爲都督所殺，遂誤以都督屬上句也。零王黎公按新史，明子俊嗣王、傑黎國公皆爲武后所殺。子父易封三王守名按史，中宗神龍初以傑子胤爲嗣曹王。後明少子備自南還，詔停胤而封備，備薨，復封胤，所謂「子父易封」也。胤薨，子戢嗣，自備至戢，所謂「三王守名」也。蘇枯弱彊或作吹枯蘇僵。以昭于王或無此一句。有子方云：或云語下脱一句。按公爲銘，不必盡偶句用韻，劉昌裔、王仲舒碑可見。○今按：劉碑脱句，前已論之，不可爲法。王碑雖可爲例，然彼文從韻協，無可疑者。而此篇下文亦不可曉，不知其果然否耳。蹶蹶陛陛下陛字，方作陛，云：陛陛，猶階階而升也。○今按：方説無理。作陛陛則韻協，故且從之，然其義亦不可曉。大抵此篇多不可曉，今姑闕之。

息國夫人

僮使僮下，或有僕字，非是。卑尊或作尊卑。倉曹倉，或作胄。戡强以肅成敏以和方無此八字。○男主主，或作子，非是。難甚或作甚難，非是。有錫錫，或作息。方云蓋以國封言之，非也。時勳時，或作以。

試大理評事王君

見功業有道路可指取有名節可以戾契致取有之有，或作而，或本無之。

方云：戾，力結切。契，詰結切，字本作奊。通俗文曰：「奊，多節目謂之奊𡗝〔七〕。」方言作謑詬。賈誼傳：「謑詬亡節。」○今按：有字當屬上句，言功業可指取而有之，名節可以戾契而致之也，不然則當作而。以絶方無以字。軍年年上，或有惟簡字，或無年字。喜士士，或作事。蹐門蹐，方作踏。比部上或有太史字。疾病或無疾字。處士高女或無高女二字，非是。○今按：侯高事見李翺文集。齬窮下或有瘁字。諾許或作許諾。翁大大，或作丈。行其行，或作施。衙袖袖，或作軸。○長裾長，或作曳。其須須，或作願，非是。

扶風郡夫人　繼序序，或作緒。外親下或有戚字。若干或作十四。雖有或無有字。長子殿中丞繼祖孝友以類諸本子下有敖字，或作轂，或作教。晁本作長子繼祖殿中丞孝友嗣類。本或孝友上有承考二字。方云：此碑謂少府監者，馬暢也。暢子繼祖，公嘗誌其墓。新、舊傳暢只有此一子，世系表燧之子彙、暢，彙子敖、敭，暢子亦只有繼祖，豈繼祖先名敖邪？或敖字當刪。○今按：馬少監墓志云「君諱繼祖」，則方説得之，仍當更從晁本刪敖字。但以其兄弟連名考之，則又疑作敖爲是，而其下或有承考二字者，乃言敖能繼北平、承少傅而孝友似之也。少監志云諱繼祖，或是反用此志誤本補足，而世系表又承集誤，然不可考，姑從晁本而並著其所疑如此云。○母父或作父母。尊章章，或作卑。方云：漢廣川王傳「背尊章」，顔注：「猶言舅姑也。」作卑非是。畏我侍側此句未詳。畏我，或作我之，亦未安。或疑畏當作慰。夫先其歸方作不失其歸，或作夫其先歸。○今按：下文有合葬字，作夫先爲是。其室其，或作有。

殿中侍御史李君　其十一世祖沖舊注云：據元和姓纂，虚中乃沖八世孫。少長少，或作以，或無此字。王相或作相王。奥美美，或作義。祕書書下，或有省字。嘗爲嘗，或作常，非是。謂其謂，或作爲，非是。三矣三下，或有年字。無退一言或作一退。或疑無字在退字下。協律或無協字。或疑律下有郎字。○不羸羸，或作羸。方云：獨孤郁墓銘曰「年再不羸，惟後之成」，義同此也。

【張洽補注】

曹成王碑　摶力勾卒按：左氏傳哀十七年「越子伐吴，爲左右句卒」，注云：「鉤伍相著，别爲左右屯。」此卽越之句卒也。秦人摶力，雖無明文，按商子農戰篇曰：國之所以興者，農戰也。今以官爵勸之耕戰，民見上利之從一空出也，則作壹，作壹則多力，多力則國强。秦人摶力之説，意者或出於此。

校勘記

〔一〕國子祭酒韓愈謹令云云　「令」，原作「今」，據南圖本、李本、兩韓集改。

〔二〕拏字傳寫之誤　「拏」，原作「挐」，據舉正改。

〔三〕舊傳神功大曆八年冬覲闕廷　「廷」，原作「庭」，據南圖本、兩韓集改。舊唐書田神功傳正作「廷」。

〔四〕云唐河南府無河陰縣　「云」字原無，據兩韓集補。

〔五〕馬大年皆曰作羸非是　「大」，原作「夫」，據南圖本、李本、兩韓集改。按舉正正作「大」。

〔六〕伐吴之兵法也　自「伐吴」至此卷末皆以李本補，説詳校點説明。

〔七〕多節目謂之㥽𢡟　「𢡟」，原作「㥽」，據舉正改。按集韻十六屑正作「㥽𢡟」。

昌黎先生集考異卷第八

第二十九卷　碑誌

此卷並是墓誌銘。

朝散大夫商州刺史除名徙封州董府君　大官大，或作久，非是。之平或無之字。荒纇纇，或作頑。朝廷朝廷或作於朝。來佐佐，或作往。屏所挾爲或作屏棄所挾。選參選，或作遷。大尹大，或作太。因徵因，方作顯，云：漢韓安國傳：「由此顯結於漢。」當用此義。〇今按：此召對獄耳，與方所引者不類，當只作因。元和六年五月十二日死湘中年四十九方本無年、月、日，但云年若干，今以晁本定。按唐書，元和七年立遂王爲太子，亦與下文相應。曰居敬或上有次字。將葬舍人葬下，方有中字，云：以上文考之，無者爲是。然世系表：「全素，太子中書舍人。」通典：中舍，一云中書舍人。又安知全素不自舍人遷中舍邪？〇今按：中字有則前後皆當有，無則皆當無，不應前無而後有也。審如方説，此志亦必是未遷時作，況它本自有無中字者。今姑從之，不必曲爲之説也。

貞曜先生　八月己亥己，或作乙。方云：考唐曆，是月無乙亥也。走位走，或作赴。位，或作泣。

嘗與嘗，或作常。徽銘下或有於愈字。元人人，或作尹。則見或作有法。揉之之，或作足。刃迎刃，方作物。胃胥或作皆盡。抹摋或作採掇。方從閣、杭、南唐本，云：字林：「抹摋，掃滅也。」漢谷永傳：「末殺災異。」開先開，或作聞。既擠擠，或作儕。又命又下，或有以字。陸運陸下，或有轉字。門內方無內字。之興元或無此三字。而供祀或無此三字，有以侯字。或無供祀二字，有侯字。於古有光或無下三字。賢者故事有易名況士哉杭本無此十字。不待待，或作從，非是。○於戲方無戲字。維執不猗或無此句，或在維出不訾之下。執，或作持。

秘書少監贈絳州刺史獨孤府君　望臨望，或作迎。歸以歸，或作妻。選授奉禮郎楊於陵爲華州署君鎭國軍判官奏授協律郎從晁本。方無奉禮至奏授十八字。閑于閑下，或有居字。贈絳州刺史晁本其家下有此五字。本或繫於年四十下。方並無。承孫未詳。是似是宜今按：此承上句，言胤慶而似，配良而宜也。方似作以，非是。家塋家，或作冢。知吾弟久。知，或作與。久，或作友。○於古風於下，或有乎字。○今按：上篇四言，不應首句爲三字；此乃雜言，或有此三字句也。戴美世令戴，或作載。令，或作命。○今按：此言戴前人之美而世其令德也。

虞部員外郎張府君　明年或無年字，或作月。庾掞或作庚掞。曰叔父或無曰字。張目方從杭本，無目字，云：後漢嚴光傳：「良久張目熟眎。」然此恐當從杭本爲正。○今按：方知古有張目字，而必以杭本爲正，殊不可曉，今從諸本。其末有複方無末有二字。名曰名下，或有與字。孝先孝，或作奉。綏州之卒杭本無綏州字，非是。縣君方有複出縣君字。南府或無府字。是爲銘此下或注銘亡二字，或注疑闕銘詞字。

檢校尚書左僕射右龍武軍統軍劉公一本檢校上有金紫光禄大夫字，僕射下有兼御史大夫字，統軍下有知軍事上柱國彭城郡開國公食邑二千户贈潞州大都督字。世宧宦，或作官。父訟訟，或作誦。○今按：名訟無理，疑避諱而改。楊琳洪云：唐史昌裔傳云：入蜀，楊惠琳反，昌裔説之。惠琳之亂在夏州，歲月相遠。子琳事詳見崔寧傳。官説説，或作況，與舊史合。擒誅叛將擒，方作撿。○今按：此謂安國寧謀以城降賊，昌裔密計斬之，當作擒。何問何，或作呵。方云：漢賈誼傳「大譴大何」，衛綰傳「不孰何」，顔曰：「何即問也。」何上，或有可字，亦非是。○今按：過秦論云「陳利兵而誰何」，顔注云：「問之曰此爲誰人、何人也。」亦此義。某甲某下，或有日字，下同。郎弔郎下，或有中字。便弓便，方作使，非是。

第三十卷　碑誌

此卷唯胡公神道及淮西是碑，餘並是墓誌銘。

監察御史衛府君　君諱某字某或作諱之玄字造微。中丞諱某某，或作晏。洗馬諱某某，或作璿。方云：按元和姓纂，晏三子，長之玄，次中立，次中行。汪彦章云：王仲仩本謂此衛中立墓誌。中立字退之，非之玄也。不與不下，方有興字，云讀去聲，非是。○或疑此與字當作以，更詳之。弛置弛，或作施。自貫貫，或作貴，或作貫。曰某某，或作景徵。某縣某鄉某村諸本作伊闕縣伊鄉高都村。於時或無於字。部郎下或有中字。○所信方云：信，音新。漢武悼李夫人賦：「申以信兮。」

河南令張君諱郃郃，或作詢。促促或作旦旦。方云：促，音如齷齪之促，本或作娖娖。闌語闌，或作間。辦治辦，或作幹。争議棘棘不阿方從諸本，無議字及下棘字，而云晁本校增此二字。阿，或作撓。○今按：歐公嘗疑此句有脱字，不知晁氏以何本校也。詳其文理，當有此字，故從之。不訴或無此二字。福祥祥下，或有事字。視事或無此二字。或但有事字。經吏吏，或作史。可爲法疑此必有脱誤。或爲當作守。劇吏吏，或作史。竟閉門或無閉門二字。少監昔昔，或作者。方云：李遜赴襄陽送行詩有著作郎張昔。

鳳翔隴州節度李公一本上有唐故字，度下有觀察使開府儀同三司檢校户部尚書贈尚書左僕射字。惟簡或作某。名寶名下，或有曰字。可隨可，或作何。郡王王，或作公。方云：考之史，當作王。居北軍衛居，或作爲。衛，或作御。長上上，方作尚。新史、蜀本作上。○今按：長上，蓋衛卒之號，猶今言長入也，當從蜀本。條教教，方作務，非是。興勵興，或作愈。三殿方云：唐麟德殿有三面，故曰三殿。幸得或無得字。斥外斥，或作許，或作訴。萬年年下或有縣字。賢有賢下或有而字。氏記或無記字。孤童童下，方有子字。○今按翟方進傳，無者爲是。法宜或無法字。

中散大夫少府監胡良公墓神道碑此篇從方氏、石本，疑者别出。○蜀本注：牛僧孺撰墓志，陳鴻撰謚，張籍撰行狀。○今按：方本無中散大夫良五字，又它神道碑不著墓字，唯此有之，亦變例也。八月十四日或作七月，無十四日字。廼巡或無廼字。或無巡字。族出出下，或有處文二字，非是。清河或有複出清河二字。卒官或無官字。勸學勸，或作勤。樂爲樂，方作出，非是。考覈方作覈考。貶死或無貶字。或無死字。以自給方無以字。杭併無此三字。子弟或作弟子。士生下或有徒字。歌舞或無舞字。丞相丞，或作宰。病卒方無病字，非是。可謂謂，或作爲，非是。○魄軍軍，或作運。有靳靳，或作歎。昇己昇，或作升。己，或作民。維公公，或作彼。

故相權公　焯有焯，或作綽。以薨以，或作六。方考舊史，云當作以。知變知，或作能。助與與，方作爲。或無此一字。○今按：助與，如後救于頓事之類是也[一]。作爲非是。不矜矜，或作務。不以露布或無不字。露布，或作布露。長用方無長字。痌傷痌，或作痛。月日月下，或有某字。省顧顧下，或有者字。朝莫朝上，或有在字。公將公下，或有時字。曰頓曰下，或有于字。未病或無此二字。能爲或無能字。不視視，或作親。問有問下，或有其字。偫餘諸本偫作待，或作儲。德宗德，或作代。方考宰相表，云當作德。服喪來服喪，或作喪服。方無來字。銘文或無銘字。○世無無，或作次。不至或作至世。以稅以，或作已。祖之祖，或作師。師之師，或作推，或作祖。憚爲爲，或作焉。其所競馳方其作人，競作共。絶不絶，方作有。○今按：作絶乃與上文勇字相應。孰克克，或作先。

平淮西　皇帝帝下，或有陛下字，非是。乃考方無乃字。犇走率職方無犇、率二字。平蜀蜀下，方有西川字，云：劉闢求都統三川，方圍梓州而敗，亂固不及他郡也。○今按：既圍梓州，則亂已及東川矣。方説非是。究武究，或作窮。襄城城上，或有等字。洪云：此謂葉與襄城耳，等字非是。一二臣外或作外臣。方從杭、苑，無外字。○今按：此句若作外臣，則當時朝臣自以伐蔡爲不可，非獨外臣也。若作一二臣，則當時舉朝之臣皆以伐蔡爲不可，又非獨一二人也。考之下文，所謂「一二臣同，不爲無助」者，又正指武元衡、裴度一二人贊伐蔡之謀者而言，則此乃謂唯一二臣以爲可，而其外羣臣皆以爲不可耳。諸本作外臣及無外字皆非是。唯作臣外者得之。蔡帥帥，或作師。于今于，或作於。并爲并，或作併。惟祖惟下，或有夫字，非是。何敢或無何字。不爲不上，或有固字。郃陽郃，或作溼，非是。延慶本或作鄜延寧慶。屬而子公武屬下，方有集字，或在公武下，皆非是。西四西下，或有徐泗字；四，或作五。皆非是。以節都統諸軍節下，或有度字。諸，方作討。○今按：前輩有引左傳「討其軍實」爲討軍之證者，恐未必然。若必作討，則秦之罘刻石自有「遂發討師」之語，而晉官有都督征討諸軍事，皆足爲證，不必引左傳，却不相似也。但公所作韓弘碑，但云「都統諸軍」，則作討者爲誤矣。不可以偶有旁證而強引以從之也。汝惟方作惟汝。衣服飲食方無服飲二字。或無服字，有飲字。或無衣服字。無飢或無無字。其無或無其字。人卒或無人字。方云：此謂降其民與卒也，故下語皆不再出人卒字。○今按：莊子云「人卒雖衆」，公語亦有自也。降萬降下，或有卒字。戰比比，或作皆。至師師，或作帥，非是。洄曲洄，方作廻。○今按：洄與史合。疾馳馳，或作走。願歸方無歸字。濟京濟下，或有於字。道古進大夫文通加散騎常侍方云：考之史及段文昌碑皆合。一本無大夫文通加五字，非是。道古時已爲中丞，故不復言御史也。○今按：道古墓誌亦可考。道封晉國或無道字。或作進。或無國字。以命或無以字。○萬邦邦，或作方。往在在，方作居，云：唐人多以在爲居，公本政亦曰「居我其周從」是也。○今按：以在爲居，亦草書之誤。本政居字已論於本篇，方説非是。百隸怠官或作百司隸官。事亡亡，或作忘。吴蜀方作蜀吴。旋取取，或作出。羣公公，或作臣。乃相乃，方作及，非是。各奏奏，方作走，非是。勝之勝，或作遂。入秋入，或作及。復屯復，或作複。其壃壃，或作疆。釋其其，或作于。賜以方作詔賜，非是。今盱盱，方作眠。左飧飧，或作餐。方云：舊本皆作飧。○今按：「還，予授子之粲兮」，傳云：「粲，餐也。」史記「餐未及下咽，酒未及濡脣」，漢書「令其裨將傳餐」，則餐字亦有義。公祭鄭夫人文「念寒而衣，念飢而餐」，同以衣對餐也。或當作餐。以收收，或作牧。而父而兄或作及汝父兄。偕來方作來偕。既定淮蔡或作淮蔡既定。

第三十一卷　碑誌　此卷皆是碑。

南海神廟神，或作東。○此篇方從石本。祝融洪曰：太公金匱云：「南海之神曰祝融，東海之神曰勾芒，北海之神曰顓頊，西海之神曰蓐收。」○今按：東海神名阿明，南海祝融，西海巨乘，北海禺強，亦見養生雜書，然公言南海神次最貴，則是據太公書矣。俱昇昇，或作升。爲解解，或作辭。不供供，從石本。方作恭，誤。盲風怪雨方云：或謂祕閣本作蝨風，字見呂氏春秋，考石本只作盲。月令「盲風至」，注：「疾風也。」山海經：「符惕之山多怪雨，風雲之所出也。」其文其上，或有具字，或作且字。○今按：此宜有且字，然石本無之，不欲增也。謹遣官某官上，或有某字。○今按：石本官上無某字，或以爲用左傳「其官臣偃」之語。明概方云：概，几利切。說文：「稠也。」選何晏景福殿賦「概若幽星之纚連」，李善音古愛切。蜀本作概，非是。牽牛正中方云：月令：「季春之月，旦牽牛中。」上文言立夏行事，正此時也。神具具，或作其。慌惚慌，或作恍。蜿蜿虵虵虵虵，或作蜒蜒。來享享，或作慕。祀之祀，方從石本作祝。○今按：祝當作祀，其理甚明，疑或誤刻，今改從諸本。祀歸諸本、石本皆作祀，方作祝，誤。廿有四萬或作十有八萬。廿，方誤作二十。米三三，或作八。西南或作四面。廿八廿，方作二十。可嫁此下方有者字，石本無，方誤也。失時時，或作所。其可或無其字。耳矣或無耳字。○陰墟陰，或作之。右我右，或作祐。○今按：此文石本今最易得，而方本失考者凡五條，然則它云石本者，恐亦不能無謬也。

處州孔子廟此篇方從石本。爲然爲，或作焉，然屬下句。而社方無而字，非是。勾龍勾上，方有而字，非是。跪祭或作拜跪薦祭。不如不，或作無。生人人，或作民。以來以，或作已。孔子孔，或作夫。令工令，或作命。顏子子，或作回。十子十下，或有二字。又爲置講又爲二字，或在下文其中之下。置，或作設。釋菜菜，或作奠。○生師生，或作先。惑忘惑，或作或。

柳州羅池廟此篇方從石本。矜奮奮下，或有曰字。○今按：宜有曰字，然石本無之，不欲補也。步有步，或作涉。方云：柳子厚鐵爐步志曰：「江之滸，凡舟可縻而上下曰步。」○今按：孔戣志亦有泊步字。巷道或作道巷。福禍或作禍福。○蕉黃蕉下，或有葉字，或有子字。秋鶴與飛或作秋與鶴飛。○今按：歐公以此句爲石本之誤，沈存中云：非也，倒用鶴與兩字，則語勢愈健，如楚詞云「吉日辰良」也。但此石本團團字，初誤刻作團圓，後鐫改之，今尚可見，則亦石本不能無誤之一證也。

黃陵廟此篇方從石本。石碑石，或作古，或無此字。不及及，或作返。據下文，當作及。郭樸方云：石本書璞作樸，唐人多然。下文揭陽，亦作楬陽。小水水，或作君。方云：考山海經，作小水是也。英帝英下，或有爲字。君母或無此二字。昇道昇，或作升。溺者溺下，或有死字。湖江湖，或作潮，非是。又或作湘。於刺於下，或有州字。與愉與上，或有余字。○今按：此合有余字，然石本無之，不欲補也。

江南西道觀察使至太原王公神道之後或無之字。爲君子下或有鄉字。公諱仲舒字弘中蜀作諱弘中字某，後墓志同。○今按：上句已有公字，此不當再出，當删。然無別本可據，姑存之。久而嘉之方無而字。之，或作其直二字。右補或無右字。伏其伏，或作服。爲人方無人字。度事或無事字。峽州峽，或作硤。方云：友人楊憑也。迎顯顯，或作頌。絶火絶下，或有其字。阻滯阻，或作沮。政成政，或作化。利病方無利字，非是。九千千，或作十。足乎方無足字。代之方無之字。之息息上，或有日字。葬於或無於字。某既或無某字，或作愈。〇韓爲華英諸本爲作而，華英作英華。堅貇或作聖邈。爞暍暍，或作暘。上藉藉，或作籍。方乎乎，或作平。其所所，或作饒。乃謳謳，或作謠。奄忽方作忽隨。方云：此銘「有美王公」不用韻，末章三語分兩韻，例又異也。〇今按：銘之卒章績、石二句雖自叶韻，而末句高字仍與勞、滔韻叶，非有異也。

第三十二卷　碑誌

此卷唯韓公是神道碑，餘並墓誌銘。

司徒兼侍中中書令贈太尉許國公　國氏國下，或有爲字。〇今按：「以國氏」，春秋傳語。人交交，或作校。方云：以上文自可言之，作不與人交爲是；今以下文長者言之，又似作不與人校爲是。更詳之。以爲鉅人方無爲字，或無以、鉅人三字，而爲上有之字。或併無此四字。夫人之兄夫人，或作齊國。功建功下，或有於字。侃侃或作侃侃，字與侃同。不縱縱，或作從。兵數兵下，或有將字。皆自方無皆字。肉爲肉下，或有而字。其舅或作舅氏。而吴方無而字。苗嫮而髮櫛之方云：淮南子語。不一或無一字。震駴駴，或作駭。廿有一廿，方作二十，又無有字。作言作，或作詐。爲盜方無爲字。滑師告急師，或作帥。前滑帥字疑亦當作師。急，或作及。公無公下或有安字。爲應爲下或有之字。非其方作其非，非是。兵以或作以兵，非是。三千淮西碑三作二。五十萬或作七千。公有公下或有之字。恒無或無恒字。贊元元下，或有老字，非是。年五十八或作年八十。方考新、舊史，定從今本。天子爲之方無此四字。布粟或作布帛。方云：按舊史，實賜米千石。卑身卑，或作畢。至既方作既至，非是。可得或無得字。釣謗釣，或作鈎。間染染，或作諜。先事候情或作先得事情。候，或作後。畛域畛，或作軫，非是。自爲或無此二字，非是。○孰陪陪，或作悖，或作倚。其賚賚，或作賴。

柳子厚　拓跋或無此二字。死高宗朝高，或作中。朝，或作時。所與方無與字。授集賢殿正字或作授校書郎。方云：柳集可考，或本非是。此下方有藍田尉三字。○今按：三字下文已見，不當重出。今古或作古今。貞元十九年由藍田尉拜監察御史順宗即位拜禮部員外郎遇用事者得罪例出爲刺史或作貞元十九年拜監察御史王叔文韋執誼用事拜尚書禮部員外郎目將大用遇叔文等敗例出爲刺史。○今按：方本得婉微之體，它本則幾乎罵矣，疑初本直書，後乃更定也。若從初本，則上文須補藍田尉三字。水間水下，或有之字。白上或作上白。改刺或無刺字。反擠反上，或有而字。以少方無以字。卒死死，或作厄。道不道上，或有而字。斥時時，或作而。能舉能，方作解，或能下復出解字。皆非是。力以致必力以，或作以力；或作以力而無致必二字。皆非是。十一月八日或作十月五日。七月十日七上，或有秋字。或無十日字。費皆費，或作資。立然立，或作重。涿人涿，或作可，或作爲。家焉或無焉字。○既安既，或作且。

左金吾衛將軍李公　成王諱或無成字，非是。成王必在或無成王字。柳泌泌，或作貢。方云：新、舊史、李千墓志石本皆作泌。月三三上，或有十字。其年某月其，或作某，年下無某字。脩脩方並作循。士學學，或作舉。用古今禮以元配韋氏夫人祔而葬或無此十四字，非是。生而方無生字，非是。○太支太，或作本，非是。其尚尚，方作上。弟兄或作兄弟。誰黜誰，或作雖。

庫部郎中鄭君　君諱君，或作公。自别此下或有君其後也四字。○今按：下文有君其季也，此有則不應重出。以進以上，方有君字。之徵之，或作户，非是。遷祠遷上，或有方字，非是。會衢方無會字。方選人君願行或無方字。君願行作願行者。居月或無居字。翕熱熱，或作然。斬絶斬，或作嶄。費盡不復顧問方無此六字。看或看，或作對。方無或字。韋詞詞，或作嗣宗。蕭儹儹，或作讚。女四四，或作一。郎官官，或作中。渾樸樸，或作璞。

越州刺史薛公　爲隋或無爲字。諱縑縑，或作謙。方云：世系表作縑。使日或無日字。自桂桂，或作睦。方云：考傳，當作桂。映治治，方作始，屬下文，非是。某年拜越或作元和十二年正月二十二日。方云：前已云元和四年，此不當復出年號，它銘亦無書除授月日者，或本非是。兼御方無兼字。以卒卒上或有病字。奏至或無此二字。大夫二字或作人。其年其，或作明。曰沂沂，或作泝。

方云：世系表作泝。故公故字，疑當在上文公之字上。刑部刑，或作兵。○不以事累或作不累以事。中以自寶寶，或作貴，或作實。或作中人以自。方云：此文四句一韻，古音寶與壽叶。

第三十三卷　碑誌

楚國夫人　今司或無今字。鄜坊坊，或作州，非是。又太尉劉公甥又，或作父，非是。公下，或有之字。贊賀賀，或作賢。能盡上或有爲字。詔起起上，或有再字。固不固下，或有守字。○公居公，或作父，非是。莫我我，或作慰。

國子司業竇公　字某或作字貽周。四代代，或作世。孝謹厚重或作孝愛謹厚。校虞部郎或無虞部字。嘗以嘗下，或有有字。言者或無者字。令守疑當作守令，謂守法令也。遏過遏，或作蓋。過，或作惡。方云：漢路温舒傳：「遏過者謂之妖言。」益明或無益字。好善學文或作好學善文，或作好古善文。次曰某曰某上某下，或有少字。○撥漢撥，或作發。而家而，或作西。幽刻刻，或作石。

尚書左丞孔公　三上或無三字。韓愈方無韓字。三留留下，或有公字。君吾年至方從杭本，無至字，云：洪引龔勝邴漢俱乞骸骨，答詔：「古者有司年至則致事，今大夫年至矣。」恐未必然。○今按：洪所引漢書文理甚明，方以欲從杭本之故，遂以爲未必然而不取，殊不可曉，今正之。一本乙君吾二字，語尤健，但如此則君下却少一吾字，不敢輒補耳。郎官官，或作中。於是乎賢於是，或作是於，於音烏。或無賢字。皆非是。與相與下，方有孔戣字。○今按：上下文孔戣字已多，此不宜有。正平或作平正。平，或作直。尹三或無尹字。權知尚書右丞明年拜右丞或作拜左丞。或兩皆作左。方云：戣在元和中未嘗爲左丞，蓋權知右丞事，踰年而正除右丞。長慶二年還自廣州，乃爲左丞耳。新、舊史戣傳皆誤，南海碑石本可考也。而山谷本於爲尚書左丞之上，從蜀本增一復字，蓋於元和兩次除授皆已誤作左丞，故又誤謂長慶爲再除也。陳齊之又去拜右丞三字。皆非。改華州刺史此五字或在罷貢海物之下。方云：華州乃輸貢之途，此疏專爲遞夫而言也。新史亦可考。可食或無此二字。外按小兒外按，或作按外。○今按唐會要，每歲冬以鷹犬出近畿習狩，謂之「外按使」。領徒數百，恃恩恣横，郡邑懼擾，皆厚禮迎犒，百姓畏之如寇盜。元和九年，裴寰爲下邽令，疾其擾人，但據文供饋。使者歸，乃譖寰有慢言，上大怒，將以不敬論。宰相武元衡、中丞裴度懇救甚切，乃釋之。即此事也。言小兒者，蓋以田獵應奉者謂之「五坊小兒」，事見順宗實録，會要亦有小使之名，疑即此輩也。賄及賄，方作財。没有或無有字。相縛縛，或作傳。公一禁之或無此四字。公吏吏上，或有之字。觀吏觀下，或有察字，非是。武定或作定武，非是。爲類類，或作願，非是。怨恨而散恨下，或有焉字，無而散字。或焉字在散字下。此禽獸耳此上，或有況字。方無耳字。數月月，或作日，非是。常自方作自常，非是。爲詩詩，或作詞。温裕温，或作遵。方云：作温與傳合，蓋晚年皆從温。世系表云四子皆從温，非也。

〇今按：上文長子已名温質，則非晚年從温也，豈以嫡庶爲異邪？然非要切，不必强解。〇卅八卅，或作三十。方云：此銘皆以四言爲句，作三十者非。〇今按：卅，依字當作卅。白而白，或作自，非是。類也也，或作邪。

江南西道觀察使贈左散騎常侍太原王公或有中大夫洪州刺史兼御史中丞十二字。復除吏部員外郎方無復字。或無郎字。峽州説已見前。服闋闋，方作缺。改婺改，或作除。不樂樂，或作宜。文書書下，或有事字。九千千，或作十。與民或作丐貧民。方云：諸本以後語誤入。釀户非盡貧民。〇今按：丐貧民一語，下文已有，不應再出，方本是也，但其説非是。除酒榷，蓋與民共之，使得自釀，非直以錢九千萬與釀户也。文書或無文字。禁浮屠及老子爲禁，方作學。〇今按：作學非是。但下文自有浮屠老子字，此不應重出，且其文理亦不明白。疑此自浮至爲六字亦是衍文，去之則文理通暢矣，但無本可證，不敢删耳。界内或無内字。因山野立山，或作出；立，或作去。皆非是。以其其字疑衍。編人編，或作經。〇今按：以民爲人，蓋避諱，當作民乃是。下求人利害、與人吏約放此。以爲或無以字。在制在，或作及知二字。户口方無口字。利害利，或作之。李云：古本無利字，神道碑「周知俗之病」，亦無利字。〇今按：下文云「廢置所宜」，則此句合有利字，古本偶皆脱漏，不足爲據。事備備下，或有悉字，或有複出事字。〇今按文勢，疑當有悉字在備字上。諱玄或無諱字，下同。諱政政，或作某。工部工，或作吏。太君或無太字。行脩脩，或作循。外郎或無郎字。〇又剛乂，方作乂，非是。哲人哲，方作若，非是。之有或作中之。我最最，或作撮，或作載。方云：集韻「最，撮之省文。」○今按：方説非也。史、漢功臣傳末總計其功，皆以最字起之。

殿中少監馬君方有銘字。不自不下，或有能字。賜食與衣方無賜字，云：表記「君子問人之寒則衣之，問人之飢則食之」，食與衣皆去聲讀。○今按：無賜字即不成文。食、衣並讀如字，方説非是。如畫方云：畫，胡麥切，左思嬌女詩：「眉目璨如畫。」○今按：畫，當音胡卦切。左詩叶韻故爾。髮漆髮下或有如字，非是。可念念，或作憐。方云：妬記云：「王丞相於青疎臺中觀有兩三兒騎羊，皆端正可念。」鉅谷或無此二字。碧梧碧，或作蒼。其業業，或作恭，非是。分府此見當時分司官之稱號。或無二字，非是。于人世何如也此六字疑衍。而觀居此世者何也李本云：晁以道乙居字。○今按：此篇末兩三句不可曉，疑而字當作亦，而何下當有如字，蓋誤寫著上文也。然無別本可證，姑闕以俟知者。

第三十四卷　碑誌

此卷皆墓志銘，但李楚金、李千無銘字。

南陽樊紹述　紀誌方無紀字。一十九一，或作乂。長而方作而長。蓋是蓋下，疑有如字。嘗以或無嘗字。某師師，或作帥。出爲方無出字。以下文又出覩之，宜有。出刺或無刺字。病以或作以病。得也得下，或有地字，或有地出字。皆非是。曰後曰下，方有某字，非是。○剽賊賊，方作脱。覺屬覺，方作學，非是。

中大夫陝府左司馬李公　王繪繪，或作會，方從新、舊史作繪。長平王此下或有長平生淮陽五字。晉原原，或作康。爲敵敵，方作嬌，非是。之聞或作聞之。顧語語，或作謂。弟曰或無曰字。吾爲或無吾字。文上文下，或有爲字。比以或無比字。尹慚其廷中人方云：漢張耳傳「李良素貴，起，慚其從官」，又「袁盎還，愧其吏」，公此文與劉昌裔誌皆用此。令辱我或無複出三字。無所方無所字。讒宰相者方無者字，非是。元年正月丙辰方無正月字，而云：李本作正月，蓋正月十八日也。○今按：是年辛丑歲，丙辰非歲名，則爲日名，而在月下爲是。方知日辰所直而不以李本補正月字，不可曉也。激酈激下，或有爲字。○將復廟祀廟，方作其。○今按唐會要，禮官議户部尚書韋損四代祖所立私廟，子孫官卑，其祠久廢，今損官三品，準令合立三廟。此以郕之先嘗有王封，而後世官卑，不得立廟，故云「將復廟祀」也。然唐制亦非古，而本朝立法尤疎略，唯蘇魏公嘗議立廟與襲爵之法相爲表裏。其説爲善，惜乎當時不施行也。

幽州節度判官贈給事中清河張君　元年元，或作二。方云：考之史，當作元年。牛宰相陳齊之云：常疑牛僧孺之爲人，觀此語則知韓公亦不喜其人矣。然此三字或作今宰相牛公，未知孰是。仍遷仍，或作乃。毋侮毋，或作無。我事此下方有無罪二字。脱免或無免字。張御史忠方無張字。

告此或無此二字。告，疑當作言。餘人今按：此二字疑衍，而下文「不如遷之别館」自爲一句，蓋述其言如此。下文又云「即與衆出君」，乃記其事也。但無所考，不敢輒删耳。或云餘人字不必去，其曰「遷之别館」，蓋言今當如此耳，亦通。與衆與，或作以。畏惡畏下，或有皆字，非是。或在畏上，則或有之。張恭恭，或作泰。長慶四年方云：舊本或作二年，或作三年。按：鄆帥，馬總也。總以二年秋遷右僕射，明年夏召還。當作二年或三年也。○今按：方説雖如此，而其所定之本却作四年，今姑從之，蓋或喪歸踰年，馬既召還，乃克葬也。衣褥褥，或作衾。進養或無養字。○今按：養字去聲，禮曰：「以其飲食忠養之。」祖某　父某或作祖踐父休。○缺折或作折缺。闇明當作明闇，説見下條。者之方無者字。或無之字。方云：此銘以徹、揭、割、雪、折、厲、奪、咀爲韻，而行、生、清、兵、名、闇、貞復自爲韻。厲，音烈。闇，當讀如諒闇之闇。○今按：方説多得之。此銘蓋法兔罝、魚麗等詩，隔句用韻耳。詩隔句用韻，先儒所未知。觀公此銘，則既識之矣。但闇明二字乙之則韻自叶而義亦勝，若如方説，則雖讀闇作鶕，韻終不叶，而義亦不通也。

河南府法曹參軍盧府君夫人苗氏或無府苗氏三字。或作范陽盧君夫人苗氏。汝州司馬司馬，或作别駕。方云：世系表作「永王府諮議參軍」。嫁河南法曹盧府君河南法曹四字，或作范陽二字。諱貽諱上，或有複出府君字。先夫人卒或作卒先夫人。其年七月其下，或有明字。七，或作八。之誌之下，或有銘字，或有其字而無之字。○是生是，或作厥。乃及于行乃及，或作享乃。克媲克，或作光。爲禮方作禮容。○今以下句爲仁偶之，方説非是。循道不違厥聲彌劭或作既克其家厥問愈劭。累累或作纍纍。銘寘銘，或作石。寘，或作誌。書儔休古韻叶，已見溪堂詩。

貝州司法參軍李君

十七七，或作八。月丁月下，或有一日字。開封縣某里或作陳留縣安豐里。後開封字同。以識識，或作誌。其世世，或作詞。至司至，或作有。行曰或無曰字。其姒姒，或作姊。其刺或無其字。方云：據李翱集，刺史嚴正晦也。胥其胥，或作須，或作需。或無其字。方云：史記趙世家「太后盛氣胥之入」，又廉頗傳「胥後令」，註：「胥，猶須也。」何敢爾或無何字。方無爾字。兵仗仗，或作杖。加擢加下，或有禮字。葬曰曰，或作日。方云：山谷、李、謝以古本定，與上文其世曰、其德行曰爲一例。窆于窆，方作穸。固於或無固字。

處士盧君

命卒卒，或作牽。又有或無又字。

太學博士李君

學，或作常。女壻或無女字。柳泌説已見前。乃死乃，方作及，非是。鼎按鼎下，方有以物字。實以方作以實。相傳方無相字。自顛顛，或作巔。茵席常得茵，或作裀。方無常字。其家其，方作有。服藥服下，方有之字。血肉肉，方作害。○今按：古書肉，或作宍，今淮南子及内經靈樞尚存此體。疑此别本害字乃宍之訛，而方考之不詳也。乃死乃，或作及；或無死字。皆非是。以濟濟，或作齊。可哀也已江隣幾云：此誌略不叙干世代行事，不知何也。

第三十五卷 碑誌

此卷皆墓誌銘，唯女挐爲壙銘，乳母爲墓銘。

盧渾　右汝兄兄上，或有弟字。或作後有汝兄。方云：渾，於陵弟也，兄弟惟二人。遷汝或作汝遷于三字。視此此，方作於。

虢州司户韓府君　長史長，或作刺。方云：考世系表、李太白去思頌、公墓誌、行狀，皆作長史。參軍或無此二字。至至或無複出至字。壯而強老而通閣本無而強老三字，方以爲脱。元年元，或作三。氏女或無女字。曰門或無此二字。葬州葬下，或有于字。○惟其家之材材，或作財。○今按：此句未詳，當有脱誤。

四門博士周況妻韓氏　諱好或有複出好字。開封娶開封，或作俞。從父弟愈或無弟字。方云：舊本皆有。○今按：公父仲卿與開封之父雲卿爲兄弟，則公與開封固從父兄弟也。況況或無複出況字。以疾疾，或作病。其從父愈父下，方有弟字。○今按：方本非是。儀禮喪服篇有族曾祖父者，曾祖之兄弟也，其子爲族祖父，其孫爲族父，其曾孫爲族兄弟。有從祖祖父者，祖父之兄弟也，其子爲從祖父，其孫爲從祖兄弟。有世父、叔父者，父之兄弟也，其子爲從父兄弟。今韓公於開封及虢州皆爲從父弟矣，於開封之女，則公當爲從祖父也。此但云從父，爲脱一祖字，方作從父弟，尤誤。今無別本，不敢輒增祖字，且從諸本，去弟字。夫失失，或作喪。

韓滂 百川老成老成或無複出老成字。某後或無某字。早死或無早字。倍文倍，與背同。倍文，謂背本暗記也。周禮注：「倍文曰諷。」韓語蓋本此。洪譜以爲作文，蓋不考此而誤改。兼下文復有爲文辭字，亦不應重複如此也。爾得或無得字。人邪或無人字。文詞方無文字。詞下，或有於字。以死死，或作卒。一里或無一字。○生之或無之字。也邪或無也字。歸於歸，或作悲。

女挐 爲少或作少爲，非是。梁武方無武字。掃刮刮，方作削。漢南或無漢字。可留或無可字。病在席病，或作疾。方作在病，無席字。層峯二字或作密。京兆下或有尹字。葬之上或有而字。和十和下，或有之字。

緱氏主簿唐充妻盧氏 三男方云：考苗夫人志，當云二男。充充或無複出充字。郄氏今按：郄，綺戟反，俗郤字與郄字相亂。今流俗郗超字多作郄，誤也。○得家得，或作其。觀者觀，或作親。方云：者，音之戈切，與何叶，吴才老讀如此。

乳母舊本作河南縣令韓愈乳母李氏。母李下或有氏字。入韓氏入，或作爲。下或有家字。見所見下，或有其字。徐軍徐下，或有二州字。二男二，或作三。節慶節下，或有受字。輒率輒上，或有愈字。疾卒疾，或作病。或無疾字。或作以疾卒。其語語，方作誌。

第三十六卷　雜文

瘞硯銘銘，或作文。　褒谷谷下，或有間字。　○全斯斯，閣作期，非是。

毛穎傳　治東方土句。　養萬物治，方作理。　土，方作吐，屬下句，云：孔氏周書注曰：「土能吐生百穀。」義取此。○今按：東方卯位，此正爲下文「封於卯地，死爲十二神」而言也。然兔與卯皆不屬土，與方所引孔說不合，又不見其所吐何者可養萬物；兼治東方爲句，語意亦似不足。唯參同契云「兔者吐生光」，則兔乃有吐義，然似亦只與下文「當吐而生」之説相表裏，止是自吐其子，而無吐養萬物之意，未見其必可據也。若作治東方土而自爲一句，但以平水土而言，則於語勢無闕，而下句「養萬物有功」，爲奏庶鮮食之義，意亦自明。故今且從諸本。其以十二物爲十二神，相承已久，亦未見所從來。并闕之，以竢知者。　當吐而生見本草。　䨲方云：蜀本音奴鉤切，爾雅「兔子嬎」，郭注云：「俗呼曰䨲。」䨲與䨲同。　者曰㕙者下，或有號東郭三字。或有號東郭㕙，而無曰字。　方云：説文：「狡兔曰㕙。」戰國策作逡。　宋鵲鵲，或作⿰犭足。方云：廣雅曰：「韓盧、宋鵲，犬屬。」字林：「⿰犭足，音鵲，宋良犬也。」　次中山中山在秦東北，非伐楚所當次也。此固寓言，然亦不爲無失。　左右方無右字，非是。　筮者賀曰方云：筮詞皆用古韻，詩「祈父，予王之爪牙」，「靡所止居」，古牙、吾通。　髦與資亦然。　一云，崔豹古今注：「蒙恬造筆，以柘木爲管，鹿毛爲柱，羊毛爲被。」非兔毫也。公豈它有所自邪？〇今按：毫、資與居、書叶，今北人語猶謂毛爲謨。公作董生詩，咨與書、魚叶，皆可證也。其豪豪，方作毫，非是。下之豪同。曰管或無曰字。秦皇秦下，或有始字。相斯相下，或有李字。雖見雖下，或有後字。摹畫摹，方作謩。嘻笑嘻，或作喜，非是。君今君，或作而。〇最爲方無爲字。之豪豪，方作毫，非是。封諸諸，或作之。卒見見，或作幸。

下邳侯革華方云：閣本無此篇。劉龍圖燁云：或言此篇不類退之文，及得本校，果無。趙璘因話録謂革華傳稱韓文公，皆後人所誣。是唐人已知其僞，然杭本、文粹皆録。洪謂始録於歐公，非也。〇今按：此當全篇删去。

送窮文　奴星或有複出星字。輿粻輿，或作與。日矣方無矣字。竊具竊，或作躬。已不已，與以同；以，又與與同。廻避廻，或作曲。朋儔方作儔朋。非六六，方作三，非是。面目目，方作皃。次曰文窮次下，或有名字。小黠大癡方云：淮南子：「人不小學，不大迷；不小慧，不大愚。」又抱朴子：「凡人多以小黠而大愚。」惟乖惟，或作雖，非是。延之之，或作入。

鱷魚文鱷，或作鰐。維年月日或作維元和十四年四月二十四日。列山列，新書作迾。方云：音力制反，遮道也。罔繩擉刃罔，或作綱，或作網。方云：莊子「擉鱉」，言刺也，字從手。之外，方無之字。後王方無此二字。蠻夷或無蠻字。潮嶺海潮，方作湖，而無海字。或作嶺海，而併無潮、湖字。

〇今按：此言潮州乃嶺海之間，去京師遠也。但公於潮州亦有祭太湖神文，則只作湖嶺亦通。更詳之。今天子今字，閣本在子下，非是。睅然方云：左氏：「睅其目。」睅，目出貌。不安溪潭據處食民畜不下或有下字。不，或作而。或無處字。〇今按：此恐有脱誤，疑當云睅然不去據溪潭食民畜云云乃是，更詳之。亢拒或無亢字。長雄方云：漢薛宣傳：「上黨少豪俊易長雄。」下心心，或作身，方作中，云：洪謂：中，身也。禮曰：「文子其中退然。」國語：「余左執鬼中。」注：「身也。」〇今按：二本皆通，然意新史作心爲近，故從之。睍睍睍，目出貌，本或作覞。覞，息咨反，視也。方云：或校作睆，睆，窮視貌。莊子：「睆睆然在徽纆之中。」〇今按：恐當作睆爲是。此邪邪，方作也。史言方無言字。與冥或無冥字。而爲方無而字。吏民或無吏字。

校勘記

〔一〕如後救于嶼事之類是也。「救」，原作「按」，據南圖本、兩韓集改。

昌黎先生集考異卷第九

第三十七卷　表狀

金紫光禄大夫至贈太傅董公行狀題中或無支度二字。　選聞選下，或有既以字。　市馬市字絕句。方以馬字屬上句，而複出馬字連下文爲句，非是。　公與與，或作爲。　而與方無而字。　至吾方至上有五字，而無吾字，皆非是。　故下方無故字。　其衆或無其字。　兩擧手兩擧，或作擧兩。　方云：此用莊子「盜跖大怒，兩展其足」也。　敢復方無復字。　未盡未，方作始。　人大人下，或有心字。　或有心字，無大字。　無與無下，或有以字。　故求或無故字。　罪有罪下，或有於字。　不信信下，或有之字。　以降以，或作已。　天下天下句。　天下或無此複出二字。　不記記，或作已。　疾作上或有辭字，非是。　入謝謝下，方有遷字。　問日晏三字或作移時。　汝州或無州字。　由留或無由字。　畋遊無度或無畋遊字。　無度，或作無幾。　方云：考之傳，士寧每畋獵，數日方還，或本非是。　度一度下，或有使字。　者至或無至字，非是。及諸及，或作與。和初玄或無初字。懼復懼下，方有不字，云：士寧懼其無以繼也，若去不字，則下文皆衍。〇今按：士寧、萬榮專命竊據，故懼士卒之圖己而復加厚焉。尋上下文，未見其惜費而薄之之意也，況以下文又加厚、每加厚推之，不字之衍甚明，方説誤矣。士卒士下，或有寧字，非是。

明日二字方作時，非是。事修事下，或有既字。俗化俗，或作民。蒼烏方云：舊本多作蒼鳥。家語：「蒼烏，鴈也。」瑞應圖有蒼烏。既斂或無此二字。知人知，或作智。人誰人，或作其。〇今按：外集作其，非是。全道溪全素瀣諸本溪作全湲，瀣作全瀣。方云：考世系表、董溪志，溪、瀣皆無全字，蓋全道、全素出於賜名也。爲大理評事或無此五字。伏請或無伏字。謹狀或作狀上。

與汝州盧郎中論薦侯喜狀方無薦字，云：盧虔也，喜常爲虔作復黄陂記。知遇或無知字。主司或作有司。長歎長，或作而。家事事，或作難。公數公下，或有大人字，或有貴人字。不其然乎或無複出四字。不其，或作其不。

論今年權停舉選狀　百萬或無萬字。公孫或無公字。王化王，方作主。

御史臺上論天旱人饑狀　在百姓腹内腹，或作復。方云：德宗十四年，詔諸道州府，應貞元八年至十一年兩税及榷酒錢，在百姓腹内者並除放。〇今按：腹内，謂應納而未納者，嘗見國初時官文書猶有此語，如今言名下也。知識或無知字。

請復國子監生徒狀　已上已，或作以，下同。從三或無從字。

馬府君行狀　諱某某，或作彙。趙時方無時字。蒯令蒯，或作蒯。上嘉嘉，方作喜。七月七，或作十。陳國無子陳國，或作夫人。

復讎狀蜀本此狀首云：元和六年九月，富平縣人梁悅爲父報仇，殺人自投縣請罪。勑：復仇殺人，固有彝典，以其申寃請罪，視死如歸，自詣公門，發於天性，志在徇節，本無求生，寧失不經，特從減死，宜決杖一百，配流循州。於是史官、職方員外郎韓愈獻議云云。方云：公於時未爲史官也，此後人以史文增入。閣本、舊本皆無之。之端之下，或有大字。無其無下，方有有字。將使將，方作特。殺者方無者字。官所誅官下，或有吏字。凡有方無有字。申尚申，或作由下二字。○今按：此合有由字，但下字當作申，又或是上字耳。更詳之。經律方無律字。

錢重物輕狀　下帖帖，或作牒。而錢方無而字。粟租粟下，或有米字。益農農，或作豐。器皿或無皿字。出五嶺下或有複出五嶺二字。扶其扶，方作狀，非是。

第三十八卷 表狀

爲韋相公讓官表韋貫之也。 天下幸甚方有複出四字。

爲宰相賀雪表

進順宗實録表狀 原大大，或作本。 實懼塵玷或作實積懃懼。

爲裴相公讓官表 移官移，或作出。 因佐因，或作乃。 益大大，或作厚。 益輕益，或作愈。 微誠微，或作盡。 踰量量，或作重。 致理或作集事。

爲宰相賀白龜狀 進止止，或作旨。 方云：今玉堂宣底作進止，下同。○今按：陸公奏議亦可考。

冬薦官殷侑狀或無冬、官字。 停使或無停字。 方引宋説云：前天德軍防禦使〔一〕，即所謂停使也。

進王用碑文狀 李脩脩，或作修，説已見前。

謝許受王用男人事物狀 某官某乙本或無此四字，但云臣愈言今日品官云云。○今按：狀體前合具官，不當云臣某言。

薦樊宗師狀

校水校下，方有尚書字。

舉錢徽自代狀

進撰平淮西碑文表

或無撰、文二字。 正月十四日勑牒或作某月日勑牓，牓字非是。 以收復以，或作已，無復字。 法式或無式字。 推勞臣下或作推功勞臣。 涉旬方作旬涉。 號以爲經號，或作篹。經上，或有正字。 中謝或無此二字。 伏惟惟，或作以。 所在麻列麻，或作成。方從閣、杭、苑、李、謝本。○今按：作麻殊無理，疑此本是森字，誤轉作麻，後人見其誤而不得其說，乃改作成耳。且公答孟簡書亦有森列之語，可考也。方氏固執舊本，定從麻字，舛繆無理，不成文章，固爲可怪。然幸其如此，存得本字，使人得以因疑致察，遂得其真。若使廢麻而直作成字，則人不復疑，而本字無由可得矣。然則方本雖誤而亦不爲無功，但不當便以爲是而直廢它本，不復思索參考耳。今以無本，亦未敢輕改，且作麻字，而著其說，使讀爲森云。 恩待待，或作侍。 謹録謹上，或有隨表二字。 慙羞戰怖或作慚惶怖懼。 此下或有謹奉表以聞三月二十五日臣愈誠惶誠恐頓首頓首謹言二十三字〔二〕。○今按：此或本以聞下便著月日，與今表式不同，未詳其說。

奏韓弘人事物狀

古本云：四月一日，涯、度、羣、夷簡奉進止，碑文宣賜韓弘一本。 恩勑或無恩字。或無勑字。

謝許受韓弘物狀

第三十九卷　表狀

論捕賊行賞表　士則士平或作士平士則。獨有獨上，或有内字。何因因，或作由。久遠之人方無之人字。已來已，或作以。此由此下或有皆字。以信信，或作道。言爲必信　言之必信方從閣、杭本，兩句皆無信字，無理甚明，亦足以見二本之謬矣。擇日擇，方從杭本作澤，又見杭本之謬。深達達，或作遠。功者亦未有不費少財而能收大利者也方無亦未至利者十三字。○今詳文意，上文引秦孝公、周成王事，故此以「未有不信而能成大功」結之。又引漢高祖事，故此以「未有不小費而能收大利」結之，不可欠闕。方本但以酷信閣、杭之故，不問可否，直行删去。舉正亦不復載，殊爲無理，今悉補而足之。告賊告，或作捕。

論佛骨表　伏以或作臣伏聞，或作臣聞。流入舊史上有始字。新史流作始。年百一十歲或作一百十。年百歲或作一百。年九十八歲新史無八字。方云：考之世紀，非也。百五歲　百一十八歲二語上或皆有一字。帝舜及禹新史舜下有在位字。方云：以上多帝王世紀之文。然而中而下方有此時二字，舊史無然而此三字，今從新史。五十九年新、舊史無九字，脱也。言其年壽所極言，方作定。新、舊史皆無年、所極三字。推其年數方本無此四字，今從新、舊史。俱不方本俱下有年字。

二史併無俱字。未入入，或作至。十八年耳或無耳字。四十八年八，或作九。方云：新舊史、梁書亦可考。晝日新、舊史晝作畫。乃更乃，或作反。乃更，或作乃反。足事事上，或有信字。新、舊史無事字，有信字。材識新、舊史作識見。深知新、舊史知作究。聖明或作明聖。即不方無即字。許創方無許字。新、舊史創作別。臣常新、舊史常作當時二字。轉令新史無轉字。遞迎新史迎作加，或作相。年豐人樂新、舊史作豐年之樂。設詭或無設字。皆云或無皆字。敬信新史作信向。何人新、舊史作微賤。豈合更惜方無豈合字，舊史無更字，今從新史。焚頂燒指新史上有以至字，舊史有所以字，謝本作以至無故。新、舊史焚作灼，燒作燔。老少新、舊史少作幼。業次新、舊史作生業。鑾身或無鑾字。夫佛新、舊史無夫字。下或有者字。不言新、舊史言作道。至今新、舊史無此二字。奉其或無其字。而出之於或無而、於二字。或無之字。惑衆舊史惑下有於字。新史惑作貳，誤也。令入新、舊史令作以。祓除閣、杭、蜀本祓作拂。付之有司投諸水火付下，方無之字。新、舊史作付之水火，無有司投諸四字。後代或無代字。新史後作前。豈不盛哉豈不快哉新史無此二語。禍祟祟，或作福。

潮州刺史謝上表或無刺史字。　猶輕新史作莫塞。以正以下，或有今年字。上道或作就路。具言方無具字。面問面，或作親。經月經，舊史作逾。程期新、舊史作期程。州南近界或作州之南境。爲羣爲，新、舊史作同。所見推許舊史無所見字。許，或作表。編之乎　措之乎乎，新、舊史並作於。雖使雖，或作縱。臣亦新、舊史並無亦字。多讓新史無多字。杭本併無二字，尤非是。大唐新史大作皇。未優舊史優作復。孽臣孽，或作孼。不貢不朝新、舊史作不朝不貢。寧順新、舊史寧作從。之治功方無之字。治功作功治。年代方無代字。舊史作萬年。之際際，或作時。載一一上，或有之字。罪過新、舊史罪作前。飛去去，或作迭，非是。

賀册尊號表　來代代，方作載。陳請懇至于再于三至字絶句。或作載陳情款懇倒再三，非是。合慶合，或作交。環海之間或作寰海之中。以歌以舞或作以舞以歌。長人長上，方有以字，無人字。妙而而，或作筭，下同。國内或無内字。皆朝或無皆字。議明議，或作講。或上别有講字。撰泰撰下，或有集字。得與與，或作如。彷徨或作傍惶。

袁州刺史謝上表或無刺史字。

賀皇帝即位表　三日或無此二字。昭升升，方作承。垂泣泣，或作涕。守郡或作僻守。條制，方作例。

賀赦表　咸蒙方無蒙字。

賀册皇太后表　稱賀賀，或作慶。

賀慶雲表　山陵陵，或作澤。土王王，方作正。○今按：曆家四季之月，土王用事各十八日。今云六月，明當作王。景戌以曆推之，十六日也。以躋以，或作已。飛馳此下或有并圖奉進四字，或附於奉表陳賀之下。

舉張惟素自代狀　資序序，或作考。

舉韓泰自代狀

慰國哀狀

舉薦張籍狀或有國子監字。

請上尊號表或有國子監字。　臣得或無得字。今天或無今字。析木天街　北嶽醫閭方云：皆以幽、冀言也。天文志：昴爲天街，屬冀州。自尾十度至南斗十一度爲析木，屬幽州。北嶽常山在定州恒陽縣，在古冀州之域也。醫閭，周禮職方氏：幽州，其鎮醫閭也。〇今按：此長慶元年劉總納土時也。章亥所步山海經云：禹使大章步自東極至于西垂，二億三萬三千五百里七十一步。又使竪亥自南極盡於北垂，二億三萬三千五百里七十一步。如彼彼，或作何，非是。姦嬖嬖，或作孽。媧皇殺黑龍　堯誅九嬰並見淮南子。臣子子，或作下。

舉韋顗自代狀

第四十卷　表狀

論孔戣致仕狀方無孔戣字。　同在或無同字。　禮大禮下，或有曰字。　致事事，方作仕。○今按：禮記作事。　其願其，或作所。　所領或無領字。

舉馬揔自代狀　伏以近者京尹用人稍輕所以市井之間方無近者至所以十字，市井作畿甸。

賀雨表　雷雨雷，或作雲。

賀太陽不虧狀狀，蜀作表。　及已及，或作至。　謹奉狀賀狀下，或有陳字。

舉張正甫自代狀　氣力力，或作志。

袁州申使狀

國子監論新注學官牒　受官受，或作授。

黄家賊事宜狀　一臣去年一，或作右，下有伏以字。　諳知諳，方作諸。　此兩此下，或有時字。　已來已經方無下已字。○今按：恐當删上已字。　二萬或無二字。　因此因，或作内經二字。　疾患患，或作疫。　自邀自，方作身。　共嫉嫉，或作怒。　公素素，或作集。　併邕或無併字。　不伏伏，或作服。　存者方無者字。讙呼呼，方作叫。選有有，方作其。處理理，或作置。

應所在典貼良人男女等狀方無在字。或又無等字。方云：二狀皆袁州進。○今按：狀云「往任袁州刺史」，方説非是。應所在典貼良人男女等此是狀首標目所論事，與前卷賀白龜狀體正同，猶今之貼黄及狀眼也。方本删去，非是。檢責責，或作到。準律下或有例字。

論淮西事宜狀方無狀字。勞於於，或作其，非是。耗於或作匱于。餉於餉，或作飽，非是。而待待下，方有之字，非是。必勝必，或作取。之聽下或有矣字。然可新史然作乃。方云：然，猶然後也。下文「然可集事」、「然擬許其承繼」，皆一義。○今按：此蓋當時俗體如此，故公狀中用之，不欲改也。背叛方作叛背。○難便便，方作更。難處使先不存優恤處下，或有指字，不下，或有撫字，皆非是。牒歸方無牒字。據行或無行字。○今按上下文勢，合有行字，行下更合有營字，其理甚明，今輒補足。充給或無充字。○則至至上，或有兵字。分爲或無分字。隱然隱，方作殷。○按：漢書「隱若一敵國」，方本非是。四道四，或作諸。○往日往，或作近。○廉士廉，方作戰，非是。然可然，或作則。○討伐伐，或作罰，下同。少陽之歿陽，或作誠，非是。然擬擬，或作後。狂勃勃，或作悖。命節節下，或有制字。或有制字而無節字。○今按：李德裕之討澤潞，正用此策以伐其交，世以爲奇，不知韓公已言之矣。

論變鹽法事宜狀長慶二年，張平叔爲户部侍郎，上疏請官自賣鹽，可以富國強兵，陳利害十八條。

詔下其說，令公卿詳議。公與韋處厚條詰之，事遂不行。平叔所陳十八條，此可見者十六。方云：白樂天行平叔判度支詞曰：「計能析秋毫，吏畏如夏日。」東坡曰：「此必小人也。」按柳氏家訓，平叔後以贓敗，窮失官錢四十萬緡，是宜以此終也。無多無，或作不。○若不可行雖宰相爲使無益也若，或作令。或有若字，無下十一字。又宰相者或無者字。或無又、者二字。○一件平叔又云方無一件字。○今按：此別是一條，當有一件字。○所由或無此二字。○三十六文也方無文字。秖校秖，方作只。價用用，或作每。出一二，或作三。十文錢也或無錢字。○尚得尚，或作計。○之時糶鹽糶上，或有來字。○今按文勢，恐來字上更有從字，今亦補足。國家國，或作官。○舉債債，或作賃。三百是方作三百六十足，云：或云六十字恐羨，非。蓋鹽每斤已當三十六文，月當十斤，則三百六十也。足，或作是，屬下句。○今按：平叔所定鹽價，一斤止三十文，韓公通計民間所加脚費，多者一月或至三十六文耳，其地近者自不及此，難預計也。故此上文且云「一日以十錢爲率」，則一月安得用三百六十乎？其六十字當依或說刪去，足改作是而屬下句爲當。○貶與或無與字。非前或無非字。至少少，方作小。給鹽或無鹽字。罪譴譴，或作於。○防察防，或作訪。納榷榷，或作稅。比百疑比下當有之字，今補足。何罪何，或作其。慮者者，或作也。○平叔行此叔下，疑當有云字或稱字之類，今亦補足。

外集

諸本外集分爲十卷，凡三十四篇，不知何人所編。據行狀云有集四十卷，小集十卷，亦不知便是此外集與否。方氏只據蜀本定録二十五篇[三]，其篇目次第皆與諸本不同，以爲可以旁考而的然知爲公文者。然蜀本劉燁序乃云後集外順宗實録爲十卷，則似亦以實録入於其中，皆不知其何説也。唯呂夏卿以爲明水賦、通解、崔虞部書、河南同官記皆見於趙德文録，計必德親受於文公者，比它本最爲可信。而李漢不以入集，則疑凡外集所載，漢亦有所未得，未必皆其所不取者。其説近是。故今且從諸本，而考其真僞異同之説，以詳注於其下。其甚僞者，即雖不載其文，而猶存其目，使讀者猶有考焉。其石刻、聯句、遺詩文等，則從方本録之，以補外集之闕。又諸本有遺文一卷，方本亦多不録，今亦存之，以附于後。

第一卷

明水賦以玄化無宰至精感通爲韻。精，或作誠。古者方無者字。祀也方無也字。於天於，方作于。祀圓祀，方作祭。生於生，或作聲。齊芳於酒醴芳，方作高，云：禮夏尚明水，商尚醴，周尚酒，今作齊芳，非。○今按：明水當在酒、醴之上，不應反言齊高。此蓋以其都無臭味，嫌不足於芬芳，故有齊芳之語。方説非是。其宜宜，方作情。之薦薦，或作爲。殊匪匪，或作非。之露露，或作靈。乍似乍，方作已。配夫夫，或作于。上或有非獨二字。兔影或作玉兔。騰精騰，方作流。而象而，或作垂，或作無。的爾的，方作酌。始漠漠而下三字，方作茫茫以。同類同，方作有。○今按：同類與下文氣應對屬差互〔四〕，恐當作類同。在空在，或作於。之理理，方作論。武嘯武，或作虎。○今按：作虎爲是，但當時程試避諱，當作武耳。之義義，方作道。足以驗聖賢方作庶令知聖真。知天知，方作驗。

芍藥歌方從蜀本删去，今恐是公少作，姑存之。　靈性或作性靈。睎紅睎，或作稀。

海水水下方有詩字。　自不宜或作不自疑。

贈崔立之此篇方從文苑。　子桑苦寒下三字，或作來寒且。方云：考莊子，實作子桑。　空屋屋，或作房。曾無子輿事空賦子桑詩或無此二句。

贈河陽李大夫　由未或作未能，方作猶未。○今按：由、猶古字通。裘破或作破裘。氣不氣，或作竟。馬羸或作羸馬。

苦寒歌　節歲聿或作歲聿不。節歲，或作歲節。何愛此下疑有脱字。養大養，或作成。神所或作誠可。明年日本或作需明年，非是。

贈同遊者已見正集。

請遷玄宗廟議方從蜀本。舊志或無廟字，非是。方云：舊史禮儀志：長慶四年五月，禮儀使奏。樊云：時穆宗當祔，公豈以吏部侍郎爲禮儀使邪？ **尚書至觀德**以上共十六字，舊史闕。 **卿子**或無卿字。下或有亦字。 **祭七代**或作事七世。 **祭五代**或作事五世。 或作祭五廟。 **上祭七廟**廟，或作代。 **應期**應，或作膺。 **武王**下或有也字。 **藏太**藏上，或有遷字〔五〕。 **中第**中下，或有從字。

范蠡招大夫種議此以下三篇，方從蜀本删去。○今從之。

詩之序議見上。

三器論見上。

第二卷

上賈滑州書賈耽以貞元二年爲滑州刺史。此篇方從蜀、苑。 **他術**術，或作藝。 **十五章**章，或作首，下同。 **既降**或無既字。 **有三**或無有字。 三，或作二。 **讀書學文十五年**洪云：公與邢尚書書云：「生七歲而讀書，十三而能文，二十有五而擢第於春官。」**愚固**固，或作故，非是。 **含和**和，或作華。

德元元，或作臣。方云：周書注：「元，德之首也。」家僕僕，或作僮。之逆或無之字。不從從，方作退。

上考功崔虞部書或作上考功宏詞官虞部崔員外書。　行人或無行字。也知其人也下，方有是字。既以以，方作已。人廢人下，或有之字。○今按：人字屬上句。不兼不，疑當作必。不言言，方作云。其二或無其字。固所上或有則字。果竟果，或作畢，下同。竟非竟，或作僅。故不故，或作固。譽於或無譽字。於，或作一。夫士或無士字。未知上或有又字。夫天竟或無夫字。竟，或作意。人乎兩語或並作乎人。欲事上或有夫字。困於於，或作于。爲佞爲，方作于。患言患下，或有於字。卒事卒，或作則。其躬方本如此，而舉正躬作窮，蓋誤。而不終日諸本而作如。方云：蜀本作而，今本皆以表記語刊作如，然不知古而、如同意。此語不當以如似之義讀之。唐人惟韓、柳知此，子厚答韋中立書「假而以僕年先吾子」，與公此文是也。董彦遠曰：春秋書「星隕如雨」，左氏「室如縣罄」〔六〕，是皆以如爲而。風俗通「國人望君而望歲」，鄒陽書「白頭而新」，是皆以而爲如。按：家語「君入廟如右」，荀子作而右；樂府「艾如張」，亦作「艾而張」。今人所用漣洏，考之李善文選，乃漣而也，實用易之「泣血漣如」爲義。去古益遠，字義多失，惟韓柳文時見一二，因爲詳之。○今按：孟子「望道而未之見」，亦是此例，方言又有而、如古字通用之説，然陸德明論當時語音之失，有曰北人則而、如靡異，蓋不以爲然也，然則此而字須讀爲如乃爲正耳。董引「室如縣磬」，乃據左傳作罄字，而杜預注云：如，而也，言居室而資糧縣盡。故其說如此。國語則作縣磬，而韋昭注云：「府藏空虛，但有榱梁如縣磬。」左傳蓋借罄爲磬，而杜氏誤解，國語則正作磬字，而韋說得之。董氏所引，不足據以爲說。今併論之，附見于此。常念常，方作嘗。之可之下，或有人字。不已已，或作忘。不亡亡，或作忘，方作已。夫今方無夫字。遺道遺，或作違。其間或無其字。一位位，或作官。以忘忘，方作亡。今二今下，或有年始二字。年豈年下，或有矣夫二字。以爲如爲，或作謂。事之事下，方有者字。愈也方無也字。顔色言語方作言語顔色。知爾爾，或作耳。以默或作默默。至是至下，或有於字。期獲期下，或有也字。庶執庶，或作幸。

與張徐州薦薛公達書此篇方本有之，今疑非公作，當刪。

與少室李拾遺書諸本室下有山字，李下有渤字。方從蜀、苑、新書，云：此書作於元和三年，公時尚爲博士。新書云洛陽令，誤也。十二月某日愈頓首方無此八字。拾遺公新書作遺公，篇內並同。小大之事事，或作士。小大，舉正作大小，恐誤。凡所施者者，或作爲。新書作凡所出而施者。草野草，或作山。小人新書人作子。愈不愈，方作某。於古於，方作于。世非太平之運歟方無世字，非作匪。新書作茲非太平世歟。自視新書無自字。視，或作是，非是。而兵而，或作與。若此上或有未有二字。足跡或無此二字。之有闕遺闕遺，方作遺闕。新書無有、遺二字。加於或無加字。新書於作于。垂於新書無於字。即河或無即字。是則則，或作即，新書無則字。使衆善人不與斯人施也或無使字。也，或作者。○今按：此句疑有誤。人庶或作庶人。而遠而下，或有長字。新書遠作諦。

答劉秀才論史書

方從蜀、苑。六月九日韓愈白秀才方無此九字。或作某月日韓愈白劉君足下。以爲爲，或作謂。實録或複出此二字。自見見下，或有矣字。史氏或無氏字。瘓死洪云：瘓，音愈，因以飢寒死也。今本誤作疲，或作瘦，或作廢，皆非是。赤誅赤，或作亦族二字。夭絶夭，或作天。今其後或無今其二字。或無其後二字。武之士士上，或無之字。卒卒或無下卒字。方云：司馬遷傳「卒卒無須臾之間」，顔曰：「促遽之意也。」就衰或無就字。敦率方云：敦率〔七〕，猶敦勉也。或作敢爲，或無此二字。○今按：此二字恐有脱誤。無它方無無字。就功就下，或有其字。傳聞或作傳云聞見。世乎方無乎字。不自不下，或有可字，非是。心慙或無心字。聖唐或無聖字。磊磊軒天地決不沈没方從文苑，決下有必字，又云：蜀本作落落掀天地，而無必字。又地決，或作決地，又或作抉地。○今按：古潮本軒亦作掀，而無必字，蓋因柳子厚書云「所云磊磊軒天地者，決必沈没」，故諸本或誤加必字耳。今從柳集作軒，從潮本去必字。將必或作必將。不在或脱此二字。

與大顛師書

此書諸本皆無，唯嘉祐小杭本有之，其篇次在此。與作召，顛作巔，師作和尚。方本列於石刻之首，今從杭本附此，而名篇從方氏。杭本又注云：唐元和十四年。刻石在潮陽靈山禪院。宋慶曆丁亥，江西袁陟世弼得此書，疑之，因之滁州謁歐陽永叔，永叔覽之，曰：實退之語，它意不及也。方本略載其語，又録歐公集古録跋尾云：「文公與顛師書，世所罕傳，予以集録古文，其求之博，蓋久而後獲。其以『繫辭』爲『大傳』，謂著山林與著城郭無異等語，宜爲退之之言。其後書『吏部侍郎、潮州刺史』，則非也。蓋退之自刑部侍郎貶潮州，後移袁州，召爲國子祭酒，遷兵部侍郎，久之始遷吏部。而流俗相傳，但知爲韓吏部爾。顛師遺記雖云長慶中立，蓋并韓書皆國初重刻，故謬爲附益爾。」方又注云：「今石刻乃元祐七年重立。」又云：「按公三簡皆邀速常語耳，初無崇信佛法之説，妄者旁沿，别譔答問等語以肆誣謗，要當存此簡以解後世之惑。」○今按：杭本不知何人所注，疑袁自書也，更以跋尾參之，其記歐公之語不謬矣。而東坡雜説乃云：「韓退之喜大顛，如喜澄觀、文暢意，非信佛法也。而或者妄撰退之與大顛書，其詞凡鄙，雖退之家奴僕亦無此語。今一士人又於其末妄題云歐陽永叔謂此文非退之不能作，又誣永叔矣。」蘇公此語，蓋但見集注之出於或人，而未見跋尾之爲歐公親筆也。二公皆號一代文宗，而其去取不同如此，覽者不能無惑。然方氏盡載歐語而略不及蘇説，其意可見。至吕伯恭乃於文鑑特著蘇説以備乙覽，則其同異之間，又益後人之惑矣。以余考之，所傳三書，最後一篇實有不成文理處，但深味其間語意一二，文勢抑揚，則恐歐、袁、方意誠不爲過。但意或是舊本亡逸，僧徒所記不真，致有脱誤。歐公特觀其大概，故但取其所可取，而未暇及其所可疑。蘇公乃覺其所可疑，然亦不能察其爲誤，而直斥以爲凡鄙。所以其論雖各有以，而皆未能無所未盡也。若乃後之君子，則又往往不能究其本根。其附歐説者，既未必深知其所以爲可信；其主蘇氏者，亦未必果以其説爲然也。徒幸其言可爲韓公解紛，若有補於世教，故特表而出之耳，皆非可與實事而求是者也。至如方氏，雖附歐説，然亦未免曲爲韓諱，殊不知其言既曰「久聞道德」，又曰「側承道高」，又曰「所示廣大深迥，非造次可喻」，又曰「論甚宏博」，安得謂初無崇信其説之意邪？韓公之事，余於答孟簡書蓋已論其詳矣，故不復論。特從方本載此三書於别集，并録歐公二語，而附蘇説、方説於其後，且爲全載書文於此，而考其同異、訂其謬誤如左。方以爲讀者以此觀之，則其決爲韓公之文而非它人之所能作無疑矣。方氏所據石本，與杭本又自不同，則疑傳寫之訛，而歐公所疑官稱之誤，亦爲得之。但愚意猶恐當時既謫刺遠州，亦未必更帶侍郎舊官也。方氏所駁世俗僞造、誣謗之書，即今所謂别傳者，洪氏辯證云：别傳載公與大顛往復之語，深詆退之，其言多近世經義之説。又僞作永叔跋云：使退之復生，不能自解免。吴源明云：徐君平見介甫不喜退之，故作此文。方氏又云：周端禮曰：徐安國自言年二十三四時戲爲此，今悔之無及，然則其爲徐作無疑矣。但君平字安道，而方云安國，未知便是君平否耳。然靈山石刻，張繫所撰，其間載韓公問大顛云：西國一真之法，何不教人？顛云：教人達性，離無明、貪、嗔、驕、慢，不生嫉妬。此亦釋子常言，初無難解，但韓公素所未聞，而頗中其病，故雖不盡解，而適亦有會於心耳。又載韓公責云：人生貴賤各有定分，何得以三塗之説誑人？而顛答云：公何不常守侍郎之任，而來此爲官邪？則恐其有謬誤，或其徒所附益也。

愈啓方無此二字。孟夏漸熱惟道體安和愈弊劣無謂坐事貶官到此久聞道德切思見顔切，杭作竊。方據石本如此，切乃懇切之意。此下大率多從石本云。緣昨到來未獲參謁儻能暫垂見過實爲多幸杭本無儻能以下至此十字。已帖縣令具人船奉迎日久竚瞻帖，杭作貼。久，當作夕。竚，方據石本作佇。不宣愈白方據石本，無此二字。今據石本，此下具銜，姓名下云：上顛師，四月七日。

愈啓方無此二字。海上窮處無與話言側承道高思獲披接專輒有此咨屈儻惠能降喻惠字疑衍。或下有然字而并在能字之下。諸本及石本皆誤。非所敢望也至此一二日却歸高居亦無不可旦夕渴望杭本無儻惠以下而有此句來晴明不甚熱儻能乘閒一訪實謂幸也十八字〔八〕。今按：此句以下乃下篇語，定從石本。不宣愈白方據石本，無下二字，今據石本，與前書同，但云六月初三日。愈啓方無此二字。惠匀至辱答問珎悚無已所示廣大深迴非造次可諭杭作量。易大傳曰書不盡言言不盡意然則聖人之意其終不可得而見邪方據石本，意作旨，無而字，邪作也。今按：易實作意、邪，而無終、而二字，大氐石本亦自多誤也，後放此。如此而論讀來一百遍一字疑衍。蘇氏所謂凡鄙，蓋指此等處耳。不如親□顏色隨問而對之易了方據石本如此，但無親字。今按：親下當有見字，而兩本皆闕，故不敢增，而空其處以待知者。杭但云不如親面而對之，是亦蘇氏所謂凡鄙者。然親字乃方本之闕文，面字乃問字之誤筆，而又脱去□顏色、隨、易了六字耳。此句來晴明旦夕不甚熱儻能乘閑一訪幸甚旦夕馳望杭本已見上篇，此不復出。愈聞道無疑滯行止繫縛苟非所戀著則山林閑寂與城郭無異此從杭本，但郭作隍。今據歐公語，從方本。方據石本，止下有所字，縛下有愛戀字，所下無戀字及則字，而著字下複出著字及與字，異下有邪字，皆非是。其用邪字尤不當律令，亦所謂凡鄙者也。但或疑非字下當有有字，言於行止繫縛若無所戀着，則靜鬧一致，語尤明白耳。或又疑非當作有，則語意賓主尤順，然未知孰是，又諸本皆無，不敢輒增改也。大顛師論甚宏博而必守山林義不至城郭顛，杭見上。方有師字。杭無義字，城作州。自激修行獨立空曠無累之地者非通道也自，方作似。然細考之，與下文激修行四字皆可疑。方又以也爲矣，而并非通道四字屬於行字之下。又以獨爲自，而立下有於字。皆非是。勞於一來安於所適道故如是於，杭作于。適，方據石本與杭本並作識，今得真石本考之乃如此，然則方之所考亦不詳矣。蓋適猶便也，與唯適之安之語用字略同。言一來雖勞，而既來則當隨其所便，無處不安也。「道故如是」，即所以結上文「道無疑滯」之意。方以如爲此，亦石本誤。不宣愈頓首方據石本，無末三字。今據石本，與前二書同，但云大顛禪師七月十五日。不知韓公之於大顛，既聞其語，而爲禮益恭如此，何也？

第三卷

送汴州監軍俱文珍序　屏翰方作翰屏。危疑方作疑危。於青於，或作于，無青字。〇水安安，或作間，非是。

送浮屠令縱西游序方無浮屠字，縱下有上人二字。進可方無進字，非是。又善上或有而字。褎衣衣，或作裳。樹業樹，或作植。有中古之遺風與有中，或作中有。古下，或有人字。風下，或有可字。乘間致密或無此四字，而有及字。人士或作士人。或作人事。

與路鷁秀才序方云：送路鷁、送別二序，語意無倫，脱誤不可讀，如曰「自河南令爲博士」，於公所歷官次亦不合，故併闕之。○今從其説删去。

贈別序説已見上。

送毛仙翁十八兄序方云：直諫表、論顧威狀、種蠡議、毛仙翁序皆最末見，决非公文。舊杭本之有外集者，表、狀亦不録，足以知其果僞也。○今並從方本删去。

第四卷

通解洪曰：通解、擇言解、鄠人對，或云皆少作。陳齊之云：通解之、乎、者、也下皆未當。此雖少作，然亦本訛也。他之他下，或有人字。○今按：此句疑有脱誤。亂教亂，或作害。地皆地下，方有而字，非是。者乎乎，或作焉，下同。爲之或作之爲，下二語同。就割就下，或有其字，非是。故忠故下，或有其字，非是。自周周，或作殷。以換方無以字。之偷之下，或有人字。且以彊則服此句疑有脱誤。故後故，或作於是。義而義，或作死，或作強。百千或無百字。存扶存下，或有於字。功亦上或有而字。安用用，或作能。和光而同塵方作同塵而和光。是則方無則字。必謂偏方無必字，謂作爲。者矣矣，方作也。者哉或無者字。而行而上，或有通字。古之 今之之下，或並有人字。其不猶矜或無其字。或無不字。或無其、矜二字。者亦方無亦字。能也也，或作邪，非是。一賢或無一字。齊也也，方作邪。〇今按：恐上句無邪字，下句也字却當作邪。進修或作中人，非是。我通我下，或有周字。同如同字疑衍。

擇言解　利乎乎，方作於。及其方無其字，下二語同。濟乎乎，方作於。不陷陷，或作蹈，或作焰。土而可方無而可字。於過或作其失。過下，方有失字。其言方無其字。而甚而字恐誤。

鄠人對　爲旌爲字疑衍，又疑是而字。令尹按：尹謂京兆尹。令字恐衍，下同。其門或無其字。以爲以，或作欲。愈曰或無愈字。母疾則止於烹粉藥石以爲是或無止字。新史作父母疾烹藥餌以是爲孝。〇今按：是字或是事字。未聞毁傷按：下文又有未聞字，此未聞字恐衍，或是若夫字之類。聖賢方作賢聖。而致而下，或有且字。〇今按：此句上是字疑却是且字。苟有苟，或作若。合孝合下疑有乎字。曷足或無足字。生之方云：劉仲忱謂之當作於，恐或然也。表門表下，或有其字。爲憂爲，或作其，非是。

河南府同官記方無府字。　東公公方無下公字。之烈烈，或作例，或作列，非是。百執百下，方有吏字。同時或無此二字。將相方無將字。〇今按：下文所記，實爲宰相者三人，裴、顧未爲真相，故特著其官職、戎馬之盛，則此處宜有將字，方本誤也。故相國今方無故字。〇今按：故相，猶今言前宰相，非亡没之謂，方本誤也。相國今吏或作今相國。故吏部故下，方有相國字，今以下文考之，非是。事中爲爲，或作至。在史上或有布字。作帥帥，或作扞。亦熙亦，方作既。官職雖分而或無官職字。分作則，屬之下文，而無而字。有忠或無有字。也同或無也字。有聞方無有字。語河語下，方有于字。於時時，或作是。守之之，方作守〔九〕。

記宜城驛方作宜城驛記。下或有愈代姪孫作五字。內驛內下，或有宜城字。昭王方無昭字。起堰或脱堰字。臭陂上或有曰字。楚昭或無昭字。其名名，方作始。襄陽或無陽字。廟後後，或作複。殿城城，或作域。朝內朝，或作廟。

題李生壁　下邳邳，或作邽，非是。洪云：下邳，貞觀中屬泗，元和中屬徐。近古近下，方有於字。商丘丘，或作州，非是。廟陛間或作廟下，或作廟下陛間。○今按：廟字疑衍，或是兩字。頌之之方作之頌。王涯涯，或作渥。

第五卷

除崔群户部侍郎制　外和內敏或作內和外敏。雖重雖，方作惟。重，或作盛。均賦均，或作經。

祭董相公文祭下，或有汴州字。吳縣開國或作吳郡。食邑三百户或無此五字。于坤坤，或作神。昌生方作生庶。肫肫或作盹盹，誤。不諂不笑或作不容不諂，或作不陷不酷。或無不笑二字，而連下文不威爲句，下文其敵下別出不讎二字，與上求字叶。其盈盈，方作用。爰立立，方作初。疇德德，或作得。維昔昔，或作若。厥亂維舊或作維亂舊政，或作亂維政舊。爲民或作公爲，非是。孰云或作親去，或作親云，非是。公既來止方作既來至止。或作公來至止。今依行狀更定。

雷塘禱雨文此篇乃柳子厚文，此不當録。

祭石君文或作祭石濬川文。敬祭或無敬字。見人或作知命。或作見命。之不或無之字。永喪其躬或作以喪其良能，下有知微有議四字。或作不負長已誰能知口有義何害。○今按：諸本皆無文理，疑不足據。曰景與愈或無曰字。或無與字，而愈下有也字。爲久爲，或作日。妻姮姮，或作稚。方云：姮，古文姬字，然義亦不近。

祭房君文房次卿，字蜀客。維某年月日愈方無維某字，愈作某。或無日字。於此此，或作斯。呼君君上，或有房字。

高君仙硯銘　迹在于石方云：應劭武紀注：「大宛舊有天馬種，蹋石汗血。」顏曰：「蹋石，謂蹋石有迹，言其蹏堅利。」朱新仲謂銘語本此。

高君畫讚此篇方從蜀本録之。○今按：疑或非公所作，然姑存之。

潮州請置鄉校牒　政齊政下，或有而字。刑則或無則字。德禮或無禮字。百十年間方作百十數年，非是。貢於　試於於，或並作于。目不方無目字。耳未方無耳字。學爾爾，或作耳，又或作矣，非是。師矣師下，方有友字。推官或無官字。舉本舉，或作學。

直諫表方本無説，見第三卷，今從之。

論顧威狀同上。

第六卷

順宗實録卷第一方本不載實録，云：諸本順宗實録皆以附外集，然李漢序謂「又有注論語十卷，傳學者，順宗實録五卷，列於史書，不在集中」，則知實録固不必附也。○今按：李漢之説，據當時而言之，似未爲失。然其爲害已足使筆解亡逸，無復真本；實録竄易，不成全書。是則皆李漢之爲也。方氏不察而從其説，既已誤矣，况今去公之時又益以遠，比之當日，事體又大不同，故其片文隻字，名爲公之作而决可知其非僞者，皆當收拾，使無失墜，乃爲真能好公之文者，固不當以一時苟簡之論爲限斷，而直有所遺也。故今於實録，姑仍外集而詳加校定，庶幾猶足以見公筆削之大指云。　史臣韓愈撰或無此五字。　至德史下有弘道二字。　大曆十四年封爲宣王建中元年立爲皇太子史云：大曆十四年六月，進封宣王。十二月乙卯，立爲皇太子。　倉卒倉，或作蒼。　含元殿受朝至恍惚日益甚史云：德宗不豫，諸王親戚皆侍醫藥，獨上卧病不能侍。德宗彌留，思見太子，涕咽久之。詔召或無召字。文入或無入字。使決或無決字。宰兼或無兼字。李紓紓，或作杼。雲逵逵，或作達。以來以，或作已。三十三，或作四。度使或無使字。可同可，史作兼。辛亥史作辛卯。侍郎史作郎中。左丞史作尚書右丞。史詔此下或有詞一道三字。曰實曰下，或有京尹二字。或作嗣道王實。旱歉歉，或作暵。文法文，或作乃。貸麥或無貸字。三原原，或作泉，非是。陵轢陵，或作凌。壬戌洪云：史作壬寅，誤。侍書書，或作讀。〇今按：前云「上學書於王伾」，後云「以侍書得幸於上」，則此當從史作書爲是。依前翰林待詔史作充翰林學士。順宗實録卷第一卷末或無此七字，餘卷準此。

第七卷

順宗實録卷第二 其論其，疑當作與。待此待，或作得。有死有，或作必。賣産業割與地買之與字恐誤。或賣産業是本文，後改作割地，而傳者不去舊文，又誤增與字。遂月遂，或作逐，非是。聞追聞下，或有於字。賜如賜，或作餘。藉杜藉，或作籍。或無藉字。除之之，疑當作已。庚寅制下或有曰字。郢珣瑜郢下，或有鄭字。其不或無不字，非是。

第八卷

順宗實録卷第三　江東江，或作浙。辟吐辟字恐誤。欲立立，或作以。收境收，或作牧。可殺可，或作所。五月己巳史作戊辰，無五月字。左丞左，或作右。辛未史作五月己巳。使主主，或作在。甲申史作丁丑。因相或無因字。是日史作癸未。乙酉以尚書至節度使史作以右丞韓臯爲鄂岳沔蘄團練觀察使，仍日係甲辰下。而叔文不需文珍等所惡獨不得賜今按：此數句重複不可讀，疑因後來修改，已增新字而不去舊文，如前買乳母之例也。蓋上文已有「俱文珍等惡其專權」之句，則此不當更有文珍等所惡五字；有不需字，即不當更有獨不得賜四字。若并有此九字，即上不當有不需字。且此文珍等字上亦合更有脱字，謬誤甚明，今當削去文珍等以下九字，則語意明白，無復可疑矣。即炎即，或作則。長告告，或作者。○長告，謂長假也。袜首或無袜字，又或作秣，非是。襄府按：元和郡國志作襄陽大都督府，恐襄下當有陽字。

第九卷

順宗實録卷第四　乙亥乙，或作己。使某某，或作闞。與其其，疑當作某。尚遊尚下，或有以字。聞士士，或作貶。○今按：士上當别有貶字。自勤勤，或作勸，下同。擁兵擁，或作擁。婦女女，或作人。一日數一日，或作日百，非是。以武以，當作與。戢彈戢，通鑑作譏，或作談。或作彈戢。張滂李充按史，滂、充皆以論裴延齡得罪，此但著黜滂、充等，而上文不言其所以得罪之由，蓋脱漏也。皆言皆，或作多。滄州州，或作洲，非是。想望想，或作相，非是。子益子，或作下，非是。牟容牟，或作并。容，或作密。二字或作并客。有懷刺譏之者將造城而問者今按：此二句亦衍一句，疑亦以修改重複而誤也，今當削去譏之者將四字。輒彊與酒句上或有彊與坐字。直臣臣，或作言。縱求縱，疑當作蹤。賦税或作税賦。往按按，或作安，非是。有生生，或作甥，或作男。制詔詔，或作誥。

第十卷

順宗實録卷第五　暇逸逸，或作給，今從史。匪降匪，史作不。無瘳無，或作弗，今從史。惟懷史作深惟。慈惠慈，史作仁。愛敬或作仁愛，今從史。仍命至充副使史無此二十一字。號位或作位號。王仲舒按：史此下更有韋成季三字，今詳下文，有成季等字，則此處當有此三字，亦脱漏也。常所常，或作嘗。至一或無至字。下喜下下疑有皆字。未用按：杜詩用作捷。已達已，或作以。負約約，或作終，非是。兄弟弟，疑當作事。景戊戊，史作寅，下同。維永貞二年二，或作元，非是。彊名彊，或作疆，非是。政有二字疑衍。朕聞聞，或作覲。十五五，或作三，非是。事居居，或作君，非是。

遺文

有所思聯句此下三聯句，方云：見孟東野集。

遺興聯句説見上。

贈劍客李園聯句同上。

尋劉尊師不遇方云：此詩得於五竇聯珠集。公時任都官外郎，同洛陽令竇牟、河南令韋執中以訪之，元和五年也。詩以同、尋、師爲韻，人各一首，洪氏年譜亦見。

春雪方云：此詩得於文苑英華，其後即以正集中春雪詩首句云「新年都未有芳華」者系之，疑亦公作也。已上並方本所載，諸本所無者，今悉存之。諸本更有遺文一卷，方獨取贈族姪、嘲鼾睡三篇，餘並不録。今並附見于後，其可疑者，亦但存其目而不載其文云。

贈族姪上或有徐州字。

嘲鼾睡二首

晝月

贈張徐州莫辭酒

辭唱歌諸本注云：此篇恐非公作〔一〇〕。今姑存之。

知音者誠希

酬藍田崔丞立之詠雪見寄

潭州泊船呈諸公

飲城南至張道士

池上絮

監軍新竹亭記今按：此文恐非公作，今删去。

答侯生問論語書

相州刺史御史中丞田公故夫人魏氏墓誌銘下或注并序字。○今按：此篇不類公它文，且云元和八年，則又非少作，其非公作無疑，今删去。

奏汴州得嘉禾嘉瓜狀〔一一〕方本有之，以附嘲鼾睡詩之後，云：此篇見文苑英華，蓋爲董晉作。董晉行狀亦可考。

皇帝即位賀宰相啓

皇帝即位賀諸道狀　某再拜或無此三字。

皇帝即位降赦賀觀察使狀　蘇遲或乙此二字，非是。李某某，或作於。

憲宗崩慰諸道疏〔一二〕

潮州謝孔大夫狀此篇見洪氏年譜。方氏增考云：公既南行，家亦譴逐。二月二日，已過商州之南，而此狀言七月二十七日，牒則八月作也，不知其家何故猶未至潮。又姪孫湘亦從公而南，故宿曾江口有示湘詩，而過始興江口詩謂「目前百口還相逐」，與狀言「妻子孫姪未到」者皆不相應，此狀恐妄也。○今按：公之到郡，既不見年月之實，則此狀亦無由可考。方氏引曾江、始興二詩以證此狀之妄，蓋亦有理，但恐或是已過始興，留家在後，而獨先到郡，亦不可知。但其狀詞頗類袁州申使狀，則又未有以必見其妄。故今且存之，亦闕疑之意也。

慈恩題名一已上並方本所載。

洛陽題名五

洛北惠林寺題名

謁李渤題名

福先塔寺題名

天封宫題名歐公跋語附。

迓杜兼題名

華岳題名一

方云：此文刻於金天祠石闕，昔人嘗集華嶽題名，自唐開元至後唐清泰，録爲十卷。此文雖未必盡出公手，然筆削之嚴，要非公不可，故録之。

校勘記

〔一〕前天德軍防禦使　「使」字原脱，據舉正補。

〔二〕謹奉表以聞三月二十五日　「五」，舉正作「三」。

〔三〕方氏只據蜀本定録二十五篇　「氏」，韓集宋本作「云」。

〔四〕同類與下文氣應對屬差互　「應」，原作「感」，據兩韓集改。

〔五〕藏上或有遷字　「上」，兩韓集作「下」；此句下並有「或作祧遷藏太廟中」八字。

〔六〕左氏室如縣罄　「罄」，原作「磬」，據李本、韓集宋本改。按左傳僖公二十六年正作「室如縣罄」。
〔七〕敦率　「率」，原作「卒」，據李本、兩韓集改。
〔八〕而有此旬來晴明不甚熱儻能乘閒一訪實謂幸也十八字　「來」字原脱，據兩韓集補。
〔九〕之方作守　兩韓集作「守下方無之字」，疑是。
〔一〇〕此篇恐非公作　「公作」二字原無，據兩韓集補。
〔一一〕奏汴州得嘉禾嘉瓜狀　此篇兩韓集在皇帝即位賀宰相啓之後。
〔一二〕憲宗崩慰諸道疏　此篇兩韓集在潮州謝孔大夫狀之後。

昌黎先生集考異卷第十

新書本傳

宋景文公

今以李翺所撰行狀，皇甫湜所撰墓誌、神道碑，舊史本傳，資治通鑑，洪興祖所撰年譜，程俱所撰歷官記，方崧卿增考年譜，考其同異詳略，附注本文之下，以見公之行事本末，而文之已見於集者，不復載云。

韓愈，字退之，鄧州南陽人。七世祖茂，有功於後魏，封安定王。父仲卿，爲武昌令，有美政，既去，縣人刻石頌德。終祕書郎。李白作文公父仲卿去思碑，云南陽人，而公常自稱昌黎，李翺作公行狀，亦云昌黎某人。皇甫湜作墓志，不言鄉里，又作神道碑，乃云上世嘗居南陽，又隸延州之武陽。而舊史亦但云昌黎。○今按：新史蓋因李碑而加鄧州二字也。然考漢書地理志，有兩南陽。其一河内脩武，即左傳所謂「晉啓南陽」也。其一南陽堵陽，即荆州之南陽郡，字與赭同，在唐屬鄧州者也。

元和姓纂、唐書世系表有兩韓氏。其一漢弓高侯頽當玄孫騫，避亂居南陽郡之赭陽。九世孫河東太守術，生河東太守純。純四世孫安之，晉員外郎，二子潛、恬，隨司馬休之入後魏，爲玄菟太守。二子都、偃，偃生後魏中郎潁，潁生播，徙昌黎棘城。其一則頽當裔孫尋，爲後漢隴西太守，世居潁川，生司空稜，後徙安定武安。至後魏有常山太守武安成侯者，徙居九門，生尚書令、征南大將軍、安定桓王茂。茂生均，均生晙，晙生仁泰，仁泰生叡素，叡素生仲卿，仲卿生會、愈，而中間嘗徙陳留。以此而推，則公固潁川之族，尋、稜之後，而不得承騫之系矣。而洪興祖所撰年譜，但以騫之後世嘗徙昌黎，遂附新史之說。獨以赭陽爲均州，小有不同耳。及其再考二書而見公世系之實，則遂諱匿不敢復著仲卿、會、愈之名，而直以爲不可考，今固不得而據也。唯方崧卿增考引董逌説，以爲騫乃韓瑗、韓休之祖，而公自出於尋、稜，與二書合。其論南陽，則又云：今孟、懷州皆春秋南陽之地，自漢至隋，二州皆屬河内郡，唐顯慶中始以孟州隸河南府，建中中乃以河南之四縣入河陽三城使，其後又改爲孟州。今河内有河陽縣，韓氏世居之，故公每自言歸河陽省墳墓，而女挐之銘亦曰：歸骨於河南之河陽韓氏墓。張籍祭公詩亦云：舊塋盟津北，則知公爲河内之南陽人。其説獨爲得之。公詩所謂「舊籍在東都，我家本瀍穀」，則必以地近而後嘗徙居耳。但據此，則公與昌黎之韓異派，而每以自稱，則又有不可曉者。豈是時昌黎之族頗盛，故隨稱之，亦若所謂言劉悉出彭城，言李悉出隴西者邪？然設使公派果出昌黎也，則其去赭陽已歷數世，其後又屢遷徙，不應舍其近世所居之土，而遠指鄧州爲鄉里也。方又引孔武仲之説，亦同董氏。而王銍以爲公生於河中之永樂，今永樂猶有韓文鄉，則其説爲已詳〔一〕。蓋其世系雖有不可知者，然南陽之爲河内脩武則無可疑者，而新史、洪譜之誤斷可識矣。

愈生三歲而孤，隨伯兄會貶官嶺表。會卒，嫂鄭鞠之。李漢序云：先生生於大曆三年戊申。三歲而孤，見祭嫂文及乳母誌。會事見盧東美誌。洪譜云：盧誌所謂宗兄，乃大宗、小宗之宗，舊史以爲從父兄，誤矣。又云：舊史大曆十二年夏五月，起居舍人韓會坐元載貶官。柳宗元先友記云：會善清言，有文章，名最高，以故多謗。會既卒，公攜家北歸，葬會河陽。建中、貞元間，復避地於江南。韓氏有别業在宣城，因就食焉。見歐陽詹哀詞，復志賦，祭嫂及老成文，示爽詩。愈自知讀書日記數千百言，比長，盡能通六經百家學。行狀云：讀書能記它生之所習。墓志云：先生七歲好學，言出成文。○今按：復志賦云：值中原之有事兮，將就食於江之南。始專專於講習兮，非古訓爲無所用其心。則公之爲學，正在就食江南時也。擢進士第。洪譜云：貞元二年丙寅，公年十九，始至京師。見祭老成文，歐陽哀詞，答崔立之書。五年己巳，有上賈滑州書。六年庚午，有河中府連理木頌。七年辛未，有送齊皥序。八年壬申，登進士第，時年二十五。見上邢君牙書。唐科名記云：貞元八年，陸贄主司，試明水賦、御溝新柳詩。公名在牓中，見與陸員外書。舊史云：大曆、貞元間，文士多尚古學，而獨孤及、梁肅最稱淵奥，愈從其徒游，鋭意鑽仰，欲自振於一代。洎舉進士，投文於公卿間，故相鄭餘慶頗爲延譽，由是知名。是年有爭臣論。九年癸酉，博學宏詞試太清宫觀紫極舞賦，顔子不貳過論。見上考功崔虞部書及與韋舍人書。十年甲戌，有省試學生代齋郎議。方考此議當繫十一年試宏詞下，未詳是否。洪譜又云：是年嘗歸河陽省墳墓，見祭老成文。有贈張童子序。十一年乙亥，又試宏詞，見答崔立之書。有三上宰相書，皆不報。是年去京師，過潼關，有感二鳥賦。既歸河陽，有畫記。遂自河陽如東都，有祭田横文。○今按：八年以後，此年以前，又嘗遊鳳翔，以書抵邢君牙，不得意去。有岐山詩，洪、程皆定爲此年六月，誤矣。會董晉爲宣武節度使，表署觀察推官。晉卒，愈從喪出。不四日，汴軍亂，乃去依武寧節度使張建封，建封辟府推官。操行堅正，鯁言無所忌。董晉行狀云：十二年七月，晉拜宣武節度使，受命遂行，韓愈實從。公行狀云：董公辟公以行，得試秘書省校書郎，爲觀察推官。墓誌云：先生三十有一而仕。神道碑云：十四年用進士從董晉平汴州。推官，舊史作巡官。○洪譜云：二狀載公入汴在**十二年丙子**，與史合。而志、碑所記皆後二年，殊不可曉。豈今年辟公以行，至十四年始有成命邪？亦不應如是之緩也。方考蜀本、樊本，無三十一而仕之文，但云歷官二十有七年爾。然自公卒之年逆數之，亦當以十四年三十一歲爲歷官之始，故公入汴雖在十二年，然水門記十四年正月作，石本猶但稱攝節度掌書記、前進士韓愈，是辟命猶未下也。計必是年辟命乃下，故碑、志之言如此，不當以命下之緩爲疑也。○今按：公入汴之年，洪、方得之，碑、志所計年數，若以命下之日言之，亦未爲失，但云十四年從董晉平汴州，則誤矣。又送俱文珍序亦在十三年，安得言十四年乃入汴乎？要當以公之自言及二狀、二史、通鑑爲正，持正狂躁，其考之或有未審，不足據也。舊史之作巡官，則程記已辨其非矣。○洪譜又云：**十三年丁丑**，公在汴有復志賦，送汴州監軍俱文珍序。**十四年戊寅**，公在汴有天星詩，水門記，楊燕奇碑。**十五年己卯**，董晉行狀云：二月三日，丞相薨。公從喪行，四日而汴州亂，有汴州亂詩。歷官記云：汴軍亂，愈家在圍中，尋得脱。下汴東趨彭城。愈從喪至洛，還孟津，渡汜水，出陳、許間，以二月暮抵徐州。節度使張建封居之于符離睢上。及秋，將辭去，建封奏爲節度推官，試協律郎。至冬，建封使愈朝正于京師。見歐陽哀詞。是年有此日足可惜、汴泗交流詩，答李翺書，上建封書論晨入夜歸事，後又有諫擊毬書，賀白兔狀，徐泗豪節度掌書記廳石記，崔翰墓誌。十六年庚辰，春，公朝正回徐，有歸彭城詩。夏，去徐，西居於洛陽。見孟東野書及題下邳李生壁。按：公與東野書欲至秋辭去，而題李生壁在五月十四日，則不待至秋而已去徐矣。舊史亦云：公發言眞率，無所畏避，豈竟以此不合，雖建封之知己亦不能容邪？公既去徐而建封卒。翌日，徐軍亂，見白樂天哀二良文。在洛有與衛中行書。冬，公如京師。調四門博士，洪譜云：十七年辛巳，公在京師從調選，三月東還。見與盧汝州薦侯喜狀。將歸，有贈孟東野、房蜀客詩。是年，有送李愿歸盤谷序，李楚金墓志。公自去年冬參調，竟無所成而歸，今年冬再往。十八年壬午，春，始有四門博士之授。爲博士日，嘗謁告歸洛，因遊華山，即答張徹詩所謂「洛邑得休告，華山窮絶陘」者也。李肇國史補云：愈好奇，與客登華山絶峯，度不可返，發狂慟哭，爲書與家人別。華陰令百計取之，乃下。沈顔作聲書，以爲肇妄載，豈有賢者輕命如此。考公詩，則知國史補乃實録也。是年有送陸歙州序，上巳日燕太學聽彈琴序，與崔羣書，施士丏墓誌，馬彙行狀。遷監察御史。上疏極論宫市，德宗怒，貶陽山令。有愛在民，民生子，多以其姓字之。洪譜云：十九年癸未，公年三十六，自博士拜監察御史，時有齒落、哭楊兵曹陸歙州修詩及與陳京給事書，禘祫議，論權停選舉狀，苗氏墓志。又上李實書稱前守四門博士，時已罷博士，未受御史之命。書云：愈來京師，於今十五年。蓋公自貞元五年從鄭、滑間復來京師，至此十五年矣。

實録於實詆之不餘力，而此書乃盛稱其所長，此又不可曉也。方考唐制，凡居官以四考爲滿。公在官踰年耳，不知何故而罷，罷而復遷。行狀、墓碑皆只言選授四門博士，遷監察御史，而此書稱前官，又以文投贄於李實，似若不得已者，是固嘗罷博士而別遷也。是歲七月，公猶任博士，乞免停選狀謂臣雖非朝官，月受俸錢，可以考也。罷免之由不可詳究，然恐不至於媚實以求進也。或云德宗末年不任宰相，所取信者，李實、韋執誼輩耳，公蓋未免於屈身以伸道也。然公天旱人饑狀專指李實而言，其脩實録，又於實一辭不恕，獨於此書抵牾如比。又公年十九始來京師，在貞元二年也，至貞元十九年〔二〕，實十八年矣。今云來京師於今十五年，洪雖以再至言之，其實牽合也。併誌所疑，以竢知者。○洪譜又云：是時有詔以旱饑蠲租之半，有司徵愈急。公與張署、李方叔上疏言關中天下根本，民急如是，請寬民徭而免田租。天子惻然。卒爲幸臣所讒，貶連州陽山令。幸臣，李實也，見進學解及祭張署文。舊史云：愈嘗上章數千言，極論宫市之弊，貶陽山令。疏今不傳，則公之被絀，坐論此兩事也。方考云：公陽山之貶，寄三學士詩叙述甚詳，而行狀但云爲幸臣所惡，出宰陽山，神道碑亦只云因疏關中旱饑，專政者惡之，則其非爲論宫市明矣。今公集有御史臺論天旱人饑狀，與詩正合。況翺、湜皆從公游者，不應公嘗論宫市數千言，而狀及碑、志略不一言及也。然行狀且謂爲幸臣所惡，而公詩云「或自疑上疏，上疏豈其由」，則是又未必皆上疏之罪也。又曰「同官盡才俊，偏善柳與劉。或慮語言泄，傳之落冤讎」。又岳陽樓詩云「前年出官由，此禍最無妄。姦猜畏彈射，斥逐恣欺誑」，是蓋爲王叔文、韋執誼等所排矣。德宗晚年，韋、王之黨已成。是年，補闕張正買疏諫它事得召見，與所善者數人皆被讒斥。意公之出，有類此也。憶昨行云：「伾、文未揃崖州熾，雖得赦宥常愁猜。」是其爲叔文等所排，豈不明甚，特無所歸咎，駕其罪於上疏耳。洪兼宫市、旱饑兩事言之，而又不考韋、王始末，故爲申及之。○洪譜又云：以公詩考之，蓋以十九年冬末貶官，**二十年甲申**春始到陽山。時有同冠峽、貞女峽、和張十一功曹、送劉生、謝李員外諸詩及别知賦，送楊八弟歸湖南序，區册序，答竇存亮書，王弘中燕喜亭記。

改江陵法曹參軍。洪譜及歷官記云：**二十一年乙酉**，正月丙申，順宗即位。二月甲子，大赦。八月辛丑，改元永貞，遷者皆追回。愈爲觀察使所抑，財徙江陵府法曹參軍。見八月十五夜贈張功曹詩及張署墓志，河南同官記。洪又云：公以今年春遇赦，夏秋離陽山，竢命於郴者三月，至秋末始受法曹之命。見祭李郴州文。時有郴州祈雨及郴口諸詩。自郴至衡，有合江亭及謁衡岳廟詩。自衡至潭，有陪杜侍御遊湘西寺及湘中諸詩。自此泛洞庭，有阻風贈張十一詩。至岳州，有别竇司直詩。赴江陵，有途中寄翰林三學士詩，又有送孟琯序，荆潭唱和序，上李巽書，鄭夫人殯表及五箴，序云余生三十有八年，則其箴蓋是年作。所謂幕中之辯，蓋謂在徐州時；臺中之評，則謂爲御史時也。

元和初，權知國子博士，分司東都，三歲爲眞。洪譜云：**永貞二年丙戌**，正月丙寅朔，**改元元和**。時憲宗即位之踰年也。公年三十九，其春夏猶在江陵，有李花〔三〕、寒食出游、夜歸贈張十一、鄭羣贈簟、答張徹諸詩。六月，自江陵召拜國子博士，還朝後有豐陵行、游青龍寺、贈崔立之、送文暢諸詩，城南諸聯句及祭十二兄岌文並墓誌。**二年丁亥**〔四〕，春，公爲博士，有元和聖德詩並釋言。行狀云：宰相有愛公文者，將以文學職處公，有爭先者，構公語以飛之。公恐及難，遂求分司東都。而公作周況妻韓氏墓誌乃云：從兄俞卒開封尉，愈於時爲博士，乞分教東都生，以收其孥於開封界中教畜之。飛語即釋言所解之讒，而竟不能解，故以兄喪爲辭而求去耳。時宰相鄭絪，翰林舍人李吉甫、裴垍也。公以夏末離京赴東都，有酬裴十六途中見寄詩。是年有張中丞傳後叙，答馮宿書，盧於陵墓誌。**三年戊子**，改真博士，見行狀。有酬崔十六少府及東都遇春詩、與少室李渤書，裴復墓誌。新史渤傳云：洛陽令韓愈遺渤書。公時爲博士，五年方爲河南令，未嘗爲洛陽令也。**改都官員外郎，即拜河南令。**洪譜云：**四年己丑**，公年四十二，改都官員外郎，守東都省。神道碑云：除尚書都官郎中，分司判祠部。行狀、新、舊史皆云員外郎，送李正字序亦但云都官郎，碑文誤也。方考：公除都官，六月十日也。制辭亦作員外郎。○洪譜又云：神道碑云：中官號功德使，司京城觀寺，尚書斂手失職，先生按六典盡索之以歸，誅其無良，時其出入，禁譁衆以正浮屠。歷官記云：公判祠部日，與宦者爲敵，惡言罵辭〔五〕，狼籍公牒。乃上書留守鄭餘慶，乞與諸郎官更判，不見允。在東都，有游嵩洛諸題名，送李翺、侯參謀、和盧汀錢徽、與竇韋尋劉尊師諸詩，送李正字歸湖南序并詩，鄭涵校理序，祭薛公達文并墓誌，京兆韋夫人墓誌，河南府同官記。**五年庚寅**，授河南縣令，神道碑云：魏、鄆、幽、鎮各爲留邸，貯潛卒以橐罪士，官無敢問者。先生將擿其禁以壯朝廷，斷民署吏，俟令且發。留守尹大恐，遽相禁。有使還爲言，憲宗悦曰：「韓愈，助我者。」是後鄆邸果謀反東都，將屠留守，以應淮、蔡。又有上留守鄭公啓。時公以論事失鄭公意，既令河南，軍人有罪，公追而杖之，留守不悦。公以啓辨明，且力求去，見集中。行狀云：改河南令，日以職分辨於留守及尹，故軍士莫敢犯禁。疑鄭公卒聽其言，故軍人畏服如此也。在河南有感春詩，燕河南秀才序、送石洪序并詩，及月蝕、招楊之罘、河南令舍池臺諸詩，張圓墓碣，盧殷墓誌。遷職方員外郎。洪譜云：六年辛卯，行尚書職方員外郎。是年春公尚在河南，有送窮文，辛卯年雪。寄盧仝、誰氏子諸詩，送温造序，乳母誌。至京師，有酬盧雲夫望秋作，石鼓歌，復鰷狀，盧丞、房武、畢坰墓誌。

華陰令柳澗有罪，前刺史劾奏之，未報而刺史罷，澗諷百姓遮索軍頓役直。後刺史惡之，按其獄，貶澗房州司馬。愈過華，以爲刺史陰相黨，上疏治之。既御史覆問，得澗贓，再貶封溪尉。愈坐是復爲博士。洪譜云：七年壬辰，二月乙未，以職方員外郎復爲國子博士，年四十五。舊史云：愈因使過華，上疏理澗。公自去年以來，未嘗出使。或云即公赴職方時過華覩其事，遂疏於朝爾。進學解云「三年博士，冗不見治」，舊史作「三爲博士」〔六〕。按：公貞元壬午授四門博士，元和丙戌爲國子博士，丁亥分教東都，今年又自郎官下遷，凡四爲博士矣。此先言「暫爲御史」，繼言「三爲博士」，則自丙戌而後三歷此官也。若云三年，則自元年夏赴召，至四年春尚爲博士，首尾已四年矣。方考云：丙戌初除，丁亥分教，自不必釐而爲二，其爲博士，實三遷也，當作三爲爲是。○今按：上句言「暫爲御史」，而此言「三年博士」，正以其居官之久近爲言，恐當作年爲是，然亦未敢必也。○洪譜又云：是年二月，有論錢重物輕狀。新志云：自建中定兩税而物輕錢重，民以爲患，於是詔百官議革其弊。方考以爲此議在穆宗即位之初，通鑑附之長慶元年秋，爲得其實，今年初無此議也。惟會要載元和六年二月制，謂建中後貨輕物重，許諸道所納見錢五分，量徵二分，餘三分兼納實估匹段。或當時有此議，然亦非七年也。況公六年二月尚在東都，洪誤矣。○洪譜又云：是年有石鼎聯句，贈劉師服詩，祭石洪文，李素、石洪墓誌，路應神道碑。既才高數黜，官又下遷，乃作進學解以自諭。執政覽之，奇其才，改比部郎中、史館修撰。洪譜云：此除在八年癸巳三月乙亥。舊史云：執政覽其文而憐之，以其有史才，故除是官。時宰相，武元衡、李吉甫、李絳也。是年有答劉秀才論史書及烏氏、田氏廟碑，鄭儋神道碑，李虛中、董溪、息國夫人墓誌。轉考功，知制誥，洪譜云：九年甲午，十月甲子，爲考功郎中，依前史館修撰。十二月戊午，以考功知制誥。是年有元微之書，田弘正書，送張道士序，劉昌裔神道碑，王適、孟郊、扶風郡夫人墓誌。十年乙未，公知制誥，有和庫部盧曹長元日朝迴及寒食直歸遇雨二詩，與李絳書，進順宗實録狀。舊史云：愈撰實録，繁簡不當，敘事拙於取舍。按：退之作史，詳略各有意，削去常事，著其繫於政者，其褒善貶惡之旨明甚。當時議者非之，卒竄定無全篇，良可惜也。史又云：愈說禁中事頗切直，内官惡之，往往於上前言其不實，此言是也。是年有與柳公綽二書，論淮西事宜狀，説見明年。又有捕賊行賞表，藍田縣丞廳記，獨孤郁、衛玄墓誌，徐偃王廟碑。進中書舍人。

初，憲宗將平蔡，命御史中丞裴度使諸軍按視。及還，具言賊可滅，與宰相議不合。愈亦奏言：「淮西連年侵掠，得不償費，其敗可立而待，然未可知者，在陛下斷與不斷耳。」執政不喜。會有人詆愈在江陵時爲裴均所厚，均子鍔素無狀，愈爲文章，字命鍔，謗語囂暴，由是改太子右庶子。洪譜云：十一年丙申，正月丙戌，以考功郎中、知制誥遷中書舍人。丙申，賜服緋魚。五月癸未，降爲太子右庶子。行狀云：盜殺武元衡，公以爲盜殺宰相而遽息兵，其爲懦甚大。兵不可以息，以天下力取三州，尚何不可？與裴丞相議合，故兵遂用，而宰相有不便之者。月滿，遷中書舍人，後竟以他事改右庶子。時宰相，李逢吉、韋貫之也。其云月滿遷中書舍人者，蓋唐制臺郎滿歲則遷。公以去年冬知制誥，至今春竟一歲矣。李漢云收拾遺文，無所失墜，公掌綸誥一年，無一篇見收者，失墜多矣。唯後集有崔群户部侍郎制一首爾。○今按：行狀、通鑑、洪譜，論淮西事宜狀在去年知制誥時，而神道碑、新史則在遷中書舍人之後。但行狀言公所論有殺宰相事，乃在去年六月，而狀中實無此語。若狀果在六月之後，則不應全不言及。則是此狀不惟不在十一年正月之後，亦不在十年六月之後也。故通鑑直以繫於五月之下，行狀叙事雖實而記言則誤，碑文、新史固爲失之。今當以通鑑爲正。○洪譜又云：是年有酬盧雲夫曲江荷花行，周況妻韓氏墓誌，王用碑，科斗書後記。

及度以宰相節度彰義軍，宣慰淮西，奏愈行軍司馬。愈請乘遽先入汴，説韓弘使協力。元濟平，遷刑部侍郎。行狀、神道碑及舊史云：十二年丁酉，秋，以兵老久屯，賊未滅，上命裴丞相爲淮西節度使以招討之。丞相請公以行，賜三品衣魚，爲行軍司馬，從丞相居於郾城。軍出潼關，公請先乘遽至汴，感説都統弘，弘説用命，師乘遂和。公知蔡州，精卒悉聚界上以拒官軍，守城者率老弱，且不過千人，亟白丞相，請以兵三千人間道以入，必擒吴元濟。丞相未及行，而李愬自唐州文城壘提其卒，以夜入蔡州，果得元濟。三軍之士爲公恨。蔡州既平，布衣柏耆以計謁公，公與語，奇之，遂白丞相曰：淮西滅，王承宗膽破，可不勞用衆。宜使辯士奉相公書，明禍福以招之，彼必服。丞相然之。公口占爲書，使柏耆袖之以至鎮州。承宗果大恐，上表請割德、棣二州以獻，遣子入侍。丞相歸京師，以功遷刑部侍郎，詔公撰平淮西碑。其辭多敘裴度事。時先入蔡州擒元濟，李愬功第一，愬不平之，愬妻出入禁中，因訴碑辭不實，詔令磨公文，命翰林學士段文昌重撰文勒石。是年有送殷侑序，祭張署文并墓誌及東征往還醻唱諸詩，晚秋鄖城夜會聯句。爲刑部時，有舉錢徽自代狀。**十三年戊戌**，四月，鄭餘慶爲詳定禮樂使，奏韓愈、李程爲副。是年有李惟簡墓誌，權德輿碑。

憲宗遣使者往鳳翔迎佛骨入禁中，三日，乃送佛祠。王公士庶奔走膜唄，至爲夷法灼體膚，委珍貝，騰沓係路。愈聞惡之，乃上表極諫。帝大怒，持示宰相，將抵以死。裴度、崔羣曰：「愈言訐牾，罪之誠宜，然非内懷至忠，安能及此？願少寬假，以來諫爭。」帝曰：「愈言我奉佛太過，猶可容；至謂東漢奉佛以後，天子咸夭促，言何乖剌邪？愈，人臣，狂妄敢爾，固不可赦！」於是中外駭懼，雖戚里諸貴，亦爲愈言。乃貶潮州刺史。既至潮，以表哀謝，帝頗感悔，欲復用之，持示宰相曰：「愈前所論，是大愛朕，然不當言天子事佛乃年促耳。」皇甫鎛素忌愈直，即奏言：「愈終狂疏，可且内移。」乃改袁州刺史。初，愈至潮，問民疾苦，皆曰：「惡溪有鱷魚，食民畜産且盡，民以是窮。」數日，愈自往視，令其屬秦濟以一羊一豕投谿水而祝之。是夕，暴風震電起谿中，數日水盡涸，西徙六十里，自是潮無鱷魚患。袁人以男女爲隸，過期不贖，則没入之。愈至，悉計庸得贖所没，歸之父母七百餘人。因與約，禁其爲隸。洪譜云：公以**十四年己亥**正月癸巳貶潮州刺史。宰相疑馮宿草疏，出宿爲歙州刺史。時宰相，皇甫鎛、程异也。公之被謫，即日上道，便道取疾，以至海上。據宜城驛記，則以二月二日過宜城。據瀧吏詩，則以三月幾望至曲江。據謝表，則以三月二十五日至潮州。據祭文，則以四月二十四日逐鱷魚。其自曲江至潮，以十許日行三千里，蓋瀧水湍急故也。方考乃云：謝表及祭神文皆止云今月，而逐鱷魚文正本皆但云年月日，則公之到郡，實不知何月日也。況自韶至廣，雖爲順流，而自廣之惠、自惠之潮，水陸相半，要非旬日可到，故公表亦云自潮至廣，來往動皆經月，則公到郡決非三月，而逐鱷魚，亦未必在四月二十四日也。○今按：道里行程，則方説爲是，但與大顛第一書石本乃云四月七日，則又似實以三月二十五日到郡也。未詳其説，闕之可也。○洪譜又云：公自京師至潮，有路旁堠、至藍關示姪孫湘、武關西逢配流吐蕃、食曲河驛、次鄧州界、過南陽、瀧吏、題臨瀧寺、至韶州寄張使君、酬張使君惠書、過始興江口感懷、贈元十八協律、初南食、貽元十八、答柳柳州食蝦蟇、別趙子諸詩，及宜城驛記、潮州謝表、祭鱷魚文、請置鄉校牒、賀册尊號表。是年七月己丑，羣臣上尊號，大赦。十月己巳，準例量移，改授袁州刺史。**召拜國子祭酒**，洪譜云：**十五年庚子**，閏正月，穆宗即位。公以今年春到袁，途中有酬張韶州端公及韶州留別張使君二詩。至袁，有袁州謝上、賀穆宗即位、賀赦、賀册皇太后、賀慶雲五表，舉韓泰自代狀，滕王閣記。九月，召拜國子祭酒，而閣記乃云十月袁州刺史者，蓋命下在九月，受命在十月也。有祭湘君夫人文。祭文所謂復其章綬者，公爲行軍司馬時賜金紫，今爲祭酒，始復其舊也。自袁趨京師，有次石頭驛寄江西王中丞閣老仲舒詩。至江州，有寄鄂岳李大夫程及題西林寺故蕭二郎中舊堂詩。因話録云：蕭穎士子存，字伯誠，爲金部員外郎，惡裴延齡之爲人，棄官歸廬山。

公少時嘗受金部賞知，及經江州，遊廬山，訪金部故居，因賦此詩，留百縑以拯之。行次安陸，有寄隨州周員外君巢二詩。至棗陽縣，有題廣昌館詩。至襄州，有醉中留别李相公詩。以冬暮至京師，是年有南海廟碑、與孟簡書、論黄家賊事宜及典貼良人男女狀。又論夷獠，請因改元大慶，遣使宣諭，仍擇經略使撫之。又有柳子厚及姪孫滂祭文、墓誌。○洪譜又云：行狀云，公入遷祭酒，有直講能説禮而陋容，學官多豪族子，擯之不得共食。公命吏曰：召直講來，與祭酒共食。學官由此不敢賤直講。奏儒生爲學官，日使會講，生徒奔走聽聞，皆相喜曰：韓公來爲祭酒，國子監不寂寞矣。公在國子，有雨中寄張籍詩，舉張惟素自代及請復國子監生徒狀，論新注學官牒，薦張籍狀，請上尊號表。轉兵部侍郎。洪譜云：此除在**長慶元年辛丑**七月。時有舉韋顗自代狀，李邾、張徹祭文，李邾、鄭羣、薛戎墓誌。○今按方氏增考，論錢重物輕狀當在此年秋。

鎮州亂，殺田弘正而立王廷湊。詔愈宣撫。既行，衆皆危之。元稹言：「韓愈可惜。」穆宗亦悔，詔愈度事從宜，無必入。愈曰：「安有受君命而滯留自顧？」遂疾驅入。廷湊嚴兵迓之，甲士陳庭。既坐，廷湊曰：「所以紛紛者，乃此士卒也。」愈大聲曰：「天子以公爲有將帥材，故賜以節，豈意同賊反邪？」語未終，士前奮曰：「先太師爲國擊朱滔，血衣猶在，此軍何負朝廷，乃以爲賊乎？」愈曰：「以爲爾不記先太師也。若猶記之，固善。且爲逆與順利害，不能遠引古事，但以天寶來禍福爲爾等明之。安禄山、史思明、李希烈、梁崇義、朱滔、朱泚、吴元濟、李師道，有若子若孫在乎？亦有居官者乎？」衆曰：「無。」愈曰：

「田公以魏、博六州歸朝廷，官中書令，父子受旗節，劉悟、李祐皆大鎮，此爾軍所共聞也。」衆曰：「弘正刻，故此軍不安。」愈曰：「然爾曹害田公，又殘其家矣。復何道？」衆乃讙曰：「侍郎語是。」廷湊恐衆心動，遽麾使去。因泣謂愈曰：「今欲廷湊何所爲？」愈曰：「神策六軍之將如牛元翼比者不少，但朝廷顧大體，不可棄之。公久圍之，何也？」廷湊曰：「即出之。」愈曰：「若爾，則無事矣。」會元翼亦潰圍出，廷湊不追。愈歸，奏其語，帝大悦。轉吏部侍郎。洪譜云：長慶元年七月，鎮州亂，殺田弘正，立王廷湊，命深州刺史牛元翼節度深冀以討之。十月，命裴度爲鎮州四面行營都招討使。元翼爲廷湊所圍。二年壬寅二月，赦廷湊，詔愈宣撫，歸而牛元翼果出。行狀云：公還，於上前奏與廷湊及三軍語，上大悦曰：「卿直向伊如此道！」由是有意大用，授吏部侍郎。○今按：先太師，謂故鎮帥王武俊也。○神道碑云：方鎮反，太原兵以輕利誘回紇，召先生禍福譬引，虎翽臚血，直今所患，非兵不足，遽疏陳得失。○今按：此數語不可曉，他書亦皆無之，未詳何謂，恐有誤也。○洪譜又云：是年有次壽陽驛、次太原呈副使吴郎中、次承天營奉酬裴司空、鎮州路上酬裴司空重見寄、鎮州初歸諸詩及韋侍講盛山詩序，論變鹽法事宜狀。**二年壬寅**，九月，轉吏部侍郎。行狀云：凡令史，皆不鎖聽出入。或問公，公曰：「人所以畏鬼者，以其不能見也。鬼如可見，則人不畏矣。選人不得見令史，故令史勢重，聽其出入，故勢輕。」是年有鄆州谿堂詩，賓司業祭文、墓誌，楚國夫人墓誌，黄陵廟碑。

時宰相李逢吉惡李紳，欲逐之，遂以愈爲京兆尹，兼御史大夫。特詔不臺參，而除紳中丞。紳果劾奏愈，愈以詔自解。其後文刺紛然。宰相以臺府不協，遂罷愈爲兵部侍郎，而出紳江西觀察使。紳見帝，得留。愈亦復爲吏部侍郎。洪譜云：**三年癸卯**，六月，以吏部侍郎爲京兆尹，兼御史大夫，勑放臺參，後不得爲例。十月癸巳，爲兵部侍郎。庚子，爲吏部侍郎。行狀云：改京兆尹，六軍將士皆不敢犯，私相告曰：「是尚欲燒佛骨者，安可忤？」故盜賊止。遇旱，米價不敢上。李紳爲御史中丞，械囚送府，使以尹杖杖之。公曰：「安有此？」使歸其囚。是時紳方幸，旦夕且相，宰相欲去之，故以臺與府不協爲請，兩改其官。紳既復留，公入謝，上曰：「卿與紳爭何事？」公因自辨。數日，復爲吏部侍郎。○神道碑云：復爲兵部侍郎，銓不鎖入吏選。父七十、母六十、身七十，悉與三利取才，財勢路絶。○今按：碑失兵部一節，此兵字當作吏字。不鎖入吏，即謂前縱吏出入事。三利取才，未詳其義，疑銓法有此語，或是有脱誤也。○洪譜云：公爲京兆，有舉馬揔自代狀，賀雨及賀太陽不虧表，祭竹林神，曲江祭龍文。再爲兵部，有舉張正甫自代狀。是年有羅池廟碑，送鄭權序并詩，祭馬總、女挐文并李干、女挐墓誌，韓弘碑，論孔戣致仕狀。長慶四年卒，年五十七。贈禮部尚書，謚曰文。洪譜云：**四年甲辰**，正月，敬宗即位。二月，有王仲舒碑。四月，有張徹墓誌。八月，有孔戣墓誌。是年公没，年五十七。行狀云：得病，滿百日假，既罷，以十二月二日卒於靖安里第。公屬纊，語曰：某伯兄德行高，曉方藥，食必視本草，年止於四十二。某疎愚，食不擇禁忌，位爲侍郎，年出伯兄十五歲矣。如又不足，於何而足？且獲終於牖下，幸不至失大節，以下見先人，可謂榮矣。明年，張籍祭公詩有云：「去夏公請告，養疾城南莊。籍時官休罷，兩月同游翔。」又曰：「共愛池上佳，聯句舒遐情。」又曰：「公爲游溪詩，唱詠多慨慷。」城南莊在長安城南，公之别墅也。池上聯句集中無之。游溪詩即南溪始泛三首是也。又曰：「公有曠達識，生死爲一綱。及當臨終晨，意色亦不荒。贈我珍重言，傲然委衾裳。」其於死生之際如此。○神道碑云：遺命喪葬，無不如禮。俗習夷狄，畫寫浮圖，日以七數之，及拘陰陽所謂吉凶，一無汚我。○今按：此事可見公之平生謹守禮法，排斥異教，自信之篤，至死不變，可以爲後世法，而譜不載〔七〕，蓋不以爲然也。

愈性明鋭，不詭隨，與人交，終始不少變。成就後進士，往往知名。經愈指授，皆稱「韓門弟子」，愈官顯，稍謝遣。凡内外親若交友無後者，爲嫁遣孤女而卹其家。嫂鄭喪，爲服朞以報。行狀云：公氣厚性通，論議多大體。神道碑云：朝有大獄大疑，文武會同，莫先發言，先生援經引決，考合傳記，侃侃正色，伏其所詞。墓誌云：公洞朗軒闢，不施戟級。平居雖寢食未嘗去書，怠以爲枕，餐以飴口。講評孜孜，以磨諸生，恐不完美，游以詼笑嘯歌，使皆醉義忘歸。嗚呼，可謂樂易君子鉅人者矣！碑又云：内外惸弱悉撫之，一親以仁。使男有官，女有從，不啻於己生。交於人，已而我負，終不計。死則庀其家，均食剖貲，雖微弱，待之如賢戚，人詬笑之，愈篤。未嘗一食不對客，閨人或晝見其面，退相指語，以爲異事。未嘗宿貨餘財，每曰：吾前日解衣質食，今存有已多矣〔八〕。

每言文章，自漢司馬相如、太史公、劉向、揚雄後，作者不世出。故愈深探本元，卓然樹立，成一家言。其原道、原性、師説等數十篇，皆奥衍閎深，與孟軻、揚雄相表裏，而佐佑六經云。至它文，造端置辭，要爲不襲蹈前人者。然惟愈爲之，沛然若有餘。至其徒李翺、李漢、皇甫湜從而效之，遽不及遠甚。從愈游者，若孟郊、張籍，亦皆自名於時。墓誌云：先生之作，無圓無方，至是歸工。抉經之心，執聖之權，尚友作者，跋邪觝異，以扶孔氏，存皇之極。知人罪非我計，茹古涵今，無有端涯，渾渾灝灝，不可窺校。及其酣放，豪曲快字，凌紙怪發，鯨鏗春麗，驚耀天下。然而栗密窈眇，章妥句適，精能之至，入神出天。嗚呼極矣，後人無以加之矣。姬氏已來，一人而止矣。○今按：知人罪非我計，此句中必有脱誤。疑當云人知人罪，非我所計。○方氏附録：程子曰：韓愈亦近世豪傑之士，如原道之言，雖不能無病，然自孟子以來，能知此者，獨愈而已。其曰孟氏醇乎醇，又曰荀與揚也，擇焉而不精，語焉而不詳。若無所見，安能由千載之後判其得失若是之明也。又曰：退之晚年之文，所見甚高，不可易而讀也。古之學者，修德而已，有德則言可不學而能，此必然之理也。退之乃以學文之故，日求其所未至，故其所見及此。其於爲學之序，雖若有所戾者，然其言曰「軻之死，不得其傳」，此非有所襲於前人之語，又非鑿空信口、率然而言之，是必有所見矣。若無所見，則其所謂以是而傳者，果何事邪？○今按：諸賢之論，唯此二條爲能極其深處。然復考諸臨川王氏之書，則其詩有曰：「紛紛易盡百年身，舉世何人識道真？力去陳言誇末俗，可憐無補費精神。」其爲予奪，乃有大不同者，故嘗折其衷而論之。竊謂程子之意，固爲得其大端，而王氏之言，亦自不爲無理。蓋韓公於道，知其用之周於萬事，而未知其體之具於吾之一心。知其可行於天下，而未知其本之當先於吾之一身也。是以其言常詳於外而略於内，其志常極於遠大而其行未必能謹於細微。雖知文與道有内外淺深之殊，而終未能審其緩急重輕之序，以決取舍。雖知汲汲以行道濟時、抑邪與正爲事，而或未免雜乎貪位慕禄之私，此其見於文字之中，信有如王氏所譏者矣。但王氏雖能言此，而其所謂道真者，實乃老佛之餘波，正韓公所深詆，則是楚雖失而齊亦未爲得耳。故今兼存其説，而因附以狂妄管窺之一二，私竊以爲若以是而論之，則於韓公之學所以爲得失者，庶幾其有分乎？

贊曰：唐興，承五代剖分，王政不綱，文弊質窮，䖍俚混并。天下已定，治荒剔蠹，討究儒術，以興典憲。薰醲涵浸，殆百餘年，其後文章稍稍可述。至貞元、元和間，愈遂以六經之文爲諸儒倡，障隄末流，反刓以樸，剗僞以眞。然愈之才，自視司馬遷、揚雄，至班固以下不論也。當其所得，粹然一出於正，刊落陳言，横騖别驅，汪洋大肆，要之無抵牾聖人者。其道蓋自比孟軻，以荀況、揚雄爲未淳，寧不信然？至進諫陳謀，排難䘏孤，矯拂媮末，皇皇於仁義，可謂篤道君子矣。自晉訖隋，老佛顯行，聖道不斷如帶。諸儒倚天下正議，助爲怪神。愈獨喟然引聖，争四海之惑，雖蒙訕笑，跲而復奮，始若未之信，卒大顯於時。昔孟軻拒楊、墨，去孔子才二百年。愈排二家，乃去千餘歲，撥衰反正，功與齊而力倍之，所以過況、雄爲不少矣。自愈没，其言大行，學者仰之如泰山、北斗云。

文録序

趙　德

昌黎公，聖人之徒歟！其文高出，與古之遺文不相上下。所履之道，則堯、舜、禹、湯、文、武、周、孔、孟軻、揚雄所授受服行之實也。固已不雜其傳。由佛及聃、莊、楊之言，不得干其思、入其文也。以是光於今、大於後，金石燋鑠，斯文燦然。德行道學文，庶幾乎古。蓬茨中手持目覽，飢食渴飲，沛然滿飽。顧非適諸聖賢之域，而謬志於斯，將所以盜其影響。僻處無備，得以所遇，次之爲卷。私曰文録，實以師氏爲請益依歸之所云。實，或作寶。

記舊本韓文後

歐陽文忠公

予少家漢東，漢東僻陋無學者。吾家又貧，無藏書。州南有大姓李氏者，其子彦輔，頗好學。予爲兒童時，多游其家，見有弊筐，貯故書在壁間，發而視之，得唐昌黎先生文集六卷，脱略顛倒無次第，因乞李氏以歸。讀之，見其言深厚而雄博。然予猶少，未能悉究其義，徒見其浩然無涯若可愛。是時，天下學者，楊、劉之作號爲時文，能者取科第、擅名聲，以誇榮當世，未嘗有道韓文者。予亦方舉進士，以禮部詩賦爲事。年十有七，試於州，爲有司所黜，因取所藏韓氏之文復閲之，則喟然歎曰：學者當至於是而止爾。因怪時人之不道，而顧己亦未暇學，徒時時獨念於予心，以謂方從進士干禄以養親，苟得禄矣，當盡力于斯文，以償其素志。後七年，舉進士及第，官於洛陽，而尹師魯之徒皆在，遂相與作爲古文。

因出所藏昌黎集而補綴之，求人家所有舊本而校定之。其後天下學者亦漸趨於古，而韓文遂行于世。至于今蓋三十餘年矣，學者非韓不學也，可謂盛矣。

嗚呼！道固有行於遠而止於近，有忽於往而貴於今者，非惟世俗好惡之使然，亦其理有當然者。故孔孟惶惶於一時而師法於千萬世，韓氏之文没而不見者二百年，而後大施於今。此又非特好惡之所上下，蓋其久而愈明，不可磨滅，雖蔽於暫，而終耀於無窮者，其道當然也。予之始得於韓也，當其沉没棄廢之時，予固知其不足以追時好而取勢利，於是就而學之，則予之所爲者，豈所以急名譽而干勢利之用哉，亦志乎久而已矣。故予之仕，於進不爲喜，退不爲懼者，蓋其志先定，而所學者宜然也。

集本出於蜀，文字刻畫頗精於今世俗本，而脱繆尤多。凡三十年間，聞人有善本者，必求而改正之。其最後卷帙不足，今不復補者，重增其故也。予家藏書萬卷，獨昌黎先生集爲舊物也。嗚呼！韓氏之文之道，萬世所共尊、天下所共傳而有也。予於此本，特以其舊物而尤惜之。泉本云：吾少居漢東，年十五六時，於里人李堯輔家見一弊筐，棄在壁角，中有故書數十册，因得韓文於其間，皆脱落無次序。吾略讀之，愛其文辨而意深。當是時，學者方作時文，天下之人無道韓文者。予亦將舉進士以觖禄利，未暇學也。遂求於李氏，而得之以歸，補次成秩而藏之。數年始及第，遂官於洛，而得師魯與之遊，因出韓文而學之。自後天下學者亦稍稍近古。吾家所藏書萬卷，然獨韓文最爲舊物。君爲吾愛惜之可也。○今按：泉州本乃汪彦章所刻，此序獨與諸本不同，不知何據。其所謂君者，又不知爲何人也。今并存之，以俟知者。

潮州韓文公廟碑

蘇文忠公

匹夫而爲百世師，一言而爲天下法，是皆有以參天地之化，關盛衰之運。其生也有自來，其逝也有所爲矣。故申、吕自嶽降，而傅説爲列星，古今所傳，不可誣也。孟子曰：吾善養浩然之氣。是氣也，寓於尋常之中，而塞乎天地之間。卒然遇之，則王公失其貴，晉、楚失其富，良、平失其智，賁、育失其勇，儀、秦失其辯。是孰使之然哉？其必有不依形而立，不恃力而行，不待生而存，不隨死而亡者矣。故在天爲星辰，在地爲河嶽，幽則爲鬼神，而明則復爲人。此理之常，無足怪者。

自東漢以來，道喪文弊，異端並起，歷唐貞觀、開元之盛，輔以房、杜、姚、宋而不能救。獨韓文公起布衣，談笑而麾之，天下靡然從公，復歸於正，蓋三百年於此矣。文起八代之衰，而道濟天下之溺；忠犯人主之怒，而勇奪三軍之帥。此豈非參天地、關盛衰，浩然而獨存者乎？

蓋嘗論天人之辨，以謂人無所不至，惟天不容僞。智可以欺王公，不可以欺豚魚；力可以得天下，不可以得匹夫匹婦之心。故公之精誠，能開衡山之雲，而不能回憲宗之惑；能馴鱷魚之暴，而不能弭皇父鎛、李逢吉之謗；能信於南海之民，廟食百世，而不能使其身一日安於朝廷之上。蓋其所能者，天也；其所不能者，人也。

始潮人未知學，公命進士趙德爲之師，自是潮之士皆篤於文行，延及齊民，至於今號稱易治。信乎孔子之言：君子學道則愛人，而小人學道則易使也。潮人之事公也，飲食必祭，水旱疾疫，凡有求必禱焉。而廟在刺史公堂之後，民以出入爲艱，前守欲請諸朝作新廟，不果。元祐五年，朝散郎王君滌來守是邦，凡所以養士治民者，一以公爲師。民既悦服，則出令曰：願新公廟者聽。民讙趨之，卜地於州城之南七里，期年而廟成。

或曰：公去國萬里而謫於潮，不能一歲而歸，没而有知，其不眷戀於潮也審矣。軾曰不然，公之神在天下者，如水之在地中，無所往而不在也。而潮人獨信之深，思之至，焄蒿悽愴，若或見之，譬如鑿井得泉，而曰水專在是，豈理也哉！元豐七年，詔封公昌黎伯，故榜曰「昌黎伯韓文公之廟」。潮人請書其事於石，因爲作詩以遺之，使歌以祀公。其詞曰：

公昔騎龍白雲鄉，手抉雲漢分天章。天孫爲織雲錦裳，飄然乘風來帝旁。下與濁世掃秕穅，西游咸池略扶桑，草木衣被昭回光。追逐李杜參翱翔，汗流籍湜走且僵，滅没倒景不可望。作書詆佛譏君王，要觀南海窺衡湘。歷舜九疑弔英皇，祝融先驅海若藏。約束鮫鱷如驅羊。鈞天無人帝悲傷，謳吟下招遣巫陽。爆牲雞卜羞我觴，於粲荔丹與蕉黄。公不少留我涕滂，翩然被髮下大荒。

校勘記

〔一〕則其説爲已詳　「已」，南圖本作「尤」。

〔二〕至貞元十九年　「九」，原作「七」，據南圖本、兩韓集改。

〔三〕有李花　「李」下原衍「有」字，據南圖本、兩韓集删。

〔四〕二年丁亥　「二」，原作「三」，據洪興祖韓子年譜、兩韓集改。

〔五〕惡言罵辭　「罵」，歷官記作「詈」。

〔六〕舊史作三爲博士　「史」，原作「又」，據洪興祖韓子年譜改。

〔七〕而譜不載　「而」下，南圖本有「洪」字。

〔八〕今存有已多矣　「有」，南圖本、兩韓集作「者」。

昌黎先生集考異跋

張洽

晦翁先生因方氏舉正之書取而評論，其未合者，使一歸於是。然後有以見韓子之文章：必主簡明而不爲艱深，雖去陳言而非尚險澀；朝廷之議嚴正，義理之文醇雅，記序之體簡古；若碑碣、雜誌、游藝等作，乃或放於奇怪。先生悉斟酌權衡，歸於當而後止，可謂詳密無遺憾矣。

昌黎集行於世數百年，歐陽公嘗加釐正。今復百餘歲，讀而不知其旨，或以意改易，魚魯失真，紛紛靡定。方公從而是正之，什已得六七矣。先生復以稽經餘力，考所未合，定以是非之公，雖使韓子復生，當莞爾而笑，以爲得己之意也。

今方氏書刊刻已廣，獨此書先生末年所著，未有善本。洽通守池陽，初欲刻之泮宮，已而不果，迺以本聽幣餘，命工刊刻。庾使趙侯范继其費，益以屬邑學帑之助，并刊考異于後。汪季路書初存於末，今移附本卷之後。間有愚見一二，亦各繫卷末，以俟觀者采擇云。

紹定己丑十有一月辛卯日南至門人清江張洽謹識。

清康熙四十七年李光地刊本跋

［清］李光地

韓文考異近年無原本，皆散入篇句中者，而又或删減增益之，每令讀者有遺恨焉。吕晚村家藏宋刻，遭兵火逸其文，幸所存者，則考異也。其嗣君無黨及第後，與予言及，因屬以家書郵致，爲之付梓京師，無黨仍監其役，惜乎未覩厥成而下世矣。徐友壇長遂任校讐之勤，字畫簡謁，雖已登板，必剜剔補備，務合於正，以視舊本之體，完善爲多。書計十一萬七千九百餘字，内有補注。作行書，填「洽」字名，則此書疑是文公門人張元德所刊定，尤非近本可比。無黨又爲予言，其先人曾得朱子手記與蔡西山答問之語，曰：「翁季録者秘藏多年，與此之韓文並時失之，厥後訪求人間，則不復得矣。」可勝惜哉！康熙戊子閏三月望日李光地識。

涵芬樓影印五百家註音辯昌黎先生文集跋

孫毓修

此宋刻五百家註音辯韓昌黎先生集，據曝書亭集及天禄琳瑯志，則宋慶元六年建安魏仲舉刊本也。

雖宋史藝文志、馬氏文獻通考皆不載，然學齋佔畢等書屢言之。知宋時蜀本之外盛行魏本，惜後世無傳焉。韓集在宋時撰有考證、音訓者，自洪興祖以下凡數百家，而皆亡矣。魏氏所輯，號稱「五百」，實得三百七十八家，非宋槧猶存，惡得而知之哉！四庫本據富觀樓翻琱本著録者止正集四十卷，此本并外集十卷，序、傳、碑、記一卷，類譜十卷，考異十卷，釐然具在，雖間有鈔補，然仍據宋本影寫，固完帙也。考異猶是朱子原本，未爲王伯大所亂，更是罕見閟籍。自明山陰祁氏後轉入惠、丁諸氏，卷中亦有竹垞印記。然考曝書亭跋語，則竹垞藏本有論語筆解而無年譜、考異，鈔補三卷無原注，與此本不同，豈朱氏有兩本耶？抑此印爲後人所加耶？今歸江南圖書館，古色古香，實宋槧之至精者。上海涵芬樓據以影印，行款點畫與原書不差累黍。吾宗退谷謂晉人墨蹟不可得，得唐人精鈎本足矣。吾亦謂宋刻書不可得，得後來精仿本足矣。此書殊足當之。校印既竟，記其原委如右。壬子春日無錫孫毓修識。

上海古籍出版社影印宋本出版説明

昌黎先生集考異十卷，南宋朱熹（公元一一三〇——一二〇〇年）撰。

唐代韓愈的文集，傳本各有不同。南宋孝宗時，方崧卿參校衆本的同異，撰成韓集舉正十卷。但是，他的去取以館閣本爲主，即有謬誤，往往曲從其説；而對它本善處，棄而不録。朱熹晚年就方氏舉正，復加考訂，其合者存之，不合者一一詳爲辨證，編爲韓文考異十卷，成於慶元三年（公元一一九七年），體例仿唐代陸德明經典釋文。後來，王伯大爲便於閱讀，將考異散附于韓愈文集中，流傳至今，而朱熹原書遂湮没不聞。紹定二年（公元一二二九年），朱熹門人張洽（公元一一六一——一二三七年）官池陽通判時，因鑒於考異未有善本，乃重加校訂刊行，是爲最精善的刻本。明代正統間曾有翻刻，但流傳不多。清初，藏書家季振宜藏有考異刻本，季滄葦書目著録有「韓文考異十卷，宋板」。康熙時，李光地曾據吕晚村家藏張洽之校訂本重刻。他死後，其版散失，傳本也很稀少。四庫全書所收即爲李光地刻本。

本書影印的底本爲山西祁縣圖書館珍藏的張洽校訂本，有毛晉汲古閣和季振宜、徐乾學等藏家鈐記，可知即爲季氏藏本。書中除第七卷卷末四頁係抄配外，全書完整無缺。

朱熹的這部著作，流傳到今天的還有一種本子，即公元一九一二年涵芬樓影印的新刊五百家注音辨昌黎先生文集，其最後十卷題爲晦庵朱侍講先生韓文考異（其中第一、二卷係抄配）。書後有孫毓修跋，説他據曝書亭集和天禄琳琅書目著録，定爲宋慶元六年建安魏仲舉刊本，并説：「四庫本據富觀樓翻琱本著録者止正集四十卷，此本并外集十卷，序傳碑記一卷，類譜十（按天禄琳琅書目著録爲「七」，誤）卷，考異十卷，釐然具在，雖間有鈔補，然仍據宋本影寫，固完帙也。考異猶是朱子原本，未爲王伯大所亂，更是罕見秘籍。」

今查曝書亭集卷五十二跋五百家昌黎集注一文，天禄琳琅書目卷三宋版集部中，著録有兩部新刊五百家注音辨昌黎先生文集，均未提到有考異十卷，這是一；其二，天禄琳琅書目前一部著録中説，正集目録後有木記曰:「慶元六禩孟春建安魏仲舉刻梓於家塾」等字樣,此影印本就没有這十六個字;其三,影印本的正集、外集、序傳碑記和類譜等的版式,爲白口,雙魚尾,左右雙欄,半頁十行,每行大字十八,小字二十三;而最後十卷的考異則爲白口,雙魚尾,四周雙欄,半頁九行,每行大字十七、小字十九,可見不是出于同時的版刻。從以上幾點來看,涵芬樓影印的底本,是慶元六年以後的翻刻本,而考異則更是後來翻刻時補配在一起的。

今以祁縣圖書館藏本和涵芬樓影印本對校,後者錯字較多。如以第三卷爲例,第四頁「積阻」,影印本「阻」作「祖」;第六頁「紛拄」,影印本「拄」作「柱」;第七頁「瀟碧竹也」,影印本「竹」作「至」;「刁暗」,影印本「刁」作「刀」;第十三頁「叉魚」,影印本「叉」作「又」;「祈雨」,影印本「祈」作「祁」;第十四頁「峽石西泉」,影印本作「峽西石泉」等等。影印本且有多處脱漏,最多處脱大字十二,小字二百四十五。此外,祁縣圖書館藏本第四卷末有張洽補注一條,第九卷後有外集、補遺十卷,都爲涵芬樓影印本所無。

根據以上一些材料,可以看出祁縣圖書館的宋本昌黎先生集考異,不僅比涵芬樓影印本版刻精善,且内容更爲完整。現據以影印出版,供研究韓愈詩文參考。一九八一年五月十九日

郡齋讀書志附志卷下別集類一　〔宋〕趙希弁

韓文考異十卷。

右朱文公所定也。以南安擧正及祥符杭本、嘉祐蜀本、李謝所據館閣本考其同異，一以文勢義理及它書之可證驗者決之云。嘉定戊辰三山鄭自誠刻而敘其後。

宋史藝文志七集類别集類

朱熹韓文考異十卷。

跋五百家昌黎集注

［清］朱彝尊

宋人輯書往往以摭采之富誇人，若蔡夢弼杜詩注號爲千家，成申之尚書集解號四百家，亡名子播芳文粹號五百家是也。昌黎集訓注四十卷、外集十卷、别集一卷、附論語筆解十卷，慶元六年春建安魏仲擧刻於家塾，亦稱五百家。按其實，則列名者一百四十八家而已，其餘所云新添集注五十家，補注五十家，廣注五十家，釋事二十家，補音二十家，協音十家，正誤二十家，考異十家，殆亦無稽之言爾。然當時刊書者知以博學詳説爲要務，今則守一家之説以爲兔園册，其智出麻沙里刊書者之下矣。是書向藏長洲文伯仁家，歸吾鄉李太僕君實，蓋宋槧之最精者。惜中間闕三卷，後人補抄，原注已失，不可復覩，當更訪諸藏書家。

曝書亭集卷五二

季滄葦藏書目集部

［清］季振宜

韓文考異十卷，宋板。

天禄琳琅書目卷三宋版集部

［清］于敏中

新刊五百家註音辯昌黎先生文集四函三十二册

唐韓愈著。正集四十卷，外集十卷，宋魏仲舉集注。前載引用書目一卷，評論詁訓音釋諸儒名氏一卷，韓文類譜一卷……惟正集目録後有木記曰「慶元六禩春建安魏仲舉刻梓於家塾」。宋版書皆有木記，亦此例也。

此本書前載吕大防著文公年譜一卷，程俱著韓文公歷官記一卷，洪興祖著韓子年譜五卷，統名之曰韓文類譜。而後一部逸之。蓋流傳既久，互有散佚耳。

文淵閣本四庫全書原本韓集考異提要

原本韓集考異十卷，宋朱子撰。其書因韓集諸本互有異同，方崧卿所作舉正雖稱參校衆本，棄短取長，實則惟以館閣本爲主，多所依違牽就。即南山有高樹詩之「婆婆弄毛衣」，傳安道所舉爲笑端者，亦不敢明言其謬。是以覆加考訂，勒爲十卷。凡方本之合者存之，其不合者一一詳爲辨證。其體例本如陸德明經典釋文，但摘正文一二字大書，而所考夾注於下，於全集之外別行。至宋末，王伯大始取而散附句下，別刊以行，以其易於省覽，故流布至今，不復知有朱子之原本。其間訛脱竄亂，頗失本來。此本出自李光地家，乃從朱子門人張洽所校舊本翻雕，最爲精善。第一卷之末有洽補注一條，稱陪杜侍御游湘西兩寺詩「長沙千里平」句，「千里」當作「十里」，言親至嶽麓寺見之。方氏及朱子皆未知。又第四卷末洽補注一條，辨原性一篇，唐人實作性原，引楊倞荀子注所載全篇證方氏舉正不悮，朱子偶未及考。又第七卷末有洽補注一條，辨曹成王碑中「搏力勾卒」之義，皆今本所未載。其字爲徐用錫所校，點畫不苟。光地没後，其板闕佚，故傳本頗少。此本猶當日之初印，毫無刓缺，尤可貴也。

文淵閣本四庫全書別本韓文考異提要

別本韓文考異四十卷外集十卷附録一卷，宋王伯大編。案朱子韓文考異本十卷，如陸德明經典釋文、司馬貞史記索隱之例，但標有所考正之字句，而夾註其下，於集外別行。康熙中李光地翻刻之宋板是其原本。然當時摹印無多，故流傳頗少。此本乃伯大以朱子考異散入各句之下，刊於南劍州，又採洪興祖年譜辨證、樊汝霖年譜注、孫汝聽解、韓醇解、祝充解，而自爲之音釋，附於各篇之末。今卷首題朱文公跋昌黎先生集凡例十二條者，乃伯大重編之凡例，非朱子考異之凡例也。厥後麻沙書坊以注釋綴於篇末不便披尋，又取而散諸各句之下，非惟全改朱子之舊，併伯大之舊亦全改矣。流俗相傳，執此爲朱子之本，其實誤也。

據李光地翻宋板跋，摘此本之舛謬遺漏不一而足。蓋屢次重編，更改次第，不能一一清整，勢所必然。然注附句下，較與文集各自别行者，究屬易於省覽。今録光地所録十卷之本以存舊觀，仍録此本以便檢閲。自宋以來，經典釋文、史記索隱均各有别行之本，而監本經史，仍兼行散入句下之本以資參考，是即其例矣。

朱崇沐校刊韓文考異書後

[清] 章學誠

韓文公集四十卷、外集十卷、集傳一卷、遺文一卷、序目一卷，總五十三卷。朱子校昌黎文集，别著考異十卷，自爲一書。留耕王氏伯大倅劍南時，取考異附於正集本文之下，而以洪氏興祖年譜辨證，樊氏汝霖韓志及年譜注，孫氏汝聽、韓氏醇、祝氏充三家全解參附其間。王氏又集諸家之善，更定音釋附於逐卷之後，不入正文，仍空其下，以待竄補。書以考異爲主，故正文篇次俱按方崧卿本，而以諸本參校，著爲凡例一十二條，所謂南劍官本是也。明萬曆中朱子裔孫崇沐又取劍本重刻，而以王氏音釋同附正文之下，以便省覽。蓋自朱子考異以後，三更其面目矣。此本行世最廣，而標名仍稱朱子韓文考異，學者不察，遂以王氏之書爲考異也。王氏此書兼採樊、韓、孫、祝諸家之説，補綴考異之所不逮，良亦有功。其於考異全文，初無改竄，至字句小有異同，或爲傳寫之訛。碑誌數卷，考異於卷首注明某篇爲碑、某篇爲誌，此本删去，尚無甚礙。惟於遺文傳末有憲宗崩慰諸道疏及慈恩、洛陽、華岳題名七段，朱子俱仍方本存録，今本删去不載。且他本所有而方本删去，或方本所有而朱子删去者，尚皆存其篇目而著説於下，獨於此處并篇目而删之，殆不可解。余家所藏韓文四本，此本最爲流俗通用，楮板未爲精佳，惟是童子塾中初購此書，即已寶如拱璧。其後先君丹墨評點，指示初學爲文義法，小子自幼習焉。手澤所存，珍而襲之，不特以其爲舊物也。憶此書乃甲戌秋冬所購，是時先君方官湖北應城知縣，塾師於舉業外，禁不得閲省他書，及得此集，匿藏篋笥，燈窗輒竊觀之。初不盡解，顧愛好焉，不忍釋手，今撫玩之，三十年前光景猶歷歷也。

章氏遺書卷一三

朱子韓文考異原本書後

［清］章學誠

朱子韓文考異十卷，自王留耕散入韓集正文之下，其原本久失傳矣。康熙中安溪李厚菴相國得宋槧本於石門藏書家，重付之梓，校讐字畫精密綦甚，計字十一萬七千九百有奇。諦審此書，乃知俗本增删失舊觀也。第一卷、第四卷、第六卷、第七卷卷尾俱有補注，安溪公親見原本，補注皆作行書。第一卷注文，自稱曰「洽」，故疑爲朱子門人張元德所刊，尤非他宋槧本可比，洵可寶也。

按第四卷補注引楊倞荀子注性惡，篇後注文全載原性一篇，與今本多異。而楊倞稱原性爲性原，則「五原」以「原」字在下，唐人所見之本已有如此者矣。方本諸篇皆以「原」字居上，獨原性題爲「性原」，宜朱子以爲不然，不知唐人已有是篇目也。此等雖無關於文義，然東雅堂本已以淮南子原道篇相擬矣。今按劉勰文心雕龍亦有原道，與韓子原道鼎峙而三，韓最晚出，而世人言原道者，但知韓氏，不甚知彼二家，此布帛粟菽所以重於空青大浣也。

古人讀書，不憚委曲繁重，初不近取耳目之便，故傳注訓故，其先皆離經而别自爲書，至馬、鄭諸儒，以傳附經，就經作注，觀覽雖便，而古法乃漸亡矣。評論文字，抑揚工拙，雖爲道之末務，然如摯氏文章志論、劉氏文心雕龍，亦離文而别自爲書。至眞、謝諸公，就文加評，因評而加圈點識别，雖便誦習，而體例乃漸褻矣。至於校讐書籍，則自劉向、揚雄以還，類皆就書是正，未有辨論同異，離本文而别自爲書者。郭京周易舉正以家藏王、韓手寫眞本比校世所行本，正得一百三十五處二百七十三字，自爲一書，不以入經，此尊經也。其餘則絶無其例矣。至宋人校正韓集，如方氏舉正、朱子考異，則用古傳注例，離文别自爲書，是皆後人義例之密過於古人。竊謂校書必當以是爲法，刻古人書亦當取善本校讐之，自爲一書者，附刻本書之後，俾後之人不憚先後檢閲之繁而參互審諦，則心思易於精入，所謂一覽而無遺，不如反覆之覈核也。古人離文别自爲書，非但自存謙牧，不敢參越前人之書而已，亦欲學者不憚繁難而致功，庶幾有益耳。一取便於耳目，未免漫忽而不經心，此意亦可思也。同上

善本書室藏書志卷二四集部三 [清] 丁丙

晦菴朱侍講先生韓文考異十卷。宋刊本。祁淡生、朱竹垞、惠定宇藏書。

首有文公自序，曰：「此集今世本多不同，惟南安軍所刊方氏校定本號爲精善。別有舉正十卷，論其所以去取之意。然其去取，多以祥符杭本、嘉祐蜀本及李謝所據館閣本爲定。而尤尊館閣本，雖有謬誤，往往曲從。他本雖善，亦棄不録。至於舉正，則又例多而詞寡，覽者或不能曉知。故今因其書更爲校定。悉考衆本之同異，而一以文勢、義理及他書之可證驗者決之。苟是矣，則雖民間近出小本不敢違；有所未安，則雖官本、古本、石本不敢信。又各詳著其所以然者，以爲考異十卷，庶幾去取之未善者，覽者得以參伍而筆削焉。」其後王伯大重編韓文，以考異散入句下。更後書肆重刊，又散伯大音釋入句下。明萬曆三十三年，高安朱吾弼重校原本，其孫崇沐梓行。國朝康熙戊子，李氏光地以語溪吕氏家藏宋刻，屬徐壇長校讐，書計十一萬七千九百餘字，内有補注，作行書，填「洽」字名，疑是文公門人張元德所刊定，尤非近本可比。至今朱刊本載之天禄琳琅。李刊本第十卷本傳後有趙德文録序、歐陽文忠公記舊本韓文後、蘇文忠公潮州韓文公廟碑，且開卷標題昌黎先生集考異。此魏仲舉與五百家注昌黎文集同時刊本，第十卷本傳後祇有汪季路一書，而無趙、歐、蘇文，似勝李刻祖本。每半葉九行，行十八字，版心或題「韓文考異」，或「韓考」，或「文考」，或「考異」，或「韋考」。宋諱多有減筆。有「山陰祁氏藏書之章」、「澹生堂經籍記」、「曠翁手識」、「朱彝尊印」、「竹垞」、「惠棟之印」、「定宇」諸圖記。

八千卷樓書目卷一五　〔清〕丁丙

原本韓文考異十卷，宋朱子撰。□刊本。

記朱文公昌黎先生集考異原本

［清］蕭穆

朱子因方崧卿校定韓昌黎集尚未精善，云：「更爲校定，悉考衆本之同異，而一以文勢、義理及他書之可證驗者決之。苟是矣，則雖民間近出小本不敢違；有所未安，則雖官本、古本、石本不敢信。又各詳著其所以然者，以爲考異十卷。」其原本世間罕有，至康熙間安溪李文貞公得諸石門呂氏所藏宋槧，乃爲重刊行世。四庫全書館得以著録。末有文貞一跋，言之甚詳。今從新陽趙氏得借，留案頭數月，乃知大儒讀書精審，信以傳信，疑以存疑，不以私意自用如此。然朱子云方氏校定，「以祥符杭本、嘉祐蜀本及李、謝所據館閣本爲定，而尤尊館閣本。雖有謬誤，往往曲從；它本雖善，亦棄不録」。夫宋本號爲精善，元明以來皆寶之，近世儒者校定經史，凡誤字難通者，多穿鑿附會，强爲曲從。今據朱子所言及考訂，即韓公之集，至宋猶未甚久也，而諸本今皆罕覯，尚多譌謬若此，則宋世所刊經史古籍，今人必一一尊信以爲無誤，豈篤論哉！然今得宋槧古籍，自非精博如朱子，强爲附會，亦其蔽也。又案韓公之文，行世同異亦不盡傳刊之譌，亦有初稿及早年未定者，如柳子厚墓誌中有云：「貞元十九年由藍田尉拜監察御史，順宗即位，拜禮部員外郎。遇用事者得罪，例出爲刺史。」此方本如是。而它本有作「貞元十九年拜監察御史，王叔文、韋執誼用事，拜尚書、禮部員外郎。且將大用，遇叔文等敗，例出爲刺史。」朱子以方本得婉微之體，它本則幾乎罵矣。疑初本直書，後乃更定也。如此之類，朱子所定，均得其實。後學潛心於此，更可得古人行文渾融措注之妙。惜此本今印本罕有，能重刊之，則嘉惠後學多矣。

此書原本未見宋人他刻，李文貞公從石門吕無黨家藏宋槧借刊，以書中補注填「洽」字名，疑爲朱子門人張元德所校刊，是矣。然張氏無序跋及刊刻年月。朱子大全集有韓文考異序及書韓文考異前各一文，此本有書考異前之文而無序，未知何時脱落也。今以洽附注三處詳之，卷一陪杜侍御遊湘西两寺詩，有「長沙千里平」之句，注云：「洽嘗至長沙，登嶽麓寺，見相識云：『千』當作『十』，蓋後人誤增『丿』也。州城方十里，坦然而平，湘西嶽麓寺乃獨在高處，下視城中，故云『長沙十里平，勝地猶在險』。寺中道鄉亭觀之，信然。此朱先生及方氏所未及，漫誌於此，以備考訂。」卷四原性注云「楊倞注荀子，全載原性一篇，先生考偶未及，今記其異」云云。卷七曹成王碑有「搏力勾卒」之句，注云：「案左氏傳哀十七年『越子伐吴，爲左右句卒』，注云：『鉤伍相著，别爲左右屯。』此即越之『句卒』也。秦人『搏力』雖無明文，按商子農戰篇曰：『國之所以興者，農戰也。今以官爵勸之耕戰，民見上利之從一空出也，則作壹；作壹則多力；多力則國强。』秦人『搏力』之説，意者或出於此。」以上三處所訂正補注均精確有據，及刊此書，均當在朱子殁後數年。使元德早見及此以質朱子，朱子亦必從而改訂也。於此見昔賢爲學必實事求是，雖弟子於師，不敢苟爲同異如此。

敬孚類稿卷九

新刊五百家註音辯昌黎先生文集跋

［清］王棻

右晦庵朱侍講先生韓文考異十卷，裝爲八册，皆有祁氏、朱氏、惠氏印。惟首册二卷係補鈔，止惠定字名、字二印，疑祁、朱二家所藏本全，至惠氏而失其首二卷，乃借他本，屬善書者倣鈔，而鈐以己印耳。卷一之末，又題陪杜侍御遊湘西兩寺，標「長沙千里平」一句，小注謂「千」當作「十」，稱其名曰「洽」，蓋朱子門人清江張元德也。其書當與五百家註同時所刊，惟每葉十八行，每行十七字，小註則十九字，與五百家註異，蓋本朱子原定行款也。

今之學者，未窺許、鄭藩籬，輒詆宋儒爲空疏；未入蕭選堂奧，輒呰八家爲塵腐。觀朱子於韓公之文，一字一句不肯輕易放過，其服膺昌黎、詁訓不苟如此，豈東漢、六朝所能駕二公而上之者耶！松生先生以此書與五百家註共裝一匣，開以示余，因書余之所感者如此。光緒二十二年丙申夏五黃巖王棻書於丁氏求己齋

善本書所見録　　羅振常　周子美

韓文考異十卷，宋朱熹撰。明初刊，黑口，半頁十三行，行二十三字。抱經堂藏本，前有周星詒題識。有「盧氏藏書」（朱長方）、「文弨讀過」（朱方）、「數間草堂藏書」（白長方）、「果親王府圖書記」（朱長方）數印。